戏文名师

Masters of the Department of
Dramatic Literature at STA

上海戏剧学院 编

上海人民出版社

图书在版编目(CIP)数据

戏文名师/上海戏剧学院编. —上海:上海人民
出版社,2022
ISBN 978 - 7 - 208 - 17991 - 2

Ⅰ. ①戏⋯　Ⅱ. ①上⋯　Ⅲ. ①戏剧家-事迹-中国-
现代　Ⅳ. ①K825.78

中国版本图书馆 CIP 数据核字(2022)第 192501 号

责任编辑　赵蔚华
装帧设计　陈　晔

戏文名师

上海戏剧学院　编

出　　版　上海人民出版社
　　　　　　(201101　上海市闵行区号景路 159 弄 C 座)
发　　行　上海人民出版社发行中心
印　　刷　上海商务联西印刷有限公司
开　　本　720×1000　1/16
印　　张　34.5
插　　页　3
字　　数　483,000
版　　次　2022 年 11 月第 1 版
印　　次　2022 年 11 月第 1 次印刷
ISBN 978 - 7 - 208 - 17991 - 2/J · 656

定　　价　138.00 元

编 委 会

主 编　张　璟
副 主 编　陈　军
委 员　陈　莹　顾振辉　王　芳
　　　　刘莹莹　孙　启　管润青

目　录

序·铭记与承接

何添发

今年 7 月，张璟同志邀我为她主编的《戏文名师》作序，本人既感荣幸，更觉惶愧。我调离上海戏剧学院已有 32 年，其间虽与母校偶有交集，却始终觉得关心不够，想到此处我便欣然应允了张璟同志，感谢她给我提供了一个回报母校的机会。

戏文系走过了七十余年的辉煌岁月，现在是到回顾与总结的时候了。张璟同志选择为戏文系历史上的九位名师立传而不是为戏文系作史，可谓是用心良苦且用意深远，因为一个系的个性与风格、历史与传承均取决于她的教师，戏文系的发展史便是几代教师的教学史。作为上戏最早创建的系科之一，戏文系的名师可谓是不胜枚举，选取这九位名师实则是为日后更多具有代表性的名师入书奠定了一个良好的开端，这项工作应该持续下去。从这个意义上来说，本书的编写不仅仅是为了铭记九位名师，更是为了勉励青年教师承接先辈的精神。

那么，九位名师留给青年一代的精神到底是什么呢？其实书中已经给出了答案。我在上戏读书和工作时，有幸听过他们讲课，生活中也多有接触，故而对这个问题的理解也更为深刻，在此不妨用三句话来总结。第一是爱校如家，上戏创建于 1945 年，创校的初衷是宣传进步的戏剧，培养热爱祖国的戏剧家。戏文系的第一代教师是从旧社会走过来的，他们中间有许多是在抗日战争和解放战争期间成长为戏剧家的，曾以戏剧创排的方式来表达爱国之情；新中国成立后他们积极参与社会主义文艺建设，将教学作为崇高的事业来看待，无论是横浜桥还是华山路，方寸天地都给了他们一个创造事业的重要舞台，他们以校为家，在讲台上、书桌前夜以继日地耕耘，上戏人后来喜欢把校园叫作家园，正是从这些老教师开始的。第二是爱生如子，艺术教育不同于其他学科和专业，戏文系一直是小班制教学，师生在课堂上近似于传统的师徒，教师要手把手地教学生写戏，有时已过了下课时间，教师还在指导学生怎样编织情节和编写台词；而在生活里他们又会将学生当作自己的孩子，当时有些教师和家人住在校内，老师们带学生去家里改善伙食也是常有之事，这也是上戏师生情谊的独特之处。第三是爱艺术如生命，我们常讲教师的言传身教，教师对待艺术的态度必定会潜移默化地影响到学生。校友回忆道，李健吾老师在课堂上对莫里哀的戏剧如数家珍，他讲到兴起时会背诵莫里哀剧作的台词；我也记得，在戏曲领域造诣极深的陈古虞老师讲起昆曲时会一边讲课一边演戏……有人说艺术使人年轻，诚也，戏剧艺术养心亦养身，九位老师均较长寿，或许与他们热爱戏剧不无关系。

我想，正是因为上述的三个"爱"使他们成为名师，但在我印象中，他们从不以名师和名人自居，即便他们的剧作已经演遍了大江南北，他们的研究成果已经誉满学界，回归到课堂上，站在学生面前，他们仍旧是谦逊的、朴实的。就像陈耘老师当年创作了《年青的一代》之后成为中国剧坛最受关注的剧作家，他照旧在学生面前低调地坦陈该剧的不足。写到这里，再次翻阅《戏文名师》的文稿，顿觉本书朴实的文风与九位教师的做人之道十分吻合，在这朴实的文字里，跳动着九位戏文教师的生命之火与思想之火。

岁月流逝淹没了许多生动的细节，九位教师留给戏文系的精神财富却未随着时光的推移而褪色。在价值观念日趋多元的今天，戏文系的新一代教师肩负着为实现民族复兴培养优秀文化艺术人才的使命，越是重任在肩，他们越应从老教师写就的传统中汲取经验与智慧，这是对九位名师最好的铭记！

为名师立传，不仅有"存史"之意，更有"育人"之效。最后，作为一位老上戏人，再提一点期望，上戏在国内外久负盛名，有了张璟同志主编的这本《戏文名师》珠玉在前，其他院系也可效仿之，以此来构建历史记忆、传承上戏文脉。

2022 年 9 月

何添发，1966 年毕业于上海戏剧学院表演系，历任上海戏剧学院党委书记并兼任代理院长，上海市侨联党组书记、主席，中共上海市委宣传部副部长，中国侨联党组副书记、副主席，第九、十届全国政协常委、港澳台侨委员会副主任。曾荣获全国先进侨务工作者、中共上海市委宣传部优秀党务工作者称号。1997 年当选为中国共产党第十五次全国代表大会代表并为主席团成员。

序·Longing and Belonging（渴望与归属）

上海戏剧学院戏剧文学系主任　　陈军

　　大概是 2020 年 6 月，张璟书记跟我说，她打算编写一本戏剧文学系（简称"戏文系"）建系初期有关名师的回忆录，旨在发掘戏文系的传统资源，赓续文脉。我当即表示认可和支持，觉得这是戏文系值得做的很有意义的一件事。

　　上海戏剧学院（简称"上戏"）的创生基本属于名家办名校，戏文系作为上戏创建最早的系科之一（其前身是 1946 年开办的"编导研究班"，首任班主任熊佛西），名家、名师辈出。早在上海市立实验戏剧学校时期，著名戏剧家洪深、欧阳予倩、熊佛西、曹禺、李健吾、陈白尘、杨村彬、吴仞之、黄佐临、张骏祥、赵景深等就曾给"编导研究班"同学授课。2019 年，我在主编《赵清阁文集》时亦惊喜地发现赵清阁先生 1947 年也曾在上戏执教，这可能跟上戏处于国际大都市上海、占有"地利"和"人和"之便有关，可谓天生华贵、气度非凡！想想上戏的校歌都是国歌的作者田汉创作的，国内有几个大学能有这样的荣光？！

　　《戏文名师》一共遴选了九位名师，他们分别是：李健吾、余上沅、顾仲彝、赵铭彝、魏照风、陈古虞、陈汝衡、陈耘和陈多，皆为新中国成立后上戏戏剧文学科（由编导研究班改名，后改为戏剧文学系）的任课老师，遴选标准是以一线的专业教师为主，同时考虑他们在戏剧史／学术史上的地位和影响。这九位名师几乎个个都有"来头"或"绝活"，其中不乏赫赫有名的大家。

李健吾老师是中国现代著名的戏剧家、文学评论家、翻译家和法国文学专家，在文学创作、戏剧实践、文艺评论、外国文学翻译及研究等诸多方面取得令人瞩目的成就和贡献，他也是上海戏剧学院创始人之一，曾任上戏前身上海市戏剧专科学校戏剧文学科首任主任，对上戏的创立和发展起到过奠基作用。

余上沅老师是著名戏剧理论家、教育家，曾在美国多所名校学习戏剧，20 世纪 20 年代因倡导国剧运动而闻名剧坛，1935 年曾陪同梅兰芳赴苏联访问演出，后长期担任国立戏剧专科学校的校长。

顾仲彝老师是上海市立实验戏剧学校的首任校长，早年参加文学研究会，后经洪深介绍加入上海戏剧协社，从事戏剧活动，其参与改编的《秋海棠》以及翻译的《梅萝香》等剧曾红遍大江南北，他撰写的《编剧理论与技巧》则是中国编剧学的扛鼎之作，荣获全国戏剧理论优秀著作奖。为上戏戏文系编剧教学体系的建立奠定了坚实的基础。

赵铭彝老师早先是田汉领导的南国社成员，后是左翼剧联的中坚分子，曾担任中国左翼戏剧家联盟书记，抗战爆发后当选为中华戏剧界抗敌协会理事，是中国话剧运动的先驱者和践行者。

魏照风老师是著名的戏剧史家，担任过戏文系主任，开设"中国话剧史"课程，曾和赵铭彝老师一起率先创建国内第一个中国话剧史教研室并编写相关教材。

陈古虞老师在北京大学学习英文、法文，研究生时期专攻莎士比亚戏剧研究，却一辈子致力于中国昆曲艺术的传承，他为学生讲授"中国戏曲史"和"戏曲音韵"课程，倾其一生心血为几十出元杂剧订制了昆曲演唱谱。

陈汝衡老师讲授"古典诗词欣赏暨写作实践""中国古典文学"等课程，他致力于俗文学研究，其《说书小史》《说书史话》在国际上都有影响，尤其在日本评价很高。

陈耘老师是中国当代著名剧作家，他在 20 世纪 60 年代创作的《英雄小八路》和《年青的一代》曾风靡全国，成为戏剧史上绕不开的存在，其写作经验和技巧也反哺于他的编剧教学和研究。

陈多老师则是中国戏曲研究领域德高望重的著名学者，他潜心于中国戏曲史、戏曲理论的研究和教学工作，在戏曲美学研究方面更是独树一帜……

遥想当年戏文系的学生何其幸运，在上戏这座巍峨的艺术殿堂里，不少名家、名师在给他们上课，可以面对面交流。老师们学养深厚（九位名师中，五位有英文专业或留学背景，可谓学贯中西），术有专攻，从他们的言传身教中，同学们汲取到受用终生的知识和技能。当然需要说明的是，这九位名师只是戏文系众多优秀教师的杰出代表而已，还不是全部家当。相信以后还会有《戏文名师 2.0》和《戏文名师 3.0》的出版。

我对张璟书记牵头做此事是很放心的。在来戏文系之前，她曾担任学校党委组织部部长和人事处处长，积累了丰富的行政经验，人脉资源广，相信她会利用各种关系，组织各方力量编写此书。一个有力的证据是，2019 年 10 月由她牵头编写的《欧洲戏剧与教育研访漫记》在上海人民出版社出版，该书源于她在人事处工作时设立的"上海戏剧学院教师欧洲研访项目"。在她的发动下，数十位赴欧研访的上戏教师书写了各自独特的见闻感受并结集成书，该书曾在上海文化广场 We 剧场举行新书分享会，取得了很好的社会反响。但我深知，《戏文名师》编写的难度要远超《欧洲戏剧与教育研访漫记》，因为这些名师都已经去世了，只能通过后人来写他们的回忆录，而这九位名师很多是新中国成立初期在戏文系任教的，距今已有六七十年之久，他们当年的学生、同事乃至他们的子女也都已经到了耄耋之年，寻访起来异常艰难。我就见到张璟老师曾为书稿字数不够（当时只有十几万字）而发愁，好在她善动脑筋，找到了两个得力助手——系党总支副书记陈莹老师及擅长史料整理的"台湾清华大学"顾振辉博士一起做此事，很快就打开了局面。在充分发掘上戏自身资源的基础上，他们通过各种渠道发布约稿函，恳请校友为《戏文名师》撰稿，还组织上海的校友来上戏召开座谈会（我就受邀参加了三场），并做好访谈记录的整理。同时，动用各种人力资源，通过"人托人"的方式积极组织稿源，这些稿件有名师学生写的，有过去同事写的，有他们亲人写的，此外，他们还搜寻到名师自己写的回忆录，包括名师之间的回忆和纪念文章。经过他们不懈努力和各种"抢救性发掘"，《戏文名师》的字数居然达到了40万字，非常不容易！这当然与他们辛劳付出是分不开的。好几次我在华山路校门口碰到张璟老师，问她站在那里做什么。她告诉我在等人，约了一位撰稿老师在咖啡馆见面，我知道，好多时候他们是利用节假日、放弃休息时间在忙此事……写到这里，我内心盈盈地是对张璟、陈莹两位老师和顾振辉博士的一片感激之情，《戏文名师》的出版，从大的方面说，可以为戏文系乃至整个上戏提供立德树人、培根铸魂的宣传教育载体和工具；从小的方面说，可以对戏文系教学和研究起到潜移默化的影响和作用，这是盛德的事啊！

我通读了《戏文名师》的稿件，感觉形式不拘一格，内容丰富多彩，有细节生动的温馨回忆，有传记性质的考据文章，有学理层面的研究思考，这使得该书既有随笔杂谈的广度，又有理论探讨的深度。编写者又多系戏文系出身，文字功夫非同一般，写人栩栩如生，叙事形象生动，阐析客观严谨，通篇自然流畅，文采斐然。就全书来说，该书能做到"形散神不散"，基本围绕九位名师的为人、为教和为文／为学三个方面来进行——为人方面：他们有自己的道德礼仪和价值坚守，即使在动荡年代也不随波逐流，淡泊名利，甘做人梯，对年轻教师与后学大力提携和帮助；为教方面：他们倾心教坛，倾注教学，倾力奉献自己的所学、所得和所长，对学生学业给予不遗余力地指点，对学生生活则倍加关爱和呵护，为学生的成长成才提供助力；为文／为学方面则表现出对艺术的不懈追求，对治学的不断精进，他们耐得住喧嚣和寂寞，矢志不渝，终成大业……一篇篇回忆文章从不同角度或侧面展现了九位名师的风采，让我们对他们有了更加深入的了解和认知，阅读过程中，我时而会心一笑，时而感喟动容，时而战兢惕励，觉得这是一本比较完善的有益身心的读物。

吾生也晚，无缘与九位名师交集，更无福气听到他们的课，接受他们的教诲，但通过阅读《戏文名师》，他们的形象渐渐地在我脑海里鲜活生动起来，从一鳞半爪，到逐渐清晰和明朗。《论语·里仁篇》曰："见贤思齐焉，见不贤而内自省也。"这些先贤已然为我们树立了各式各样的标杆，是我们渴望追随和学习的榜样，虽不能至，心向往之！同时，在阅读与受教中，一种强烈的集体自豪感油然而生，我为戏文系有这么多名师而骄傲，在他们构筑的戏文系精神家园里，我们能产生一种归属感和荣耀感。这是我用"Longing and Belonging"作为序言标题的原因所在。

是为序。

2022 年 8 月 12 日

人物传略

李健吾　　　　　　　余上沅　　　　　　　顾仲彝

赵铭彝　　　　　　　魏照风　　　　　　　陈古虞

陈汝衡　　　　　　　陈　耘　　　　　　　陈　多

李健吾

　　李健吾（1906—1982）山西运城人，教授，作家、剧作家、文艺评论家、翻译家、法国文学研究专家。1925年入清华大学西洋文学系。1931年赴法国巴黎大学研究福楼拜等现实主义作家和作品。1933年回国，在中华文化教育基金董事会编译委员会任职。1935年任暨南大学教授。抗日战争时期在上海从事话剧活动，是上海剧艺社及苦干剧团的中坚。1945年主编《文艺复兴》杂志，倡议并参加筹建上海市立实验戏剧学校，任编导研究班教授。1954年起任中国科学院文学研究所和中国社会科学院外国文学研究所研究员。先后共创作、改编近50部剧作。翻译的小说有《包法利夫人》《圣安东的诱惑》《司汤达尔小说集》等；翻译的剧本有《爱与死的搏斗》和高尔基、契诃夫、托尔斯泰等人的戏剧集。其中莫里哀喜剧27部，是国内最完整的译本。还著有《福楼拜评传》《莫里哀的喜剧》《莫里哀〈喜剧六种〉译本序》等专论。

余上沅

余上沅（1897—1970） 湖北沙市人，教授，导演，戏剧理论家。曾先后就读于文华大学、北京大学。1923 年，获清华半官费赴美深造，继转入哥伦比亚大学研究部主习西洋戏剧文学与剧场艺术。1925 年回国，任北京美专戏剧系教授。1926 年夏，与徐志摩合编《晨报》副刊《剧刊》，倡导"国剧运动"。1927 年，寓居上海，任上海暨南大学教授，与徐志摩等创办新月书店。1928 年，应熊佛西之邀，兼任国立北平大学艺术学院戏剧系教授。1935 年秋，就任南京国立戏剧学校校长一职，兼表演主课教师。抗战爆发，余上沅率校撤退至长沙、重庆。1939 年剧校再迁四川江安，并于 1940 年改名为国立戏剧专科学校。抗战胜利后，余上沅率校重返南京。1948 年夏赴英国讲学。新中国成立后，余上沅先后受聘于上海沪江大学、复旦大学。1959 年调任上海戏剧学院戏剧文学系任教授，开设贝克编剧技巧、易卜生研究、毕业论文指导等课程。

顾仲彝

　　顾仲彝（1903—1965）　原名顾德隆，浙江余姚人，教授，民盟盟员，戏剧理论家、剧作家。青年时当过学徒，1924 年于东南大学毕业后进上海商务印书馆任编辑。其间，加入上海戏剧协社和文学研究会。后任上海暨南大学和复旦大学教授，翻译了英国著名作家哈代的小说《苔丝姑娘》、莎士比亚剧作《威尼斯商人》，还改编了话剧《梅萝香》。在上海"孤岛"时期，先后参加青鸟剧社、上海剧艺社。1941 年为上海艺术剧团、国华剧团编演了《秋海棠》《三千金》等剧。抗战胜利后，出任上海市立实验戏剧学校校长。1947 年春，国民党上海市参议会提出"裁撤剧校"案，被迫辞去校长职。上海解放后，任上海市文化局电影管理处副处长。1957 年 7 月转入上海戏剧学院，任戏剧文学系教授，开设西欧戏剧史、戏剧概论、编剧概论等课程。1963 年完成著作《编剧理论与技巧》，阐明戏剧的特征、戏剧结构、戏剧人物及戏剧语言等内容，并对法国布伦退尔的"意志冲突"说进行了新的解释，至今成为戏剧院校的必读教材。一生翻译、改编、创作了近 50 部剧本。

赵铭彝

赵铭彝（1907—1999） 四川江津人，教授，民盟盟员，享受国务院政府特殊津贴。先后就读于上海大夏大学、上海大学社会学系。1928年入南国艺术学院学习戏剧。1929年创立摩登社。1930年发起成立中国左翼戏剧家联盟，1932年任书记，主编《艺术新闻》，参与各地剧联分支组织的建设及大道剧社的活动。出版翻译剧本集《在黑暗中》和著作《苏联的戏剧》。抗战期间，在四川从事进步文化活动，参与筹建怒吼剧社，公演《卢沟桥》，被选为中华全国戏剧界抗敌协会理事。1943年在重庆和金山、于伶、宋之的发起组织中国艺术剧社。1946年加入中国民主同盟，任《民主报》副总编辑、成都《民众日报》《华西晚报》总编辑。新中国成立后，曾任西南文联常委、重庆剧协主任、中华戏剧专科学校校长。1950年，应熊佛西之邀，赴上海市立戏剧专科学校任教。1952年任中央戏剧学院华东分院戏文系教授，兼文艺理论教研室主任。自50年代始，着手创建中国话剧史学科，收集了几百件文献资料，发表多篇讨论话剧史的文章。曾任中国戏剧家协会上海分会理事、田汉研究会副会长，2004年出版《赵铭彝文集》。

魏照风

　　魏照风（1913—1988）　福建福州人，副教授。中学时代参加《一片爱国心》《压迫》等剧的演出活动。1932年参加北平左翼剧联、左联的演出创作活动。演出田汉的《战友》《乱钟》《一九三二月光曲》等剧。导演并主演王文显三幕喜剧《委曲求全》，主编《戏剧旬刊》。1934年毕业于辅仁大学。抗战期间参加《民族万岁》等剧的演出，主编《艺术信号》。1951年11月起到上海市戏剧专科学校工作，曾任教务副主任、附中教务主任、戏文系常务副主任、学术委员会副主任。1961年参加《中国话剧史纲》教材编写工作。1982年当选为中国当代文学研究会理事，发表大量剧评，1984年完成120万字的《中国当代话剧史》初稿。

陈古虞

陈古虞（1919—1990） 河北安新人，生于北京，教授。1942 年北京大学文学院外文系毕业，继自修研究生 1 年。曾任北京中法大学、北京大学文学院、华东大学、山东大学艺术系讲师。1952 年起任教于上海市戏剧专科学校，历任讲师、副教授、教授，长期担任学校中国戏曲史教研室主任。讲授中国戏曲史和部分古典戏曲作家作品专题研究课，开设戏曲表演课、台词课、中国舞蹈课及有关戏曲声腔、音韵、格律方面的专题讲座，担任研究生指导教师。擅长昆剧表演艺术，早年师承北昆名旦韩世昌，记录了许多剧目的舞台动作、身段谱，并且能演出多种昆剧折子戏，如《夜奔》《打虎》《思凡》《痴梦》《刺虎》等。应中国艺术研究院戏曲研究所、江苏昆剧院、上海昆剧院之邀，传授折子戏表演。晚年在多病卧床的情况下，坚持为南北昆剧演员亲授濒于失传的《刺虎》，使之得以恢复演出。精通曲谱的整理和研究，穷 30 余年艰辛研究，完成《元明杂剧全本曲谱集成》，计 14 集，共 84 个全本曲谱，3000 余首曲。此外，还有《桃花扇传奇全谱》《清忠谱传奇全谱》等。

陈汝衡

　　陈汝衡（1900—1988）　江苏扬州人，教授。1924 年毕业于国立东南大学。1959 年到上海戏剧学院戏文系执教，曾出版《说书小史》《说书史话》等曲艺史著作。1966 年 4 月，在《文汇报》发表《我对清官问题的几点认识》遭遇批判。1978 年出版人物传记《说书艺人柳敬亭》（上海文艺出版社）、《宋代说书史》（上海文艺出版社）。1981 年 3 月出版《吴敬梓传》（上海文艺出版社），同年 12 月，《说苑珍闻》（俗文学史话）由上海古籍出版社出版。1985 年《说书史话》由人民文学出版社出版、《陈汝衡曲艺文选》由中国曲艺出版社出版。多部曲艺专著填补我国曲艺史研究空白。在戏文系任"古典文学选读""唱词写作""古典诗词欣赏暨写作实践"等多门课教学。

陈耘

　　陈耘（1923—1999） 原名陈文钦，曾用名陈云，笔名耕耘，福建永春人，剧作家，享受国务院政府特殊津贴。1947年考入上海市立实验戏剧学校学习戏剧表演，毕业后留校任教，并从事话剧创作。50年代末至60年代初，前往福建前线深入生活，搜集创作素材，在前线传颂的"英雄五少年"事迹的基础上，创作了多幕话剧《英雄小八路》，并由上海天马电影制片厂改编拍摄成同名电影。1963年，创作了四幕话剧《年青的一代》，该剧赢得全国的广泛赞誉，1963年获文化部授予的优秀创作奖，1965年由上海电影制片厂改编拍摄成同名电影，评论界称誉该剧为"当代中国青年的必读教科书"。陈耘在话剧创作上取得成就的同时，在几十年的艺术教学生涯中，为话剧艺术培育了一批优秀的艺术人才。

陈
多

　　陈多（1928—2006） 福建福州人，中共党员，教授，享受国务院政府特殊津贴。1947年进入上海市立实验戏剧学校表演科就读，1949年3月加入中国共产党地下支部。1950年毕业留校，任上海剧专表演助教兼校长办公室助理秘书，并担任中共上海剧专支部代书记。1952年院系调整以后任中央戏剧学院华东分院秘书科副科长。1956年任上海戏剧学院图书馆副馆长。1958年因被错划为"右派"，撤销职务。1962年由图书馆调戏剧文学系任教员。1962年至1966年期间，在戏文系及研究班讲授"剧本分析""作家作品研究"等课程。1976年以后，先后讲授"中国戏曲""李笠翁曲话""剧本分析""文艺概论"等课程，并担任毕业论文指导、研究生指导及兼任班主任等工作。1984年担任戏剧文学系主任，后离休。编写、出版《李笠翁曲话（注释本）》《剧史新说》《王骥德曲律（注释）》《现代戏剧家熊佛西》《熊佛西戏剧文集》《中国历代剧论选注》等著作，2001年，毕生研究中国戏曲的心血之作《戏曲美学》出版。2006年荣获"上海戏剧学院戏剧教育终身荣誉奖"。

忆

文

————

实验剧校的诞生

李健吾

　　上海戏剧学院将于十二月初举行建院三十周年纪念，是十分值得高兴和庆贺的事。追溯它的前身，先拟的是上海戏剧专科学校，其后改为市立，但经人阻挠，被迫改为上海市立戏剧实验学校，直到解放，才由华东文化部派黄源同志作为第一个进步学校，予以接管，并正式宣布为市立戏剧专科学校。我们当时喜出望外，特别觉得光荣。上海戏剧学院就是在这个专科学校的基础上，于一九五二年，由中央文化部定名为现在这个名称的。

　　在旧中国，凡事来之不易。这所学校的创建也经过了一番曲折与斗争。参与这件事的，主要是顾仲彝同志，他不幸已于一九六四年去世。佐临同志虽是学校发起人，却并不深知其中经过，所以责无旁贷，只能由我揭开这个序幕的哑谜。

　　沦陷时期，话剧在上海畸形发展，走上了商业化道路。但是剧团此起彼伏，大都由于经济关系，或者经营不善，只有佐临的苦干剧团能在抗战胜利后保存下来。日本投降后，我心想，话剧界人才济济，办一个戏剧学校，也许是应该的。我把这种想法告诉了佐临，他表示同意。于是我拟了一个呈文，和佐临共同签了名，盖了章，拟名为上海戏剧专科学校，请求上海市教育局批准。

　　上海市教育局的国民教育处处长朱君惕，是我清华大学低一级的同学，我拿着呈文请他从中周旋。他告诉我，教育局局长是清华留美预备学校的顾毓瑛，即顾一樵，也写过戏，而且是清华的老校友，一定乐于帮忙。他兴冲冲跑上了楼，下来告诉我，顾一樵热烈欢迎我。就这样，在朱君惕介绍下，我们相识了。他看过呈文，表示十分赞同，说他愿意帮这个忙，他在重庆也见过佐临，他又说，这个学校是市立还是私立，最好还是市立，因为年久月长，经费由私人筹措是有困难的。我同意他的看法。他忽然想了想，说，光你们两个人还不行，必须添上顾仲彝，才能各方面都照顾到。我说，我们欢迎顾仲彝合作，但是到哪里找他呢？顾一樵笑了，说他就在社会局，如今是那里的戏剧与电影处副处长。我知道教育局和社会局在一个大院里，两座大楼，前者东西向，后者南北向。

我走出教育局，过去找顾仲彝，正好他要上楼，我们就在大门边谈了起来，我请他做戏剧专科学校一名发起人，他立即应允；于是我请他领衔，在呈文上签了名，他掏出印章盖了章，我就把这个形式主义的呈文递了上去。这是一九四五年十月里的事。

最发愁的是校址。后来朱君惕出来帮忙，说他接管四川北路一所日本小学，是一座四层大楼，也可以拨出二层楼做戏剧专科学校的校址。校长决定由顾仲彝担任。顾一樵私下告诉我，内定的校长应当是熊佛西，不过他在重庆还没有下来，先由顾仲彝当一时期的校长。一方面由于熊佛西是他的故交，一方面也由于熊的资望高于顾仲彝。这位局长不愧是一位政治人物，他叫我不要向顾仲彝讲起他的想法，免得事出意外，可能有变化。

当时虹口有四家敌伪的影剧院，顾一樵先下手为强，要顾仲彝担任接管委员会主任，要佐临和我担任他的副手，办理接管事宜，顾仲彝代表社会局，佐临和我是非官方人士，一切便由顾仲彝作主，我们也都没有话说。靠近火车站的一家影院是私人的，应当发还，就由他发还了。我们连看也没有看。佐临的意思是要那座日本人为自己建成的剧院，它在当时的规模相当于姚克代表英国人做经理的兰心剧场。我们看了一上午三家影剧院，一座是地点极好，而建筑破旧的影院（接管后，改名海光剧院，由我担任名义上的经理，不久内弟来了，

上海市立实验戏剧学校
横浜桥校址

代表我管理全院大小事宜），一座是靠里的一家影院，从这家影院往南进去一条小街，就是日本人的剧院，佐临看了很满意，仲彝也很满意，当时他有双重身份，校长兼接管委员会的主任，所以他建议收回来做学校的实验剧场，佐临和我都一致赞成。此后和日本人方面的经理如何办理接替手续，就都是仲彝的事，我们两个人都没有过问。

接管顺利完成了，顾一樵很称赞了仲彝一番，不料半路杀出个煞神来，前功尽弃。

这个煞神就是南京政府的文化特务头子张道藩。他迟来了一步。可是听说我们办了一所上海市戏剧专科学校，又听说我们接管了虹口三家影剧院，他大不高兴，很可能在顾一樵那里大发脾气。他背着我们已经视察了三家影剧院，心中有了底。为了周旋起见，顾一樵被迫请客，约仲彝和我作陪。什么饭馆，我已经完全忘记。只记得自己心中纳闷，不知道顾一樵请客为了什么，到时一介绍，才知道主客就是张道藩，还有一位他的亲信叫虞文的。大家都很客气。随后酒菜摆上，张道藩就单刀直入，说南京已经有了一个国立戏剧专科学校，沪宁如此相近，上海再办一个，不怎么相宜。我默不作声。仲彝是内定的校长，只得委婉曲折地解释了一遍，什么沦陷期间从事话剧的人多了，上海是一个大城市了，等等，也无济于事。顾一樵看事情要闹僵，就说上海办戏剧学校是实验性质，仲彝似有所悟，立刻接口就说：是啊，学校是实验性质，就叫上海市立实验戏剧学校吧。这样，张道藩才点了头。但是他马上就谈起了胜利剧场（就是仲彝定给学校做实验剧场的名字），说：他那方面需要一个文化场所，而胜利剧场正中他的意。看我们都不作声，他就哈哈大笑，说，就这么定了。仲彝哑巴吃黄连，一肚子委屈，这桌酒宴就这样客客气气地不欢而散了。

这就是上海市立戏剧实验学校的分娩经过。它是在淫威之下分娩的。学校丢了一个实验剧场，而我们却背上了一个南京政府的文化委员的黑锅。这事是我在"文化大革命"审查历史时才知道的。

后来虞文就变成了胜利剧场的经理，打的旗号是南京政府的文化委员会的什么名义。顾一樵为了弥补这个损失，就让顾仲彝做了另一家电影院（离胜利剧场很近）的经理。在此期间，教育局和社会局还共同组织了一个公共影剧院管理委员会。

快解放时，顾一樵不见了，剩下副局长李熙谋，每月主持一次例会。这时熊佛西已经是上海市立实验戏剧学校的校长。原来，顾一樵要学校演他的《岳飞》，仲彝便以抗议为名，辞职不干，这时熊佛西已

上戏校歌

经来到上海，一樵和他来往密切，仲彝可能有所耳闻。

解放前，我一直是实验戏剧学校的研究班主任。研究班的高材生有杨履方、叶至诚等人，还有一个姓翁的，是从青岛来的，我不记得他叫什么，人也早死了。

记得学校的第一任教务主任为吴天同志，是我介绍的。我在他家里认识了田汉。学校这时教书的都是大名鼎鼎的人物，有欧阳予倩、田汉、洪深、佐临、陈西禾、张骏祥、朱端钧等同志，真是济济一堂啊。大后方来的新中国剧社，由欧阳予倩向熊佛西讲情，要求海光剧院做它演出地点。我明白它也是被生活所迫，才往这上头想的。我在公营影剧院管理委员会总算给它争到了半年合同。后来，剧院每月亏本，电费负担不了，剧院方面积有怨言，公营影剧院管理委员会秘书杨某查账，也在委员会里表示反对。结果勉强维持了半年，我这才以合同满期为借口，得到剧社的谅解，停止演出。

佐临从看过虹口三家影剧院那天之后，便再也不问公营影剧院管理委员会的事，虽然委员会中有他的名字。

这些事都发生在解放之前，因为内情只有我这个发起人知道，揭述如上。

此文原刊载于 1982 年《上海戏剧学院建校三十七年专刊》

怀念李健吾同志

魏照风

接到中国社会科学院外国文学研究所寄来的讣告，惊悉李健吾同志于一九八二年十一月二十四日因病逝世，四十八年的老友一旦诀别，感到万分的悲痛，使我想起不少同他相处时的往事。

一九八一年九月间，健吾曾同他的爱人一起来到上海，我们又一次会晤，由于谈话过久，中午时外出进餐，沿着梅龙镇向政协餐厅前进，从北京西路走到绍兴路，我陪着健吾，他步履蹒跚，一步三停，气喘吁吁，好容易才到达目的地。饭后，我又冒雨陪他到华东医院看望佐临和柯灵同志。柯灵正在为健吾剧作选写序言，这是一篇比较全面的评述。

我同健吾相识于一九三四年。第二年三月，健吾新婚不久，我们一起演出了王文显英文编剧、由他翻译的三幕喜剧《委曲求全》，使得静寂的北平剧坛，有了一股春天的气息。随后，我们又准备演出他的《梁允达》和《以身作则》，由于时机不成熟，未能实现。后来剧社又演了三个独幕剧，其中有他改编的《撒谎记》，是他和董世锦合演的，揭示并讽刺了绅士阶层的生活。去年健吾准备把王文显的戏剧结集出版，几次来信要我提供资料，并请张骏祥同志来我家把剧本拿去，准备写序言。从这一点上，可看出健吾对师友的热情和一片赤诚之心。

健吾从 20 年代起经历了半个多世纪，创作和编译了不少剧本。在 30 年代所写的《这不过是春天》，描写北伐战争前夕，北京警察厅长的夫人，掩护了阔别多年的旧情人，使他便于进行革命秘密活动。剧中细致地描写了警察厅长夫人的理想和现实的矛盾、纯真的爱情和世俗偏见的矛盾、物质享受和精神空虚的矛盾、青春不再和似水流年的矛盾、虚荣心和自卑感的矛盾，给人以深刻的同情，写出了人物的内心世界和行动，显示了人物所处的时代和社会风貌，这出戏各地专业和业余剧团普遍上演，获得观众热烈的欢迎。

健吾笔下以农村生活为题材的悲剧或喜剧，揭示了旧社会农村的黑暗，是对中国农村的猛烈鞭挞，把一个烂透了的旧世界端了出来。如《梁允达》中的主人公就是邪恶的化身，使人感到反动政权必须彻底推翻方有出路。

抗战期间上海沦陷后，健吾在党的领导下，积极参加了上海剧艺社的演剧活动，他改编了《麦克白》《云彩霞》及萨尔都四剧：《金小玉》《风流债》《花信风》《喜相逢》，用来鼓舞观众的抗日斗志。他经历了一条崎岖、曲折的道路，终于迎到了胜利。当抗日胜利初期，他鉴于国民党反动派的倒行逆施，根据席勒的《强盗》改编成《山河怨》，描写抗战"惨胜"后的社会疾苦，提出了"胜利后又怎样"的问号，真实而深刻地抒发了人民对国民党反动统治的怨愤，表达了他对国家前途的关心。

健吾所写的剧本，人物性格鲜明，非常口语化，而且干净利落，打动观众的心坎。我也喜欢读他的散文和评论，他以"刘西渭"的笔名写下的许多文学戏剧评论，笔调刚劲，犀利无比，给我们留下宝贵的财富。他的文章浸透着机智和才华，幽默而俏皮，那通达人情世故的言论、凝炼而生动的风格，使你发出会心的微笑，感觉到作者真挚的热情，真是百读不厌。

一九五二年，我同健吾共事于上海戏剧学院，他担任戏剧文学系主任，在这之前他还参加了《钢铁是这样炼成的》和《美帝暴行图》(后改拍电影命名为《控诉》)的集体创作，产生了积极的宣传效果。这时，我们天天见面，共用一张办公桌，有时商谈系内教学工作，有时则高谈阔论，使我感到他的平易近人、单纯可亲、风趣乐观、胸无城府。他为筹建戏文系和培养年青一代的戏剧创作人才煞费苦心，全力以赴。

健吾上课非常有吸引力，举例精辟，议论风生，其对中外文坛掌故非常熟悉，俯拾即是，增加了讲课的魅力，并能引导同学对某些文学戏剧问题，进行研究探讨，甚至系外同学也来旁听，有时窗台上都坐满了人。尽管这样，系内的矛盾还是重重的，使他应接不暇，尤其是师生间的思想矛盾，使他大伤脑筋。记得一九五三年暑期前夕，师生共作郊游，在吃西瓜时，有一个坐在女生旁边的助教，忽然拿起刀子插进西瓜里，大耍其流氓腔。这引起健吾极大的愤怒，认为一个新中国的青年不应当有这样可耻的举动，声色俱厉地当场批评了他，可见他的嫉恶如仇和公正无私的品质。就在这年，戏文系停办了，学生分别转到复旦大学和中央戏剧学院，健吾也就离开了上海，参加了文学研究所担任研究员。他虽然离开了，但对学院的教学工作仍极为关心，大力支持。我们分手后，仍保持着通信联系。他写的字狂草如飞，很难识别，大家开玩笑地称之为"天书"，每逢我接到他的"天书"，便感到由衷的喜悦，他来信，往往是开门见山，信笔直书，对我鞭策很大。

一九五四年他应邀来沪，为上海戏剧学院编剧进修班讲授莫里哀戏剧专题，他是这方面的权威，具有丰富的学识，边讲边示范表演，如对《答尔丢夫》（即《伪君子》）的讲解，简直像演出一出戏，显示了他对莫里哀剧作的精通和表演才华，把同学都迷着了，从而介绍了作者的生平和戏剧创作的特点，以及喜剧的独有风格，使同学获得很多知识。

一九六三年春，他从广州开过话剧、歌剧、儿童剧创作会议后，路过上海，特意来看我，还带了一包大蒜给我，这时上海蔬菜很紧张，他的雪中送炭，可以看到他对老朋友的关心。我们一起到锦江饭店，看望了曹禺、老舍和张庚同志。谈到了有关广州会议的一些情况。饱览了南国风光。健吾谈及老舍，说他喜欢喝用滚开的水冲泡的好茶，一路谈来风趣而幽默。

健吾寄给我的最后一个剧本是辛亥传奇剧《贩马记》，一九八一年由宁夏人民出版社出版，这是一九三八年写的，是他尝试把话剧结合旧戏的精神实质，按照戏曲"南戏"的规模来写的，可说是话剧民族化的一个创举。我用一个夜晚一口气读了全剧，不禁为之拍案叫绝。剧本正面写了辛亥革命，通过高振义和金姑

魏照风与李健吾的书信

男女主人公恋爱的悲剧，表达了辛亥革命的失败所带给他们的失望和痛苦。他们希望寻找真理，认为不能空闹一场革命，要走遍天涯海角去寻找这个"思想"，为这死了也甘心，从而显示了男女主人公为追求革命真理而献身的精神。这次革命虽然失败了，但从政治上表明了资产阶级民主革命的脆弱性，使我们了解到高振义所希望的是什么样的革命，这也就是剧本的主题。

健吾这出戏，虽然是四十多年前写的，但可见到他对革命的向往和纯熟的艺术技巧，显示了辛亥革命的时代风貌，写了半部戏，却概括了辛亥革命前后的过程，确是大手笔。塑造出了典型环境中的典型人物，是付出辛勤劳动的。因此，我建议有剧团能排演这出戏，这就是对他最好的纪念。

一九八二年暑期，我为了庆祝上海戏剧学院建院三十周年。曾写信给健吾，要他写纪念文章，九月间他写成了，来信告诉我由于忙还无暇缮清。现在他的文章《实验剧校的诞生》已在《戏剧艺术》增刊发表，而他竟未能看到，便溘然长逝了，这就使我更加怀念他。

此文原刊载于《上海戏剧》1983年第2期

回忆顾仲彝先生

陈汝衡

　　顾仲彝先生在"文化大革命"前二年患病逝世，他离开我们已经有十五年了。对于一个老同学、老同事、老朋友的过早去世，我是十分悲痛的。顾先生生前的音容笑貌，重病时缠绵病榻的苦恼，以及弥留时有气无力、断断续续的讲话，我至今还是记忆犹新。

　　他是浙江嘉兴人，毕业于嘉兴秀州中学（一个由外国人主办的教会中学）。一九二〇年（民国9年）我们两人都考进了南京高等师范英文科，专攻英文和英国文学，准备毕业后当中学英文教师。这一南京"高师"不收学生的学、膳、宿费，因而吸引了绝大部分家境清寒、但有志要受高等教育的青年学生。顾仲彝先生从教会中学毕业后，不去上海投考圣约翰大学、沪江大学或南京的金陵大学这些著名的教会大学，就说明他不是出身于富裕家庭；正和我一样，我们都是寒士，要升入大学只有投考不要钱的高等师范。这在当时的确是我们唯一可以升学的高等学府。

　　两年后，"南高"扩展为国立东南大学，而大学生是要支付学、膳、宿费的，我们向学校当局斗争的结果，凡从"南高"转来的学生仍旧不收费，我们因此又成为蒙受优待的"东大"学生了。我和顾仲彝先生第一年肄业期间，住在同一宿舍，彼此了解深，功课上质疑问难也容易。在英文学习方面，指导我们的教授如张士一、吴宓、梅光迪等，都是国内著名学者，还有美国人温德

（Winter）教过我们英国语言发展史等课程。他热爱中国，夏天喜欢穿一件夏布长衫，冬天拖着很长的棉袍。他后来转往清华大学教课，曾经掩护反抗国民党政府的进步学生，把他们藏在自己的宿舍里，不让受到非法逮捕，因而受到全校师生的敬爱。温德先生在"东大"授课期间，为要学习中国语文，就让同学和他住在一起，而顾先生就是当时和温德先生同住在教师宿舍里的唯一学生。顾先生曾对我说，他这样做获益不小，随时可向温德先生请教，说英语的机会也多起来。这为他以后从事外国戏剧文学的翻译打下了扎实的基础。

顾先生求学态度是认真的。在宿舍里，他不时地翻阅图书、查阅字典，上课前总要把老师所讲的仔细复习，钻深学透，在学校图书馆，一坐就是两三小时。我深深惭愧不及他的勤奋。除此而外，他又是个谨慎小心、不妄言、不妄动的学生。就是在不愉快的时候，他也很少发牢骚，把自己的真实感情道出来；旁观者是难能从他的外观上捉摸到他的精神状态的。

一

抗战初期，国民党军队退出上海，上海四周都在日本军事控制之下，剩下来的公共租界和法租界就形成所谓"孤岛"，也造成一种畸形繁荣。当时进步文人在地下党领导之下，从不放弃搞些文艺活动。他们组织过青鸟和剧艺社等演剧团体，希望演出一些有文艺价值的进步话剧，为"孤岛"群众打打气，振奋人心。当向公共租界工部局登记组织剧团时，需要一个有固定职业的人领衔做代表，才允许登记。顾先生就以复旦大学教授名义，做了剧团的代表人；对当时情势来说，他算是恰当的人选。可是不久就有坏分子向工部局写匿名信破坏，指顾先生和共产党一道搞戏剧，并写信威胁他，信内还附入一粒手枪子弹。剧团在公共租界不得登记，曾转到法租界。但在法租界也遭到同样破坏。于是就由地下党组织团结一些在法国留学过和研究法国文艺的人在"中法联谊会"发起组织剧团，这就是"上海剧艺社"，它可以不向法租界工部局登记而成立，而顾先生仍然是剧艺社的成员之一。在法租界立足的剧艺社，需要首演法国人著作的剧本，当时法国领事齐那亚也曾提出这一要求。顾仲彝先生当时正在改编法国作家巴若尔（Mareel Pegol）的剧本《小学教员》（郑延谷译本）为中国话剧，剧艺社就让顾的改编本在法租界公董局大礼堂演出。这就是当时轰动上海内外的话剧《人之初》（由阿英定名）。齐那亚虽在法国两次看过原剧的演出，在看了剧艺社的演出后十分满意，并发给奖金。《人之初》的演出确实是成功的，导演是现在戏剧学院的副院长吴仞之。后来《人之初》还曾改拍成电影，就是《金银世界》。仍是由顾仲彝先生改编的。他译过的外国小说和改编过的剧本还有《重见光明》《同胞姐妹》《野火花》《八仙外传》《新妇》等。

二

我和顾仲彝先生是大学时代的同班同学，但在以后，又和他共事过两次。一次是一九三一年在真茹的暨南大学，他曾邀约我到该校英文系主任洪深家中会面；第二次是一九六〇年，在上海的戏剧学院任教。想不到彼此在戏剧文学系授课才四年光景，他就与世长辞了。抗战胜利后，国民党政府一度派顾先生为上海市社会局文化部门的领导人，并担任胜利电影院的经理，后来市教育局又请顾先生等筹建上海实验戏剧学校，地址在虹口，顾先生任校长。当时不少文艺界知名人士都在里面任过教。吴仞之是教务主任，洪深、田汉爱人安娥（当时用的名字是张藏生）、黄佐临、胡辛安、吴天等都在里面。随后，市参议会认为这一实验戏剧学校被左派教师控制得很深，提出要撤换教师，尤其对洪深最为不满，首先要撤掉他。顾先生和吴仞之因此辞职不干。

三

现在我要掩着泪痕，谈谈顾先生逝世前的情况。他平时身体不算坏，大家总觉得他是个健康的人。可是无情的癌症总是在你还不知觉的时候，偷偷地侵袭你的躯体，并从多方面使你模糊，也使医生模糊。医生曾指他患肝病、肠胃病，想不到致人死命的癌细胞竟然进展到他的下肢，在前列腺这一死角生根扩散，吞噬了他的生命。一次，我去华东医院病房看他，他并不觉沉疴在身，照样地说笑，并且向来访的同学谈戏剧。他只是对我说："病情还不清楚，仍需进一步检查。"

当顾先生病况逐渐加重之际，我好几次到他住宅去看他，最后一次他对我说："我怕难好了，这几天眼睛蒙上一层薄膜，看不清东西，连电视也看不下去。"只见卧榻旁放着一具黑白电视机，这原是让他消磨病中岁月、暂时忘却病痛的东西，此时也已失效，归于无用了。他说话时精力衰竭，但还带着挣扎的神态，和一连串断续结巴的声音，我真欲淌出眼泪了。我明知他危在旦夕，除了劝慰他，嘱他安心调养，说些言不由衷的话以外，还有什么可说呢？

四

在顾先生逝世以后两年，一场席卷全国的"文化大革命"风暴降到中国大地上，而顾仲彝先生呢，侥幸地越过这场史无前例的狂涛恶浪；否则的话，等待他的将是什么样的遭遇？他的脆弱的身心，一定是顶不住的。

此外，在顾仲彝先生生病以前，"上戏"戏文系曾对他的某一讲稿做过几次很激烈的批判，硬说他讲稿内容这不是、那不是，是一株毒草，等等。他原是个遇事不肯暴露自己、内心沉浸在苦恼中的一个旧知识分子，当时批判讲稿对他的折磨是够大的。然而他对我这一老同学还是肯说几句知心话，他曾经拉我到一个僻静的屋里对我说："不瞒你老同学，我好多天整夜不能睡眠，两眼一直睁着，不知道何时批判才完结？"

到了今天，顾仲彝先生的讲稿受到普遍重视，被选登在"上戏"刊物《戏剧艺术》上。我真不知道当年对顾先生的批判，以及带给他的精神折磨，是不是一次多余的举动？我更惋惜的是，恶疾把他的生命夺走，使他不能活到今天，为戏剧园地的繁荣昌盛尽自己的一分余力。

我写到这里不禁"掷笔三叹"了。

此文原刊载于《上海戏剧》1980 年第 1 期

永恒之思

陈　多

　　写字桌旁边有一个小小的书架，上面放着几十部备不时需查用的《辞源》《佩文韵府》等工具书和经常要参考的重要专业书，顾仲彝师的《编剧理论与技巧》便是其中之一。它的与众不同之处，在于每一次打开这部书，等不到细看其中的具体文字，便已不自禁地生发出无限思念之情。引起思念的触媒、首先映入眼帘的总是书前扉页上的作者照片：讲台上简单地放着一只打开了盖子的瓷盖碗茶杯，顾师身着十分平整的深色中山装，右手轻轻地抚在讲台上，左手擎着一部讲稿，双目看着下面的学生，端详平静而十分有信心地在讲授。

　　照片下面的文字说明告诉我们，这是顾师"1963 年 3 月在中央戏剧学院讲课"时拍摄的。那它为什么会成为"触媒"而一次又一次地引起我的思念呢？原因在于这张照片和我记忆中解放前顾师上课的神态可以说是完全一样；如若说有什么不同，只是讲桌上多了一个那时没有的设备——盖碗瓷茶杯，还有就是当年的黑色西装和领带被深色中山装（照片是黑白的，根据时代风尚估计，当是深蓝色的）代替了。在我的印象中，顾师上课似乎常年总是这样的服饰打扮，总是这样稳重安详地站在讲台上、不慌不忙地娓娓而谈。只要一看顾师上课时的这种体庄气和的神色，我立刻就会回想起当年上课时的感受：面前站立的是一位才识博洽、多识蓄德的高尚饱学之士，使我产生如坐春风、如沐冬阳之感，自然要聚精会神地凝神聆听，如饥似渴地从中吸取营养。

我是在 1947 年进入上海市立实验戏剧学校时得以向顾师学习的。这所学校创办于 1945 年。抗日胜利伊始，饱经战火折磨摧残的剧人，以为胜利之后迎来的当是百废将兴的繁荣景象，所以他们认为戏剧界后继乏人是一个大问题。于是经顾师和李健吾、黄佐临诸师发起，在戏剧界热心人士支持下办起了这座学校，并公推顾师担任校长。

　　顾师既是名教授、有成就的著译家，更是热忱的戏剧活动家和杰出的剧作家、戏剧理论家。自 1925 年出版第一部改译的剧作《相鼠有皮》以来，他共翻译、改编、创作了近五十部剧本；其中许多剧本，如《人之初》《梅萝香》《三千金》《生财有道》《秋海棠》（与人合作）等都曾在演出时取得过轰动一时的良好效应。

　　顾师总括一生学术积累、取精用宏、厚积薄发的归结性大作，是在 1963 年抱病完成的《编剧理论与技巧》。在这部书里，顾师融会了中外古今的戏剧创作理论和经验，更结合自己三十多年写作近五十部剧本的经验心得和时代精神，从"戏剧题材与主题思想""戏剧冲突""戏剧结构""戏剧人物""戏剧语言"等几个方面对编剧理论与技巧进行了全面的阐述，既视野开阔，又自成一家言，精彩纷呈、足以传世。由于本文不是从理论角度推荐这部大作的学术论文，所以这里且只简述一两个实例吧。

　　如对戏剧创作的基本特性，顾师首先是以其博识，相当详尽地介绍了法国布伦退耳的"意志冲突论"、英国威廉·阿契尔的"危机说"、英国亨利·阿瑟·琼斯主张的戏剧产生于由对障碍进行斗争而引起的"一连串的悬念和危机"、美国贝克的"动作和感情才是一切好戏的基础"的观点，以及比利时梅特·林克反对贝克观点而提出的"静止的戏剧"说、美国约翰·霍华德·劳逊对布伦退耳"意志冲突论"进行修正、发展的"社会性冲突"说。然后上溯亚里士多德、伏尔泰、狄德罗、希勒格尔、柯勒列治、黑格尔，以及"从中国'戏剧'二字的来源，也可以看出中国的戏剧自古以来一直以冲突、斗争为主要特征"的说法，20 世纪 50—60 年代出现在苏联和中国的"无冲突论""唯冲突论"。同时，还对这些观点进行了点评，论述其得失，像对"无冲突论"就率直地指出它是"阻碍戏剧创作的正常发展"的错误理论。然后在此基础上提出了他自己的有创造性的"冲突说"：它既吸收了顾师以为布伦退耳"意志冲突论"中合理的部分，又结合创作经验和学习心得、时代思潮而加以发展，主张"戏剧冲突是戏剧创造的基本特征"（见《编剧理论与技巧》第82页）、"生活矛盾是戏剧冲突的基础"（见《编剧理论与技巧》第100页）、"戏剧冲突是反映在剧本里的具体的形象的生活矛盾"（见《编剧理论与技巧》第103页）。这样，就使得它能在所引述的前人众家之说的基础上，把对戏剧创作的基本特性的认识向前推进了一步。

再如当顾师写作这部书时，关于文学——包括戏剧——创作中人物性格的塑造问题，通行的观点是基本遵循高尔基所说的情节是"某种性格、典型的成长和构成的历史"。人们以为首先是在现实生活里，人的性格是在社会实践中逐渐形成和不断更新和充实的。所以戏剧作品中人物性格也必须在情节演变中得到形成、发展和呈现。而这样做的更重要的意义，在于性格是有阶级属性的，无产阶级成员由自在向自觉的发展、非无产阶级人员在新社会的进步、改造，都要通过性格的充实和更新来体现。"只有'性格对立冲突'才能构成戏剧冲突"（见《编剧理论与技巧》第108页）。

顾师当然也认为"掌握阶级分析的能力是写好人物重要的先决条件"，"阶级成分是人物形象的基础，不了解人物的阶级成分就很难了解这个人物"（见《编剧理论与技巧》第296页）。除此以外，他还提出了另一些认识。

对于人的性格，他主张性格中"包括世界观、注意、兴趣、理想、情感、高级情感等，是性格的稳定部分，是性格的基本特征"（见《编剧理论与技巧》第113页），依我的肤浅理解，以为这个道理和中国人千百年来相信的"江山好改，本性难移"其实是一脉相通，当然也就不难理解。但它也就在言外之意中认定了戏剧要写人物性格在情节演变中得到形成、发展和更新之说有其片面处。

进而他又指出"在戏剧的人物性格冲突中主要是人物之间的意志冲突，而不是指单纯的性格冲突，因为性格而不通过意志是冲突不起来的"，并列举了许多成功的戏剧说明用"性格冲突"或"性格对立冲突"是难以对之进行解释，而"如果用'人物意志冲突'来解释，就很轻而易举了"（见《编剧理论与技巧》第 115 页）。

诚如该书所说，"戏剧冲突主要表现为人与人之间的意志冲突这一论点在戏剧理论里早已有之，不过一直不太引人注意罢了"（见《编剧理论与技巧》第 117 页）。而顾师则实事求是、充满自信地说"把人物的意志冲突作为戏剧冲突的基础和主要内容，我认为这个公式（如需要把它作为公式的话）可以放之任何古今中外的剧本而皆准，不论是古典剧作，或是新型的社会主义喜剧"（见《编剧理论与技巧》第 119 页）。所以这又是顾师对戏剧理论的创造性的贡献。

他经过几十年的钻研、积累，确实是有着自己精辟而独到的见解，对之深信不疑。所以本着学者的良知，敢于不避风险、坦率直陈了。

我这里用了个"敢于不避风险"的字样，绝非夸大其词、危言耸听。其实就是顾师对此也是有所预见的。如书中即曾写道：1960 年前后，……有人说："'高潮'，'矛盾与冲突'是'从资产阶级文艺理论中接受过来的一些陈旧观点，早该丢入垃圾堆里了'"（见《编剧理论与技巧》第 89 页）。

顾师这部专著的前身，正是在 1960 年完成的授课教材《编剧简论》，其内容基本与后来定稿的专著相同。也就是同一年，在全国知识分子中开展"拔白旗、树红旗"运动中，当时学校以顾师的这部教材作为"第一炮"，发动师生展开群众性的批判，意图把它"丢入垃圾堆里去"，并进一步通过批评具体教材内容而转向对作者思想的批判、触及作者的"灵魂"。一时气势汹汹，颇有山雨欲来风满楼的样子。而如上面提到的"戏剧冲突主要表现为人与人之间的意志冲突"等观点，正被认为是错误思想的要害、批判的重点。

晓得了这一番风风雨雨，我们对顾师 1963 年在中央戏剧学院讲课时，在1964 年卧病在床最后一遍修改手稿时，都还把这些他自以为"可以放之任何古今中外的剧本而皆准"的道理从"垃圾堆"中捡回来的做法，就看到这不只观点的差别，而更主要的是看到了学者坚持真理的良心和勇气，值得我们视为楷模，尊敬和学习。

天道福善。到了 1999 年，中央文化部纪念中华人民共和国成立五十周年开展了首届"文化艺术科学优秀成果奖"的评奖活动。顾师和张庚、周贻白、王朝闻等九位对我国文化艺术科学研究做出贡献的老专家学者被授予最高等级的特别荣誉奖，也算是对 1960 年的一番公案做了个结论吧。顾师如地下有灵，当亦莞尔而笑。

顾师离开我们已经四十年了，谨以此文略表我对他的永恒之思。

此文原为《顾仲彝戏剧文稿选辑·序二》，中国戏剧出版社 2005 年版

熊佛西与顾仲彝

曹聚仁

几个月前，顾仲彝先生在上海逝世了；前几天，电讯传来，熊佛西先生也在上海逝世了。他们都是上海戏剧学院的教授、当代中国戏剧家。或许可以补充一下：抗战胜利后，上海市立实验学校刚成立，顾氏任校长，其时校址在北四川路底。解放后，剧专改名为上海戏剧学院，大加扩大，移往沪西华山路，熊氏任院长，顾氏仍任教授。启蒙运动中，戏剧也就跟着新生，直到新中国建立，戏剧也正百花齐放，上了正轨。熊、顾二氏，可说是这一文艺运动的前驱战士。

熊佛西先生，江西丰城人。抗战前，他一直在北京大学、燕京大学任教，笔者不曾和他见过面。可是，我和他有点小姻缘，便是在上海导演过他的《一片爱国心》。一个中国留日学生，娶了一位日本太太，在中日战争中，造成了种种矛盾，这本来是现实的题材。我相信上演这一剧本的，一定很多。我导演那一回，居然还不错。我也时时留心他的戏剧活动。

抗战军兴，熊氏从北方转向西南，创办了四川省立戏剧音乐学校，为了疏散，学校移往郫县新民场吉祥寺，那是一处尼姑庵。他就在庵右用竹篱搭了一个小花园，种了一些顺着季节的花卉。夕阳西下，一个秃顶的老人，穿着宽大的土蓝布袍子，静静坐在篱边，就是这位提倡戏剧的校长。

四川是封建社会的结晶体，抗战又把新的东南沿海的资产阶级生活，和官僚主义学风带入了天府之国。办教育的人，处处会和旧势力对立起来，熊氏便是本着一股傻劲跟他们斗着，他站在前面，一肩担当下来。他把学生叫作"孩子"，而且那么不分彼此，没有轻重。抗战时，"孩子"们都很穷，很苦，可是，他这位校长也并没有钱。孩子们病了，他总是悄悄地塞两块三块给孩子们用。一九四○年冬天，一个晚上，半夜了，突然发现一个女生在深井里自杀了。他们提着火把，围在井边没有办法。后来有人建议：派人下井把那女生绾起来，再用索子拉上来再想办法。可是，谁敢下去呢。熊氏立即脱了上衣，他说他下去，他会游水的，不怕，孩子们当然不肯让他下去，把他拖回房中去。后来，那女生没有救活，熊氏也郁郁寡欢了好几个月。孩子们说他们的熊校长"浑身都是爱，满腔都是热"。有人说："熊先生是一个最好最可爱的人，就是他的爱太没有范围和标准了，又常常毫不加选择地听信那些花言巧语；只要你常常接近他，常请他画画，哪怕是坏人，他也会当你好人来爱的，至少他原谅那人的坏处，甚至维护他。"他们认为这一批评是中肯的，熊氏是这么一个"泛爱"的人，至少他认为世界上没有一个教不好的人，而他的观感是直觉的。

孩子们谈校长故事，说到熊氏有一回一位堕落的女人利用找他学画的机会，向熊氏表示她向上为善的心意。熊氏真的把她当作小仲马笔下的"茶花女"，一本正经要她脱离苦海重新做人，答应她插入戏剧科毕业班，要学生们接受。同学们从她的生活全貌上、所有的细节上，找不出一点"向上"的征象，于是争执起来了。小花园里谈话会上熊氏从"茶花女"谈到女人，从学理的谈到现实的，他从美好的方面来设想，学生们从坏的事实上来反对，最终他恼怒那些孩子们的固执了。他喊道："你们太残忍了，见着一个求救的人不伸出手去，不给一条新生的路，以后，她再堕落下去，堕落到不可挽救的地步，该你们负责任，你们口口声声说爱我，可是，我讲的话，你们根本不听。"于是不欢而散，那女人也并没进到学校来。朋友们说，熊佛西是有缺点的人，但他的光辉的人品，是不该被漠视的。

他中年时早已秃了顶，可是一直很天真，容易笑，容易哭，感情顶稚气，跟学生们玩，也会跟他们斗气。在周末晚会上，他永远只有一个节目：唱《胖胖的大姑娘》(《三江好》的插曲)。人们一鼓掌，请他表演时，他就笑嘻嘻，扶了扶眼镜站起来唱了。朋友们都说他是"老天真"。当他带着孩子们在成都上演《国家至上》时，他还带了手枪和手榴弹在戏院门口坐镇，要跟捣乱的人拼命，熊氏对孩子们说："我是一个老冲动，你们是一群小冲动……"他那绽放的热情，就像一支巨大的火炬。

直到新中国建立，戏剧运动才走向正确的路向，为工农兵服务的方针。上海戏剧学院和其他音乐、戏曲、舞蹈学校一样，都是培养青年艺术队伍的新摇篮。在新的任务面前，先前热情奔放的戏剧工作者，即如熊佛西、田寿昌(田汉)诸先生，都沉着地走向各自的岗位，于是半个世纪来的戏剧运动，才收获了灿烂的成果。

在个人性格上，顾仲彝教授，正和熊佛西院长相对照，是一个内向、安闲、静默的人。他先前攻究英国文学，在暨南、复旦两大学任教数十年，担任的也是英国语文的教课。复旦剧社原是上海话剧运动的一环，却是洪深教授所领导的，和顾氏关系不很深。有一回，复旦剧社上演了顾氏所译的《蔓萝香》，那便是一段小姻缘。直到抗战期间，上海沦为"孤岛"，留在那小圈子中的文士，在戏剧工作上展开战斗，顾氏即是其中之一。

从赵景深先生所保留的文学研究会文献中，知道熊佛西和顾仲彝二氏都是文学研究会会员。顾氏名德隆，以字行，浙江嘉兴人。一九二四年，他加入文学研究会时，年22岁，今年63岁。顾氏最早的译作《相鼠有皮》，文学研究会丛书之一。(文学研究会和创造社为五四以来影响最大的文学团体，赵氏当年主持文学研究会的通信事务。)上海在"孤岛"时，戏剧活动有着鼓舞敌后民众的宣传作用，演员方面，人才集中在上海剧艺社，在辣斐、卡尔登这几家大戏院演出，极得上海市民的爱好。顾仲彝曾编过《八仙外传》来讽刺当时的汉奸。他和佐临、费穆还编导过轰动一时的《秋海棠》(从秦瘦鸥的小说改编)。他的戏剧兴趣，就从那时浓厚起来，因此抗战胜利，他就主持上海戏剧专科学校。

不过，昨夜，我找到了几节有关熊佛西的有趣故事，姑且把老朋友仲彝搁在一边，先谈熊佛西校长的掌故，因为我们新闻记者要"时新"，佛西刚进"天国"，让我补说一段。景深也是到了抗战胜利，熊氏从西南回到上海，他们才第一回见面，虽说都是文学研究会会员。在北平时期，郑振铎和佛西是老朋友，很熟。佛西到了上海，那一束胡子，振铎不顺眼，要他剃掉，要他年轻一点。佛西笑而不答，有时振铎迫得急了，他就说："我一定剃，一定剃，到中国真正有希望的时候，我就剃胡子了！"他的晚年，毕竟看到新中国的兴起，真正有希望，因为他这一戏剧岗位也挺热闹，挺起劲。

在北平，熊佛西的寓所和另一位姓熊的熊希龄的家住得很近。熊希龄，湖南凤凰人，便是和毛彦文小姐结婚的老老头子。民初，便是北洋政府的政坛红人，做过财政总长和内阁总理。国民党主政时期，他在北平西山创办香山慈幼院。有一天，北京××大学请熊佛西讲戏剧，不知办总务的怎么搞错了，把熊总理请去了。办事的问他讲题是什么，总理说是"幼稚教育"，满堂学生彼此相望，有些摸不清楚了。熊总理一看不对，他就上台去说："搞错了，你们要请的是熊佛西。不是我这个老头子，我去替你们请来罢。"全场哄然大笑。（振铎就要佛西对我讲这件故事，振铎早于八年前作古人了，他们会碰在一起吗？待证。）

佛西会种花，上面已说过了；他住在那尼姑庵，也有那么一个小花园。振铎说佛西种兰花，挺有本领，他可以用一盆兰花分殖成几十盆。佛西对景深说："文协有了会所，我可以做个园丁或花匠。"这位戏剧家也是真不二价的园艺家。

此文系曹聚仁先生1965年以"沁园"为笔名发表于香港《正午报》，由其女、上海戏剧学院1962届表演系毕业生曹雷提供

父亲李健吾坚守一生的戏剧情结

李维音

一提起父亲发起创办的上戏，我就不由想起父亲坚守终身的戏剧情结。

我祖父李岐山在辛亥革命时就参加了孙中山先生的同盟会，在山西带兵与清兵作战，驻守晋南。他旗帜鲜明地反对袁世凯复辟称帝。他为人豪爽大气，深受所带领的部队官兵和于右任、杨虎城、冯玉祥等的欢迎和称道。可是他却被阎锡山所记恨，最后被陈道藩暗杀于西安郊外。1931 年后的国民政府及 1949 年后的新中国政权，都追认祖父李岐山为辛亥革命烈士。

我父亲李健吾 13 岁时就失去了父亲。此后，父亲只能和寡母、姐姐拮据地住在北京天桥外的山西会馆里。那时，父亲在放学后，常会在天桥剧场的大门边张望着"蹭戏"。当时早期话剧刚引入中国，他被天桥剧场里一位演"文明戏"的男扮女装的男演员所吸引。父亲在北师大附小读五年级时，就成了学生话剧活动的积极参与者；六年级时，被熊佛西邀请参演其编剧的话剧《这是谁之过》，因为面临毕业前课业的压力，父亲拒绝参加彩排，而是直接登台演出。意外的是，虽然这出戏本身并不吸引观众，但父亲男扮女装的哭戏却获得了满堂彩。熊佛西在演出之后还特地感谢了这位小学生，称赞他救活了这出戏。

父亲 15 岁时，受邀成为陈大悲组建的"中国话剧协会"的理事之一。19 岁考入国立清华大学，去清华报到的那天，身患肺病的清华大学戏剧社社长特意在大门口迎接我父亲，热情地握着他的手，说："终于把你盼来了。"他想

大约 1933 年李健吾写作《村长之家》时绘制的布景图

让父亲接替他的工作！1929 年后，父亲被正式推选为清华戏剧社社长。在他的组织协调下，清华师生将西洋文学系系主任王文显先生的两出英文话剧，以男女同台的形式搬上了舞台，由教授们演出《白狼计》，由学生演出《媒人》。此次演出的成功，也让父亲在清华园里出了名。父亲与话剧的情结就此萌生。

从父亲的成长经历来看，他从小就有着丰富的观剧经验，并在求学过程中，积极参与校园话剧演出活动，因此他不仅对戏剧产生了日渐浓厚的兴趣，而且也具备了相当的舞台演出功底。

他爱话剧，不只积极参与演出，还开始动笔写剧本。早在中学时期，他就尝试进行剧本创作。1923 年完成了独幕剧《私生子》，1931 年至 1935 年，不管是在法国游学的两年，还是回国后在北京的两年，对于剧本创作，父亲始终笔耕不辍。特别是出于抗日的情怀，父亲写成了《火线之内》（1942 年由文化生活出版社出版时改名为《呐喊》）和《火线之外》（后改名为《老王和他的同志们》）。

之后，父亲一边倾注精力在法国文学研究上，一边持续进行各种题材剧本的创作，如《梁允达》《村长之家》等。意外的是，《梁允达》这出戏，在 2018 年，居然被台北李清照民间剧团动作派的刘亮延导演看中，要求允许他们改编成闽南话来演出。据说，《梁允达》的剧情，尽管说的是山西晋南农村里发生的

1954年李健吾老师全家合影

事情，却和台南农村的情况有许多相似之处。这充分说明父亲的创作始终着眼于中国社会中带有普遍意义的人心、人性。

1934年春，父亲突发灵感，忘记了新婚妻子的生日，在六天内埋头写作。《这不过是春天》——一部以北伐为背景的剧本，带着一些外国味的幽默俏皮（柯灵语——作者注），就此问世。随后，他又灵机一动，一事双用，既完成了一个剧本，又是赠妻的生日礼物。1935年7月，该剧在北平贝满女中首演，一炮打响。可惜当年冬天，北平第一女中准备演出时，遭到当局无端禁演。

之后，父亲一边在上海教书，一边伴随着灵感闪现、专注于各类题材剧本的创作，如《新学究》《十三年》等。1938年前后，他还不断地发表论文《关于导演》《关于剧评》《关于剧本》。

随着抗战的深入，他介入话剧活动的深度也在不断扩大。

1938年，他利用其留法和研究法国文学的身份，帮助中共地下党员于伶获得了在法租界组建上海剧艺社的许可。他不但帮助该社张罗演出了顾仲彝改译的《人之初》，还应于伶的要求，改译了法国罗曼·罗兰的《爱与死的搏斗》，该剧蕴含着与日寇战斗的决心。两个剧作的演出十分成功，还得到了法国领事馆的赞扬。

1939年，父亲的《这不过是春天》再次由上海剧艺社搬上新光大戏院的舞台，他亲自饰演了剧中的警察局长一角，精湛的演技颇受好评。

1941 年 3 月 14 日的深夜，于伶赶到我家，说自己要去香港，要求我父亲多多关照他出面经营的上海剧艺社。尽管父亲并不是党员，但上海剧艺社其实是党的地下活动组织的一部分。于伶看中了我父亲对话剧事业的热爱和在编、导、演方面的娴熟掌握，同时又为人正派，所以，离沪赴港前，把重任委托了我父亲。但是，他不是共产党员，又不是名义上的社长，社员又不断离职，使得父亲无法作为，上海剧艺社维持艰难。1941 年底，上海全面沦陷，日本人对各种演出盘查愈严，上海剧艺社干脆彻底解散了。

我们一家的生活来源也产生了困难。怎么办呢？父亲在《与友人书》中回答了这个问题："我在话剧里求生活，并不是为了'地下工作'，而是尽量在可能的条件之下弄两个干净钱来过最低的生活。良心叫我这样做，我便这样做。……从此我做了戏子……好在绝处逢生，就这样伙同端钧、佐临、洪谟诸兄下了海。成了士大夫不齿的戏子。"父亲把自己说成了这样，但其实他当时坚定地拒绝了周作人约他去北大讲学。"不食周粟"的父亲决心在上海苦干，

1947 年冬李健吾在居所门口留影

1948 年以后李健吾翻译并在平明出版社出版的戏剧作品

国务院学位委员会聘书

兹聘请

李健吾同志为国务院学位委员会（文学）学科评议组成员

国务院学位委员会

一九八一年六月十二日

学位聘字第〇九号

干他熟悉和热爱的话剧事业。"既是为了生计，也是一种斗争，争回自己的土地，舒畅地呼吸。"

父亲李健吾和黄佐临等话剧界的朋友们合作，成立苦干剧团，他既提供剧本，又参与演出。由于日本人的控制，他不再原创剧本，而是开始大量地改编国外戏剧，最出彩的当数话剧《金小玉》，轰动上海，李健吾的名字在当时的上海话剧界也是响当当的。

《金小玉》的走红，惊动了日本人，其中暗含着的抗日必将胜利的寓意使他们震怒。1945 年 4 月 15 日深夜，日本宪兵到家来抓我父亲，但没有想到他会是一个小小的三房客，住在底层。日本宪兵从侧门直奔楼上先去了房东家。就在误会的间隙，父亲先以为是来强盗，就从前门冲出去喊来警察，后发现是日本人，又是要抓自己，赶快躲在外面的大院里。

那天晚上，我睡在一张大床的最外面，被吵醒后，使劲用手护着睡在里面的弟妹。母亲趁日本人在厨房里搜查时，把萧军的《八月的乡村》悄悄塞到床下我的鞋里，免去了父亲的一个与延安朋友有关系的"罪证"。不得不佩服母亲，真能临危不乱，机智聪明。

可是，日本宪兵从二楼下来，在搜查无果的情况下，领头的支走了其他人，吹灭了煤油灯，想要图谋不轨。就在这时，父亲破门而入，声明自己就是他们要抓的人。爸爸被带走了，一个手无缚鸡之力的书生，勇敢地保护了自己的妻子。进了日本宪兵司令部后受尽他们的威吓和灌凉水的刑罚，他始终没有提供任何延安和重庆方面朋友的名字，只是在受到死亡威胁的时候，对宪兵说："告诉我的孩子们，他们的爸爸是个好人。"

真的如此。父亲在子女教育上，从不过问孩子们的学习成绩，但是非常在乎我们的人品。那时发生过一件事，让我受教终身。有一天，父亲发现他的刮胡子用的刀片少了很多，家里没有别人，断定是我们拿的，也确实是我拿着玩了，他也找到了。可是问到我时，我死不承认。父亲很生气，但对女孩子他从未动过一根手指头。这回，他命令我和二妹跪下，不说老实话不许起来。二妹

中国社会科学院聘书　　　　　　　　　　全国文联大会出席证

被冤枉，陪着我跪着。时间久了，特别累，我就趁着父亲走开时，歪躺在地上，他的脚步一响起，我再跪直了。就这么着一直摒了半天，闻着饭菜香了，我肚子也饿了，我决定告饶，主动向爸爸认了错，并保证下回不敢了。别看这么小小的一件事，对我终身影响很大：我从此不敢撒谎。

所幸，父亲在清华校友的帮助下得以出狱。劫后余生的父亲经朋友王辛迪介绍，认识了一对华商夫妇，并在他们的帮助下，于6月下旬的一个深夜化名离开上海。7月，我们一家悄悄跟上，一同逃往安徽屯溪。刚到屯溪不久，就传来了日本人投降、抗日战争胜利的消息。由于没有经济来源，父亲只得在8月底又带着家人，坐船返回上海。这场经历，给他后来的人生带来了苦难，也带来了孕生上海市立实验戏剧学校的机会。

在去安徽的途中，父亲遇到了清华的同学朱君惕。到了屯溪，父亲还被介绍给了国民党上海市党部主任委员吴绍澍。回到上海，父亲应邀，从9月1日起，在国民党上海市宣传部编审科工作了一个月。之后，他坚决以病为由，辞了职，但是对他的后半生这却总是一个"污"点。同时，那个风云际会的时期也给了他一个实现梦想的机会，就是在精英聚集的上海开办一所培养戏剧人才的学校，发展中国的话剧艺术事业。这是他当时接受这个职务的原因。

整个抗日战争时期，父亲始终投身于进步话剧运动，结识了众多业内人士，同时又亲历了孤岛剧运的兴盛，深感戏剧人才培养上的缺失，他就想开办一所

上戏同事在校园合影，左起：孙浩然、朱端钧、李健吾、熊佛西、赵铭彝、魏照风

上戏同事在校园合影，左起：魏照风、朱端钧、李健吾、赵铭彝

私立的戏剧学校。父亲利用在国民党宣传部任职的便利，在和黄佐临商量之后，草拟了一份呈文，两人签字。他去找了当时在国民党政府中做处长的朱君惕，由朱再介绍给同为清华校友的教育局局长顾毓琇。

父亲和顾毓琇在清华求学时就已相识，于是两人一拍即合。顾毓琇建议学校为公立，由市教育局解决经费问题。顾毓琇又建议增加一名发起人——时任社会局文化处代理处长的顾仲彝。在大家的商议与推选下，由顾仲彝担任筹备主任。之后，在顾毓琇的建议下，将尚在大后方的熊佛西加入筹备委员会当中。对于父亲来说，这些都是他熟悉的人。关于校址，顾仲彝感到为难，父亲为此又去找了朱君惕，得知国民教育处接管了一座日本小学，有四层楼，现在是四川北路小学，小学用不了那么多房子，可以将楼上的部分转给剧校。校址落实了。当时他们还接管了三座日本人留下的剧场。

万事俱备，建立剧校的问题似乎解决了。可是万万没有想到，这件事被国民党负责文化事务的张道藩知道了，表示不同意在上海设立戏剧学校，因为南京已经有了一座国立戏剧专科学校，南京离上海那么近，再建一所，不合适。于是他到上海同顾毓琇、顾仲彝和李健吾一番商讨，觉得加上"实验"两个字更为灵活，改成实验剧校。这从表面上看，降了一格。张道藩也点了头。其实，

李健吾在上戏上课

醉翁之意不在酒，张道藩又夺去了原本接收归到剧校名下的三个剧院中的两个。此后就剩下一个受损严重的海光剧院在剧校名下，交由我父亲管理。

这一关算是有惊无险地通过了，对校长一职也是让顾仲彝先担任着，然后让位于1946年初从重庆到上海的熊佛西。父亲先是担任剧校剧场主任，1948年初接替离沪赴港的顾仲彝，担任研究班主任。当时剧校师资基本是由复旦的教授、清华的校友再加上戏剧界的资深人士共同组成。1945年11月，实验剧校可以招生了！1945年12月，新生报到了！剧校开学了！父亲非常高兴，他的培养戏剧后人的愿望实现了！

不过，他的全身心地扑在教学上，还是在1948年以后。之前，他一方面要管理海光剧场的运营，另一方面还要与郑振铎合作编辑进步刊物《文艺复兴》。同时，父亲也为了配合"停止内战"的呼声，在1947年改编了希腊阿里斯托芬的剧本《妇女公民大会》，并改名为《和平颂》。

这出戏的演出给我父亲带来了许多麻烦。父亲好心地为近乎要倒闭的辣斐剧院着想，想要通过争取更多的观众，来救活剧院，因为这是当年许多话剧工作者的一个演出场所。为此，他和导演洪深商量好，先改了剧名为《女人与和平》，又把这出戏变成几乎真正的闹剧，由女人到地狱去找被战死的丈夫，在锣鼓喧天的开场戏中，各种妇女成群出场。

用心的观众会从中品出这出戏的真意：停止打仗，民众需要和平。叶圣陶的题诗反映了父亲的一片苦心："人生苦难关冥世　讽刺流传见政情　谁识健

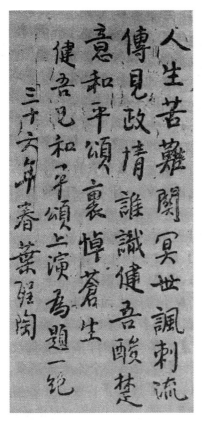

人生苦難闌冥世諷刺流
傳見政情誰識健吾酸楚
意和平頌裏悼蒼生
健吾已和一平頌上演為題一絕
三十六年春葉聖陶

叶圣陶题诗

吾酸楚意　和平颂里悼苍生"。但是，一片谴责之声响起，这可不是简单的文艺批评，那些大帽子带着特殊的政治味道。在柯灵的提示下，父亲不得不主动低头。

从此，父亲就再也不给任何剧团提供改编剧。也是巧，《文艺复兴》因为资金来源困难，父亲顺势就关停了该刊。于是，父亲便开始全心全意地投入到教学工作，除了继续在暨南大学完成教学任务外，主要精力都放在了剧校。

1948 年，父亲搬离了市区的住房，住进离实验剧校不远、隔着一个横浜桥的东宝兴路弄堂里的一座三层旧房子。他是研究班的主任，这个班以创作、理论学习为主，学生都是高中以上的文化，报考的学生不多，学校收的学生也不多。他教的主要是"综合研究""名剧研究"和"编剧实习"，并经常改习作课卷。

为满足教学要求，提供更多的教材，他默默地在家里翻译了《托尔斯泰戏剧集》《契诃夫独幕剧集》，及高尔基和屠格涅夫的系列戏剧作品。每天，我们看着父亲早上夹着书包出门上课，傍晚回到家，倒上一杯茶，又接着坐在书桌前开始写作。如果没有课，他就整天埋头在书桌上。

剧校的学生们在 1948 年曾选择父亲的

李健吾与上戏师生合影

三个剧本《黄花》《以身作则》《这不过是春天》，在剧校的四楼小剧场演出。父亲参加了彩排时的指导工作。

1949 年 5 月 27 日，上海解放，军管会不久便接管了上海市立实验戏剧学校，并改名为上海市戏剧专科学校。父亲很高兴，因为他觉得新政府认可了这个学校，认可了该校存在的价值与意义。父亲被任命为工会主席。当时积极要求进步的他在家里曾让孩子们教他唱《解放区的天是明朗的天》和《我们工人有力量》等革命歌曲。

解放后，父亲一直在努力适应新社会的需要。解放后不久就开始了对知识分子的改造运动。1950 年春，上海剧专开展"整风"运动，父亲不幸被定性为"资产阶级知识分子"，他默默地努力配合改造，曾向领导递交了一份检查《学习批评和自我批评》，后来还被发表在《光明日报》上。1950 年 11 月，为了响应支持"抗美援朝"，父亲在报上发表了《致在朝鲜作战的中国人民志愿军》一文；还第一次和剧专学生一起，用集体创作的方式，写成了由五个独幕剧组成的《美帝暴行图》，父亲还亲自登台参加演出。后特别写了《向集体创作学习》一文，父亲在文章中真心地表示，他不是高居于群众之上的资产阶级学者。1950 年冬，

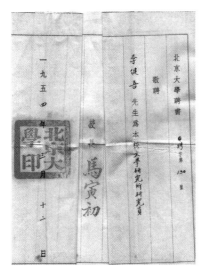

北大聘书

李健吾手稿

父亲被学校抽调去参加安徽蒙城土地改革工作队，历时两个月。结束时，小组对他的评价很高。1951 年 1 月 31 日，父亲和郑君里、孙道临、周小燕等文艺工作者去到山东老区参观学习。父亲出身贫苦，他和当地的农民、基层文艺工作者都相处和谐。结束学习后，他完成记录此行的散文集《山东好》，这其中还有外一篇《毛主席的文艺先锋》。1952 年 6 月 14 日，父亲写了《走好第一步》，进一步深刻批判自己，表示自己要跟上社会要求的决心。

然而，这一切都无济于事，在"整风"运动和"三反"运动中，父亲都是被批判的对象。在学校里，父亲对个别学生的某些行为看不惯，于是上海市某位宣传部领导就认为他是不可教育的。总之，父亲非常苦闷。

1952 年全国高等院校院系调整，山东大学艺术系戏剧科与上海行知艺术学校戏剧组并入上海市戏剧专科学校，并更名为中央戏剧学院华东分院。1953 年 1 月，中央戏剧学院华东分院撤销戏剧文学科，学生分别并入复旦大学和中央戏剧学院。原来他负责的暨南大学西洋文学系也被并入了复旦大学。父亲在戏剧学院几乎无所事事，这令他感到无所适从。

父亲只能求助于他的恩兄郑振铎先生，郑振铎与周扬协调后，向他发了调令，到北京大学刚成立的文学研究所工作。1954 年 7 月，我们全家从上海搬到了北京。万万没有想到，就在他还没有落稳脚的情况下，父亲又被请回上戏去讲莫里哀喜剧了。据说，这是因为当时苏联专家造访中央戏剧学院，对中国的话剧工作十分轻蔑，说："你们中国没人懂得莫里哀。"中央戏剧学院院长欧阳予倩当即反驳："中国有个李健吾，可以讲莫里哀！"文化部领导得知后就决定，抽调父亲参加京沪两地举办的戏剧人员培训班的教学工作，专讲莫里哀。父亲本来就对上戏有感情，接到通知，就又愉快地返回上海了。

在培训班上，父亲用莫里哀的《司卡班的诡计》《悭吝人》《伪君子》为代表作品，激情洋溢地分析了莫里哀喜剧的特色。那时我已动身去苏联学习，了解他那次演讲的风采和讲演内容，还是后来在编辑父亲《文集》的时候。读到了那篇演讲，让我身临其境地感受到了莫里哀喜剧的魅力，父亲的讲述，就仿若他曾亲眼看到莫里哀在舞台上演出那样，生动细致，惟妙惟肖，引人入胜！想想他当年从 7 月份离开上海到北京，然后 9 月份就在上海的全国导演班上发表这样的演说，从人物分析到舞台布景、演员服饰，丝毫不落地传授给学员。这不可能现做准备，实在是他常年用心努力的成果，是对这三部巨作早已深藏在心底的分析和理解，是他对莫里哀及舞台艺术研究的真正功底。

据悉，他在 60 年代初，还曾被熊佛西院长邀请去上戏讲了几次课，讲题还是西方戏剧，其中有他特别喜爱的契诃夫独幕剧。

莫里哀是父亲心中最敬爱和最佩服的 17 世纪法国戏剧家。莫里哀在当时从事着被天主教不认同的下贱职业：演戏，最后死在了舞台上，死后几乎无葬身之地，他把一生都献给了戏剧事业。莫里哀在 17 世纪，用诗的语言创作了三十多部不朽杰作，他敢于"把生活写透，把矛盾写透，能够把性格写透，把戏写透"。父亲对莫里哀用尽了赞美的语言，"法国的大喜剧家""战斗的莫里哀"，等等。

从 1935 年开始，父亲在曹禺的鼓舞与劝说下，开始了莫里哀喜剧的翻译，决心把法国古典诗剧翻译成可以搬上中国舞台的剧本，这是一项多么艰巨的工作！功夫不负有心人，经过长期艰苦的努力，到1949年时，父亲翻译的莫里哀的八部名作都以单行本的形式由开明书店出版。

虽然调到北京中国社科院文学所工作后，父亲完全投身于法国古典文学的研究，但直到去世，父亲都没有离开话剧，没有离开戏剧创作，他先后创作了《一九七六年》《分房子》等剧作；父亲也没有停止剧评的写作，他的戏剧评论集《戏剧新天》于1980年正式出版；1982年临终之前，他看到了自己编译的《莫里哀喜剧全集》由湖南人民出版社正式出版了第一卷（其余三卷则在他去世后的第二年陆续出版），这在国内是独一无二的。

父亲与上戏的情缘，也并未随他的离世而终结。记得在父亲去世后，1983年的一天，从上海来了一位五十岁左右的男子，拿出40元钱给母亲，说是还我父亲的钱。母亲莫名其妙，经男子细说缘由才明白，他本是学校财务处工作的年轻人，"反右"时被划为右派，发配到边疆，行前向父亲借了40元钱。没承想，九死一生，三十年一晃过去了，先生不在了，可是先生的恩情他永远忘不了。父亲李健吾终身对戏剧怀有化不开的情结，可谓是披肝沥胆、尽心竭力。他当年倾注过心血的上海戏剧学院，如今已成为祖国大地上数一数二的戏剧艺术教育的巍峨殿堂，为国家培养了一批又一批的戏剧影视英才，他所有的付出是有价值的。

父亲在生命的最后倒在了他的书桌旁，他和莫里哀一样，永远没有离开他所从事的、热爱的戏剧事业！

作者简介：

李维音，李健吾先生之女，毕业于苏联列宁格勒建筑工程学院，中共党员，北京核工业第二研究设计院高级工程师。享受国务院特殊津贴，曾获核工业部"劳动模范"称号。现已退休。晚年致力于李健吾先生作品的整理与编纂工作。

遥忆健吾师

龚和德

李健吾先生走进历史已整整四十年（1906—1982）。我算不上他老人家的入室弟子，更不是他艺术人生和学术成就的研究者，只是在母校读书时听过他的课，走出校门后又受到他的关爱。我虽年逾九旬，仍留有他的一些记忆，写下来表达对他的思念和敬意。

1950 年我 19 岁投考上海戏剧专科学校时，对这个学校的创建历史和师资情况一无所知，凭的只是对文艺有兴趣。抗战胜利后，我从崇明到了上海，喜欢上京戏，尤迷麒麟童。在大东中学读初中时，参加了绘画老师周牧轩先生开办的"行馀书画社"，画师有张大壮等。读高中时，参加了范石人先生开办的"范氏余剧研究集"。电台举办京剧清唱比赛，裁判是余派名家陈大濩，得分最高的是比我小一岁的王顷梅，我唱得"非余非麒"，名落孙山。考上海剧专，指望将来能当个编剧，为京剧写新戏。偏偏 1950 年不招编剧科，改考舞台技术科。发榜录取后，我向口试老师孙天秩先生表白："明年如招编剧科，我要转过去。"孙先生一口拒绝："我们是按国家计划培养，你要转，那就不录取了。"我只得服从。1952 年，上海剧专改称中央戏剧学院华东分院，三年制改为四年制，舞台技术科改称舞台美术系。毕业之后约两年，母校又改称上海戏剧学院，校址也由四川北路（横浜桥附近）迁至华山路。

母校原是以培养话剧各种专业人才为宗旨的，由于熊佛西校长（院长）的

李健吾

办学思想开明，除了有话剧的各路名师任教外，也请苏联专家和我国的戏曲名家来校讲学。我见过列斯里来指导正在排演的《曙光照耀着莫斯科》，北京的孙维世老师专程陪同给专家当翻译。表演系同学徐企平扮演剧中一个干部，由于紧张，表情呆板，列斯里走上舞台抓起他的手，打了三下手背，说："你肚子里吞了尺子吧！"京剧南派武生泰斗盖叫天来上课，登台的头一句话："我是大老粗！"可他边讲边演，非常精彩。比如说演《恶虎村》，有个"鹰展翅"的身段，那是夜行时拂着垂柳望明月。在校老师中也有戏曲专家或戏曲爱好者。前者如戏文系的陈古虞先生，有一天上大课，他演昆剧《夜奔》，大概是感冒了，一边唱，一边用手掌擦鼻子，引发同学们的轻轻笑声，演完，收获同学们的热烈掌声。最近，叶长海教授告诉我，陈古虞《夜奔》的说戏录像，已收入王文章先生主编的《昆曲艺术大典》了。爱好者的例子是表演系老师罗森，他是早些年毕业的学长，留校任教，在一次联欢会上演出《描容上路》，饰张广才，唱的是地道的麒派，配演赵五娘的是罗老师外请的一位年轻漂亮的女友。

我在校时的编剧科，有1949、1951、1952历年招的学员，共约三十人。李健吾先生是科主任和主教老师之一。他开有两门课：一是编剧实习，一是名剧分析。我有"专业思想不稳定"的毛病，学舞台美术时写过一出抗美援朝的小戏，改编过一出传统大戏，因不是编剧科的学生，不敢拿请健吾师指导，但"蹭

《美帝暴行图》海报

听"过他的名剧分析。那时我已知道李老师是能编、能导、能演、能译的戏剧大家。在抗美援朝运动中，以健吾师为主力，师生合作创排了由五个独幕剧组成的《美帝暴行图》，其中李老师写了两个。我们舞台技术科的同学就是为此剧装台、拆台、迁换布景道具。这出戏演了几十场，还进了兰心大戏院。在兰心演出期间，听到陈白尘先生来上课。地点就在兰心二楼观众休息厅，同学们席地而坐，陈先生站着讲课，讲的内容记不得了，只记得散课后在陈先生站的地方留有一堆香烟头。他吸烟只吸半支多一点就接换另一支。健吾师讲课是不吸烟的。他是长方形脸，宽额，微胖，戴金丝边眼镜，肤色白里透红，一口清脆流利的"京片子"。给我印象最深的是讲法国喜剧大师莫里哀。讲剧情、人物，能背诵重要台词，且带表情，讲到得意处，他自己先嘎嘎大笑。我没有读过莫里哀，却被他声情并茂的讲解和朗朗笑声感染了。

1954 年毕业时，因要参加华东区话剧会演的工作，推迟至九月下旬才落实到达分配单位。在我到中国戏曲研究院报到之前，健吾师已调进北京的文学研究所。因我有一位比我早两年毕业的编剧科校友张江东在中国戏剧家协会机关刊物《戏剧报》(一度改名《人民戏剧》，后称《中国戏剧》)编辑部工作，十分热情，使我刚出校门就有机会列席剧协组织的重要学术活动——欧阳予倩发起的关于京剧艺术改革的讨论。健吾师转到北京后，与中国戏剧家协会接触也多。在剧协工作的校友，还有李慧中、容为曜、朱青、阮文涛等。师生、校友在北京相聚，倍感亲切。1955年5月7日，我与汪醒华结婚，婚礼相当热闹，除本单位的领导、同事外，还有在京的亲戚、校友参加。健吾师和夫人尤淑芬托校友带来礼物——红格大床单。尤老师在母校图书馆工作，我借书还书常经她手，也是很熟的。

约在60年代初的某一天，在王府大街靠近灯市口的原文联大楼礼堂观看山西蒲剧的招待演出，健吾师也在，看完戏，要我陪他去请一位朋友吃饭。我真有点受宠若惊。选的饭馆是离文联大楼较远的虎坊桥晋阳饭庄，请的朋友是顾仲彝先生。这次餐叙，我收获很大。第一次也是唯一的一次见到顾先生。健吾师以为我认识顾先生，其实不认识。所以向我介绍说顾老师"是我们学校的首任校长"。我入学时的校长是熊佛西先生，后来顾先生重返母校任教，我已毕业多年了。另一个收获，我才知道健吾师是山西运城人，他选晋阳饭庄是要以家乡菜肴招待好友。更重要的是在这次饭桌上改变了我对健吾师的印象。他不仅是话剧、西方戏剧和文学的专家，对民族戏曲尤其是家乡戏曲也有深厚感情。席间顾先生很少说话，多听健吾师谈蒲剧，如数家珍。真巧，1959年春夏间，中国戏曲研究院奉中央宣传部之命进行戏曲工作的"四省调查"，我分在山西组，曾与表演室的祁兆良先生在临汾蒲剧院住过好几天，每天都有王秀兰、阎逢春、张庆奎、杨虎山、筱月来"五大头牌"陪我们共进午餐。白天做些采访，晚上看他们和青年演员们的营业演出。所以健吾师所谈，我听得津津有味。还有个印象，健吾师好像说过他家前辈办过蒲剧团。

关于顾先生是母校首任校长和健吾师的家族前辈办过蒲剧团这两点记忆是否有误？为此，我最近做了一点"考证"。母校曾经编印过校友通讯《横浜桥》，我向戏文系陈莹老师要到了电子版，共85期，一千多页。第36期刊有健吾师《实验剧校的诞生》；第26期刊有顾仲彝先生《上海市立实验戏剧学校创办经过》，都是可贵的第一手材料；第12期上袁化甘先生《上海市立实验戏剧学校大事记（1945.10—1949.5）》是对我入学前母校从无到有艰辛历程的编年史。李健吾、黄佐临、顾仲彝于1945年10月提出创办戏剧学校的倡议，健吾师为筹委会召集人。同年11月22日顾仲彝出任校长，12月下旬正式开学。1947年2月4日熊佛西接任校长。另外，我向山西临汾蒲剧院任跟心老师要到了《蒲剧艺术》杂志和《蒲州梆子志》。在1981年第4期的《蒲剧艺术》上有健吾师《祝贺张庆奎演戏五十年》，提及"'文化大革命'前，蒲剧院来北京演戏，阎逢春在后台告诉我，解放前有些蒲剧演员在西安避难，穷无所归，得到我七叔和景爸（景梅九）的支持，才幸免于流落街头"。怎么"支持"？不具体。于是托女儿网购一套《李健吾文集》（共十一卷），从第6卷收录《悼念蒲剧老艺人阎逢春》一文的"附记一"中，看到了支持的具体措施："由我七叔（李少白）出钱办剧团把他们救下来的"。健吾师亲切地称为"景爸"的景梅九何许人也？《蒲州梆子志·人物》中有专条释文："景梅九（1882—1959），著名学者，社会活动家。"辛亥革命爆发后，他与健吾师之父李岐山一起率军，光复运城。他们是亲密战友。同书的《机构·唐风社》释文中记载，1937年秋冬之交，蒲剧艺人为谋生从晋南到西安，由景梅九、李少白等人发起筹办，1938年初成立唐风剧院，后改称唐风社。演员中就有阎逢春。

　　"文革"后我没有再见过健吾师。有一次出差上海，到绍兴路上海昆剧团办事，抽空逛就近的上海文艺出版社读者服务部，买到一本健吾师的《戏剧新天》。说来惭愧，这是我当时仅有的一本健吾师戏剧评论集。内收文章46篇，多为五六十年代的作品。"文革"后陆续发表在1977年、1978年《人民戏剧》上的四篇《写戏漫谈》，健吾师在该书《后记》中特别说明是"王育生同志帮我整理后才和读者见面的"。我与久未晤面的育生先生联系后，承他寄送我一本他的文集《剧海览胜》，内有《忆健吾先生》，讲到1977年见健吾师时，"劫后余生，身体很坏，形销骨铄的那副样子，与五十年代神采飞扬的风貌简直判若两人"。"重病时都不肯向单位要车，而是由他的研究生柳鸣九教授用自行车推了他去就医。"《戏剧新天》中的个别文章当年见报时我读过，如《喜看京剧现代戏会演》一组短文中的《相得益彰的舞台装置》，给张正宇先生为《耕耘初忆》所做设计的评论，写得像散文诗。这次重读，最吸引我的是《海派与周信芳》。文末注"1961年6月"。发在哪个报刊上的呢？我查中国戏剧出版社1982年出版的《周信芳艺术评论集》的附录索引中有它，是发在1961年6月24日《人民日报》上。但《周信芳艺术评论集》及1994年出版的《评论集续编》都未收此文，实有遗珠之憾！

健吾师在文中说，"我从十岁到三十岁，有将近二十年的光景是在北京度过的……我赶上了杨小楼，所以一直念念不忘。演须生的，我赶上了几个，可是印象不深。……后来我去了上海，朋友请我听周信芳的戏，我顺口说了一句不知天高地厚的话：'跑到上海来听京戏，我看也就算了吧！'""话虽那么说，我还是让朋友拉着去看了周信芳的《四进士》。周信芳当时用的名字一直是麒麟童。我不瞒人，从那次看戏起，我成了麒派的一个观众。"

在这篇1500多字的短文中，健吾师对周信芳演剧精神和艺术特色做了相当精辟的评述。概括起来有三点：（一）"走生活路线"。京剧有京派、海派之分。在海派内部"又有两大派别，一个是重视机关布景和舞台效果的共舞台派，一个是重视表演艺术的戏剧效果的麒派。他们是各有千秋的"。"海派京戏和各地方剧种有同一个趋向，就是走生活路线。"周信芳"是受过严格程式教育的科班弟子，也处处知道尊重自己剧种的格调"，但在上海待了几十年，所以会受这种"趋向"的影响，重视协调程式与生活的关系，"给角色注射进了新鲜血液"，既不是共舞台派，又区别于京朝派，独树一帜，追随者众，遂成麒派。（二）重性格刻画。周信芳的嗓子"不够纯洁，对'听'众来说，就成了他作为京戏演员的缺点"，"不过味道厚，并不妨碍性格的要求"。"周信芳演戏，都是全力以赴。不草率，不偷巧，认真走进角色，因而角色的态度永远明朗。"看《四进士》，"在我不提防的期间，忽然台边跑出一声'好脏官'！像迅雷一样，自天而降，让我浑身打颤，又像紧跟着一把天火，烧得我心也沸腾了。十条嗓子也抵不住这样一条沙嗓子。形式主义是感动不了（更不用说震动了）观众的。我被征服了"。（三）有整体追求。周信芳自己"有戏的时候如狼似虎，没有戏的时候帮助有戏的演员如狼似虎。这种有人有我的合作精神应当是演员（作为演员看）的最高品德。他的演出给人以强烈而又和谐的感觉"。文章结尾处，说了带有总结性的一段话："沙嗓子并不是麒派的特征，依我看来，应当深入角色的性格和生活，注意选择细节，注意舞台调度，使观众对整个演出觉得贴切而又鲜明。有自己，又有全体。这才算得上麒派！周信芳把海派京戏的艺术带到一个高度发展的艺术阶段。"

值得注意的是，健吾师赞扬家乡戏蒲州梆子的艺术家时，也联想到了周信芳，指出他们的共同点："强调力和感情"，"细致和粗犷都有分量"，"敢于往开里放，动作幅度大，配合激情，也就显出更深的力量"（见《戏剧新天》第180页），等等。健吾师的审美判断对我很有启发。梆子戏与京剧的关系，梆子戏对南派、海派京剧的影响，麒派风格中的梆子艺术元素，都是值得研究的课题啊！

从时间上来说，健吾师离我们这些学生越来越远了；从心理上来说，只要需要，随时可以向《李健吾文集》求教，他永远是我们亲切的充满智慧的名师！

作者简介：

龚和德，中国艺术研究院研究员。1954 年毕业于中央戏剧学院华东分院（今上海戏剧学院）舞台美术系，先后就职于中国戏曲研究院、中国艺术研究院戏曲研究所。从事舞台美术、戏曲史论研究和戏曲评论。1992 年起享受政府特殊津贴。现为中国戏曲学会顾问、中国舞台美术学会顾问、中国戏曲学院荣誉教授。曾参与多个集体科研项目，并著有文集多部。

难忘恩师李健吾

范华群

　　上海解放前夕，正值我高中毕业后积极准备报考大学最为紧张的时期。当时我在光华大学附中理科班学习。毕业考后接着马上投入高考的准备，并已填了报考清华大学理科志愿。由于夜以继日苦读不停的准备，最后搞垮了身体，大病一场，病愈以后已错过了考期，懊悔也已无用。一天闲步四川北路街头，路过横浜桥，看到剧专正在招生，我虽是理科，但对文科也有兴趣，于是抱着侥幸的心理报了名，想不到在众多考生中竟会榜上有名。当时是否要念剧专，家中颇有一番争议，后因我身体尚未恢复，不宜他乡远行，于是在极为矛盾的心情中进了上海剧专。

　　戏剧文学科的班主任是李健吾与魏照风两位老师，李先生主要教写作实习这门主课，每周一次，交一篇文艺习作。虽是习作，但对于我们这些既无生活积累，又无文学基础的人来说，确是件极为困难的事。每周的日日夜夜就是为交出这么一篇习作而煞费脑筋，弄得日夜苦思，寝食不安。好不容易勉强凑出一篇，能交上去已是不易，到了课堂上李先生当众评讲时更为难受了，因为我们当时也不知怎么写才符合要求。可是老师总把我们当成一个作家那样来要求，这个差距就大了，故而每次都过不了关，每次都以极度失望与委屈的心情，接过了那篇通不过的习作而作罢。为了下一次能达到通过的要求，我白天拼命阅读中外名著，晚餐后也顾不上休息，马上动手写作，写了半天一字未得，一夜未眠，在痛苦的失眠中酝酿着文稿。有一次我反复阅读了巴尔扎克的名著《高

（左图）李健吾翻译的莫里哀剧作集：《伪君子·吝啬鬼》
（右图）《莫里哀喜剧》四大本

老头》，感触颇深，遂按照巴尔扎克的笔法，精雕细刻地描写了一个我熟悉的人物。没想到上课时，李先生十分认真及兴奋地当众高声朗读了我的习作。评讲时大加赞赏，说："这就是巴尔扎克写的小说呀，难得，难得！"我几乎被捧到了云雾之中，在座的同学们都以异样的眼光看着我，我也以从未经受过的那种受宠若惊的心态，面对着眼前发生的事。从此我的写作似乎走出了困境，大踏步地向着新的境界迈进了。

比起班上其他五位同窗来说，我的基础与学业是最差的，远远比不上他们。自此以后，我明白了这么一个真理：我虽然很笨，但不要紧，我铭记着列宁说过的这句话："天才就是勤奋。"从那时起，我学着笨鸟先飞这个哲理，学习上总是先走一步，多花些时间，比一般人更为刻苦学习，奋斗不止。经过一段时间，我的习作有了明显的起色。现在我深深感到，这都是李先生因材施教、严格要求的结果，要培养出人才，必须这样教学才有成效。

我记得李先生不仅着力培养我们具有最基本的写作能力，在打好写作基础的同时，发现文章中不是通俗易懂流畅的语言，或是夹杂深奥难懂、词不达意的文字便要及时指出，甚至连一个标点怎么点，都毫不留情地严加指正。有人认为这有点太过分了吧。我感到正是在培养一个初学写作者的过程中，对他常犯的各种毛病，严加指出，对他们只有好处而无坏处。我经常被李先生指出这些语句不通，词不达意，不流畅，不够华丽，那些标点有错误。每次的严肃指出，虽然当时令我感到羞愧难当，抬不起头，但从此以后便深深地铭记心中，再也忘不了。到今天为止，可以说这种严格的教育，已使我们每个学生受用了一辈子，成为我们毕生受益不尽的最为宝贵的财富。

李先生教我们另一项课程是剧本选读，就是将中外古今的著名剧作给我们详加讲解。我们听他这门课时，他与别的老师不一样，并不是看着讲稿照本宣科地平平淡淡地讲述，而是完全脱离讲稿，讲到节骨眼的地方，简直像个演员一样，似在台上演戏一般，喜怒哀乐的表情全部流露出来，下面听的人这时也仿佛进入了剧情，受到了强烈的感染，听完以后，给大家留下很深的印象。这门课跟他的写作实习课判若两人，一门课是极端严肃的，另一门却十分轻松，让戏剧艺术的精粹全部融入听者的心灵深处。

我因为一生中间同时进过几个高等戏剧学府，授课的老师似走马灯一般，授课的方式都不一样：有的仅仅是讲解一般的戏剧作品，有的讲得比较生动，或多或少地留下一些印象；有的讲得平淡无味，引不起什么兴趣。虽然这样，多少也作了听课笔记，但记下的仅是一连串的符号，并没有在脑海中留下更多的东西。而李先生传授给我们的不仅是无数生动的戏剧知识，不只是笔记本上的符号，而是一些具有无限魅力的艺术真谛，镌刻在我们的心灵中，一辈子都无法泯灭与消失。我们依靠这些心灵中深深的感悟，不断创造着自己美好的艺术宫殿，创造一次比一次更为绚丽的戏剧篇章。

上海剧专组建为中央戏剧学院华东分院以后，全国高等学校又进行了一次调整，我们这一班的学员一分为二，一部分转入新建立的中央戏剧学院，余下的进行转学处理。我被安排去北京继续深造。这时李健吾先生也调入中国科学院外国文学研究所研究他的莫里哀与其他外国文学去了。由于在上海不少课都来不及听完，所以乘中央戏剧学院请李先生讲授莫里哀喜剧之际，我也算补上这节课了（中戏只有莎士比亚的课），这使我对喜剧有了更多的认识。不久李先生的莫里哀全部喜剧译著也由湖南文艺出版社陆续出版。在此之前我虽然也读了不少莫里哀喜剧的其他译作，相比之下，若要用作舞台演本的话，都会有些困难。因为这些译本中的纯文学语言、词汇较多，作为文学作品阅读欣赏问题不大。而李先生的译本可以说是最理想的舞台剧本，每个角色的语言，纯粹都是生动上口的口语。如《吝啬鬼》中阿尔巴贡的语言，生动流畅，有血有肉，十分形象地表现了这个吝啬成性人物的性格特色，使这个人物栩栩如生。

1982 年，中国戏剧出版社将李先生四十多年来发表的戏剧评论与研究文章，筛选出 49 篇编纂成册，其中涉及喜剧的计有 15 篇之多。其中对莫里哀的研究，可以说论述透彻且有独到的精辟见解。全书计有《莫里哀的喜剧》《试谈导演莫里哀的喜剧》《莫里哀喜剧中译本序》《祝贺法兰西喜剧院三百周年纪念》《莫里哀的喜剧艺术》与《吝啬鬼》五篇之多。

《吝啬鬼》一文在 1934 年所写。为了说明莫里哀创作《吝啬鬼》的巨大成就，文章进行了中外古今同类喜剧作品的详细比较。先将我国元曲中的《看钱奴买冤家债主》拿来比较，虽然认为元曲中的看钱奴贾仁是一个有关描写吝啬鬼的杰作，然而有所不足的，只是案头的小说而已，缺乏戏剧性的艺术效果。

除此以外，李先生提出，在喜剧方面运用守财奴作主人公的第一个剧作是公元前 300 年的古罗马喜剧作家普劳图斯所写的《瓦罐》，戏中描写了一个老吝啬鬼欧克里翁。

到了 16 世纪意大利剧作家劳恋齐奴，模仿《瓦罐》写了喜剧《阿瑞道孝》。1579 年法国作家拉芮外衣又将《阿瑞道孝》改编成《群妖》。到 1668 年莫里哀根据古罗马喜剧《瓦罐》进行彻底改编，对原有的故事情节进行重新写作，使《吝啬鬼》这个戏，成为一个最有喜剧性的人性的揭露。这说明了早在 1934 年李先生对莫里哀就有不同一般的研究，直到他逝世前不久，他写的那篇《莫里哀的喜剧艺术》，成了他对莫里哀喜剧进行了五十余年研究的最后一篇总结。

李先生对莫里哀的研究，是紧密结合当时种种复杂的社会环境来进行研究的，并不是以剧论剧那种一般的方式，因而他洞察到莫里哀在那个极为不利的社会中如何顶着风浪演出他的喜剧的，他进行总结说："莫里哀写了许多市民阶层和宫廷阶层丑态百出的好戏，他挖苦外省的地主，挖苦保守的医生，嘲笑资产阶级的上层老爷，嘲笑当时显赫一时的宗教界，他不怕当权的贵人跟他为难，不怕有势力的宗教界对他的诅咒，他不怕死无葬身之地（墓地要由当地教堂堂长批给）。他在舞台上比谁都勇敢，他骂尽了当时走运的红人，他无所畏惧。他在戏里公开说，侯爵成了今天喜剧的丑角。"

莫里哀对喜剧的认识是这样的，这可以从他的《伪君子》的序言中明确地看到："一本正经的教训，即使最尖锐，也往往不及讽刺有力量，规劝大多数人，没有比描画他们的过失更见效的了。恶习变成人人的笑柄，对恶习就是重大的致命打击。责备两句，人容易受下去的，可是人受不了揶揄。人宁可作恶人，也不要作滑稽人。"为什么西欧的喜剧大多以讽刺为主，嘲弄与讽刺社会上有恶习的人，道德败坏的人为主？这种喜剧创作思潮当以莫里哀为代表人物，为当时的喜剧发展作出了杰出的贡献。

我们看到，莫里哀演出这类喜剧与我们今日的不能同日而语，剧作家确实需要大无畏的勇气与胆识，才能立足于舞台。由此可见，作为一个剧作家上演一部喜剧有多么的艰难与不易。另外，我们还看到李先生对莫里哀的喜剧除剧本本身以外，所开展研究的内容也极为广泛深入。如1962年他观看了北京人艺演出的莫里哀《吝啬鬼》，他看到阿尔巴贡的服饰穿戴不符当时的情况。北京人艺演阿尔巴贡的演员让一根小绳从他的裤裆里露出来，使人看了很别扭。李先生观后向导演指出说：当时法兰西的老式装束，系裤子不用裤带，而用六条两头包尖的短细绳子，穿过裤子和外衣底下窄压边的两个小眼，把裤子拴住；而更考究的浑身上下用漂亮的缎带来拴缚。从这一演出服饰的情况来看，要是缺乏对当时法兰西服饰穿戴与风俗时尚的细致入微的研究与了解，是不可能提出这个意见来的。可见李先生对莫里哀喜剧的研究，已深入具体到了何等程度。

有一次李先生观看中央戏剧学院表演系演出莫里哀的《伪君子》时，一开场人物尚未出现，舞台的楼上出现一片嘈杂的喧闹声，一会儿女人的高跟鞋从楼梯上扔了下来，箱子接着也跟着白尔奈耳太太的使女波特滚了下来。紧接着白尔奈耳太太颤巍巍地走下楼来，在她后面跟着儿媳妇和一家大小，乱哄哄地出场，场面极为热闹。但是剧本里的开场没有这样的描写。这情况给李先生看出来了，他感到这是导演为了加强喜剧的开场气氛特意加上去的。他认为按照一般法国风俗，儿子成家以后就与父母分居了。如按开场这样设计，倒像是白尔奈耳太太和儿子住在一起的，这就与法国的社会风俗不符。这个戏在人物对话开始之前就显得很乱，一直乱到第一场结束。只见这一家人大大小小争论不休，但争论并不等于凌乱。李先生认为导演为了强调戏剧效果，改变了原剧的规定情境。为了加强喜剧效果，采用了不适当的闹剧手法，这样反而破坏了原剧的喜剧意境，专门着眼找戏，结果却得到适得其反的效果。

李先生观看北京人艺《吝啬鬼》第一幕第一场时，有人认为这场戏排得不好，一点儿不逗笑，既然是喜剧，就要从第一句话起逗观众笑。李先生认为这是一种形式主义的看法，非常有害于喜剧演出的正常进行。他指出一般人把上演喜剧的目的看成逗笑，觉得观众不从头到尾哈哈大笑，演出就算失败了。这是有些人把闹剧手法当作家常便饭，不起反映本质的作用，着意追求意外效果，因而降低了格调。而要写好喜剧，必须要从世态入手，从人物的性格入手才好。

对于喜剧导演与喜剧表演的论述，虽然李先生早在20世纪的二三十年前便已提出，但若是细心审视一下戏剧演出的情况，不论是话剧、戏曲、电影、电视剧，甚至滑稽戏中仍然存在着不顾剧中的人物性格，不顾剧中的情节设置，为了制造笑料，不择手段地加强喜剧气氛，不惜人工制造各种生硬的逗人笑料，以为这是加强喜剧性的表现。然而正是由于这些矫揉造作、生吞活剥制造笑料的结果，反而将上好的一个喜剧弄得支离破碎，甚至格调搞得低级庸俗不堪，给喜剧演出带来严重的损害。

李健吾先生不仅对我国的喜剧，同时也对西方的喜剧，如契诃夫、哥尔多尼、莎士比亚、维伽、缪塞等人的喜剧作品均有研究与评论，看来他对喜剧研究的范围是非常宽广的。

我经历了数个全国的高等戏剧学府的反复学习，受到无数的戏剧家的悉心教导，受益匪浅。但不知为什么，李先生在喜剧方面对我长期的教导与熏陶影响很大，使我逐渐领会到喜剧的真谛，并引导我逐步走向了这一宽广而深不可测的美学领域，最后使我坚定地走向为此奋斗终生的艺术道路。

此文原刊载于上戏校友通讯《横浜桥》第 51 期，2002 年 7 月

作者简介：

范华群，上海市戏剧专科学校戏剧文学科（今上戏戏文系）1951 级校友。

李健吾老师在台尔蒙的讲座

苗 戈

算算，整整半个世纪了。

1949 年 5 月初，解放大军已将上海团团包围，弹丸之地的市区正处于"激战前的宁静"。停课应变多日的学校，见缝插针，为同学们安排了几次难得的讲座，邀请学术界专家名流来校讲学，深受同学们欢迎。每次讲座，四楼小剧场，人头攒动，座无虚席。而我们远在沪西台尔蒙的同学就没这么幸运了。每次只能委派数名代表前去聆听，然后回来传达。怎么说呢？总有种挂一漏万的不满足感吧！尤其对未能听到李健吾老师所讲的"哈姆雷特"更遗憾！

身为队长的徐石平大哥表面虽不露声色，内心其实比大家更焦急不安。多次向学校反映情况，似乎并未得到满意答复。

一日清晨，徐大哥早早离开台尔蒙，早饭时，金蕙大姐叮嘱大家上午待命，不要离开。饭后，我们三三两两走出大厅，来到厅前那块不算小的庭院里。

那天的天气很好，小庭院沐浴在五月明媚的春光下，同学们有的散步，有的看书，归国不久的肖亮雄同学在草坪上热心地教大家跳一种泰国的民间舞。说来挺有意思，舞蹈的难度并不大，一学就会，难就难在怎么也跳不出那原汁原味的泰国风情。跳着跳着，往往会被彼此那笨拙滑稽的动作惹得一个个前仰后合，大笑不止。正在庭院里一片欢腾时，门前驶进一辆轿车。车停后，石平大哥第一个跳下车来，迅速开启后门，迎下一位颇有绅士风度的长者。有人高兴地呼叫起来："李健吾老师来了！"

大家一拥而上，高高兴兴地簇拥着李老师进入大厅。金蕙大姐已将讲台和座位安顿好，还因陋就简在课桌上铺了块朴素大方的台布。

李健吾老师自下车起脸上一直洋溢着可亲的微笑，红润的国字脸，一脸祥和。他一面就座一面环顾台尔蒙的环境，目光由一排排米袋垒成战壕般的矮墙，看向墙下我们的地铺，以及以铺当椅席地而坐的我们。这时徐大哥正好将简短的欢迎词致完。老师随和地笑笑："看来，你们安排得不错嘛！"

他习惯地推推鼻梁上的眼镜。

"那天，你们多数同学重任在身，未能赶回学校。今天我来给大家补课。"

我们感动得报以热烈的掌声。

李老师放下手中的茶杯，将上装随手搭在椅背上，转过身来询问大家是否看过由劳伦斯·奥利弗主演的英国电影《王子复仇记》，当他了解都看过之后，满意地点点头，取出讲稿。这时，他似乎沉吟了起来，也许他在想，面对眼前这群尚未蜕尽中学生模样、稚气的娃娃们，将以一种怎样能使大家更容易理解的言词深入浅出地表述手中的讲稿呢？我不能武断地认为李老师确有这种顾虑。即便有，也无可非议。因为，他是全国著名的学者和教授，讲课的涵盖面广、哲理深，没有一定的素养和理解力很难消化他授课的内容。也许最后，他是被我们的求知欲感动，宽厚地笑笑，靠在椅背上慈爱地望着大家缓缓打开话匣子。

"哈姆雷特的素材，原是英国本土和欧洲广为流传的一则传说，故事情节，跌宕离奇，充满仇杀和恐怖，粗俗不堪又不尽合理。但经过英国文艺复兴时期伟大的戏剧家莎士比亚之手，进行了不小的裁剪取舍，改编成一出脍炙人口、震撼人心、蕴含深刻时代意义和人文主义色彩的悲剧，凡是看过这戏的无不为剧中人物的命运以及悲惨的结局所撼动！"

李老师上面这段话的声音不大，轻言细语，像是在书斋促膝恳谈，使我们不得不凝神闭气全神贯注地听。但听来也并不吃力，因为老师的共鸣好，且字正腔圆，如月光下一湾汩汩流淌的清泉，不由得不被他带入那美好的意境！

"一般认为，哈姆雷特的犹豫不决、优柔寡断的懦弱性格是造成悲剧的主要因素。这论点不能说错。然而，应该清楚认识到，戏剧冲突，正是由哈姆雷特同他那弑父篡位的仇人克劳狄斯之间展开的。在这场殊死搏斗中，哈姆雷特处于极端劣势，而他的对手，那个独夫民贼，窃国大盗……"

说到这里，老师突然喊起来了，似乎觉得有口无遮拦之嫌！虽然脱口而出的是两句成语，但当时正处于黎明前最黑暗的上海，敌人已狗急跳墙，加之祸从口出的先例不是没有。

老师透过金丝眼镜将目光迅速朝大厅外扫了扫，自我缓解地笑笑，下意识地用手抹抹嘴接着大声接下去：

"克劳狄斯是大权在握，武装到牙齿，陷阱林立，爪牙遍布，丹麦反动势力的总代表，只要他愿意，随时都可以像捏死只小虫子一样将哈姆雷特置于死地。请想想看，哈姆雷特是不是该时时刻刻加以防范，甚至装疯卖傻来迷惑敌人？所以他的踌躇，绝不是他性格上的怯弱。"

听课的同学赞叹地频频点头，老师满意地笑了。

接下去，老师列举了大量的人物关系，如哈姆雷特与母亲、与奥菲利亚、与同学罗森格兰兹和吉尔登斯呑，以及奥菲利亚的父亲和哥哥皮洛涅斯、雷欧提斯的关系，来证实哈姆雷特时时处处受到监视，成天周旋在一群心怀叵测的魔鬼和卑鄙小人之中，他正因为感到极大的压迫和窒息才不得不爆发出愤怒的呐喊。

"丹麦是个监狱，是所有监狱中最坏的一间！"

李健吾老师愈讲愈激动，上面这句台词他是以哈姆雷特的口吻大声吼叫出来的。那洪亮的、有共鸣的、带有金属的嗓音在台尔蒙的厅堂内久久回响！

老师不仅是位知识渊博的学者，还是位热情洋溢的艺术家。就拿剧中那段脍炙人口的独白来说，李老师在分析哈姆雷特的内心冲突时引用了它。记得当时老师是用莎翁的原文，以地道的"牛津"腔，感情充沛地朗读的，语音是那么深沉忧伤，似乎是发自哈姆雷特郁积多日的肺腑深处，使听的人忧悒而压抑。

我不由联想起劳伦斯·奥立弗在电影中的这段独白，他扮演的哈姆雷特的身影立即浮现在眼前，渐渐便和老师的身影叠合了起来，幻化成一个高大的、活生生的、有血有肉的哈姆雷特……

最后，李老师令人信服地阐述哈姆雷特的悲剧绝不是由于主人翁性格上的优柔寡断，而在于他面对的是一个比他强大千百倍、中世纪丹麦残暴的黑暗势力的总头目；加之他本人缺乏社会经历，缺乏斗争经验，缺乏一批志同道合、同仇敌忾的伙伴或同盟军！

说到这里，老师深沉地叹了口气，异常颓丧又无可奈何地继续接下去说：

"他明明晓得自己绝非克劳狄斯的对手，又偏偏不愿走一条简单复仇的道路，不顾后果一剑结果弑父的仇人！他想的是……"

说到这里老师霍然站立了起来，而且将声音陡然提高了一个8度，高昂起他高贵的头颅，代哈姆雷特吐出盘桓在心头的理想：

"拯救祖国、振兴丹麦、推翻反动统治、建立一个人文主义的新国家。"

一个停顿之后，他将双臂落在讲台上，身体向我们倾来，语重心长地道出：

"在敌我双方力量过于悬殊的现实生活中这是太难了！哈姆雷特即使有三头六臂的神威也绝不可能战胜中世纪强大的黑暗势力。这就是莎士比亚大师展现在我们眼前这一长卷中悲剧的成因和结果，从帷幕第一次拉启，就决定了它悲惨的结局！"

他顺手拿起桌上的《莎士比亚全集》，打开扉页，随手翻翻，又将书合上，抬起眼，目光炯炯地对着大家：

"这就是伟大的剧作家给全人类留下宝贵财富，他所留下的不仅仅是提供排练和演出的几十个戏剧脚本，他留给我们的是如何面对人生，面对社会，面对好与坏、善与恶、正义与反动、强权与真理的全部智慧，使人们由愚昧走向文明。"

"哈姆雷特所处的中世纪已从欧洲消亡了，也必将在整个人类社会消亡！"

"明天一定会比今天好！"

在一阵热情的掌声中，我们将李老师送出大厅，扑面而来的是五月暖洋洋的艳丽骄阳。

那堂生动的讲座已过去半个世纪了，它是我在母校上的最后一堂课，为我的学生时代画了个圆满的句号。这 50 个春秋以来常常魂牵梦绕，萦系心头！

我们原本与李健吾老师的讲座是无缘的，若当时没有对我们关怀备至的徐石平大哥竭力争取，也将与讲座失之交臂！说一千道一万，真该好好感谢石平大哥！

此文原刊载于上戏校友通讯《横浜桥》，第 32 期，1999 年 5 月

作者简介：

苗戈，原名徐伟雄，上海市立实验戏剧学校正科话剧演员组（今上戏表演系）1948 级校友。

我认识的余上沅老师

刘庆来

说实在的，我在上戏四年，除了上课，跟老师接触实在不多。我从小受师道尊严的影响，对老师都是仰视，远远躲着。进大学后，见到老师还是远远站住行鞠躬礼，说声"老师好！"然后赶紧走开。终于有一个老师发话了："刘庆来，你怎么还像个中学生？"

没办法，已是性格使然，对老师还是敬而远之。

我特别羡慕那些能和老师说说笑笑、侃大山的同学。我也想学他们，可总是没有勇气。所以，我和老师几乎没有什么接触，包括我们班主任周端木老师，四年里我也不曾记得和他有过单独的谈话。而我唯一有过接触，而又印象深刻的恰恰是和同学接触较少的老师余上沅。

一九五九年，我和余上沅老师几乎同时走进上戏。我是上戏戏文系首届招收的本科生，余上沅老师是刚从复旦大学调入上戏，那时他六十岁出头，干干瘦瘦，腰板挺直，头发稀疏却梳得一丝不苟，金丝眼镜后面的双眸流溢着睿智的光，十足的学者风度。在校园里常见到他踽踽独行的身影，给人以孤独、寂寞的感觉。我虽然知道他是我们戏文系的老师，但从没交谈过，甚至没打过招呼。那时，他除了给我们班学英语的陶瑞荣、黄海芹、谢成功、于德义、方宏友、梁志勇、张启蓉等七位同学上基础英语外，并没有安排别的课。

我与他的接触是在大一的"写作实习"课。当时系里所有专业课老师都被安排到"写作实习"课给同学担任辅导老师,而他恰恰被指定做我的辅导老师。

说实在的,当时让系里最"不起眼"的余上沅老师来担任我的辅导老师,我多少有些失望。我那时对余上沅老师的情况可以说一无所知。我并不知道他是中国现代戏剧的奠基人之一,也不知道他在戏剧理论研究、戏剧创作、戏剧教育方面早已是大家。我倒是隐隐约约知道他留过洋,解放前曾当过国立剧专校长,是个有"历史污点"的旧知识分子。不过,凭我从小在大学校园里长大、潜移默化形成的直觉,这样身份的人恰恰学识渊博、人品正直,能给我答疑解惑,会对我有实际的帮助。

事实证明,我的判断是正确的。

记得我写的是一个描写农村女教师爱岗敬业的小说《石榴花》。余上沅老师看了以后,找我去谈了一次话。他对小说并没有多少评点,说了些什么我也忘了,倒是后面的另一番话让我历久不忘。

"看得出,你小说读得不少!"听完我的一番自我介绍,他笑眯眯地看着我:"剧本呢,看得多吗?"

我没料到他会提这个问题,只好摇摇头,承认自己的确没读过几个剧本。

他把笑容收住了,语重心长地说:"读戏文系,要多读剧本,特别是好剧本,中国的、外国的,都要多读。"

我连忙点点头。

他沉思片刻,说:"剧本不仅要多读,还要认真读,反复读,大学四年,你能不能认真读十个剧本?"

"什么,四年读十个剧本?"我一怔,但很快计算出来,四年读十个剧本,平均一年不到三个,这还不容易吗?我信心满满地回答:"没问题!"

他大概看出我并不在乎的神情,笑着补充说:"我说的读,是精读,不是只了解故事情节,还要对剧本的作者、时代背景、思想、人物、戏剧结构、语言,甚至如何开场、如何结尾,所有的细节都要认真分析、烂熟于心。肚子里有十个剧本打底，以后搞剧本创作就能得心应手，从容以对。"

他山之石，可以攻玉。我听明白了老师的意思，沉吟着点点头。

他认真地说："照这个要求，十个剧本只怕还多了点。"

"不多，不多！"我赶紧说。

他开心地笑了。

余老师这一番多读剧本、读好剧本、认真读剧本的谈话，对于刚刚踏进戏剧学院大门、对戏剧专业学习还处于迷茫懵懂状态的我来说，实在是太及时了，如同醍醐灌顶，让我茅塞顿开。读书、读剧本，不仅改变了我四年的大学生活，而且成为我一生的酷爱。

从此以后，为了补上这一课，我跑图书馆，跑旧书店，找来能找到的中外剧作，读得个昏天黑地。可以说，上戏四年，古今中外的名剧大多涉及了。这对我后来的剧本创作确实受益匪浅。如果说，在后来几十年的戏剧创作中多多少少取得一点成绩，绝对是与余老师当年的谆谆教导分不开的。只可惜那时还是太年轻，急功近利，贪多嚼不烂，对余老师的"精读"领会不深，没有细细消化吸收。静下来想想，别说十个，连一个像老师要求烂熟于心的剧本也没有。如果我照老师说的认真实行，也许我后来的创作会有另一样的景象。但无论如何，我十分庆幸当年余上沅老师做我的辅导老师，在我迈入戏剧殿堂伊始，成为给我指点迷津的贵人。

在我和余老师的交往中，让我刻骨铭心的却是另一件事。

解放前，我父亲刘兆吉曾在重庆南开中学教语文。余老师的儿子余汝南是我父亲最得意的学生，关系特别亲近。我一直记得父亲书桌上有一个装印章、印泥的长方形竹雕盒子，盒盖上刻着"兆吉师存，学生余汝南赠"。那时余老师任校长的国立剧专内迁至四川江安，江安盛产竹器，估计是余汝南去江安探亲时特意买来送老师的。高二分文、理科，余汝南选择了理科，后又考上清华。我父亲又高兴，又惋惜。据我父亲的学生回忆，我父亲曾感叹说："中国失掉了个高尔基！"可见父亲对他看重到何种程度。

一九八四年余汝南病逝，父亲很是悲痛，他一直念念不忘余汝南。如一九八九年在给余汝南的同学的信中写道："世琴提到《曦报》，这也引起了我无限感慨。最使我痛心的是《曦报》发起人之一余汝南不幸早早离开了人间，他才华过人，历经坎坷，闻孝祚、惠全记述，令人泪下"。[1] 更让人泪奔的是，我的老父亲在八十八岁高龄时仍念念不忘他的学生余汝南，在他给余汝南的同学江汗青的信中说："……余汝南是'右派'。不幸去世的更令人悲伤。余汝南送我的印章、印盒，我还善为珍藏。"我父亲写这封信后二十六天就去世了。这是后话。

解放后，父亲和余汝南失去了联系。当他得知余上沅是我上戏的老师，非常高兴，立即来信说当年在重庆和余先生见过，要我代向他问好，并要我打听一下余汝南的情况。

于是，我兴冲冲地找到余老师，转达了我父亲的意思。出乎我意料的是，他先是一怔，疑惑地打量着我，久久不发一语，更没有半点高兴的样子。正当我莫名其妙、忐忑不安时，他小声地开口了："你父亲现在在哪儿高就……"

我告诉他，父亲现在是重庆西南师范学院（现为西南大学）教育系的教师，讲授心理学。

他听完后，勉强笑着说："你也代我问他好，谢谢他的关心，汝南还好……"

他似乎还想说什么，但终于什么也没说就匆匆走了。

余老师的冷漠态度让我始料不及，我茫然地站在原地发怔。

以后见面，余老师也再不提此事，我们的关系非但没有走近，更不曾多看我两眼，就像什么事也没发生过。这让我很纳闷，也很奇怪。我只得如实写信告诉我父亲。他究竟是过来人，可能猜到了什么。立即回信说，余先生可能有

1　刘兆吉：《刘兆吉诗文选》，西南师范大学出版社 2003 年版，第 300 页。

他难言之处，这事就到此为止吧！

我估计，父亲从其他学生那里多少也知道余汝南的一些情况。他通过我向余老师打听余汝南的情况无非是表达一个老师对所爱学生的一点想念、一点关爱、一点牵挂，并没有别的意思。

虽然我照父亲的意思不再关注此事，但我内心深处总有一丝不快，甚至觉得是讨了个没趣，耿耿于怀多年。

后来我才知道，余老师于一九五五年曾被捕入狱，我进上戏前不久，他才顶着历史反革命的帽子调入上戏。他的儿子余汝南一九五七年被打成右派，后遭逮捕，送北大荒，妻离子散。那时的余老师承受着的是怎样的政治重压和无法诉说的隐痛啊。他所经历的痛彻心扉的人生体验，那时的我是很难感同身受的。后来，随着年龄的增长，特别是经过"文革"严酷岁月的洗礼，我也终于理解了他那时的苦衷和无助。对自己、对儿子，他什么都不能改变，他唯一能做的就是绝不能因为这种师生关系伤害到我，他选择这种决绝的方式对我也是一种保护，他最怕的是牵连别人。他自己就有切肤之痛，当年他就是因为自己的学生扬帆，而被无辜牵进"潘扬"案。在那个年代，他的小心不是多余的。

一九六一年后，有段时间政治上有所宽松，余上沅老师才给我们开了"贝克编剧技巧"课。他满腹经纶，出口成章，讲课时还常夹带几句英语。他语言幽默风趣，有时不动声色的一句话，让大家哈哈大笑，他的课很受同学欢迎。

不过，在当时的政治环境下，余老师始终郁郁不得志。在我们班的毕业照上，这位德高望重的老教授只能屈居前排最边上，这也是他在上戏处境的写照。几年后的"文革"，他再次遭受冲击，最后含冤而死。

忘不了上戏，就忘不了那个在校园里形单影只、踽踽独行的上沅老师！

记住上戏，就会记住那里有我永远怀念的上沅老师！

作者简介：

　　刘庆来，1959—1963 年就读于上海戏剧学院戏剧文学系。四川人民艺术剧院一级编剧，文学部主任。中国戏剧家协会会员，四川省戏剧家协会理事，四川省文化厅艺术委员会委员，四川省第八、第九、第十届人大代表，第九、第十届省人大常委、教科文卫委员会委员。主要作品有大型话剧《李宗仁归来》《刑警队长》《人生天地间》《小萝卜头》等。

我的英语老师余上沅

方洪友

　　我 20 世纪 60 年代在上海戏剧学院戏剧文学系读书的时候，教我们英语的是一位老先生，课目表上写的教师名字是余上沅。

　　班上学英语的就五六个人。来了位老者，一个戴眼镜、瘦小的老先生带几名学生。老先生操湖南方言，英文发音也不算标准，还不按课本讲授，这显得离奇。我当时有一比：私塾呀。

　　不过，我们很喜欢他来上课。课本上的东西，他让我们自己看。语法什么的他叫课代表领我们讨论。

　　老先生课上讲什么呢？讲莎士比亚。把打印的原文《哈姆莱特》《马克白斯》章节发给我们。教我们念，给我们讲。讲着讲着就由英文词语讲到了剧作本身。这种讲解当然是用我们能充分接受的汉语了。上英语课成了听故事，听莎士比亚，听剧作法。

　　老先生何方神圣？通英语，懂剧作。上课自带小热水瓶，自斟自饮，自说自话，一副绅士派头。

　　那时候我们能得到的历史真相有限。对余上沅这个名字一无所知。只听说是老教授，从复旦调过来的。再就是说他历史上有问题，属于"控制使用"。这个政策界线我们是懂的，看来这位干瘦的老先生历史上有"污点"。

　　终于有本事的同学从图书馆旧资料中发现了情况：余上沅者，曾经的南京国立剧专校长也。

这一下子勾连起了我多年积累在心中的往事——

我成长和读小学中学都在南京，那是封闭的五十年代。对史上赫赫有名的南京国立剧专，别说南京一般人，就是戏剧艺术界也未必耳闻和提及。

我知道国立剧专这几个字还真是偶然。

我在《剧之旅》中有这样一段记载："我到南京上小学。当时家境贫寒，父亲靠收废纸、糊纸袋出售为生。我是父亲的帮手，从一堆堆废纸中，我发现了各种各样的书籍，不忍毁弃，藏匿在一边；这是我的第一批'藏书'。一次，我翻到一本叫作《雷雨》的书。当时根本不知作者是什么样人物，也不知剧本为何物，打开来读，立刻被深深吸引，一直到读完才喘口气。我震惊了：世上竟有这样奇妙的书！我不安了好几天。这是我第一次接触叫作'剧本'的文字。"[1]

过后，我上了南师附中。附中有不少"兴趣小组"。我因心存读《雷雨》的骚动就报了"戏剧组"。当时有不少老教师，很有学者风范和夫子遗风。辅导我们戏剧组的吴耀卿是教外语的，全身修饰整洁，戴一副金丝边眼镜。我便向他打听《雷雨》。

"知道呀！《雷雨》我看过，曹禺先生写的。曹禺可了不起啊！当年他还在南京国立剧专教过书呢！"

这是我第一次听到"南京国立剧专"。所知也就到此为止。

现在，我知道了当年南京国立剧专的校长竟然就是眼面前的英语老师——余上沅！这当是我们戏剧后生的师爷哦！

那时戏剧学院由于熊佛西先生治学有方，学术空气浓厚，图书馆对待书籍资料还算开明，过去的旧杂志没有封锁，零零星星可以见到许多外面见不到的材料，比如有人发现过蓝苹的剧照和轶事，悄悄转告。也就是这些旧资料，使我知道：当年梅兰芳访苏演出，余上沅是导演兼艺术顾问；解放前夕他在英国

1　方洪友：《方洪友剧作选》，中国戏剧出版社 1989 年版，第 322 页。

访问，那里邀请他留下，他丢不开他一手创立的国立剧专，回来了；他当校长延聘了许多优秀名家、进步人士任教，一长串教师名单里，许多人是当前扛鼎人物和文化艺术部门领导；培养出来一大批著名的戏剧栋梁，从中可以发现如今戏剧界的许多大家正是当年那里的学生；临解放，他接受了地下党学生的要求没去台湾。这么一个有贡献、有功劳的爱国知识分子，怎么成了"内控"的呢？那年头我们相信党的政策，猜想一定有重大原因，对于我们这些尚未涉世的学生来说，只能在心中留一个问号。叹息过后，也自我安慰：大师尚能上讲台，虽然只教我们英语，也算不错的了。

我们庆幸有这样的英语老师。只是觉得太屈才了。不过，老先生自己，淡然得很。一次，我贸然提出去拜访他。说贸然，一是要求进步的同学是不会这样做的，我自甘落后了；二是老先生不一定会同意。谁知，他很高兴地答应了，还把地址写给了我。

老先生待客热情，我便斗胆问先生大名的来历，他自然一笑：是地名，与《离骚》无关。也是在这次拜访时，他告诉我，他将要给我们开一门课：贝克的《戏剧技巧》。讲专业，而且是美国人的材料！看来，某些方面有了些松动。贝克，美国戏剧家，略知点滴。也听说过余上沅曾经留美。老先生出示书稿，原来就是他余上沅翻译的！对于老先生的历史，我无法知道往事的错综复杂和现状的来龙去脉，但见他一副怡然自得的样子、宠辱皆忘的治学热情，我对老先生更加敬佩。

由此，我便有意识寻找课本中没有的相关南京国立剧专的史料。进一步了解到，这座学校是 1935 年创建的，是我国第一所戏剧专科学校，直属于当时国民党中央宣传部。校址设在南京鼓楼南角的双龙巷。双龙巷当是南京文脉中的风水宝地，古妙相庵即在此，曾有一座纪念屈原的"屈子祠"。

为此，这年暑假我回南京曾专门到鼓楼一带探访，双龙巷地名仍在，可是记载的庵啊庙啊祠啊早已不见踪影。这不奇怪，"大跃进"时连南京城墙都扒了，城砖用于砌炼铁的小高炉了。至于南京国立剧专的校址，已无人可以指认，更别说曾经存在的国立剧专，早已在居民的记忆中消失了。我只能唏嘘失望而归。

假期结束返校，我没敢向我的老师和同学提及。

余上沅老师给我们整整讲了一学期的贝克《戏剧技巧》。随后，讲稿印发大家。这件事，我觉得是学校给我们这届学生最好的馈赠。

"文革"后，余上沅先生的书出版了，人平反了。对这位大人物的生平也多有披露，这是他身后的事，值得喜庆。我更愿意回忆的，仍是当过我们几年英语老师时的余上沅。

作者简介：

方洪友，原名方宏友，1959—1963 年就读于上海戏剧学院戏剧文学系，毕业分配至辽宁人民艺术剧院任编剧；后调至江苏省文化厅从事专业创作。一级编剧，获国务院政府特殊津贴。首部上演的作品为粉碎"四人帮"后的话剧《峥嵘岁月》，因儿童剧《一二三，起步走》个人获文华编剧奖、曹禺剧本奖，创作的电视连续剧《双桥故事》获飞天奖。主要作品收入中国戏剧出版社发行的《方洪友剧作选》。

痴心戏剧付终生　素心向暖勤学笃——忆家父顾仲彝

顾子钰

感谢上戏戏文系提供这次机会，让我能重新梳理一下父亲的生平，机会珍贵，我也格外珍惜。我已年过九旬，风风雨雨、世态炎凉、人情世故都经历了，也看淡了，但回忆和父亲在一起的日子，却依然清晰而熟悉，也有了不一样的心情。当年，父亲曾希望我继承他的衣钵，因为年幼任性不懂事，没能实现老人家的愿望，现在觉得有些遗憾。好在还有戏剧界和你们的关心和支持，做子女的也就心安一些。

我这篇文章分三个部分：首先简单介绍一下我父亲，他对子女的教育，以及在子女眼中父亲是怎样一个人，回忆一下过去的生活片段；然后说说父亲学习和工作的经历，也谈谈我对父亲作为翻译家、教育家、戏剧家三个人生角色的认识；最后谈一谈父亲的为人处世，我将之浓缩为四个字"人品贵重"。

一

我的祖父叫顾瑞来，祖母魏氏。父亲生于 1903 年，出生地是浙江嘉兴，祖籍余姚。按家谱，父亲是德字辈，取名"顾德隆"，"顾仲彝"是一位中学老师为他改的。因为父亲在男孩中排名第二，就用了一个"仲"字，这个古朴不俗的名字就此陪伴了父亲一生。父亲的第一本译作《相鼠有皮》出版时，曾用过"顾德隆"，之后的四十多部著作都是用的"顾仲彝"。我的母亲叫张静仪，做过小学教员，父亲 1926 年与母亲结婚，东南大学的同班同学张志超为介绍人，欧阳予倩为证婚人，婚后育有五个子女。

我排行老二。老大是哥哥顾伯锷，老三是妹妹顾亚铃，老四是大弟弟顾叔钊，老么是小弟弟顾季铭。其中，大哥和大弟弟已经去世。

男孩儿取名的顺序是"伯仲叔季"，父亲占了仲字，所以就用了伯、叔、季作为名字中间的字，女孩儿则取了"子"和"亚"，名字的最后一个字都用了金字偏旁。

从我们记事起，父亲就是五个孩子心目里的英雄和骄傲，我们认为他是世上最好的父亲，最帅，最慈祥，也最有学问。父亲中等偏高的身材，一米七出头一点，体态匀称、健康，偏黑的肤色，浓眉之下有双大眼睛，是典型浙江人的相貌。清亮悦耳的嗓音，和蔼可亲的笑容。由于工作日程每天安排得满满的，他走路从来不是闲散悠逛，因而步伐显得潇洒矫健。父亲虽然很忙，却不是古板的学究，他的业余生活很多彩，尤其喜欢京戏，兴致来了就放放梅兰芳、马连良、谭富英等的唱片，也跟着哼上几句，唱得韵味十足、声情并茂。我们有时会跟着他一起唱，多少也听会了一些。

想起父亲，似乎就看到他的那双大眼睛，眼中透着慈祥和智慧，从来没有一丝的狂傲之气。在我们五个子女的眼中，父亲一生勤奋耕

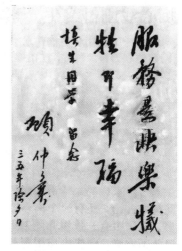

顾仲彝笔迹

（左图）顾仲彝夫妇
（右图）顾仲彝全家照

耘，作为戏剧家、教育家和翻译家，著作等身，成就卓著，更为重要的是他为人正直、人品贵重、谦谨平和，是我们的人生楷模。

1938年之后，父亲白天要上课、办公，晚上还要去剧院，交通是个问题，就买了一辆英国三枪牌自行车，但不会骑。不会就学吧，他找了个星期天，带着孩子一起到复旦附中的草坪上练车。父亲应该有点运动天赋，我记得只练了一个上午，就能应付了。

在我的记忆里，最深刻的是他爽朗的笑声和灿烂的笑容。我一直认为只有心地淳朴善良、乐观无私的人才能笑得这样坦荡。

慈祥的父亲对我们的教育却十分严格，从学业到人品，从不马虎。现在的家庭，一个孩子的教育问题就令家长们头疼了，我父亲不但要养活一家九口人，教育五个孩子，还要面临动荡的时局。

我们家曾经两次被洗劫一空，父亲还曾被日本人追捕过。第一次是1932年，父亲时任暨南大学专任教授，居住在暨南新邨。"一·二八"事变后，父亲携一家老小避难常熟。三月停战返家，发现暨南新邨的家已被洗劫一空。第二次是1937年日本全面侵华。1936年，父亲任复旦大学外语系主任（当时大学教授的收入还是比较高的，属于高收入人群），在苏州买了一个宽敞的房子，并举家从上海迁居苏州。

1937年"八一三"事变后，父亲把母亲和子女们从苏州接到上海租界避难，寄居在复旦大学的郭智石教授家中。不久，复旦大学与大夏大学合并为联合大学，决定内迁。父亲只身随校内迁至江西牯岭，父亲在担任联合大学训导主任的金通尹教授的领导下工作。在当地开班授课的一个月里，师生们天天在广播中听到国民党军队在上海前线打败仗的消息，继而苏州沦陷、镇江失守、南京惨败的消息，令人痛心疾首。联合大学所在的庐山不久也已朝不保夕，只有立即再度内迁，从九江经江西去重庆。此时，父亲接到家信，原居住在苏州家中的祖父母不知下落。焦急万分的父亲当时已在去往重庆的船上。他只能向学校请假，在汉口下船，搭火车到广州转香港坐外轮辗转回到上海。当他在年底再度踏上暗淡无光的上海孤岛时，看到母亲和两个孩子卧病在床，景象十分凄凉。一个多月后我们才知道祖父母在苏州沦陷时随左邻右舍一起赴东洞庭山避难，安全无恙。只是苏州的家中被洗劫一空。父亲原打算把祖父母安排好后就带妻儿到重庆复旦去报到。但此时留沪的复旦大学的李登辉校长和殷以文总务长正在筹备成立上海复旦补习部，坚持留父亲在上海补习部做外文系主任。获重庆总校的同意后，父亲便留在了上海。

即使面对国破家亡的危险局面，父亲在繁重的教学、排练、演出等工作之余，平均每年仍能出版一部著作，其辛劳程度可想而知，但

下生活留影

戏文名师

左起：吴仞之、顾仲彝、洪深

我们从未感觉缺乏父亲的关爱。

日军进占上海后，很多抗日进步人士被捕。巡捕房的巡捕带着日本特务来家里搜捕父亲。那是一个炎热的下午，只有五个孩子在家，短衣短裤的，两个弟弟还光着背。大哥才十一二岁，小弟才五六岁，突然闯进好几个挎枪的人，吓得我们一个个目瞪口呆。

父亲因此被迫改名换姓在亲友家东躲西藏了一个时期。那时，只要晚上没有演出，父亲总会在傍晚回家，当时我家在蕊村的弄底，我们最大的事情，就是放学后做完作业，在窗口趴着，望着弄堂口等待父亲的回来，他矫健的身影一出现在弄堂口，我们五个孩子就像小鸟一样飞向父亲，一面喊着"爸爸"，一面替他拿着皮包和帽子，抢不到的孩子就拽着拉着父亲，簇拥着父亲回到家里。这一瞬间，不仅我们的心中充满着幸福，想来一天辛劳后的父亲的心中一定会感到莫大的安慰。家里被搜捕后，我们天天守着窗口，却不见父亲回来，终于半年后的一天，母亲悄悄告诉我们，父亲会在半夜里回来，我们就不肯睡了，悄悄地在弄堂里等着。夜深时分，父亲回来了，我们都高兴得掉泪了，悄悄地

（左图）1947年，《天边外》海报
（右图）1947年，《天边外》剧照

从弄堂口把爸爸拥回家里。

父亲虽然很忙，但年幼的我们仍能处处感受到他那博大而温暖的爱心。他再忙也不忘和我们嬉戏一下。冬天和我们踢几脚毽子，夏天星光下替我们打着扇子讲有趣的小故事。在休假日，尤其是儿童节带我们上公园去吸吸新鲜空气，看看大自然的绿色，让我们在草地上跑一跑，给我们拍几张照片。有好的儿童片上映时，就会带大一点的孩子去看，比如《白雪公主》《绿野仙踪》等。那时候看电影，不像今天那么容易，看到一个好的儿童片，我们就像过节一样高兴。

父亲将对我们的教育融入了日常的细节之中。在我们比较小的时候，书是父亲给我们买的最多的礼物，比如《中国历史一百种》《十万个为什么》《古代诗歌选》《格林童话选》《安徒生童话选》等。只要是有价值的儿童读物，基本都应有尽有，这些书开阔了我们的视野，使我们积累了不少的知识，也从小培养了我们阅读的能力和习惯。

父亲深知国学的重要，他自己没时间给我们上国学课，就请了一位国学的家教，给我们讲解古文，学习诗词。我和大哥从中受益较多，因为弟妹们当时的年纪还太小。

正因为父亲对戏剧、对舞台是那么痴情，在我们的童年时代不忘为我们创

（左图）1948年，《人之初》海报
（右图）1948年，《人之初》剧照

造上舞台的机会。我记得，当年我哥哥12岁、我11岁的时候，应该是在1941年日本进租界前，上海剧艺社可能在辣斐剧场里举办庆功晚会。当时，父亲请过京剧师父，教我们京剧表演。就在那个庆功晚会上，我和我哥哥就穿着从戏班里借来的戏服，粉墨登场，表演了《武家坡》，哥哥演薛平贵，我演王宝钏。大家都热烈地鼓掌叫好，我们也很开心。

在孤岛时期，令我印象最深的话剧就是《秋海棠》。该剧在上海卡尔登剧场公演，是父亲、费穆、黄佐临共同编导的。由石挥、沈敏主演。《秋海棠》在上海话剧舞台上的演出，我个人认为，应是上海话剧演出史上的一个高峰，从编导到演员的阵容在当时都是顶级的。

当时上海的观众可以说是几近疯狂。《秋海棠》连续四个多月的演出，几乎场场爆满。该剧一时间也成了上海滩街谈巷议的热点。演出时台上演员在哭泣，台下观众流泪，这些盛况和感人场面我都是亲历的。不知道为什么，后来就因为原作者张恨水是"鸳鸯蝴蝶派"，就被简单地否定了。这个戏毕竟还是有宣传反暴力、反军阀、反阶级压迫成分在里面的，艺术力量、舞台效果也放在那里。当时梅兰芳先生为保持民族气节蓄须，拒绝为日本人演出。在《秋海棠》排练时，他特地来看，还留下了在卡尔登戏院排演期间与编导演员的合影。

在品德方面，父亲最痛恨的事情是不诚实。错误是可以原谅的，不诚实是

（二）我的求学时期

我七岁（1909年）入私塾，读"三字经"、"论语"、"孟子"等书，一和半期，收获甚少。1913年3月入嘉兴秀水高等小学，三年毕业，于1916年夏以优等生卒业时，获得优等奖全银元四枚同等状3人浙江第二中学（在嘉兴）。读了一年后，我父亲要我投改新办的嘉兴秀州师范学校，因该校供给膳宿与职，可以省去家中每年数十元的支出。我改上了，但二中校长不放心我离开该校，向我父亲劝说了一番，我仍旧回到二中读书。但过了半年，家里经济情况不好，我父亲强迫我辍学并到上海去当学徒。我心中新生了个不服，但不能不听从他摆布。那是1918年的春天。他带我到一家新开的香烟号（老昌东抛装）当学徒，我只做了三天，就逃了出来。我父亲又带我到画师丁晓先家里当学徒。丁晓先是当时有名的专画月份牌美女的，他收了两个徒弟，成天在他家里擦地倒夜壶端饭抱小孩做一些另星杂役，每天只有下午二三个小时坐在亭子间的一车画册里临摹学习，实际上我在他家里当了三个多月的"小使"，觉得这样下去毫无意义，我不辞而行，逃回嘉兴家里去了。

《顾仲彝自传》手稿

不能原谅的，做人首先要做一个诚实的人。这是父亲对我们的底线。这不但贯穿了我们五个孩子的一生，也影响着我们对自己子女的教育。

我们还有幸听过父亲的英语语音课，在上海，父亲的语音教学是出名的。父亲的好友、复旦大学秘书长金通尹教授（后任武汉测绘学院院长）亲自把儿子交给父亲，让他跟着父亲学发音学。这样自家老大老二就成了陪读，直接成了父亲家庭小课堂上的学生。父亲的语音太棒了，难怪他的学生个个精湛，要求也非常严格，严得我们都有些怕他，以至于上课时都有些紧张。

父亲的成就既有天赋的因素，也来自他的勤奋。而父亲勤奋的习惯源自他的母亲。我的祖母魏氏是个不爱说话的人，乐观善良，从不怨天尤人，很能吃苦。还是那句话"言传不如身教"，祖母起了潜移默化的表率作用，父亲从小就做一些力所能及的家务，就连性格都非常像祖母，不爱说话。但父亲只是不爱说闲话，如果要说自己的工作和专业，那就像换了一个人。正如张俊祥先生在《编剧理论与技巧》的序中所说，"初次见到他的人，还会以为他有点沉默寡言，可是一谈到他的专业，他却可以滔滔不绝，谈得论点精辟、深入浅出、有条有理"。

二

下面简单介绍一下父亲的生平经历。

父亲六岁（1909）入私塾，十岁（1913）入秀水高等小学，后（1916）考入浙江省立第二中学，两年后转学嘉兴秀州中学。父亲求学期间一直是品学兼优的学生。因为聪颖和勤奋，父亲总能得到老师额外的赞许和关爱。小学毕业时获得了优等生嘉奖与优等生奖金；中学时，祖父的生意（祖父年轻时开办铜丝店经营杂货，后改开同源祥书店兼办印刷厂）遭遇天灾人祸，家道中落，无法继续承受浙江省立第二中学的费用，给父亲办理转学时，不明就里的校长亲自登门做工作挽留。转学进教会办的秀州中学（在浙江嘉兴，创办于1900年，不收学费）之后，虽比同学少读了半年，但一番努力之后就赶上了。

五四运动（1919）爆发后，十六岁的父亲在秀州中学组织同学演剧队，自编自导自演《朝鲜亡国恨》《云南起义》《中国魂》《打倒卖国贼》等活报剧，应嘉兴各地教育会邀请去演出，受到热烈欢迎。演出持续至暑假才结束。十七岁时（1920）考入南京高等师范学校（1921年南京高师扩编为东南大学，1928年更名为国立中央大学，1949年更名为南京大学）英文科。因高等师范不收学费，改立东南大学后要收学费，引起学生抗议，导致停学。后东南大学决定原高等师范的学生都不收学费了，停学才得以恢复。父亲于1924年毕业于南京高等师范。后来，东南大学对父亲说，你的学分离东大毕业的要求只差8分。父亲就在暑假补齐了这8个学分后，于1926年又拿到了"国立东南大学"文学院的毕业文凭。

父亲在秀州中学和东南大学求学期间，勤奋加上机遇，共同为父亲打下了坚实的英文基础。勤奋是父亲一生的习惯，同班同学陈汝衡先生在《回忆顾仲彝先生》中写道"顾先生求学态度是认真的……我深深惭愧不及他的勤奋"。机遇则是对勤奋的回报，据陈伯伯回忆，"有个美籍教授温特（Winter）……曾经掩护过进步学生……受到全校师生的敬爱。温特教授为了学中文，就让同学和他住在一起，而顾先生即是温特教授选中的唯一学生"。

从 21 岁（1924）起，父亲正式进入社会工作。首先进入的是上海商务印书馆编辑所，任英文编辑。在这期间，他结识了沈雁冰、郑振铎等人，参加文学研究会，后经洪深介绍加入上海戏剧协社，开始从事戏剧活动。

1925 年 2 月，厦门集美中学向东南大学求聘英语教师，在母校的推荐下，父亲自此开始了教学生涯。1926 年，父亲进入暨南学校任高中班英文教师。1927 年 9 月父亲任暨南大学的发音学和英文讲师。1928 年，年仅 25 岁的父亲离开中学部，直接就任暨南大学外语系专任教授。同时，受复旦大学西语系主任余楠秋教授的邀请，父亲接受了复旦大学西语系兼任教授的职位。父亲从中学老师到大学教授，只用了短短四年时间。民国时的教授，尤其在像复旦这样的大学，是很难当上的。因为教授的社会地位很高，收入也很高，竞争很激烈。三年后（1933），父亲离开暨南大学，以专任教授进入复旦大学长达十七年，这期间，先后兼任注册主任和西语系主任，这时的父亲年仅 30 岁。父亲在复旦大学一直工作到 1948 年（45 岁）赴香港避难。1949 年进入中央电影局任编剧，1950 年调入上海市文化局，1956 年当选为中国戏剧家协会理事，后又历任上海电影工作者协会副主席，上海文联理事等职。1957 年转回上海戏剧学院任戏剧文学系教授直到去世。

戏剧、教育、翻译，三个事业始终伴随父亲的一生。父亲在《我与翻译》中解释了他这三项事业之间的关系。"我对于翻译的兴趣已经有十余年的历史，我想做译人，并非像贵刊论坛上所讲的'为衣食'。因为我教书的薪水足够维持我一家简单的生活，我为的纯粹是兴趣。我一直相信，翻译跟创作一样是伟大的工作，尤其是在这新文学运动开始，感到文学形式与材料穷乏的时期，看到灿烂丰富的西洋文学宝藏就动了尽量移植我土的野心与兴趣，这野心与兴趣与日俱增，到现在似乎成了我生命中唯一的重大使命。"

这些发表在 1934 年郑振铎、傅东华主编的《我与文学》中。里边有三层意思，一是"教书的薪水足够"；二是"翻译……是伟大的工作"和"唯一的重大使命"；三是将西洋戏剧移植我土的"野心和兴趣"。我认为，父亲作为戏剧家、翻译家、教育家三位一体的杰出学者，三项事业在其生命中有着不同的任务和角色，相辅相成，共同组成了父亲多姿多彩、平凡而伟大的一生。

父亲在戏剧上取得的成就是巨大的，他不但翻译和改译了大量外国戏剧作品，还创作出版了 30 多本包括剧作在内的文学作品。关于戏剧相关理论书籍有 8 本，这其中就包括《编剧理论与技巧》，这本书 1984 年获全国戏剧理论优秀著作奖。

父亲取得这样的成就并不是偶然的。要知道那时没有电脑，写作需要打很长时间的腹稿后，然后逐字写下来，再加上修改和誊清……父亲的著作大约有 400 万字，可想而知其背后的心血，真不是一般的恒心与毅力才能坚持下来的。

父亲白天要上课，晚上回家才能写作。写作前，父亲会为自己泡上一杯茶，静静地坐在绿色台灯下。大家都明白，这是父亲神圣的时间。我们会自觉地安静下来，一点都不愿去吵到他，母亲从不让父亲分心家务。父亲写作时很专心，时间也很长。从幼年起，我们就看惯了这个情景：半夜醒来，经常能看到万籁俱寂之中，父亲在绿色台灯下静静地写作，安详、专注，微微透出一丝思索的紧张。我们兄妹长大后都离开了上海，每当寒暑假和工作后休假探亲回家时，还能看到儿时熟悉的一幕。

父亲从小学、中学到大学都是一个品学兼优的学生。进了社会当了半年译员后，一直都在学校当老师。师德好、教学好的父亲经过中学老师，到大学讲师最后到教授，父亲只用了四年多就完成了这个过程，在他 25 岁时就当上了大学正教授。所以，父亲是一个珍惜今天的智者，他不回首昨天，他只知道掌握今天，计划明天。这使他永远拥有乐观的心态，饱满的热情，永远向前看，所以父亲总有一个接着一个需要不断完成的规划。

戏剧的感染力来自真实的生活，父亲只要有机会，就会不辞劳苦地深入部队、农村和工厂去体验生活。1949 年，父亲从香港回到北京，刚开完文代会随军南下，经过武汉、长沙，一直到桂林，前后历时三个月。一起南下的张骏祥曾回忆说，"仲彝已经是近 50 岁的人了，还坚持和我们一起下连队，一天行军五六十里"。父亲随后还参加了四个多月的皖北土改。"文革"结束后，我们找

顾仲彝与学生

到了父亲一张穿着一身矿工的服装、戴着矿工帽的照片，算起来父亲当时已经是五十多岁的人了，他还经常不辞劳苦地深入部队、农村和工厂去体验生活，改造思想。看着这张相片上发自内心的灿烂笑容，这不正是一个正直的知识分子热爱党、热爱新生活、满怀希望的精神反映吗？

1957 年父亲回到上海戏剧学院任教后，先后开设西欧戏剧史、编剧概论、名剧分析、作家作品研究、戏剧概论等课程。每年戏剧会演时，他会几乎一场不漏地看完，并在报章杂志上写一些介绍和评论文章。除了观摩演出，父亲还要参加各种戏剧座谈会。有时母亲和我们就会规劝几句，例如，上课开会不能不去，看戏还是可以有所选择的吧？地方戏曲太丰富、太多样了，一定要都看吗？父亲总是笑笑，"我是搞戏剧工作的，不看戏怎么行啊？各种地方剧种的戏，正因为关心他们的人不多，更需要戏剧工作者去关心他们"。我们在文件堆里，找出一些来自地方剧团的信，有向父亲对他们的指导表示感谢的，也有遇到困难请求父亲帮助。针对各地剧团的来信，父亲每信必回，有求必应。

从 1958 年反右运动开始，一连串接踵而来的左倾路线指导下的运动，让笑容在父亲的脸上逐渐减少。种种不解在心头滋生，这是一代知识分子共同的心理状态。

几十年来，无论面对怎样的顺境和逆境，父亲的工作热情从未丝毫减退，戏剧是他的兴趣，也是他的武器，更是他的生命。

我们尊重父亲对事业和工作的热爱，尊重他勤奋写作的习惯，但在心底里不免掠过一丝疑虑，这样的长期高强度工作，身体能受得住吗？答案是否定的，终于病倒了。父亲病中的最后一年里，有一个缓解阶段，自我感觉良好。良好的感觉是手术和治疗后短暂效果的反应。其实，当时前列腺癌已转移，并侵蚀父亲的腰骨，要穿上钢架背心才能行动。可是，父亲太轻信、太乐观了。依然壮志不已，对《编剧理论和技巧》作了最后修改后。还想完成一个久已酝酿在心底，并且在生病以前已经开始实施的计划，要完成他为码头工人写一个剧本的夙愿。对母亲的劝阻，他总说："我还有好些事情要做，要抓紧时间。"父亲穿着钢架背心，不止一次跑到码头，采访工人，做了笔记，设计了剧本的结构，拟好了提纲。但是动笔之前他再一次，也是最后一次躺下了，病势急转直下，再也没能起来。身患重病的父亲在生命的终点线之前的最后一次的拼搏，为了热爱的戏剧事业，耗尽了生命的光和热。

有如此的才能，有如此的成就，有如此的坚持，作为戏剧界的先驱，父亲是当之无愧的，同时也是儿孙们的楷模。看到祖国如今繁荣的戏剧事业，我想这里面应该有父亲的一份贡献。

三

我个人认为，父亲还是一个人品贵重的人。在这里从三个片段来展开介绍。

第一个是关于父亲的书。父亲是个爱读书也爱书的人。前面我说过，祖父母家家道中落，我们家先后被洗劫了两次。避难到上海租界蕊村，在与复旦大学的李登辉校长住对门的时候，大约60至70平方米的房子要住九到十个人，实在太局促了。但无论情况有多糟，父亲从未放弃过他的书和有空就读书的习惯。他无论到哪儿，总是妥善地带着这些书。在复旦大学任教时，为了安放这

顾仲彝在中戏上课

些书，李校长在复旦附中专门拨了一间宿舍给父亲，一放就是七八年。

第二个是面对日伪的招安。1938年后，父亲在上海复旦补习班兼任西语系和注册处的主任。同时还在中共地下党的领导下，与于伶、李伯龙、李健吾、吴仞之等人一起筹备上海剧艺社，以团结留沪的进步艺人。父亲担任编导和社务委员，有时还兼任剧务和演出。

当时敌伪的电影公司、剧团也曾多方邀请父亲，父亲拒绝了所有类似的合作，与李校长一起共同支撑复旦补习所和孤岛进步剧团排演自己的剧目。对此，父亲不无自豪地说，"上海话剧界一直坚持到胜利，没有被利用来演宣传日伪的剧目，保持了清白是值得骄傲的"。就在话剧《秋海棠》演出后不久，伪政府主席汪精卫突然要召见父亲，父亲被迫不得不躲藏起来，匆匆离开上海到苏州。称病隐匿了一个时期，当时除了母亲谁都不知道父亲的去向。对此，父亲愤慨地说，"这种召见真是奇耻大辱！身为中国人，宁死也不能接受汉奸的接见。"

1937年抗日战争爆发后，父亲积极投入民族救亡的爱国运动，化笔为枪，发表了一批充满抗日激情的作品。同年10月，上海复旦和大夏两所大学合并内迁，父亲只身随校，任这所联合大学训导主任，把妻子儿女留在了上海。我家遭受第二次劫难后，母亲电告了还在去重庆的路上的父亲，直至年底（12月31日），父亲才辗转香港回到上海。当时留守上海的复旦大学首任校长李登辉先生

（此时已退休）聘请父亲出任复旦上海补习部外文系主任。除了教课，父亲还参加了上海孤岛时期的戏剧活动。

抗战结束后，父亲和朋友们决定创办剧校。这是父亲从戏剧家向戏剧教育家转变的过程，他要将自己在戏剧事业上的知识和感悟传给后人。当年创办剧校时，我记得父亲每天从上海西南角的"蕊村"赶到东北角的横浜桥，每天都要赶两个来回，很辛苦的。虽然具体的一些情况不太了解，但我今天依旧能清晰地想起当年父亲和吴仞之伯伯为创建剧校经常熬夜而布满血丝的双眼，就可以想见父亲创建剧校时的种种艰辛。当时很多剧校的老师，都是父亲利用他的关系从复旦请来的。

第三个是父亲对待级别、待遇的态度。

解放初期，父亲不但没有向组织上提过什么要求，而且在定级定编的时候，他还主动提出降级，定粮食标准时也主动定到最低的 15 斤的标准。到了三年困难时期，家里的粮食就不够吃了，只好靠子女们补贴一些，所幸后来得到了政府的补助，提高了标准。当时，我的丈夫在上海音乐学院进修，再艰难，父母也一样把他当成自己的孩子来照顾。

1962 年父亲应邀到中央戏剧学院讲学，中戏安排了外面条件好一些的宾馆，父亲知道后，坚决让对方退掉，就住在学院的招待所里。

父母子女虽然众多，但老大老二老三先后从大学毕业后，父亲都勉励我们服从国家的分配。老四在交大尚未毕业时，就提前被公派到苏联留学，回国后直接分配在二机部工作。老五高二就参军到西北，脱了军装后就留在了大西北。我们五个孩子没有一个留在父母身边。50 年代的大学生思想也极其单纯，从没想到父母逐渐老了，是需要我们照顾的。因此，当父亲病倒、母亲焦虑得不知所措的时候，我们所能做的就是轮流短时期的请假探亲，其实，这是杯水车薪，无济于事。既不能亲奉汤药、给予安慰。又不能给母亲减轻实实在在的负担。父亲从疾病出现，到去世前后两年多，子女仍没有调回来一个。

最重要的片段是父亲去世公祭的时候发生的。平时，父亲在世时平等而诚恳地对待每一个人，无论对方是什么社会地位，都友好相处，互相尊重。这一点为父亲赢得了广泛的尊重。广泛到什么程度，我们五个子女直到父亲去世才弄清楚。

1965年父亲去世公祭的那天，来了很多我们熟悉和不熟悉的来宾。无数的鲜花组成的花篮和花圈层层叠叠，堆满了礼堂。当大家在为一位好父亲、好导师、好朋友的不幸去世而悲痛的时候，一个五十岁上下、身材高大的同志，像个孩子似地放声痛哭。母亲说这是早年复旦大学的工友许厅生，因为工作关系，有时要上家里来。父亲去世时，他好像已经是复旦大学工会主席了。然而他在灵堂上，真情流露到号啕大哭不能自已，这深深地震撼了我们。父亲在学识之外还有可敬的人格魅力。

一个学者可以因为学富五车而名声赫赫，令人尊敬，人们会为失去一个饱学之士而落泪。但如果在饱学之外还具有伟大的人格，那么大家会为失去一个好人而悲伤。有这么多人为父亲的去世而感到真切的悲伤，我想，这才是真正的殊荣。父亲，您是一位出类拔萃、人品贵重的人。

作者简介：

顾子钰，顾仲彝先生长女。上戏表演系1946级校友，后转至上海音专。1948年考入燕京大学音乐系。毕业后在北京舞校、武汉军区军乐队、武汉音乐学院工作。现为武汉音乐学院退休副教授。

顾仲彝教授和滑稽戏

缪依杭

　　滑稽戏，这个奇特的剧种，从它的诞生开始，就具有明显对立的两重性。一方面是通俗易懂，迅速反映现实，欢乐愉快，为广大群众所喜闻乐见；另一方面又庸俗浅薄，不讲究人物性格，噱头第一，带有半殖民地半封建文化的毒菌。新中国成立以来的滑稽戏发展史，实际上就是这两重性的斗争史。时至今日，滑稽戏已获得健康的成长，不断涌现好的剧本和好的演出，在上海各剧种中拥有最多的观众，并且开始走向全国。这种繁荣局面的出现，除了归功于党的戏改政策外，更由于一些专家学者们对它不是采取鄙视不理的态度，而是精心地对它祛邪扶正、浇灌培植。其中，就倾注了顾仲彝教授的一份心血。

　　顾仲彝教授对滑稽戏的贡献，主要是在从理论上对滑稽戏的发展状况不断地加以总结，并从我国民族喜剧传统中探索滑稽戏创作的民族特色，对滑稽戏作了必要的理论建设。顾老师认为滑稽戏大有发展前途，大有用武之地；从滑稽戏的发展中看到了新型社会主义民族喜剧的萌芽，这个观点也是顾老师首先提出来的。

　　1959 年的上海戏剧会演，顾老师担任评选委员，我是记录员。对参加汇演的《样样管》《不夜的村庄》等四个滑稽戏，他极其热情地赞扬它们基本上摆脱了庸俗低级的噱头主义，在喜剧人物性格的刻画和喜剧情节安排方面获得新的成绩；并且对四个戏各自的优缺点，逐一作了具体细致的分析，使人心悦诚服，得益颇多。观点很快得到统一，评选工作进行得很顺利。毕业以后，我有一段时间在戏剧家协会工作，记得凡是滑稽戏的座谈讨论，顾老师总是尽可能地参加，发言则不考虑人事关系，知无不言，实事求是。有时看到他的说明书上写着密密麻麻的字迹，那是他在剧场一边看戏一边思考的记录。1961年，剧协曾举办过为期较长、连续数周的讨论会，研究滑稽戏的现状和发展，顾老师这时把研究的重点转到向民族喜剧学习方面，为滑稽戏探索着民族化的途径。在这个阶段中，顾老师除了座谈会发言而外，还写了大量的研究论文。仅对1961到1962年的《上海戏剧》和几种常见刊物略作极不完全的统计，顾老师发表的关于滑稽戏的专论和一般论述喜剧而兼及滑稽戏的论文，就有近十万字。这些论文是关于滑稽戏创作和研究的一笔重要财富。

顾仲彝教授对滑稽戏的理论建设，概括起来看，大致集中在以下三个方面：

一、重视滑稽戏正面喜剧形象的塑造

旧时滑稽戏的主人公大都是十里洋场上形形色色的小市民，即使对流氓、恶棍、伪警、妓女等讽刺人物，在舞台上也是半批判半欣赏、半暴露半展览。要表现具有社会主义思想的正面喜剧形象，是一个毫无经验可以依靠的全新课题。因此，任何滑稽戏只要在这方面有所突破和进展，顾老师总是以极大的热情肯定它、支持它、宣传它。记得有一次顾老师在给我们上"编剧概论"课时，郑重地推荐我们去看杭州滑稽剧团正在上海演出的《汪顺仙》。我们去观摩时，发现剧场很小，是在一幢蹩脚房子的二楼，近似危险房屋，设备也很简陋，座位破旧而狭窄。《汪顺仙》这个戏以今天的标准来要求，当然还存在缺陷。但它着力描写一个生产队女队长的形象，塑造了几个带有喜剧色彩的新型农民，这在当时是难能可贵的。它初到上海时并未引起舆论界多大重视，被安排在这样一个很旧的小场子里演出。但顾老师却从这个很旧的剧场里发现了滑稽戏创作的新生机，为它呐喊，对它扶持。在他后来发表于《戏剧研究》的论文《论滑稽戏》中，还再次提到它。

随后出现的《样样管》和《不夜的村庄》，在正面喜剧形象的塑造上，较

《汪顺仙》又有了提高。顾老师赞扬它们"已经开始在喜剧性格上努力去寻找深厚而又有教育意义的喜剧笑料",并撰文指出"这是把滑稽戏引向喜剧正规大道唯一正确的途径"。这个正确的观点,今天对滑稽戏的发展仍起着指导作用。通过对《样样管》中的工人吴立本和《不夜的村庄》中的农民张老福这两个正面喜剧形象的研究,顾老师总结出塑造喜剧正面形象的一个方法:"夸张地突出性格中某一方面的正面特点",使这"某一方面和性格中的其他方面失去平衡,暂时和发展着的形势与环境不相适应,这样不仅他的性格显得可笑,并且也更突出了他的性格中的先进的一面"。从创作实践来看,这虽然不能说是唯一的方法,却是行之有效的方法,今天还为一些滑稽戏的编导所经常使用。如粉碎"四人帮"后获文化部颁发的创作二等奖、演出一等奖的滑稽戏《出色的答案》,主人公曾晓勇的喜剧性,基本上也就是建立在"性格失去平衡"和"对环境的不相适应"之上的。

在总结正面喜剧形象创作实践的同时,顾老师又提出了"研究怎样在喜剧中刻画正面人物,不是向西洋学习,而是向中国传统学习"的口号,并且身体力行,从众多的民族戏曲喜剧中,概括出"三种喜剧正面人物的类型和四种刻画正面人物的方法"(见《上海戏剧》1961 年 7、8 期合刊),这也是在传统喜剧研究中发前人之未发的结晶。

二、探索滑稽戏喜剧矛盾冲突的特点

旧滑稽戏大多是各种噱头的拼盘、散装,谈不上有完整贯穿的喜剧冲突。要歌颂社会主义的正面喜剧人物,创造民族形式的通俗喜剧,没有戏剧冲突或只有正剧型的戏剧冲突都是不行的。因此,顾老师致力于滑稽戏中矛盾冲突特殊性的探索。《样样管》是以搬运工吴立本为轴心的一出好戏,喜剧性产生于他帮助了别人却使自己处于尴尬地位。于是,顾老师得出结论说,喜剧矛盾不一定是敌我矛盾或人民内部矛盾,也不一定是先进和落后的矛盾,而是先进思想和先进行为过于突出(如吴立本既帮助平炉车间解决了增产问题,又帮助装卸组解决了机械吊运问题),和环境产生了不谐调(结果吴立本使自己的运料组处于两头夹攻之中），就形成了喜剧矛盾。后来在讨论中有人认为这仅仅是从形式上看问题，顾老师又虚心接受意见，承认这种看法不够全面，并转而从喜剧矛盾冲突的内容和它特有的表现形式之间的辩证关系上，再作研究，寻求规律。这种严肃的学风，也是值得我们学习的。

与此同时，顾老师又对传统喜剧的矛盾冲突特殊表现形式，作了细密的归纳和分类，共分成两大类型、八种表现形式，并撰文逐一举例说明，供创作者借鉴。在传统、实践的基础上，结合对西洋喜剧的分析，再作综合，得出喜剧矛盾冲突的三个主要特征，核心则是喜剧冲突在表现形式上应该具有突出的假定性，认为假定性是喜剧冲突的元素和天性。顾老师引用斯坦尼斯拉夫斯基的话鼓励滑稽戏作者说："创作喜剧时应该是既胆大又快乐！"我参加创作的滑稽戏《性命交关》和《出租的新娘》，在矛盾冲突和故事情节上都大胆地赋予它们很大的假定性，是顾老师的观点给我们以支持。这两个戏能够分别在 1979 年度获创作演出奖和在 1981 年首届戏剧节中获奖，和顾老师对滑稽戏的理论建设有一定的关系。

三、归纳了滑稽戏喜剧结构和喜剧语言的若干方法

顾老师十分反对旧滑稽戏中装怪相、讨便宜、撞门框、碰鼻子之类的"硬滑稽"。而要彻底消除"硬滑稽"，最根本的就是要有一个完整的喜剧结构，使笑声从情节的发展中不断自然地流露出来。相反，如果缺乏喜剧结构，演员只能求助于"硬滑稽"的廉价佐料，以刺激观众的笑声。正因为如此，顾老师对喜剧结构的特点，也花了一番研究的工夫。在《论滑稽戏》一文中写了专门的章节，列举了若干种喜剧结构的具体方法和五六种常见的喜剧语言类型。顾老师向滑稽戏作者指出，喜剧的结构必须"为喜剧人物创造出一种不平常的情境"，"不是几方面的巧合偶然的剧情不容易造成喜剧情境，这是喜剧结构上的基本特点"。同时，他又提醒我们，这种"几方面的巧合偶然"，"如果它们是表现生活真实的手段，那就是现实主义的"，如果"妨碍观众正确理解现实，那就是反现实主义的"。最大的偶然巧合中，必须包含着最大的真实！在今天的滑稽

戏创作中，某些作品仍有正剧结构加笑料，或者强烈夸张而失真的弊病；顾老师的观点还有着指导意义。

顾仲彝教授对于滑稽戏的理论建设，还是二十年前的事。时代在发展，创作在发展，理论也在发展。粉碎"四人帮"后，滑稽戏的创作出现新飞跃，也产生新问题；由于缺乏理论上的及时总结和指导，随后又形成了徘徊。滑稽戏还没有诞生像顾老师这样的理论家，这也使我们更加地怀念他！

此文原刊载于 1982 年《上海戏剧学院建校三十七年专刊》

作者简介：

缪依杭，1961 年毕业于上戏戏文系，中共党员，一级编剧。先后任《上海戏剧》编辑，上海滑稽剧团编剧、团长等职。曾为上海市艺术科学规划领导小组成员；对中国古典喜剧和滑稽戏多有研究。独自或与人合作的大型滑稽戏 10 余部及曲艺作品数十部，获国务院特别颁发的"文化事业突出贡献"证书和政府特殊津贴。

与顾仲彝先生写《红旗飘飘》

陈加林

1958 年，上海与全国一样，因搞人民公社化而刮起了一阵共产风，人们相传要实现共产主义了。这时，上海发生了一件事，上钢三厂钢铁工人邱财康在生产中被高度烧伤，生命垂危，引起了社会关注；为抢救他的生命，在上海形成了一股社会热潮。当时，我院领导也想写一部戏，歌颂"我为人人，人人为我"的高尚风格，同时为表演系 1959 届准备一台现代大戏，作为该班教学剧目。我当时是表演系 1959 届的表演教师，院里遂决定派我与顾仲彝先生去上钢三厂体验生活并采访为邱财康治病的医护人员。

作为一名青年导演，我虽然在拍戏中对剧本创作有一定的了解，也在教学中为同学改编过一些剧本，但从来未写过大戏。与顾先生写《红旗飘飘》的过程，使我受益匪浅。顾先生是著名的剧作家，又是戏剧理论家，他学养深厚且学风严谨。从生活中采访，他勤于记录，整理素材时非常认真，对创作规律掌控自如，而作风又非常踏实，对创作各个阶段出现的情况了如指掌。所以，跟他一起创作，很专业又心情舒畅。比如，从确定主题思想、安排情节结构，到组织冲突与揭示人物性格体现主题思想都是有条不紊的。在写提纲阶段，每场戏的起中迄与戏剧场面的展开及各场之间的动作连接都进行细致的考虑。因此，提纲写得非常顺利且环环入扣，严格规范。在写提纲时，作者对戏的整体已心中有数。当提纲写好之后，顾先生与我分工，他写前两幕，我写后三幕。写完初稿，他鼓励我，说我写得很好，完全按提纲顺利完成，后由他统稿，未作任何大的改动，这使我增添了写作的信心。我从导演角度又感到他非常熟悉舞台，所以语言非常地注意口语化，戏的节奏他也非常注意。总之，在这次创作中，我对戏剧艺术有了更深的学习与理解，为我后来的创作实践打下了很好的基础。他虽是前辈专家但为人谦逊，一点专家架子也没有。我与他写作的一个多月过程中，经常工作到很晚，他与师母在生活上也很照顾我，使我感到温暖。

一个多月之后，我与顾先生赶写出五幕话剧《红旗飘飘》。剧本打印后，交表演系 1959 届排练。在此同时，北京人民艺术剧院也要排演我们这个剧本。当接到我们的剧本后，北京人艺以强大的导表演阵容投入排练。由欧阳山尊与陈颙担任导演，于是之演党委书记，蓝天野演邱财康（剧中为康永光）。舒绣文、吕恩、童超等众多著名演员均为该剧组成员。《红》剧很快在北京公演，受到好评，各报发表评论，欧阳予倩还专门写了评论文章，在北京引起了小小的轰动。敬爱的周恩来总理也亲自观看了《红旗飘飘》并上台接见演员。后来，由导演欧阳山尊带队去山东巡回演出，也受到热烈欢迎。

《剧本月刊》还写信给我们，表示要尽快发表该剧本。我与顾先生将整理好的剧本寄给了《剧本月刊》。一切非常顺利，我们也按捺不住喜悦的心情。

就像晴朗的天空飘来一朵乌云，接下来在学校发生的事情，在我和顾先生的心里投下了阴影。《红旗飘飘》剧本寄出一月有余，未见《剧本月刊》的下文。结果是出了意外。事情是这样的：某导演本来与我共排《红旗飘飘》，但他的意图是：一、排除顾先生参加，因当时院里搞所谓的"拔白旗"批判一些专家，顾先生名列其内；二、他建议我把五幕话剧化整为零，改为十几场的导演本。我说，戏尚未排练，不宜大改。总之，他的两个意图均被我拒绝了。他随后找了三位导演系进修班的学生跟他一起排戏，做了一些导演应做的事儿，然而他们却把自己变成了编剧，并把排演本也寄给了《剧本月刊》，在剧名上多加了一个字，以示跟我们原作的区别。后来，《剧本月刊》给学院发来电报：你们一个单位寄来两个《红旗飘飘》，作者不同，我们发表哪个？院里接到电报，感到为难。苏堃副院长找我谈话，大意是我与顾先生是剧本的作者，但某导演在排演中做了些许改动。院里的意见是，假如要发表他们那个演出本，你与顾先生是原作者，把六个人的名字都写上。我一听此说，非常气愤，我说：既然要发他们为编剧的本子，我不同意，也不要写我的名字。苏副院长说，你是青年教师又是共产党员比较好说，可你还要做做顾先生的工作。在领导的坚持下，当时我就在他的办公室打电话给顾先生，把情况告诉顾先生之后，顾先生在电话里问我：加林同志你的意见呢？我又把我刚才讲的很气愤的话在电话里跟顾先生说了，他说：我完全同意你的意见，然后很气愤地把电话挂了。我后来也很疑惑，院领导也许不知道北京人艺已经演出了我和顾先生的剧本，且一般而论还是演出本比较成熟，所以才做出这样的决定。

岁月无情。与顾先生一起写《红旗飘飘》已过去了六十余年，但他的学风一直激励着我前进。顾先生是一位温文尔雅的学者，也是一位坚守原则的人。最后，我以欧阳山尊先生在缅怀顾先生的一篇文章中的一段话，作为这篇文章的结束语。[1] "全国解放后，我被调在北京人民艺术剧院任副院长兼副总导演，于 1958 年导演了顾仲彝先生与青年教师陈加林编写的《红旗飘飘》一剧，该剧演员有于是之、蓝天野等。在北京演出后，我曾带着剧组到山东各地巡回演出，影响甚大。家父欧阳予倩曾为该剧写过评论文章，可惜的是，与该剧有关的一些资料已和所有其他资料一起在'十年浩劫'中被抄家时失散了。"所幸，我还能以北京人艺公演我们的原稿获得很好的效果来安慰顾先生，也借以平复自己的心情。此后，每当我读到他的《编剧理论与技巧》，除增长学识之外更产生深深的思念之情。

作者简介：

陈加林，1955 年上戏表演系留校任教。著名导演、剧作家、教授、中国戏

---

1 该文引自《顾仲彝戏剧文稿选集》前言序第 3 页（中国戏剧出版社）。

剧家协会会员。享受国务院政府特殊津贴。导演《等待戈多》《北京人》《康熙大帝》等七十余台剧目。剧作有《战斗的青春》《雷锋》《陈嘉庚》《孔子》等。作品曾多次获奖。出版专著《导演与编剧艺术》及论文多篇。曾任院戏剧艺术研究所常务副所长，长期担任院学术委员会委员、演出委员会委员等职。

跟随顾仲彝先生缙云行

郭东篱

　　顾仲彝先生是上戏的首任校长，著名的作家和戏剧家。为了提高我院教学质量，应熊佛西院长的恳请，于1957年重返学校任教，为戏文系编写第一部编剧教材。同时，还兼任戏曲编导班的主课教师，并指导学员的写作实习。

　　1961年春，戏曲编导班有一组同学，将赴浙江江山婺剧团实习排练自己改编的传统戏《双合印》，顾先生提出要看一下剧团演员创作水平，以便对剧本作适当的调色和修整。当时，江山婺剧团正在缙云县作巡回演出，而那时，金华到温州还不通火车，去缙云很不方便。但是，为了工作，顾先生坚持要去，该班班主任吴仞之先生，便指示我跟随顾先生前往，以便协助老先生工作。我作为一名年轻助教，也乐于接受这种任务，因为对我来说，是一次很好的学习机会。

　　我买好了两张去温州的船票，届时到南昌路顾宅，接老先生启程。他家住的是一所石库门房子，前院不大，后院树木茂密，还有一个小小的荷花池，环境非常幽雅。书房中有一排很高的书柜，写字台又很长，因此书房显得并不宽敞。顾先生已用罢早餐，等我来接他。我立即拎起他的皮箱，开始了我们的行程。

　　在十六铺码头上，我们登上了一艘国产新建的千吨级海轮。舱位在甲板上，四人一间房，清洁、安静，还带有一点油漆味道，可以享受海风的吹拂，眺望海上的远景。

顾先生好久没乘船了，开船前先在甲板上走了一圈，颇有感慨地说："现在也可以乘坐自己国产的海轮旅行了！当年，我大学毕业的时候，有一家日本人的公司，给我们提供免费到日本旅行，实际上是为他们的公司作广告。上船以后，坐在船底舱的统铺，气味难闻，机器声震耳欲聋，而且还有老鼠的骚扰，真是上当受骗，令人后悔不已！"

我们在近海航行，风轻浪低，非常平稳，眺望沿海城乡，别有一番情趣。到达温州港后，江山县文化局长傅春麟同志接待了我们，因为我们曾有过一次愉快的合作，是老朋友了，感到非常亲切。在旅馆休息一夜，第二天乘长途汽车向缙云出发。很快车子即进入括苍山区，虽然海拔不算太高，但山势陡峭，上下盘旋，弯度很大，不停地在悬崖边上绕行，也不知经过了几次十八盘。好在这里处在东海前线，国防公路十分平稳，但是，越靠近山顶旋转的频率和弯度加大，驾驶员习以为常，也不减速，而我们的感觉，则是车子直奔悬崖下边开去，真是提心吊胆，而顾先生是高度近视，所以心平气和未受惊吓。车子到达山顶后，稍事休息，乘客们也可以方便一下了。公路边上，有一所解放军的雷达站，天线高耸入云，有的还在不断转动。我们举目四望，群山均在脚下，不禁想起杜甫的《望岳》诗句："会当凌绝顶，一览众山小"。下山的车速，显然放慢了许多，但是感觉比上山更惊险，有时只能闭上眼睛，或者，向顾先生请教一些问题，顾先生有时也问我一些同学和剧团里的情况，所以旅途也不感到寂寞。行车约三个小时，我们到达了目的地。

缙云是一座山城，有着悠久的历史。在山谷的两旁，分布有几层街道，有山坡相互衔接，人口不多，建筑有序，最高的不超过三层，看起来相当干净。我们住的招待所在一条巷里，距汽车站很近，有十几间客房，陈设井井有条，窗明几净，服务人员也很热情。坐在客房里，可以俯瞰城市街景，车马行人稀少，也没有机动车的轰鸣。在上海生活惯了，一到这里，会感到呼吸的空气在清洗我们被污染过的肺叶，觉得一身轻松。不少空地上，还种有各种农作物，流露出田园景色。我们进招待所时，经过巷口边有一眼古井，有人在那里提水，井口的石头围沿上，有麻绳磨下的一道道深沟，表现出山城悠久的人文历史。饮这口井水而生活了一辈子的人，累计起来，也许比今天浙江全省的人还多吧？

　　傅春麟局长把顾先生来的消息，告诉了缙云县文化局局长。他觉得一位上海高等学府的知名教授，能光临山城看戏，是当地文化界的一件大事，立即向县长和县委书记作了汇报；而县长和书记都读过顾先生的作品，非常崇拜其学术成就，听到喜讯后，立即要求来拜见，说是平时想请都请不到，如今不请自来哪能怠慢。他们在两位文化局长的带领下来到了我们住处，而我们对不速之客的来到毫无思想准备。经傅局长介绍，才知道两位是该县的父母官，感到有些受宠若惊，手足无措。顾先生说："我们来了应该先去向你们汇报，现在反而让你们在百忙中来看望我们，实在失礼！"主人声称，早年就是顾先生的读者，也是学生属于晚辈，能够见面是一种荣幸，今天一定要尽地主之谊，和顾先生共进午餐，希望顾先生赏光。顾先生再三推辞，而傅局长连拉带推，顾先生只好从命。我本想趁机离开，也被傅局长一把拉住："一道去！"

　　在县委大院的小食堂里，一桌丰盛的午宴已经摆好，这在三年困难时期，无疑是很少看到的。顾先生不大善于应酬，在主人再三诱劝下还是饮完一杯茅台酒，我则借口皮肤过敏没有饮酒。主人都是知识分子出身的干部，能和顾先生找到共同的话题。他们对上海文化界的情况也有一定的了解，希望学院也能为缙云培训一些文艺干部。

　　因为上午路途劳累，下午在招待所休息，以备晚上去看演出。出乎我们意料的是，这里的剧场竟建立在山顶上！从街道到剧场要爬几百米的山坡，而且沿路崎岖不平，也没有整齐的石阶，对顾先生来讲确有很大困难。何况天色已晚太阳落山，顾先生又高度近视，万一失足，后果严重。江山婺剧团余团长考虑到这些，专门为顾先生找来一根手杖，以便助行。但是，顾先生觉得不习惯，反而是负担，不肯使用。最后，我和傅局长分别站在顾先生两边扶着他的两臂，余团长手持电筒前面引路，三人保驾，才算使顾先生安全到达剧场。江山婺剧团，是一个很有实力的县级剧团，拥有几位老艺人和几名优秀青年演员。上海市委宣传部部长石西民同志，很了解这个剧团，曾推荐他们在上海锦江饭店小礼堂，为出席高层会议的中央领导同志作专场演出，剧目为：《太白回表》《追狄》和《伐子都》。今天我们要看的，也正是这三出戏。

剧场门口，虽然也有检票人员，但剧场没有围墙，而窗户全打开着，尚未开始演出，走廊上、窗台上，大人小孩早已人满为患，还保留着农村庙会的风气。我在担心，山上有无水源？万一出现火警怎么办？也不见有警察维持秩序，可以肯定消防车是开不上来的，看来问题出在县规划局。

我们好不容易挤进了剧场，坐在给我们保留的位子上，不久戏就开锣了。戏曲主要是看演员表演的，故事内容大家早已滚瓜烂熟，没有什么悬念。靠演员的演技，把观众引诱进规定情境中，而不知不觉地又陷入已知的悬念中。《太白回表》和昆剧《太白醉写》故事和人物相似。但情节略有差异。写唐明皇正陶醉在梨园歌舞声中，忽然接到番邦的挑战书，满朝文武惊惶一片，不识挑战书番文内容，更无人可以回表。高力士深知李太白自幼生长在番邦，不仅通晓番文，而且对番邦国情军事了若指掌，因此禀告皇上速召太白上殿应对。太白自酒市微醉上殿，面对惶恐不安的皇上和大臣们调侃戏弄一番后，大笔一挥回表速成，并安抚满朝文武大臣，番邦不过是夜郎自大、蚍蜉撼树，回表送到后，自然退避三舍，不敢轻举妄动。阿苟师傅年近七旬，虽是一位文盲，但舞台经验丰富，角色塑造细致到位，不但把太白的醉态把握得很准确，而且诗人的性格、高傲的气质，也演得活灵活现，十分难得，令人赞叹！

《追狄》是叙述宋代名将狄青和鄯善国双阳公主的爱情故事。由青年演员徐筱娜扮演双阳公主，她文武兼备，唱做俱佳，对人物性格和感情的变化把握得很有分寸。公主已身怀六甲，而驸马狄青不辞而别，要返回宋朝。公主纵马直追相遇大漠，相劝不成大动干戈。在较量中虽然公主手狠眼快，但又不愿伤及丈夫，胜券在握，又要保持丈夫尊严和虚荣。强弱各有千秋，爱恨交错一起，公主的感情变化层次分明，最后下马交手。揩油脸，施甩发，跄步圆场，把感情推向高潮，获得满堂喝彩。最后，狄青抓住公主的宗教信仰和心理特点，以神人金面，将公主吓退，扬长挥鞭而去。演员的表演达到了炉火纯青、淋漓尽致的水平。

《伐子都》主要看武生在台上跌、滚、扑、打的功夫。作为郑国副帅的公孙子都，为争功和泄愤，而暗杀主帅颍考叔。在庆功会上，考叔之父不明真相而为子都敬酒，子都为考叔阴魂附体，自曝阵前阴谋真相，扑地而亡。为了揭示人物内心剧变，演员使用了变脸的特技，与川剧变脸的方法完全不同。张师傅年近六旬，桌上、椅上的翻滚扑打步步到位，而且运用油彩和金粉变脸，掌握了绝技。由素脸变红脸，又由红脸变金脸，完全符合剧情的需要。每次武功精彩处和瞬间变脸均博得观众的叫好声。演出结束后，顾先生连声说："好！好！""不虚此行！"然后走向幕后向演员和工作人员表示谢意。第二天清晨，江山婺剧团的同志们赶到车站来送行，顾先生再次对他们的演出作了很高的评价。汽车启动，我们依依挥手告别，登上了归程。

顾先生学贯中西，治学严谨，待人谦和，处处以身作则，是年轻教师们尊敬的导师和长者。这次跟随他缙云之行，给我留下了难以忘怀的美好记忆。

作者简介：

郭东篱，1950年入华东大学艺术系学习，因院系调整，1952年进中央戏剧学院华东分院表演系学习，1954年毕业留校任教。1956年在中戏表导演师资进修班学习。先后任表演系助教、戏文系讲师、导演系副教授和图书馆副主任。曾在浙江、江苏和上海专业剧团执导过一些剧目。1988年离休，长期在学校离休党支部担任工作。

再想给顾仲彝恩师说说——《编剧理论与技巧》又感

张健钟

近日，翻读顾先生名著，并我的听课笔记，竟思绪百端，梦回上戏，遂得七绝小诗一首，兹录于下，以敬谢先生：

夜梦茵茵上戏园，

俏然一伙小青年，

课堂专注听尊教。

醒来方觉雪鬓添。

我是上戏戏文系第二届本科学生，全班 27 人，班主任是王东局老师，1960 年入学，1964 年毕业，熊佛西院长颁发证书。早就听闻顾仲彝教授在埋头撰写书稿《编剧理论与技巧》，这正是我们的主课。翘首盼望两年，至 1962 年秋，我们三年级上学期正式开课，原定讲一年，每周三节课。原书共六章，讲了半年，一至四章，还差两章。同教室听课的还有戏文系第一届学长、同届戏曲创作班学友。1963 年春天，先生应邀去中央戏剧学院讲授该课，其后，回沪疗病，于当年完成 35 万字全书。惜癌症不治，先生于 1965 年 2 月与世长辞，年仅 62 岁。一年后，"文化大革命"劫难爆发。尊师离开我们，倏忽已 57 年矣。其间，我抚读自己用蓝红两色钢笔现场记录的听课笔记，厚厚一本，满满记录着先生精彩的连篇教诲，学生紧随旁注的心迹，如同先生仍在眼前，高山巍巍，流水悠悠，今又如何诉说？有幸成为先生第一批亲历教导的学生。

先生的第一堂课

系主任魏照风教授（给我们讲授中国话剧史）先来介绍顾仲彝教授的概况：他在上海孤岛时期参与成立了上海剧艺社，抗战胜利后，兼任上海市立实验戏剧学校校长。顾先生是著名的戏剧理论家、剧作家、教育家云云……

顾先生微笑着开始讲课，一袭整齐的中山装，一副浅茶色眼镜，拿一卷书稿，喜欢站在讲台后讲课，很少走动，很少手势，很少板书，说话不紧不慢，徐徐道来，普通话中略带浙江口音，重要的话不用说三遍，只说一遍，就听得清、记得住。那一天，学生们早已挤满教室，无不屏息聆听，静静地记着笔记。先生对大家说："我拟写了一份必读剧目的书单，发下来请大家照单细读。学习编剧，首先就要深入生活，同时精读名剧，这里有中国话剧三十七种、外国剧目三十六种、中国戏曲三十七种，我还建议至少精读十种，才能领略到戏剧创作的奥秘。"

在第一堂课上，先生开宗明义地说："本课程教学目的和要求是：学习编剧艺术的一般规律与法则，懂得怎样分析与结构剧本。中国的戏剧理论批评工作还在起步。对过去的戏剧工作，要吸收精华和创新，着重总结当代经验，当然也不能割断历史，如古希腊美学家亚里士多德的戏剧名著《诗学》。总的目的是，有助于创造新的社会主义新戏剧。"

从这段话里可见，顾教授是经过深思熟虑的，他学贯中西古今，对怎样创造社会主义新戏剧满怀热情，是有坚定的戏剧理想追求的。然而，想象与现实总会有差异，需要我们不断调整和深化对规律和法则的认识，尤其在艺术领域。

试说先生论著的成因环境、学术精华和理论意义

顾先生的《编剧理论与技巧》（以下简称为"顾著"，中国戏剧出版社 1981年 6 月出版）目的是为了探讨编剧的一般规律与法则。这是我国 20 世纪 60 年

代初期，正从"大跃进""人民公社"等激进、冒进等主观虚妄的漩涡里走出来，清醒地认识社会经济发展的客观规律，全面实行"调整、巩固、充实、提高"的八字方针，确认健康发展才是时代的大势所趋。在文艺发展上，1962年上半年，在周总理、陈毅副总理直接关怀下，先后召开了两次全国歌剧、话剧创作座谈会，广开言路。黄佐临发表了《漫谈戏剧观》，提出斯坦尼、布莱希特、梅兰芳三种各有特征的戏剧观；胡可发表了《性格·性格冲突》，讨论了性格冲突的特征和构成。电影界出现了《早春二月》等影片的创新浪潮；教育部也向各高校要求，集中教学力量，让学生们真正学到艺术规律和技巧。上海戏剧学院严格执行调整方针，我们这个班恰逢其时，追随戏文系富有学养的老师，饱学不倦。虽在经济困难时期，中午食堂每人只一小格米饭，精神食粮却异常丰盛。特别是顾教授这门编剧主课，正是在探索规律和法则的大形势下，有准备、有筛选地从浩瀚的戏剧学海里，采撷各家所长，充分发挥先生的睿智和独立精神，力求理论与教学需要结合，从寻求编剧规律的实务原则出发，铺开六大章、35万字的篇幅，从绪论（剧作者四个必备条件）、戏剧题材与主题思想、戏剧冲突、戏剧结构、戏剧人物、戏剧语言，细说端详。其理论概括之深广、教学传承之系统，在我眼界所及，都是我国前所未有的，可说是中国当代戏剧编剧理论与技巧的开拓之作，具有先行和奠基的意义。

我以为，尤以"戏剧冲突"和"戏剧结构"两章最是精彩，是全书的精华。既梳理了外国戏剧的发展要脉，又特别阐发了中国戏曲的优秀传统，这是顾先生学术遗产中最珍贵和兼有中国特色的主要部分。

顾先生此课在上戏、中戏一开讲，就受到广大学生和学界的普遍欢迎和青睐，是情理之中的。惜乎盛景刚起，就遭遇山雨欲来。批判毒草戏剧，清算文艺黑线，很快暗流涌动，变成了"文革"前奏，顾先生的课程也被湮没在历史的命运里。

说说"戏剧冲突是戏剧创作的基本特征"

这是先生在第三章"戏剧冲突"中第二节的标题，也是铿锵有力的论断。

上海戏剧学院戏文系前主任陆军评价顾教授是"通过对古今中外优秀剧作和戏剧理论的研究，系统探索了编剧艺术的规律。其中关于戏剧创作基本特性的论述尤为精彩。著者在对西方戏剧理论做系统梳理的基础上，作出'冲突说'的归纳，简明又有力量"。

何谓戏剧创作的基本特征？

自亚里士多德《诗学》问世，两千多年来关于戏剧创作的基本特征，各国各时代戏剧家各有其说，争论至今。顾先生从亚氏《诗学》发端，解说戏剧特征的本原性的问题，即"行动"。戏剧的经典定义是："悲剧是对一个严肃、完整、有一定长度的行动的摹仿；……摹仿方式是借人物的动作来表达，而不是采用叙述法；借引起怜悯与恐惧来使这种感情达到陶冶。""悲剧是行动的摹仿，主要是为了摹仿行动，才去摹仿在行动中的人。"顾先生把这两句相关联的人所熟知的名言，一开头就提出来，戏剧的核心是"行动"，接着是"人物""感情"，这是三个最重要的要素。说明亚氏的经典定义着重强调了行动和行动中的人，这一点是贯穿一切的，要牢牢抓住的。

顾先生紧接着引用了英国著名的亚里士多德研究学者浦卷（1850—1910）的话，对亚氏"动作学说"作了如下的补充："戏剧的涵义不仅包括完整的、显著的、有目的性的事件（动作），并且含有冲突之意。……我们不妨把亚里士多德的话略加修改：悲剧的灵魂不是布局，而是戏剧冲突。"（浦卷著《亚里士多德诗学艺术理论诠释》，转引自顾著85—86页）先生这就把戏剧行动和冲突直接联系了起来。我本人的解读也可以是这样：亚氏的行动包含着冲突之意，后人各家的争论在于对其中的涵义理解有不同。

先生以为，19世纪末叶法国戏剧家批评家布伦退尔在《戏剧规律》的演说和序言中，首创了"意志说"，是独创性的意见："戏剧是人的意志与限制和贬低我们的自然势力或神秘力量之间的对比表现……人的自觉意志是戏剧的主要动力"，因此主人公必须是意志坚定不移的，主动的。是为"意志说"。

1912年，英国戏剧理论家威廉·阿契尔出版了名著《剧作法》，反驳了布伦退尔，提出了"危机是戏剧的要素或特征"。是为"危机说"。

1914年，英国戏剧家亨利·阿瑟·琼斯支持布伦退尔，为布氏《戏剧规律》的英译本出版写了一篇序言，作了"意志说"的补充定义。

1919年，美国哈佛大学戏剧工作坊教授贝克出版了名著《编剧技巧》，认为冲突不是戏剧的普遍规律，动作和感情才是一切好戏的技巧所在。是为"动作感情说"。

此后，比利时剧作家梅特林克主张戏剧的特点是揭露人的神秘心理的奥妙，而不在任何形体的或内在的动作，形成"静"剧或"神秘"剧的产生。似乎与亚里士多德不太一致。

1936年，美国进步剧作家和理论家约翰·雷华德·劳逊结合二战时代的体验，出版了《戏剧与电影的剧作理论与技巧》一书，并于1949年重订出版。他肯定和发展了布伦退尔的《戏剧规律》理论，批评了阿契尔、琼斯、梅特林克的论点，他把布伦退尔的人的意志冲突律扩大为社会性冲突，对戏剧冲突律做了新的定义："戏剧的基本特征是社会性冲突——人与人之间，个人与集体之间、集体与集体之间的冲突；在冲突中自觉意志被运用来实现某些特定的、可以理解的目标，它所具有的强度足以导使冲突达到危机的顶点。"（转引自顾著79页）顾先生接着从容地引述了劳逊对布伦退尔的不满意之处，及其补充和发展。

先生对布伦退尔的"意志论"加入自己的新认识，例如谈到要写出意志发展的过程："在自己的意志酝酿和形成的过程中发生自我内心冲突，在执行意志时便和别人发生意志的外部冲突，并且在与别人意志发生冲突的过程中，自己的意志还会发生变化或加强而引起一系列的内心冲突。"（顾著113页）他引用马克思的话接着说：当一个人将某种意向上升为意志而采取行动时，感情也就会上升为热情，而成为"一个人努力达到自己目标的一种积极的力量"。

先生还引用俄国别林斯基和德国戏剧理论家佛雷泰格的"心灵憧憬"和"情欲"，高尔基的"要求有造成愿望或意图的冲突的巨大本领"，认为都是人物的意向和意志，与布伦退尔不谋而合。

先生作了结论："戏剧冲突是戏剧创作中的一个普遍规律，两千多年来一直实行着，不过布伦退尔总结了千百年戏剧创作经验，强调出来，提高到'基本规律'的高度来看它，那不能不归功于他。""总之，人物之间的意志冲突是最具体的表现，是一切冲突中最富于戏剧性的冲突。"（顾著 118 页）

我觉得，搞创作毕竟不能从定义出发，对基本特征的了解，还是要靠剧作者本人对"从行动冲突中写人"的经验把握。顾先生让我们在课堂上完成了对戏剧创作基本特征的探究，醍醐灌顶，不啻是引导学生对编剧创作各家规律之说的了解，开阔了戏剧思维的视野，更重要的是通过沉浸于演绎、辩驳之中，察悉各个戏剧元素之关联，享受戏剧思维之体验，要我们加强戏剧思维的质量。这是先生讲课之魅力所在。

先生谈到了"戏剧性"。有戏、无戏、什么是戏、戏在哪里？他说："这和戏剧特征、戏剧冲突有密切关系，不弄清楚什么是戏剧性，也就不能理解戏剧冲突的本质。"并列举了感情反应、紧张兴奋的剧情、干脆利落、相反的突转或对比等各家对戏剧性的说法。先生对《俄狄浦斯王》中"发现"和"突转"同时出现，点赞为"戏剧布局中最富于戏剧性的方法"。他向我们提出高规格的要求："戏剧艺术对生活的概括、集中、提高，主要在于戏剧性的人物、情节和情境，使生活反映在剧本里处处都有戏，都有较强烈的矛盾和冲突。"我感觉，"戏剧性"太有魅惑力了，很难在理论上寻到满意的解答，只能运用模糊数学了，好在剧作家都会有自己的小九九，把可以运用的方法都拿过来充实自己，用于编剧。比如，著名戏曲剧作家王肯说："推过去，拉过来，推推拉拉就是戏"；张三说："人物关系就是戏"；李四说："戏不够，道具凑"；王五说："曲折是戏，奇是戏，故称传奇"；健钟我说："意外变化是戏，内心底线的较量是好戏，双眼对峙是戏中戏。最妙便是戏连戏！把戏写足，把人写活！"写戏靠灵动，平时多锻炼对"戏剧性"的敏感度和表现力，至关重要。戏文系要求我们写"每日梳洗"，就是练习观察功夫。

先生谈到了"戏剧情境"。先生推崇狄德罗和黑格尔两位。狄德罗在《论戏剧体诗》中说："戏剧情境要强有力，要使情境和人物性格发生冲突，让人物的利益互相冲突。不要让任何人物企图达到他的意图而不与其他人物的意图发生冲突，让剧中所有人物都关心一件事，但每个人各有他的利害打算。"（顾著84页）先生特别提到对布伦退尔有过直接影响的同时代美学家黑格尔，认为他用对立统一辩证法来分析艺术美的一些规律，尤其对于"情境"和"动作（情节）"的分析，有极其精辟独到之处。在他的《美学》第三章"冲突"一节中说："内在的和外在的有定性的环境、情况所含蕴的心情或情绪才行。……只有当情境所含的矛盾揭露出来时，真正的动作才算开始。"（顾著85页）

本章最后，先生意图把常见的戏剧冲突发展形式，分为六种。例如，"第二种，冲突双方的一方看来一再退让，另一方步步进逼，但到让无可让的时候，便反攻猛扑，一举而结束冲突"。以剖析"坐楼杀惜"一场宋江和惜姣为证，"这是一个内心动作、语言动作、形体动作三者紧密结合的好例子，对话虽短，但富于潜台词，富于内心心理活动，而又有适当的形体动作相配合，是最富于戏剧性的好戏"。又如："第三种方式，冲突的对立面，冲突的内容，始终基本不变，但通过一次次交锋，冲突越来越激化和深化，到最后的爆发点，一泄而尽。这是最常见的一种形式。"详细例证了《雷雨》繁漪和周萍冲突全程各段剧本文字。这些都是学生们快乐吸收先生戏剧学养的美好时光。

说说"戏剧结构"和"戏剧人物"

据我观察体会，文人最爱谈的是结构，最常谈的是人物，最窃窃自喜的是观点和文笔。

顾先生开首就讲：戏剧结构又称"布局"，即情节的安排。亚里士多德所说悲剧的六要素里，最重要的是情节结构。狄德罗说："布局就是按照戏剧体裁的规则而分布在剧中的一段令人惊奇的历史。"李渔说："至于'结构'二字，则在引商刻羽之先，拈韵抽毫之始，如造物之赋形，当其精血初凝，胞胎未就，先为制定全形，使点血而具五官百骸之始。"故在《闲情偶寄》中也说："结构第一。"小仲马写《茶花女》、雨果写《玛丽昂·达路美》，都在确定创作意图和写作题材之后，花费功夫在酝酿情节安排和人物塑造上，再来为剧本分幕分场，编成全剧和分场大纲，真正落成文字写完的，才几天时间。世间剧作家写作，大体如此。

先生这番话，使学生我窃以为：大而言之，剧本总体构思之形成，均可称"剧本结构过程"，细而述之，戏剧冲突线（或称人物行动线）的展开、幕及场的分置、戏段安排、各种剧场效果的配置等，都属于戏剧结构的范围，万万不可疏忽。实践告诉我，结构上遇到阻隔，甚至全剧返工，一是冲突线不明确，二是缺乏戏剧性或缺乏特色。

先生指出："戏剧结构和戏剧冲突是分不开的，它们就像孪生姐妹一样，孕育和成长在一起的。戏剧冲突的线索规定以后，戏剧结构也就相应地有了大体的轮廓。"（顾著145页）这样，先生就把他的第三章"戏剧冲突"和第四章"戏剧结构"，紧密地联系到一起了。

先生强调戏剧结构的完整和统一，其解决方法是：以主题思想来有机统一结构的各个部分。先生谈到了其中的连贯性、逻辑性和偶然性的问题。

本章最使学生们兴奋和豁然开朗的是第二节戏剧结构的类型。关于闭锁式、开放式、人像展览式结构三种类型，此论不胫而走，广泛影响到大江南北的编剧们，长时期以来引为结构的玉律。

亚里士多德在《诗学》里只分为简单的和复杂的两种结构，都与"发现"和"突转"的多少有关。

顾先生认为西方戏剧史上分成开放型和锁闭型两种结构类型比较科学，又借用了美国劳森的"人像展览式"一说，构成了他推导的戏剧结构的三分式。他详细剖析了"三式"各自特征和短长，锁闭式以《俄狄浦斯王》《玩偶之家》为例，开放式以《奥赛罗》为例，人像展览式以《织工》《底层》为例，结合中国剧本，启发甚大。先生希望"还要大力鼓励创造新的结构类型"。

结构分析时，纵向讲主线、副线，横向参考金字塔五部分公式，细讲破题、上升动作、进展、必需场面、从高潮看统一性、结局，以及剧情"错综复杂"和"紧张"等构成的技巧。再有，谈戏剧结构中一些重要手法时，选择"重点突出""悬念设置""吃惊""突转与发现"等四种，很有实用价值。先生引领我们进入了琳琅满目、目不暇接的结构艺术技巧大观园，大量专家大师的精论，大量优秀剧本的例证，动用了他大半辈子的剧艺积累，付出了甄别、融化、系统创造的艰苦劳动，叹为编剧理论技巧著作的一个奇观。从历史发展的观点来看，尽管后人另有许多新论和异论，先生这番功夫是要仔细品味的，避免刻板套用。

学生我算了一下，第四章《戏剧结构》共 141 页，占全书正文 427 页的三分之一，是占量最多、最实在的一章。

关于戏剧人物，先生坦率地说明："剧本创作中，人物塑造是主导部分，剧作一般是从人物开始的，有了人物的雏形之后，才能安排情节。所以按程序所说，人物塑造一章应放在《戏剧结构》一章之前，但我感到人物塑造的艺术技巧比较难学，有时甚至感到难以捉摸，所以根据先易后难的原则，我才决定把它放在《戏剧结构》之后。"（顾著 284 页）

先生提出了人物社会性、性格心理和形体外貌三者统一的写法，又把人物分成三类：类型人物、性格人物、心理分析人物，讨论了典型环境中的典型性格、人物的细节描写等。都是有建设性意义的，值得参考。

"文学是人学"的观念，多少年来几经呼唤和探讨，已经有了深入的理解。学生我有点体会，怎样写人物，写什么样的人物，可以设定有两种标准或两个角度，一个是社会学的角度（或与政治相关），一个是人学的角度（或称美学角度），或者是二者相互吸收，包括加入心理角度。从恩师所处的年代，可能是取社会学标准为多。先生说："首要的尺度是社会性方面。……阶级成分是人物形象的基础，掌握阶级分析的能力是写好人物重要的先决条件。"（顾著 296 页）学生如今觉得这么说有些绝对。成功的人物塑造都会是复杂的、独特的"这一个"。先生处在 60 年代初，正如"上海戏剧学院编剧学教材丛书·总序"所说："稍嫌不足的是，书中难免留有那个时代所特有的政治痕迹。但这怎么能去苛求前辈呢？而且我一直以为，此著为中国编剧教材的奠基之作，在顾先生之后，几乎所有编剧教材都程度不同地受惠于此著。"诚者斯言。

"课堂解答"课和北京校友会

顾教授一直是带病授课的。我们去他家里探望他，见房间里书籍、讲稿堆积如山，密密麻麻夹着引文出处和先生的批注。先生经常询问我们听课有什么疑问，并特意加开了"课堂解答"课。1962 年 12 月 12 日，在此课上，同学们问："为什么您用意志冲突来代替性格冲突？"先生循循善诱地回答："世界观、感情等这种稳定的性格特征必须由意志冲突表现出来，由行动意志来表现性格，这在戏剧中尤其需要强调，规定为'意志冲突'，更有利于创作，而规定为'性格冲突'含义太广泛了。有意志才有冲突。戏剧人物必须是具备强烈行动意志的人，才能构成深刻的冲突，冲突越加激烈、广泛，才越能表现出深刻的社会意义。还要强调一句，意志冲突要注意有变化过程，要发自内心，要有性格发展的依据……"这堂课，加强了我对确定和深化人物行为冲突线的认识，认为这是塑造戏剧人物和传达剧作家现实感悟的关键性操作步骤。毕业后，我在中国青年艺术剧院任专职编剧，也组织过剧院的剧目工作，都得益于运用这个关键性操作步骤。

这以后，我在创作和教学岗位上，尝试着在先生"意志冲突"说基础上，衍化为"意愿（或欲望）冲突"说，也是引入高尔基"要求有造成愿望和意图的冲突的巨大本领"之说，恩格斯"他们行动的动机不是从琐碎的个人欲望里，而是从那把他们浮在上面的历史潮流里取来的"，来佐证我的"意愿冲突"说，取得了实践的好效果。

我认为：实在、严谨、宽厚、具有穿透力，是顾教授的为人、为学的风格和光彩。您给我们授课时正值 59 岁的学术壮年，我们多么盼望能与您有更多机

戏文名师

会学习和汇报啊。

1981年6月，中国戏剧出版社出版了顾教授的名著。次年3月21日，上戏在京校友聚会东四八条中国剧协，我拿着先生名著参会，并在首页上题记："是日，李健吾先生及顾仲彝儿子顾伯锷也出席茶话会，并讲了话。陈多老师专程抵京，作学院历史及三十周年院庆筹备情况报告。是为盛举。"我发言说："先生这部著作肯定是我国相当一个时期的剧作学代表水平，先生若多活一些年头，肯定会对文艺思潮的新变化和新现象作出评价，也会对书中个别提法作出修订。我每读先生讲稿，深感先生在讲台前提问自己：你在学习戏剧的道路上有没有停止脚步？"

1995年10月，我的剧本《生为男人》在中国青年艺术剧院首演，我探索现实人物意愿冲突的复杂性，结构中加入了"自由联想"的空间，广大观众、专家们和文化部领导给予了热烈的肯定。

2013年11月1日，感谢母校戏文系的鼓励，我受邀在红楼教室给研究生们做了"意识到的当代剧作技巧"的讲座，以我身在的中国国家话剧院王晓鹰、查明哲、汪遵曦（外聘）导演的《哥本哈根》《青春残酷游戏》《纪念碑》和《怀疑》四部当代名剧，讨论了现实主义主流戏剧与多元戏剧的融合，悖论、不确定性、自省、自由组接等我意识到的多种剧作技巧。

我感觉到，我是在向顾仲彝、余上沅、魏照风、丁小曾、何纪华等戏文名师们汇报学习，深感愧疚、浅薄，我没有做到持久不懈地编剧，是我此生学习剧作中不能消退之痛。

继承戏文名师学养·喜赞编剧学学科创建

半个多世纪过去了，中外戏剧发生了重大的变化，我国一批编剧理论技巧新著相继问世，在广度和深度上作出了新的拓展。正如《论戏剧性》《戏剧本体论》作者谭霈生先生所说："人们对对象内在规律的认知，不是一次完成的……直到今天，对这一问题的研讨还有待进一步深化与完善。"孙惠柱在《戏剧的结构与解构》中说："一方面，编剧结构的理论好像几乎穷尽了各种可能；另一方面，导演和表演的理论越来越热闹，以导演为主导的剧场性结构有时候显得比由编剧决定的叙事性结构更重要。"林克欢在《戏剧表现的观念和技法》书中称："象征、隐喻、荒诞、拼贴、间离、复调、悖论。舞台表现的无限可能性，潜在于一切表现技法自身的敞开状态中。"这些论述有助于我们编剧拥有开阔的视野。

我列举的上述三位的论著，都是经过几次修订，又有高校教学的多年检验，才趋于成熟的。可见，基本教材建设有一个日臻完美的磨炼过程。

十分惋惜的是，顾仲彝先生去世过早，不能亲自整理书稿，更无从修订或增补再版。张骏祥先生1979年2月为顾著写序时说："像这部《戏剧理论与技巧》这样材料丰富、旁征博引的基础理论书更是不可多得的。"

莫非，只有长叹一声？

欣慰的是，母校戏文系陆军教授和他的教研团队，于2007年开创了命名为"编剧学"的子学科；2015年创建了编剧学研究中心，编辑出版了《中国现当代编剧学史料长编》（全3册）；2016年1月出版了"上海戏剧学院编剧学教材丛书"（共十种），顾仲彝先生大著赫然在目。编剧学学科创建，是高瞻远瞩的必然之举，前景无量，对先师英灵也是告慰。

陆军著《编剧理论与技法》，与顾先生书名相差一字，显见有发扬先生精神风采之意。该书取20个编剧核心要素，分成二十章，点状铺开，精述理论，大量命题练习，重在实际操作能力。于顾先生教法，另有增色。陆军的"百千万字剧编剧工作坊"，也名声在外。去年7月，陆军被国家教材委员会奖励为"全国教材建设先进个人"。若顾仲彝先生有知，也会称赞的。

我已退休，在一些高校讲过编剧课程，在中国戏剧文学学会主持的培训班里做过讲座，自励发扬戏文名师学养，吸收新时代新戏剧营养。

　　三尺讲台抒发您春晖霞光，

一群后生由老师抚爱成长。

虽说是青葱岁月匆匆走过，

到老来也不曾意乱彷徨。

敬前辈戏文成就顶梁大柱，

学生我寄名师片羽心香。

作者简介：

张健钟，1964 年上戏戏文系本科班毕业。中国国家话剧院一级编剧。中国戏剧文学学会学术委员会主任。创作话剧《生为男人》《一代风流》、春晚小品《呼唤》、电视剧《汪老师的婚事》、音乐剧《新月》等。百多篇戏剧理论文章在中央、省级书刊发表。

忆慈父赵铭彝

赵　俞

1. 我的父亲

父亲赵铭彝（1907.1.6—1999.4.20），四川省江津县广兴乡（现重庆市江津区广兴镇）人。20世纪30年代初便投入党的戏剧、文化事业，担任过多种职务，为革命做出了重要的贡献。解放后历任重庆市第一、二届人大代表，西南文联常委，剧协筹委主任等职。1950年起在上海市立戏剧专科学校（上海戏剧学院前身）任教。曾担任过校务委员会委员、教研室主任、教授、院工会主席，上海市政协委员，民盟上海市委委员，组织部副部长，中国戏剧家协会理事等职。曾获得国务院政府特殊津贴、从事话剧事业逾五十年，为话剧事业作出历史贡献的荣誉证书，被评为长期从事（民）盟务工作积极分子，是第四届全国文代会代表（1979.11）、离休干部。

2. 两次生死关口

20世纪20年代中期，父亲婚后不久，就去南京、上海求学，参加革命了。母亲先后生过四个孩子，夭折了两个。一个是我哥哥，他很小就非常聪明、伶俐、乖巧，人见人爱，是父母的掌上明珠，不幸病逝了，双亲痛失爱子。另一个，我记得，生下来没多久就去世了。父亲因为一直在外从事革命工作，夫妻聚少离多，且没能有多少钱给家里。后来母亲因为这些原因而精神失常了。

出席《中国现代戏剧史稿》编写工作会议（1984年4月摄于苏州东吴饭店）。自左至右：柯灵、于伶、赵铭彝、葛一虹、夏衍、陈白尘、石凌鹤

1945年我八岁时，母亲在重庆我姐姐（护士）工作的医院逝世（全家除了极度悲痛外，还终生遗憾——没留下她的任何照片）。之后我便一直跟着父亲。父子俩同年在成都曾两次面临生死关头。1946年5月，他受中共地下党及民盟指派，去成都任民盟四川省支部委员并主编民盟四川省支部机关报《民众时报》。不到三个月该报被迫停刊，后转任成都市民盟支部机关报《华西晚报》主编。1947年夏，国共和谈破裂后，国民党反动派在成都大肆逮捕共产党和民主人士。一天晚上，荷枪实弹的特务来到报社。一进报社，一面将所有报社人员集中起来"审查"，一面去车间将一排排铅字推倒，捣毁制版和印刷设备等。他们来时，我已睡，搜查房间时被迫起来，只见特务左手打着手电筒，右手提着驳壳枪，这时父亲叫我给他送了双皮鞋去。我是孩子，又回去睡了。父亲与特务周旋，用假名字及假证件蒙骗了他们。第二天清早，赶快同坐一辆黄包车逃走。路上父亲不断示意我，看后面有没有人追来。

逃离报社后，辗转借住到四川大学新生院的平房。没几天突发洪灾。父亲他们商量，先将一些必要的物资转移到附近的楼房上，再回来接我。洪水来势凶猛、迅速，等他回来时，已涨到齐他的腰深了，然后他背着我艰难地一步一步挪向楼房，真是千钧一发，随时都有被洪水冲走的危险。

（左图）戏文系研究生毕业答辩（左四为赵铭彝先生，右一为魏照风先生）
（右图）赵铭彝、柯灵与陈白尘夫妇合影，1984 年 3 月摄于南京玄武湖

3. 期盼解放

临解放时，父亲隐蔽在家乡，以办中学为名，躲避特务的追踪，也掩护了两名中共地下党员。他经常偷听解放区的广播，热烈期盼解放，对新中国充满了无限的憧憬与向往。他当时曾竭力劝说姐姐和姐夫（国民党空军飞行员）留下来，说一定会大有作为。可他们考虑再三还是去了台湾，从此断了音讯。国内改革开放后，姐姐马上写信到老家，打听我们的下落，联系上后不久就从美国回来探亲。

在父亲的教育和影响下，姐姐很年轻就独立生活，自己奋斗，一生做护士工作。姐姐不仅是同胞姐姐，还是我的救命恩人、无私帮助弟弟的好姐姐。我在婴儿时期，母亲的奶水少，而我又非常挑剔，不吃米汤，父亲又不在家，无奈，姐姐背着我在农村里四处找奶妈。当时她自己还是个孩子，可想而知有多么艰辛！最终找到一位田姓奶妈，我才存活下来。改革开放后，她回来探亲，了解我的情况后，回去便着手给我安排去美国进修。在姐姐的资助下，1980 年我去美国进修了半年。

4. 关心青年教师

父亲在"反右"前工作一直很忙，每天晚上父子同在一个书房。他备课、看书或写东西，我复习功课、做作业。常有青年教师或同事来访，他们便去另

赵铭彝与家人

外的房间交谈。有段时间学院人事调整，有的人要调走，他很耐心地做他们的工作、交朋友，记得有位林老师调回福建晋江后还和他保持经常联系。

5."戴帽"后的工作点滴

父亲被划成"右派分子"后不准他上课，先去了郊区的"社会主义学院"学习、劳动改造。后安排他去编《辞海》，吃住都在旅馆里，好长一段时间都见不到他。他后来又全身心地投入到话剧史教材编写的准备工作。为了收集资料，不辞辛苦地采访曾演过文明戏的老艺人，回家很晚。他说，那是抢救性的采访，老艺人年纪都很大了。

6."文革"中的暖心人

父亲为人低调、随和，心胸开阔，未见他发过脾气。他担任工会主席时积极为职工谋福利，群众关系也很好。1966年"文革"时他遭到迫害，被临时关在学院的传达室，监管他的是位人称"老三"的郑姓工人师傅（上海剧专时代，他是食堂的大师傅）。当时我正从外地到上海串联，赶到上戏去看父亲。一进传达室，不一会"老三"师傅就轻轻地把门关上。在当时政治形势下，他这一看似寻常的动作，避免了外人看到我们父子凄凉的尴尬处境，我顿时觉得很温暖，

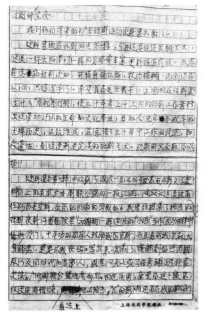

赵铭彝书信

也很感激。足见父亲与他关系很好，对父亲的尊重。至今我仍记忆犹新。

7. 精神焕发

"文革"中父亲被"工宣队"迫令退休。粉碎"四人帮"后，他精神焕发，积极要求工作。学院安排他给外国留学生讲课，主持研究生的答辩考试等。除此之外，他充分运用自己丰富的革命经历和记忆力好、善于写作的特长，在《新文学史料》等刊物上发表了很多回忆文章，为中国的新文化运动史提供了大量翔实的资料。我在家时，稿费都是我去邮局代领的。

8. 对我的教育与关爱

父亲对我的教育都是正面、慈爱的，从不多说，更无打骂，使我从小在非常宽松的环境中快乐成长。得知我入少先队了，他很高兴。初中时入团了，更是鼓励，特地买了本书《古丽雅的道路》，题上字："俞儿入团纪念　爸爸"送

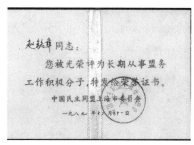

证书

给我，对我以后的人生是很有影响的。1958年，迫于当时的形势，我去安徽参加工作，在一家机械厂车间里当学徒。离家后他一直惦记着我的情况，不管我到什么单位，都坚持每周给我写封信，直到我调回上海。个人事业上，从高中毕业的学徒到大学教师的过程中，离不开父亲的精神鼓励与物质支持。我需要什么工具书，他都亲自想办法去买了寄给我。

9. 生活简朴

父亲生活上向来简朴，不讲究吃、穿，不沾烟酒，吃东西从不挑剔，我们安排什么吃什么，也不吃什么营养保健品。他80岁时，我们要给他做寿，他只是说简单点。有个华东医院退休的朋友，提议就在他们医院食堂办，他欣然同意。于是就在那里简单邀约几个朋友，从美国赶回来的姐姐及家人冷冷清清地办了。其实按当时的条件完全应该到一家较好的饭店隆重地办一次寿宴。每当我想起这件事，就感到懊悔、内疚——太亏待老人家了！

10. 父亲的朋友们

我知道解放后父亲交往的朋友中，多数是三十年代及抗战时期的老朋友，如于伶、陈鲤庭、李健吾、陈白尘、葛一虹、杜宣、陈明中、董每戡等伯伯、叔叔。回忆一下他们之中，我与父亲一起有过交往的前辈。

1951 年，父亲除了在上海剧专任教外，还在陈鲤庭先生主持的"电影文学研究所"兼职。我那时刚来上海，有时就和父亲去"电文"。陈先生见到我们总是很热情，和蔼可亲。只知道父亲和陈先生他们经常讨论的是电影文学，为电影公司审查、修改剧本。父亲 30 年代在上海曾以岳菘、唐荫、穆芳、成言、林云、吕莲、铭舞、名一、名逸、莫理之、木方、荫堂、穆维芳、成之、成荫等笔名发表过很多电影评论文章。"电文"给我的印象是伙食很好，炒草头时，草头是浸泡在油中的。

50 年代父亲与葛一虹先生经常有书信往来。一个冬天的晚上，他带我去国际饭店，说是看朋友。后来才知道是葛先生到上海出差，住那里。他们谈些什么我不记得了。那时我还很"土"，第一次到国际饭店，什么都觉得新鲜，高级旅馆里的暖气，喝什么茶，吃什么点心，房间的装饰、陈设，等等。葛先生还叫我在那里洗了个澡，这样也知道这种地方是怎样洗澡的。等我长大了才明白父亲的用意，就是要让我开眼界，增长知识，接触新东西，而他并没有给我明说为什么带我去。

李健吾先生是我们熟知的著名文学家、翻译家，他曾与父亲同在上海剧专任教，彼此很要好。大约 1954 年，李先生调北京中国科学院文学研究所。去京前，他家住东宝兴路属房管局的一幢三层楼的房子，他临走时把房子连同好些书和家具给了父亲，这样我们就搬到那里。毕竟是房管局的房子，后来学校出面与房管局办妥，作为教工宿舍，底层就分配给胡导老师了。

1962 年李先生到上海开会，他和父亲约好，会后一同去杭州、绍兴、宁波一游。这时候，我正好停薪留职在家，便成了此次旅游的"总管"。因李先生社会地位高，出行可住政府的交际处，而且到哪里，便由上一站的交际处长途电话通知下一站的交际处安排接送、住宿、代办火车票等，给了我们的旅游极大的便利。当时仍处于困难时期，吃得不怎么样，也没什么东西可买。此行给我印象

自左至右：赵铭彝、葛一虹、石凌鹤、于伶、陈白尘

较深的是绍兴会稽山、大禹陵和宁波的"天一阁"藏书楼。遗憾的是没有留下照片。

11. 外出讲学

80 年代初，父亲的好友陈白尘先生任南京大学中文系主任，他邀请父亲去作一次讲学，对象是中文系的教师。我得知情况后也请假从蚌埠赶到南京陪同。讲学围绕戏剧艺术，特别是话剧艺术的历史、现状及展望进行，受到教师们的欢迎。陈先生给我的印象非常干练，做事周到、细致，也很热情。父亲说他曾任中国剧协秘书长。

12. 热爱生活　喜欢旅游

父亲很热爱生活，养过芙蓉鸟，买过照相机、电唱机（放唱片的），但这些随着被打成"右派"都化为乌有。他也喜欢旅游，特别是夏天上山避暑。记得我就陪他到过浙江的雁荡山、莫干山（二次）。他两次去庐山，第一次是去开会，第二次是我全程陪同的。1976 年暑假，我们从上海坐飞机到南昌，然后由南昌坐火车到九江，与我同事在九江工作的姐夫汇合上山，他帮我们安排吃住。我是生平第一次坐飞机，父亲同我一样，都很兴奋。一切顺利，安排得很好，使我们过得很愉快。顺便说一句，回程船票也是他帮忙买的（当时的船票很难买）。惋惜的是这么一个热心的好人，已不在人世了。我很感激他、怀念他。在庐山，有过一段难忘的经历：一天父子俩商量好，从旅馆一路走下山，欣赏风景，回来乘公交车（事先就知道有公交车通上、下山的），于是就一路兴高采烈下山，到山下公交车站时，被告知当天没车了。这下傻眼了，怎么办？公交车站附近无吃住，只好硬着头皮爬山回去。那年父亲七十岁。我一直很担心他吃得消吗？不断问他感觉怎样，他只说还可以，于是走走歇歇，好不容易回到旅馆。第二天休息一天，总算没什么事，我才放心了。这次爬山，对他体力的考验真不小，好在他年轻时喜爱运动，踢足球，打下了较好的体质基础。

父亲晚年曾与继母一起作了一次长途旅行，先去了东北哈尔滨会见了继母的亲属，然后到成都旧地重游，看望老朋友陈明中先生等。再后与陈先生等一起去乐山、都江堰。在都江堰空军疗养院，父亲休养了一个星期，然后返回上海。遗憾的是都没留下照片。

13. 不忘恩情

父亲始终不忘记曾经帮助过他，或我们家的朋友或亲属的恩情。三十年代，父母亲和姐姐曾在上海生活过，当时王季愚阿姨帮助过我们家，那时姐姐虽小也记得她。改革开放后，1979 年姐姐从美国回来探亲，父亲特意叫我们姐弟俩带些礼物，代表他去看望了王阿姨（王阿姨时任上海外国语学院院长）。

我有个堂哥临解放前不久在重庆市区与人合伙开餐馆，他做账房。我们当时在重庆郊区，进城时常去他饭店，每次都招待我们吃饭。印象最深的是吃海带蹄髈汤（当时在内地能吃到海带是很稀罕的）。五十年代父亲到上海工作后，出资分批邀请堂哥及过去帮助过我们家的亲属来上海、杭州游玩，自己尽量抽空陪同，答谢以往的恩情。

14. 宠辱不惊

父亲解放后的处境是起伏的。工作顺利、有着多个头衔的时候，未见他洋洋自得、沾沾自喜、盛气凌人，而是待人客气、谦逊。从小到大，我未见过他发脾气。他的一生可以说是革命的一生，可是从来不给我讲他过去做过什么，如何如何。只有谈到姐姐的事时，才讲些抗战时期在重庆的情况。说实话，他的很多历史情况，我还是从相关资料上了解到的。

他 1958 年被划成"右派"时，我看他情绪稍有些波动，但很快就稳定下来，吃饭、睡觉，一切如常。"文革"中受到迫害，也表现得很淡定。那时他被造反派"扫地出门"，一家人挤在安福路的一间底层房内，楼上仅一层木头地板，噪声大。我看到这个情况，从蚌埠买了些纤维板托运回来，钉在房梁上才改善些。没有煤气，烧煤饼炉子。从我们到上海，家里是一直请保姆的，而到了这时候什么都得自己动手，他烧饭、炒菜、洗衣样样都干，坦然接受，并未表现任何的怨恨情绪。继母一生不擅家务，主要是他和年幼的养妹承担了。

父亲能活到 93 岁高龄，充分证明他有什么事都想得开，不计较，具有心胸宽广、宠辱不惊的精神。

作者简介：

赵俞，赵铭彝先生之子，大学英语教师。曾任蚌埠市厂办中学数学老师、普通中学英语教师。蚌埠师专、教育学院英语教师、教研组长、外语科副主任。上海长宁区教育学院教研员、外语教研组长至退休。发表过多篇英语教研文章。所教学生曾获市英语竞赛第一、第三名，接着省竞赛的第二、第十六名及表扬名次。

牢记魏照风老师"做有心人"的教导

贡炳照

1960 年，我考上戏的舞美、戏文和表演三个专业，结果被录取在表演系，系主任章琴老师宣布我担任大班长（甲、乙、丙三个班，兼甲班班长）。当时班上的男女同学都才十七八岁，而我从部队转业，入学前在江苏金坛二中做团队工作，已经二十五周岁了。除表演课外，形体、台词和声乐都感到不如他们，再加上和辅导员老师在工作上沟通不畅，故而要求转到戏剧文学系。通过补写一篇论文实现了我转系的愿望，论文是《蔡文姬话剧观后感》，主要是说，郭老通过文姬归汉的故事，目的是为曹操翻案。

1964 年我从戏文系毕业，分配到安徽文化局剧目研究室报到，再去皖南山区参加四清运动。1965 年春参加京剧《翠林春潮》编排工作。1965 年秋调到淮南市文化局剧目组执笔改编京剧《焦裕禄》。1969 年因"文革"中父亲从走资派到定性叛徒被迫害致死，我受株连被下放到大别山区霍山县漫水河公社下埠河大队，1975 年抽调回城改行任教。如今我已八十七岁了，但是，我对上戏母校和恩师们的怀念有增无减，每次校庆活动我都积极参加，以表我知恩图报之心。

魏照风老师，他不仅是我们的系主任，更是我和唐泽芊同学毕业论文的指导老师，对他的印象更加深刻。他衣着整洁，又显得威严高大，很像我们部队里军师一级的政委，可敬可爱，说话不多，声音也不大，带着一点点福建的乡音。魏照风老师是研究中国现代话剧史的专家，他给我们上话剧史课的助手是柏彬老师，我们从柏老师身上可以看到魏老师的影子，体现出魏老师让青年教师在教学实践中锻炼成长的用心。

记得我转到戏文系不久，辅导员王老师和同学们又让我做班长。一天，魏老师领着工人作家胡万春到我们班讲课。胡老师说，他和我们一样也是魏老师的学生。在上海解放初期，市总工会在工人俱乐部办了文艺讲习班，魏老师讲的第一课，就要求大家"做有心人"。胡老师记住了，在生产岗位和日常生活中，注意观察身边的人和事，经过思考把有趣味的写了出来，从工厂里报刊发表再到《工人日报》和《新民晚报》《解放日报》，直到写短篇小说。没有想到的是，十年后成了工人作家。上海钢铁厂有成千上万名员工，因为胡万春做了"有心人"，才能把别人没有引起注意的人和事写了出来。这堂课很生动，是现身说法，使我终生不忘。几十年一转眼就过去了，我坚持时时处处做有心人，不断观察和思考，注意积累贮存各种知识。我的二伯父贡永春和堂兄贡德忠在上海大舞台演出时，我常去观看他们的京剧，学到许多宝贵的东西，所以毕业之后参与创作两部京剧，就比较得心应手。无论是编剧本还是写文章都离不开观察与思考。

我们在上戏读书四年中，有三年是自然灾害时期，当时物资供应非常短缺，市场上的一切都要凭票限量供应，我们每天只有八大两，根本吃不饱。魏照风老师约我和唐泽芊到延安西路"文艺会堂"进行毕业论文辅导。那是个文艺界名人才可进入的地方，上海市委为了关怀文艺界人士物质生活，特要求统战部负责自办一个农场，保证农副产品供应。魏老师选定"文艺会堂"，有两个方面的原因：一是靠学校特近，不到一站路，环境优越；二是跟我们交谈以后，好让我们两个都能饱餐一顿。魏老师对学生的关爱，如同他自己的孩子一样。

我的毕业论文是《槐树庄剧中的郭大娘形象》，魏老师要求我一定要多读剧本，多搜集有关《槐树庄》影视资料，不要急于动笔。正巧，我原在的表演系

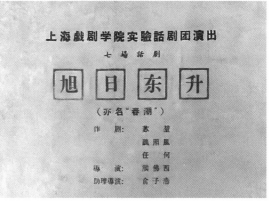

（左图）魏照风
（右图）1959年，《旭日东升》海报

甲班毕业公演的剧目就是《槐树庄》，导演徐企平老师也是我入校时的主考官和表演课老师。若不做有心人，就失去了极好机遇啊。

魏照风老师除在校任职之外，还是全国文艺界很著名的大忙人，他接到通知要去北京参加文艺界的会议，临行前对我说，会议的时间比较长，可以通信联系，特别是毕业论文的具体计划和准备工作的进度都必须及时向他报告。魏老师的责任心令我敬佩。魏老师给我的回信，至今我都完好地保存着。

炳照同学：

读到你的班级和你自己在院庆时获得表扬，甚为欣慰，希望继续巩固现有成绩，不断进步！

我同意来信所提出的论文写作计划。党中央关于农村社会主义教育运动中一些政策的规定（草案）和关于目前农村若干问题的决定（草案），是非常重要的文件，总结了建国三十年的经验，也总结了国际的经验，关系到中国人民的命运，并且同反对现代修正主义分不开，我在此已经听过传达报告，希望你们很好的来学习，这不仅对写毕业论文有帮助，而且对明年二月间你们下去参加社会主义教育运动有指导作用，就要根据这两个文件执行党的政策。目前希望你一面认真学习，一面认真继续精读剧本，按照已拟定的提纲，反复思考，先把论点搞对头，论据也充分把握了，然后再列详细提纲，等我回来同你一起研究讨论。即此回复，望学习进步。

魏照风

1963 年 12 月 7 日

魏老师在千里之外的北京，在十分紧张的学习和工作之中给我回信，我从字里行间体会到老师的慈祥关爱，及呕心沥血地为学生费心劳神，同时体现出老师对党的一颗忠心，他把党的方针政策和对我们的培养教育视为一体的重大责任。更使我们感动的是，后来他亲自带领学生到青浦县赵巷公社，与大家同吃、同住、同劳动，一起打地铺滚稻草，师生如父子，他的言传身教为我们作出了典范。

魏照风老师的一大功绩就是他第一个提出要创办一个专门培养编剧人才的学科或学系，并且就是在他手里组织实践了。大学里是否能培养出剧作家？当时不仅有激烈争论，而且也有不同做法。中央戏剧学院创办的就是戏剧学系，他们的重点是放在培养戏剧理论和戏剧史的专门人才。我们上戏 1959 级和 1960 级两个班的实践证明，魏老师的决策是英明的，两个班加起来仅 60 多人，平均每个人都有剧本，仅我们班的张鸿生、邢益勋两人，在国庆三十周年献礼上，都荣获了话剧剧本创作一等奖，在省市获奖的剧本和人就更多了。曾桂森个人出版了《曾桂森获奖剧本集》(九个剧本)，倪绍钟、唐泽芊、何建烈等人都长时间担任编导，还有乔德文、王士爱他们虽然担任省市文化厅局长，开始也都做过编剧。所以，魏老师创办的戏剧文学系，从课程的设置、老师的配备和组织参加各种社会实践活动，都体现他就是创建一个苗圃，当苗儿移植到社会的大田之后才能看到丰收景象。

总而言之，魏照风老师，他从思想到言行各个方面，不仅教育我们做"有心人"，而且使我们人人都成为有一颗热爱中国共产党之心、热爱祖国之心和热爱人民之心的有心人。

作者简介：

贡炳照，上海戏剧学院戏文系 1964 届本科生。毕业后在安徽省、市文化局从事编导工作，参加创作《翠林春潮》和《焦裕禄》（京剧），并从事教育和公共关系事业。在报刊上发表一百多篇文章。

古虞夫子百年祭

叶长海

　　中国现代知识分子，很少像陈古虞老师这样：大学时代攻读英文、法文，研究生阶段专攻莎士比亚戏剧研究，却一辈子只钟心于中国昆曲艺术的传承；早年曾经是"热血青年"，投身于即时的演出评论，并不时发表颇为激进的改革意见，后半生却几乎不写文章，几十年沉潜于为古剧本谱写工尺；身为戏剧文学教师，却常常忙于为学导演、表演的学生讲解古老戏曲的"手眼身法步"，口传身授，乐此不疲。可见，他很独特，他是一个"全能"的戏剧教育家。

　　我于 1979 年考取上海戏剧学院的"戏曲史"研究生，学生只有一名，导师却有两位：陈古虞老师与陈多老师。虽然两位老师的年龄相差不大，但个人风格相距不小。如果说陈多老师更像是"新派"学人，古虞老师则更像是"老派"夫子。陈多老师喜爱戏曲理论研究，常有个性强烈的新观点文章面世，令学界老人连说"不敢苟同"；古虞老师则坚持曲谱乐律之类的技术性研求，不喜欢时流热闹，真的是"与世无争""处变不惊"。但他们两位都喜欢表演艺术，只是古虞夫子精通的表演是昆剧，而陈多老师精熟的表演是话剧。我曾看见陈多老师非常开心地在一部电影中串演一个小角色。古虞夫子好像连一个小角色也未演过，不过做过大演员的"教师爷"。陈多老师原来是学校的党领导，在 1957 年那场运动中被误伤落马，于是改辙从"专业"方面求发展。他是从当古虞夫子的助手开始做教师的。陈多师"智商"特别高，一个"华丽转身"，很快就成

（左图）陈古虞晚年照
（右图）陈古虞夫妇合影

了国内知名的戏剧史专家，与古虞夫子共同撑起了上戏戏曲教育这半边天，并使上戏成了国内"戏曲研究"的重镇。我从两位老师处都学到了一些"看家本事"，这让我数十年来一直受用不尽。

我是本校首届研究生，因而总能感受到学校的特别关怀。古虞老师凡有专业活动，总是带我作"随从"，其实是引领我尽快进入"戏曲界"。于是我看到了上海文艺出版社为出版《中国十大古典悲剧》和《中国十大古典喜剧》的学术研讨会，我为许多老专家的热烈争论而惊诧。我看到了古虞师组织教师编校《李玉戏曲集》的艰辛劳作，老师想让我一起参与，我因忙于读研而谢绝了。到南京去看古虞师与来自北京的傅雪漪先生共同为张继青的剧团排演新戏。在老师家看古虞师抱病教北昆蔡瑶铣和上昆华文漪演《刺虎》。师母曾对我说，你也可以向老师学学昆曲身段。我知道学"表演动作"是要花很多时间的，而我当时"读书"很紧张，而且还要赶写学位论文。我回答说，等以后稍宽余时再学吧。可惜没有"以后"了。这是我一生中的最大憾事。

古虞老师有时还让我列席学校的教研室活动。他长期担任戏曲史教研室主任。上戏的"戏剧史教研室"工作包含"戏曲史"和"中国古典文学"两方面内容。其中两位最年长的教师是陈汝衡老师和古虞老师。他们两位是上戏治

　　　　　　　　　　　　　　　戏文名师

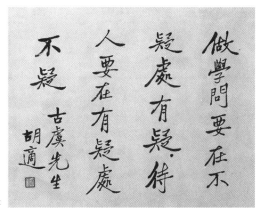

"中国古典"最有学问的老师，又是上戏英文水平最高的老师。古虞老师当初毕业于北京大学西语系，而曲艺研究家汝衡老师曾担任过大学英文教师。古虞师说自己那年申报做莎士比亚研究，进门的"起步条件"是至少能背诵两部莎剧原文。而现在有些老师只靠翻译本甚至看看画册去教莎剧，他对此大不以为然。他早在20世纪40年代就曾专写《莎士比亚演剧》的文章，借莎剧《亨利五世》的一段"序曲"，说明莎剧与中国旧剧在艺术上的相通之处。他还亲自翻译了莎士比亚的这一段剧诗。三十年以后，他在写作一篇论文时，又引用了莎剧的这段剧诗，而对译文作了许多修改，可见他研究莎翁也是"久久为功"的。他还为这段引文专门加一个注，对莎剧翻译大家方平的译文提出商榷。我们几个同学在读陈老师此文时，都曾为这一条注文惊叹不已。奇怪的是这两位陈老师在评职称时却是受压抑的。学校很晚才为汝衡老师申报"副教授"，不过上头批复下来的却是"正教授"。而古虞老师好像是在退休后才"补评"为教授。

其实，老师对"职称"之类身外物一向看得很淡。他有所介意的是学校长期将昆曲和曲艺看作是"落后的"旧文化，而且把两位陈老师看成为"遗老式"的人物。应该说这是当时社会的一个"通病"，将来自西方的东西称为"新文化"，而将中国传统的东西目为"旧文化"。我与陈老师曾议论过的"新文化"

陈古虞手稿

机构"作家协会"：其所谓"诗歌"，乃专指"新诗"而不及"旧诗"；其所谓"戏剧"，乃专指"话剧"而不及"戏曲"。这显然有失偏颇，但当时却并不以为非，反而"理所当然"地以为这是毋需论证的"公理"。上戏成立时也是"新文化"的机构，大家习惯于鄙视像"昆曲"这样的"旧文化"。这是时风所致，本无所谓"是是非非"，但由此而影响到从业人员的事业前途时，就会显出了它的不良后果。陈老师们试图在"新文化"的专门学府中打造"中国传统文化"立足的根基，他们就将面对无知而又自以为是的权力所营造的教学运行机制。古虞老师曾黯然地对我说："领导总是不让我上课。"有一次总算有了讲课的机会，他就早早来到学校，静候上课的铃声。我去听课，只见他一上来就笑着对学生说："领导让我来上课，我很高兴，昨日特意准备了一份讲课提纲。"于是他在随身带来的手提包中寻取提纲，可是没有找到。他很歉意地说："我爱人说已经把提纲放好的。"其实他根本不需要看这个提纲，你看他脱稿讲课，辅以"口唱""手舞"，十分生动。像这样的课堂教学，我敢说今世再无第二人。讲课完毕，他想看看表，手上没有戴，在提包中又是找不到。他又自言自语地说："我爱人说已经放好的。"此时，同学们报以会心的轻笑，紧接着一阵热烈的掌声。

北大聘书

其实他也不必看表，有经验的教师对讲课时间会有一种准确的感觉，如有神助。在他寻表的时候，下课铃声就"及时地"响了，这就是一个证明。那天我的看法是，陈老师可能拿错了提包。

古虞师很少发表文章，这令我感到不正常。我与他谈及此事时，他说，他早年也写过不少文章，但以后就基本不写了。他说，他在北大西语系读书时，有两位名师，50年代以后，一位名师（按：他指的是朱光潜）常写文章常挨批，另一位名师搁笔不写，则平安无事。为此陈老师也就选择"不写"了。不过，在"文革"结束后不久，上戏创办学报《戏剧艺术》，曾约他写了一篇学术论文。这就是发表在1978年第四期的《场上歌舞、局外指点——浅谈戏曲表演的艺术规律》。这篇论文以"场上歌舞、局外指点"八个字说明"戏曲表演艺术的精神实质在于启发观众的想象力，运用观众形象思维来表现客观事物和塑造人物形象"。从这篇文章中可以看出古虞老师对于戏曲剧目及其表演路数的熟悉，同时可以看出他对戏曲艺术精神的独到见解。学报创办人陈恭敏老师曾对我说，黄佐临先生读了古虞师的这篇文章，十分敬佩与赞许。

这篇论文的标题"场上歌舞、局外指点"八个字，是《桃花扇》作者孔尚任在《桃花扇·小引》中说的话，古虞先生巧妙地引用以表示自己对戏曲表演艺术精神的概括。先生对《桃花扇》情有独钟。鉴于该剧的演唱材料十分稀少，

陈古虞与学生

他就深下功夫，为《桃花扇》的全部曲词谱写了昆曲工尺，以利于推广演出。他还为几十出元杂剧订制了昆曲演唱谱。数十年生命，凝聚于此，这就成了古虞先生一辈子最大的艺术及学术创造工程。先生一生，最关切的是昆曲的命运，他也已为此而贡献了自己的毕生力量。可惜他是在昆曲面临着消亡危机的时刻离开人世，如果再生活十年，他就可以看到"昆曲"被列为"人类非物质文化遗产"的代表作；如果再生活二十年，他就可以看到"唱昆曲"已然成了上海大学生的时尚。今天，在世界的许多大舞台上，时时响起悠扬的笛声，伴随着昆曲的歌声舞影。这就可以告慰先生的在天之灵。

细想起来，古虞先生是属于有点"迂"的老夫子一路。他招呼我总是用"全称"。他常常骑着一辆旧单车，在校园看见我，就会长呼："叶长海同志！"一口标准的京腔，略显苍老而又未褪磁性的男中音，音色颇佳。"最近怎么样，叶长海同志？"他总是这样发问。"还是那样，老师。"我总是这样回禀。我常常想，我与老师，相识已久，老师呼我，不必如此"正式"。我到先生府上拜访，师母要留我吃饭，我因故推辞，老师就吃惊地问："吃饭会有什么关系吗？"他误解为"新型"的革命师生之间，在一起吃饭会有什么问题。我送上一包从家乡带来的茶叶，他的第一反应是要给我"茶款"，我告诉他："没有关系的。"我见过不少这样的前辈学人，他们试图努力跟上新社会的时代步伐，当那些时髦

陈古虞在上课

的"新文化人"早已告别"革命时代"时，他们却还在学习使用"革命时代"的新话语，但听起来总觉得有些别扭。而且他们往往缺少个人独立生活的能力。古虞老师就是这样，他的个人生活琐事，似乎都依赖师母的照拂，以至于上课的"课件"也习惯于由师母为他整理。多年以后，当陈师母在先生之前去世时，大家都曾为先生的日常起居而担心。不久，先生也驾鹤西去了。老师与师母都走了，学生心中留下的那种失落感，永远难以言说。

天上人间，先生已度过百年之期。此刻正是人间"七夕"，我久久地仰望星空，前尘影事，似水如烟，频现心头。仿佛看见先生骑着他的那辆旧单车，在我眼前闪过，令人感慨万端。人生世事，真如轮转无定，唯有情思缕缕，牵系人寰。请以诗为志：

欲展文心难自成，独怜词曲苦躬行。

百年重奏阳春乐，可慰先生千古情。

谨以此遥寄于九天星河。

己亥七夕拜识于沪西周桥

作者简介：

叶长海，上戏戏文系 1979 级硕士研究生。1981 年毕业留校任教至今，历任上戏学报副主编、戏剧文学系主任、上戏学术委员会主任、中国戏剧高等研究院院长。中国戏曲学会顾问、中国古代戏曲学会会长、上海市文史研究馆馆员。二级教授、博士生导师、国家重点学科"戏剧戏曲学"学科带头人。被授予"国家级突出贡献专家""上海市高校教学名师"等荣誉称号。

忆陈汝衡师

荣广润

陈汝衡先生是我们 1963 级戏文班一年级时的任课老师。从专业划分说，他并非学生们接触最多的专业主课教师，他直接教我们班也仅止于第一学期。然而于我，他却是我印象最深、最为敬重的老师之一。

我们班一年级时，汝衡师同时为我们开了两门课："文学名著选读"和"诗词写作"。这两门课是全学期中课堂气氛最为活跃、最受欢迎的。汝衡师嗓音响亮，操一口纯正的扬州话，讲解清晰，且常常妙语连连。他讲近体诗词的音韵格律、遣词造句，举例生动，抑扬顿挫，其情景 60 年后依然犹在眼前。为让我们这些旧学底子薄弱的学生明白普通话四声与近体诗平上去入的区别，他反复举例示范。他不嫌其烦地抚着肚子吟读"东董冻笃"的样貌，至今我们同学在聚会时还会经常提起。而他深入浅出的讲解终于教会了我们写作格律诗词的基本技巧，那时每个同学的诗词习作汝衡师还一一评点。我至今还记得我同组同学周大功当时的两句诗：两三灯火处，一抹稻花香。简单的词句却颇有点韵味。由于汝衡师教的课印象深刻，我也一直喜欢胡诌些诗句，十年动乱里当逍遥派时还用毛边纸薄册抄录了许多诗词名篇，以及自己不像样的歪诗。这都得益于汝衡师的教导和影响。

汝衡师讲的文学名著是《三国演义》。除了主要人物和文学描写的分析之外，他特别强调罗贯中在书中的正统观念，让我们明白史实与演义的联系和区

陈汝衡教授

分，把握解读文学名著的要旨。由于他讲得生动，同学们的反应也特别积极热烈。一次，他提问诸葛亮的出师表的内容，曲信先同学站起身来，一口气将前后《出师表》从头至尾背诵了下来。汝衡师十分满意，同学们啧啧称赞，大家学习的劲头更加足了。就是在那时，我发现汝衡师还是《说唐》一书的校订者。我因从小就极喜爱话本与通俗小说，诸如《说岳全传》《大明英烈传》《杨家将演义》等，都百看不厌，其故事人物无不记得滚瓜烂熟。《说唐》当然也在其中。所以得知自己钟爱的书籍出自汝衡师的校订，自是增添了几分对他的钦佩与亲近感。然而，那时我对汝衡师的了解及尊敬都还是很肤浅的。由于汝衡师平时性格极其随和，且很直爽，又有些不拘小节，课堂上讲得兴起时还会有提一下裤带之类的动作。跟我们说起家事他夫人身体欠佳时，会说是"小规模的中风"。故而同学们对他喜欢之余，有时还会以此说笑一下。其中多半是因为觉得汝衡师可亲可爱。

一年级之后，我们频繁地下乡下厂办学，与汝衡师的接触就少了。再度引起我对汝衡师的关注是十年动乱中他的遭遇。汝衡师在十年动乱中是学院里最早被批斗的"牛鬼蛇神"之一，曾长期被关在"牛棚"里监督劳动。按说他并非所谓"走资派""反动学术权威"的代表人物，但他遭受的折磨一点不少。由

陈汝衡手稿

于他性格随和，有些造反派竟以他为取乐的对象，有的甚至特地带着自己的女友来旁观如何拷打审问他，以显示自己的威风。听说这些情况时，我们好多同学震惊之余都为汝衡师捏一把汗。好在他任凭处境艰难总是坦然应对，坚韧地挺过了那段难熬的岁月。

毕业后我留戏文系任教，与汝衡师成了同事。这是我由衷敬重汝衡师的缘起。1978 年，汝衡师在戏文系爆出了一个大新闻。那年全国大学重启职称评定，积压了那么多年的人才，极其严格正规的评定程序，有限的名额，使得那次职称的晋升极难。然而，评审结果传来，评审委员会一致同意汝衡师由讲师破格晋升教授。这在全上海都是一个特例。理由是汝衡师的曲艺和通俗文学的研究在全国处于领先地位，日本汉学界更是视他为中国曲艺研究的绝对权威。这一消息令当时戏文系的同仁对汝衡师刮目相看，更令我这个学生佩服不已。许多年间，我只觉得汝衡师很好相处，坦诚乐观，无论做他的学生还是做同事，都很轻松很开心，但说实话，对他的学术经历和学术成就了解甚少，只知道他执教上戏戏文系之前是银行的一名职员，其他则所知寥寥。于是，我仔细地去查阅了汝衡师的相关资料。这才得知，汝衡师早年就读于南京高等师范（东南大学之前身），师从国学大师吴宓先生。早年曾在中央大学、暨南大学任教。因自小喜爱说书艺术，故常年潜心钻研曲艺，1936年即以文言文出版《说书小史》一书，1958年又在此基础上写就白话文的《说书史话》，先后由作家出版社、人民文学出版社、中国曲艺出版社印行。此书赵景深先生赞誉"这是前无古人的草创著作，填补了我国曲艺史研究空白，在我国现代学术史上占有重要地位，是里程碑式的著作"。也有学者称汝衡师是将中国曲艺带入学术殿堂的第一人。有这样的学术地位，汝衡师平时却从不多谈自己的学问，破格晋升教授之后，他一点没有得意之色，照常和我们年轻教师说说笑笑，谈古论今。然而，那段时间他接二连三地出版了一本又一本有分量的学术著作：《宋代说书史》(1979)、《说书艺人柳敬亭》(1979)、《吴敬梓传》(1981)、《说苑珍闻》(1981)等，又接连担任中国古典文学研究会、通俗文学会、通俗小说研究会的顾问。改革开放的时代变迁使他的学术研究成果得到了学界和社会的充分重视和高度评价，而他在系里似乎并不起眼，依然低调平和地出入。这给了我这个学生很大的触动：有真学问、大学问者，又有一颗平常心，这是治学为人的高境界。所以汝衡师在我心中是一个十分可敬可亲的形象。

以后几年，我自己忙忙碌碌，与汝衡师就少了联系。直到1989年2月的一个上午，汝衡师的第二任夫人扣开了我家的门，告知了汝衡师辞世的消息，我一下子意识到再也没有机会当面请教汝衡师了。学校对汝衡师的后事安排很重视，遗体告别仪式颇为隆重。我很荣幸地担任了治丧小组的组长，最后告别了我心目中的好老师，而他的音容笑貌、学问人品，永远留在了我的脑海里。

作者简介：

荣广润，1963—1968年就读于上海戏剧学院戏剧文学系。毕业后留系任教。1984—1985年在英国伯明翰大学莎士比亚学院与戏剧艺术系进修。先后任教务处常务副处长、副院长、院长，及中国戏剧家协会理事、中国话剧艺术研究会副会长、中国莎士比亚学会副会长、上海戏剧家协会副主席、上海市翻译家协会理事、上海市政协委员等。

陈汝衡先生的小纸片

刘一兵

　　我的大学是在上海戏剧学院戏剧文学系就读的。刚刚入学，去厕所小解，却见面前的墙上正对着脸贴了张从笔记本上裁下来的纸头，上面写着："菩萨蛮——为庆祝六一儿童节而作"。那词填得很工整，但却读不太明白。从引用的掌故里看出作者定是位老先生。那字也是老先生的，用繁体，规规矩矩的蝇头宋楷。末尾的留名亦是老气横秋——"陈汝衡"，颇像老中医的名字。他是个什么人？怎么会在厕所的小便池上庆祝儿童节哩？我当时乐得把尿也晃到了池外！（后来才知道，原来每到节日——不拘是妇女节还是元宵节，他都会用那样小小的纸头，在校园里到处贴上他填写的词。）

　　不久见到真人，果然可乐！时年八十一岁高龄的老先生，在踱入课堂的时候却声若洪钟地自我介绍说自己"芳龄二九"。是两个九相乘的意思。这时有同学提问时叫了他一声："陈老师……"他立刻打断了提问正色地说："以后谁也别叫我老师，要叫先生！"

　　陈先生是教中国文学的，但他讲得最多的是古典诗词。说句良心话，"年方二九"的他讲课实在枯燥。然而我敢说没有哪个老师似他这般酷爱讲课。当他摇头晃脑地背诵起诗词来的时候，就如关公抡起了大刀，如入无人之境。人老了，前牙漏风，朗诵的时候前排的同学就感觉"局部地区有雨"。上他的课很苦恼，终于就有人忍不住跑到系里抱怨听不下去，问能不能换老师。然而系主任苦笑着说："还是告诉同学们坚持一下。如果我们把陈先生的课停了，他那年纪，他那热情……是不是？"想想也是，大家就再不提了，只是共同谋划好了对策。等他上课，我们就从左数第一个人开始提问，然后第二个人、第三个人……这样一直问到下课，他就只好不断回答问题，其他同学就有了开小差看闲书的时间。陈先生当然不知道我们的阴谋，学生的提问，使他觉得很得意。记得那次轮到我提问，我异常严肃地站了起来："陈先生，不知道菩萨蛮是不是可以吟唱？我曾经在厕所的墙壁上看过先生的……"同学闻说，都从课桌上抬起了暗含笑意的眼睛。老先生全然不觉，当下里为我们朗声吟唱起来，那音调要多怪有多怪，相信定是原装宋味的。

那天，学院里来了位法国学者，是个年轻的女子，要为我们讲莫里哀。男生都挤向前排，凑向金发碧眼的身边。那女子很有些欧洲人的傲慢，全然不把在场的学生放在眼里。就在这时，突有人用英语提问，大家惊诧地回头看，却是陈先生。陪同翻译说："对不起，我不太能说英语。"陈先生就立刻换了法语。至今不知道陈先生提的是什么问题，但见那女子红了脸，半天回答不出来。翻译道："她说，这位先生的提问她从来还没想到过。"

回到宿舍，大家都议论着陈先生今日的表现，纷纷觉得分明是为国争光，人人反复说："没想到陈先生还有这两下子。"因为我们无论课上课下，从来没听先生说过任何一个外国词儿！

再一晨，我围着学校跑步，恰遇到陈先生提着篮子买小菜，当下拉着我到他家里坐。步入那狭窄的亭子间，我发现自己已经陷入了书架的山谷里，那四壁的高及屋顶的书令人仰视，给人压力。拿出一册翻看时，竟是先生在30年代写就的《说书小史》，再抽一本，还是先生30年代的译著《教育政策原理》。索性向书橱里看去，原来那一排都是先生的著作。这一发现使我目瞪口呆，连师母递上的茶也没喝出是什么味道。那些书中的文字，铿锵有力，字字珠玑，长短节奏，更是有腔有韵，那功力真令我辈汗颜。从那一刻起，我始知年轻人笑声的浅薄。临出门，认认真真地颔首叫了声："陈先生。"

现在，陈先生已经作古多年。他故去的时候我已经当了七年的北京电影学院的老师。我常常会想起他，因为每到过节我的眼前就会出现那贴在墙上的小纸头，尤其是儿童节。

作者简介：

刘一兵，1980年毕业于上戏戏文系编剧专业班。毕业后任教于北京电影学院文学系，从事编剧教学40年。北京电影学院教授、博士研究生导师。退休前任北京电影学院文学系系主任。创作的影视剧作品曾获华表奖、夏衍文学奖、百合奖、飞天奖等国家级奖项。

我叫陈汝衡——记忆中的陈汝衡先生

吴保和

自我介绍

那天，他穿了一件整齐的蓝色中山装，中等个子，头发也梳得齐整，非常严肃的样子，但似乎藏不住内心的笑，进了教室。我们学生早已在红楼的教室里坐着。他快步走到讲台前，拿起粉笔，在黑板上写了"陈汝衡"三个大字，字有一种稚拙感，让人联想到他乡贤郑板桥的"板桥"体，接着他转过身来，看了全班一眼，用略带扬州口音的普通话说，"我叫陈汝衡"。一堂课就这样开始了。他给我们上的是"中国古典文学"，那堂课讲什么内容早已不记得了，但是，他第一次上课时自我介绍的情景却始终未忘。

在剧场听韩素音报告发问

英籍华人女作家韩素音来上海戏剧学院做讲座，20 世纪 80 年代，她是在中国非常出名的华裔作家。全校师生把剧场坐得满满的，剧场就是现在的端钧剧场，当时是上戏最大的剧场。那天，韩素音女士在台上侃侃而谈，谈到中间的时候，忽然一个带扬州口音的英语声响起，我们回头一看，是陈汝衡先生站起来，用扬州英语问韩素音，你只谈年轻人，为什么不谈谈老年人？钟晓婷同学还记得他的英语口音蛮重的，当他说到 young men 时，那"蛮"又重又长，韩素音当即在台上表示，疏忽了，我对这位老先生表示歉意。

红校徽和新郎官

"文革"结束后，百废待兴，许多大学在恢复高考后都制作了校徽。当时考上大学的青年人戴着校徽，走到哪里都是非常骄傲的，人们也常用欣赏和羡慕的眼光看着他们。上戏也制作了本校的校徽，教师是红底白字，学生是白底红字。陈汝衡先生也得到一枚教师校徽，他非常得意，佩戴着"上海戏剧学院"的红色校徽到处给人看。有一次见他戴着校徽去看电影，黑暗中还东看西看，是否有人注意他的校徽。那段时间，他喜事连连，评上了教授，还娶了第二任妻子。女同学们记得，有一天在马路上看到他，他穿着簇新的毛料中山装，对她们说："我今天是新郎官哎。"有一次邓洁同学在路上碰到他，他像老朋友一般告诉邓："我又找了个伴侣。"临走时很绅士地对邓说："Good afternoon Deng."当时邓洁还是刚刚进大学的一年级学生，二十岁不到。

后来听到过不少关于陈汝衡先生的轶事，比如他解放前在银行干过（从1934年到1952年，他先后任职于中央银行、中央信托局、大康商业银行和国外贸易总公司、华东财经委员会等单位，担任秘书一类职务，1960年经介绍到上海戏剧学院担任讲师）。"文革"时，他虽不是"当权派""牛鬼蛇神"，但也逃不脱被批斗的遭遇。有一次"革命小将"戏耍他，说要枪毙他，他乞求小将不要开枪，说："我下有妻儿，上有老娘！"也听说他结婚时，喜滋滋地给人发糖，不多，每人只发一粒。还听说"文革"后第一次评职称时，上海市高教局因为陈汝衡老师而直接下拨给上戏教授指标，叫戴帽子指标，所以他是跳过副教授，从讲师直接晋升教授的。那年，他80岁。

不久后，我们的授课老师换成了任纪龄老师，陈汝衡先生就再也没给我们上过课。1986年我考上研究生，又重新回到上戏。偶尔在校园遇见，也多半是匆匆而过。现在，每当看到书架上他的那两本薄薄小书《宋代说书史》和《说苑珍闻》时，似乎总觉得他在用那扬州普通话对我说："我叫陈汝衡。"

作者简介：

吴保和，上海戏剧学院教授，博士生导师。1978 年考入上海戏剧学院戏文系戏剧创作专业。毕业后分配到上海石化总厂工人文化宫。1986 年考入上海戏剧学院攻读研究生，师从著名戏剧理论家陈恭敏先生，后至广东省艺术研究所工作。1995 年回上戏参与创办电视文艺编导专业。2003 年获博士学位。

我心目中的陈耘老师

朱静霞

陈耘老师老老实实做人，勤勤恳恳做事，为党和人民贡献了自己的毕生精力。

他从小热爱文艺，喜欢唱歌演话剧，希望将来成为一名专业的文艺工作者。他出生在福建永春一个穷山沟，那里连一所像样的小学都没有。他的家庭比较富裕，父亲曾在外县读过几年书，有文化有追求，立志要改变家乡面貌，希望乡亲们都能过上好日子。后来他父亲又到外乡读师范，还拜老中医为师，学成后回到家，办了岵山村有史以来第一所小学"岵山小学"，父亲也成了当地唯一的一名中医。家庭兴旺发达，兄弟姐妹十个，五男五女，陈耘排行儿子中老四，童年生活非常幸福。

他父亲在乡里行医，并把长子带在身边学习。父亲慈悲善良，给乡亲看病不规定收多少钱，病人有钱随便给点，没钱家里土产送点，实在什么都没有也无妨，有时连中药都送给病人。

好日子没过多久，一场鼠疫席卷了整个乡村，大哥在行医中不幸染上了鼠疫，很快便去世。接着母亲因过度悲伤而辞别人世，过了两年父亲也病倒了，走了！好好一个家变得一败涂地，十几口人靠着三哥教书养活，生活非常艰难。

三哥萌生了去南洋谋生的想法，他找到一位家乡的南洋客，拜托他带自己去南洋，当时三哥连船票也买不起，是躲在货仓里过去的。三哥到了南洋，刚开始在码头做搬运工，慢慢好些了，找到一个公司做工，继而站住脚了，自己开了个小店。过了几年，他想到国内还有两个弟弟老四老五，决心把他们叫出来，南洋还是可以赚到钱的。结果老五最小的弟弟去了，陈耘执意不肯去，坚持要在国内做文艺方面的工作。后来两兄弟在南洋试着开了一家贸易公司，进口日本染料，出口印尼牛蛙，还开山取石头做建筑材料。到七八十年代又房地产开发，在雅加达的繁华街上竖起了六幢几十层的高楼，其中有六星级宾馆、高级公寓、高级办公楼。总共经历了四十年左右的奋斗，业绩可观，赚得盆满钵满。

陈耘学生证

"文革"结束以后，国外的兄弟姐妹陆续都回国探亲，五弟回来的次数最多，他带头鼓励亲人投资家乡建设，大大提高了乡亲们的生活。从县城铺柏油马路进村，重建父亲创建的"岵山小学"、岵山影剧院、文化馆、中学大楼，到给医院买了多辆救护车及各种检查设备等。原自家老宅大院及邻居的住房也都重新翻成二楼。每次落成活动，我和陈耘老师都会去出席。"岵山小学"四层教学大楼落成那天，福建省委书记亲自来剪彩，习近平总书记当时正任福建省委副书记，他没来。我想那天真见到他的话，将是大大意外的收获！

华侨在国外有强大祖国做后盾，事业更是蒸蒸日上。他们的子女都留学美国，学成回来，参与家族集团工作，带回西方先进的科技技术，使

（左图）陈耘、朱静霞合影
（右图）陈耘老师全家合影

得父辈打下的经济基础、家族集团的事业更是发展得突飞猛进！儿孙接班，父辈也应该歇歇喘口气了。每年他们总会回家乡看看，到上海及各地旅游。

有一年国庆节大庆，五弟夫妇被邀请作为贵宾上天安门城楼，观礼国庆大阅兵仪式。他们深感荣幸，激动之情难以言表。

再说陈耘老师在解放前夕，五弟到南洋三哥那里去了，他没去，辗转到了上海，经朋友介绍，考取了"上海市立戏剧专科学校"（上海戏剧学院前身），校址在四川北路横浜桥。学校的教师都是社会上有名的前辈、文化界的精英。经过三年的学习，他以优异的成绩留校任教。毕业时上海刚解放，为了庆祝上海解放，人民广场上彻夜狂欢，同学们都去了，陈耘老师因生肺病没去，躺在床上兴奋得一夜无眠。他不愿离开自己的祖国，不愿去异国他乡赚大钱，他热爱艺术，立志为祖国和人民服务。他不仅出色地完成了教学任务，还利用业余时间奉献了三个不同类型的话剧，两个多幕剧《英雄小八路》《年青的一代》，还有一个独幕剧《生产线上》。

1960 年，他带了四年的表演系 1960 届毕业了，他带领学生赴福建前线进行慰问演出，当时福建前线正处在为祖国统一、向台湾岛金门喊话并进行炮击的行动中。陈耘老师深入前线，了解了很多感人的故事，他就很想构思创作一个话剧。本来跟领导讲好，等慰问演出结束后，他顺便回家乡看看亲人，因为

《英雄小八路》剧照，上海戏剧学院 1960 届表演系学生演出

大嫂还健在。结果没成行，领导说赶快回上海吧，把剧本写出来，争取作为向学校汇报的剧目。很快剧本写出来了，剧名《英雄小八路》，参演者就是 1960届表演系毕业生，后来中福会儿童艺术剧院也排练了这个剧目，很受少年儿童的欢迎。再后来又改编成了同名电影，电影里的主题歌《我们是共产主义接班人》还成了中国少年先锋队队歌。

1963 年，陈老师又写出一部话剧《年青的一代》，构思的时间较长。他经常会邀几位同学到他住的小楼去聊天，事先准备了茶水和小吃，他就讲《年青的一代》的故事给大家听，大家就七嘴八舌地聊开了，他总是认真仔细记下来，为剧名还专门谈过几次。剧本初稿写出后，先由表演系的老师演起来看看。在领导的关心和老师的努力下，《年青的一代》的幼苗开始茁壮生长了。

这个消息很快传到北京，总政话剧团马上派人来上海要剧本，剧本还没定稿，他们在旅馆等了一个多月。得到有关领导的同意后，《年青的一代》在北京剧场上演了。周总理知道这个消息后，几次不惊动任何人，自己跑到剧场看戏。因必须忙完公事才能去，所以剧目的开头从没看到。总理当时说了一句话："这才是我们这时代需要的话剧。"当时文化部正在北京召开优秀剧目表彰大会，学院有三位同志去了：校领导和舞美老师胡妙胜及陈耘老师。当总理得知上海的作家来了，一天晚上专门到他们住宿地——中央戏剧学院招待所看望他们，还

1963 年，《年青的一代》联合演出剧照

有中戏院长李伯钊陪同。遗憾的是，那天上戏一行人到中南海陪刘少奇主席看总政演出的《年青的一代》了。当上戏的同志回到招待所，得知总理来看他们了，心里觉得好可惜，这样的好机会错过了。

总理当时还亲自修改第三场的血书，并面交张爱萍同志传达给作者。陈耘老师深为感动，总理日理万机，为了一个普通的老百姓写的话剧中的一段话，给予了深切的关怀并亲自动笔修改。这极大地鼓舞了上戏同事，决心回校后更要加倍努力，把这部话剧改好，绝不辜负党和人民的期望。

当时戏剧学院名气很大，有流传上戏出了三件宝的说法：一是第一届电影百花奖第一名得主祝希娟；二是《年青的一代》话剧红遍全国；三是西藏第一批话剧演员由上戏培养毕业，并成功演出《文成公主》，带此戏回西藏汇报演出，获得极大成功。

我是 1960 年进上戏读书的，很荣幸陈耘老师任甲、乙、丙三个班级的大班

（左图1，2）1963年，《年青的一代》联合演出说明书
（右图）1963年，《年青的一代》联合演出排练中（右一为导演朱端钧）

主任，每班还配备了政治辅导员和两名表演教员。我们三个班经常会进行基础课的交流。陈耘老师每次都来看并提出一些问题，甚至会在课余亲自安排排练修改，一般放在中午休息时间。我们的自选片段老师也很关心，都要事先先看。我们都感到陈耘老师教学非常认真，一丝不苟的精神对我们影响很大，深感在成长的路上能遇到恩师真是莫大的幸福！

陈耘老师不仅关心我们的学业，还关心我们的生活。我们二年级时经历国家困难时期，粮食定量，各种菜都没有，天天饿肚子。特别班上有七八个外地同学，节假日没有去处，陈耘老师就经常邀他们到他那里吃面条，开一罐午餐肉。这些都是他国外的兄弟寄来的。吃好还每人还吃个苹果。也常带我们去静安寺武警会堂看电影。老师待我们学生如亲人一般，心里好温暖啊！

困难时期过后不久，我家里出事了。这是1962年底，我刚升入三年级。父亲刚退休不久生重病肺癌，住院治疗，二十多天他就过世了。母亲又是个家庭妇女。我们好好的生活一下子没了依靠，怎么办？我考虑只好退学去工作。上海的一个表哥带着我去父亲的原单位——上海铁路局列车段找领导商量。父亲原是列车上的运转车长，接班不可能，我就提出在列车上当播音员，领导看看我的情况很快就同意了。我顿时心安了好多，并立刻回校办退学手续。到学校

1963 年，上戏教师演出
《年青的一代》，陈耘（编剧）与罗森（导演）

后我先找邱世穗老师，他是政治辅导员，他表示没意见，建议我找班主任陈耘老师谈一下。我跟陈耘老师谈后，陈老师劝我继续读下去，不要退学，太可惜了，还有两年就毕业了。他说，在学校读书不花什么钱，就付吃饭钱，学校可以帮助你，我和邱老师会帮你去说的，你写个申请就可以。就这样问题解决了。我妈妈的生活由上海三个表哥负责，一个月十几元就够了。我的饭票每月学校发给我，我的零用钱表哥也会给我，我又继续在上戏读书了。周围这么多亲人、老师、学校领导的关心，一件天大的事顺利解决了，我只有努力学习，严格要求自己，为报效祖国贡献自己的一切！

陈耘老师跟老同学老同事关系都非常好，他非常好客。那时我们家就住在巨鹿路陕西路口，靠近作家协会，是沿马路的四层洋房，我们是三楼四楼，四楼有个大平台，一眼可看到外滩的"东方明珠"。他的朋友们走过路过，会上楼来坐坐，喝茶聊天，甚至吃个便饭。陈老师喜欢热闹，有时外地同学来上海了，同学十几个聚在我家玩，那开心得不得了，我会请会烧菜的朋友来帮忙，真是快乐！

陈耘老师对学校的工友也是非常好的。特别是几个老工友，在横浜桥时就在学校干了。工友的家多数比较贫苦，到月底有的工友家里没钱开销了，他们

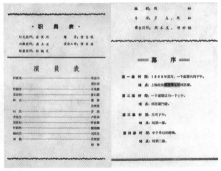

（左图）1963 年，上戏教师演出剧场
（右图）1963 年，上戏教师演出说明书

总是找陈耘老师借点钱。只要他们开口，借给十元廿元是常有的事，陈耘老师也不要他们还。有的家属帮陈老师洗衣服，早上来收衣服，晚上送过来，赚点零花钱。有次陈老师发现，新的汗衫收去洗的，送来的是旧的，不知是搞错了还是怎么的。他什么也不说，笑嘻嘻接过衣服还付了洗衣钱。他理解他们，同情他们，吃点亏没有关系。老同学开玩笑说："陈耘是戆大，戆人有戆福！"这些校工对他也很关心的。如，厨房师傅知道他身体虚弱，只要陈老师说，他们就帮忙，经常砂锅炖了鸡汤送到他宿舍；门房的师傅把陈老师订的报纸杂志信件都会送到宿舍。陈老师对他们好，所以他们对陈老师特别好。

"文化大革命"结束后，女儿上中学了，儿子上小学了，那时孩子上学都不用接送，课余或放学后老师都会安排学生活动，所以家长是很轻松的。每逢周日休息。我们几乎都带着孩子出去，上午在公园里玩，中午在南京路各种饭店吃一顿。饭店很挤，要站在餐桌边上等待，否则占不到座位，饭也吃不成。吃好饭，人也困了，搭上公交车到家已是下午三点多了，倒在床上呼呼大睡，醒来已经天黑了。那时的生活非常简单，大大咧咧，毫无讲究，随便吃点晚饭，稍微洗洗，四人又上床睡了，心满意足，乐滋滋地入了梦乡。

那时生活真是快乐。家里请了一个钟点工，早上买菜来，烧一顿中饭，洗洗衣服，我们下班归来，她就回家了。中午孩子在学校吃，我们回家吃，晚上剩的饭菜吃吃就好了。孩子有时不听话，我们从来不打骂，跟他们讲道理。我和陈耘老师一辈子没有吵过。1987年，女儿在国内读了一年大学后，由五弟担保并供给学费，赴美国洛杉矶加州大学留学，至今定居美国三十几年；儿子1991年高中毕业，也是由五弟担保，供给学费生活费，到日本留学，后由日本一所经贸专科大学毕业，1997年回国自己创业。

1992年，印尼的兄弟邀请我们去印尼雅加达探亲，我们整整待了一个月。参观了他们遍布几个城市的工矿企业。陈耘老师天天跟着弟弟上下班，中午还参加公司经理午餐；我就跟着弟媳，看她怎么管理这个大家庭，当时子女都没分家，光佣工和保安等就三十二人。家就是一个花园式的。看到这些情景感慨万千，穷山沟飞出了金凤凰！陈耘老师邀请他们的孩子回祖国回家乡看看。浦东开发前，五弟的长子专门带了顾问，一个团队五六人来上海考察，当时上海市副市长沙麟在市府贵宾厅接见了他们一行，我和陈耘老师也应邀出席了。今非昔比，经历了五十年左右，变化如此之大，简直突飞猛进。这不仅是他们自己努力奋斗，更使我们想起了陈家的祖先积德行善，子孙有福！

陈耘老师一生热爱生活，热爱自己的事业。他年幼时在家乡就传上了肺病，那时又没有特效药可以治病，所以身体一直比较虚弱。他一面坚持工作，一面进行体能锻炼，身体才慢慢逐渐好转，直到完全康复。他一生奉献了自己的爱，他也得到了大家对他的爱。陈耘老师是一个非常幸福的人。我是他的学生，也是他最亲近的人。我的一生也是非常幸福的。他的一切永远留在我的心中！

附：用青春的心，敲打生活的门

陈　耘

是什么妨碍她进入规定情景？　　　　反复地检查行为逻辑；

为什么找不到正确的体验？　　　　回忆遍整个生活经验；

姑娘不是没有思索过，　　　　仍旧找不到正确的自我感觉。

从黄昏到深夜，她排练了几十遍。　　一般的地方演得还好，规定情景尖锐就失去信念。

她真想骂自己一顿，
要不就大哭一场，
脑子快裂开了，
恨恨地推开窗户。

窗外是美丽的夜晚，
天空像大海一样碧蓝；
广场上飞来阵阵歌曲；
星星在向她眨眼；
啊！多好的月亮！

这样的月夜实在迷人，
歌曲慢慢地把她吸引。
"干脆去玩一下，
课堂上说不定会来灵感，
就这样也对付得去。"

准备把道具放进抽屉，
她把桌盖打开。
桌盖贴着淡红花纸；

花纸上尽是英雄、学者、名演员。
在这些不平凡的人物当中，
有一位褐色眼睛的姑娘。

那姑娘安详地向前凝视，
像是对着幸福的未来沉思，
目光那样深邃而坚定，
充满意志的力量。

一股严肃的感情流遍她的全身，
她凝然地坐在桌旁，
在丹娘的面前，
她把自己深深地思量。

我立志献身艺术，
用简单深刻的真理
烧亮人们的心
揭示平凡生活魅人的诗意
扫除人类精神上的垃圾……

既然我决心像丹娘一样，
把青春献给亲爱的祖国，
为什么她在敌人面前至死不屈，
我却向一点小小的困难低头？！

她重新取出道具；
紧紧地关上窗门；
把辫子向后一甩；
继续用青春的心，敲打生活的门。

她的眼睛智慧而深沉，　　　　　　　多么坚定、倔强，

闪射着意志的光亮，　　　　　　　　就像丹娘的眼睛一样！

此诗原刊载于《上海戏剧学院院报》第 7 期，1956 年 4 月 13 日

作者简介：

朱静霞，陈耘先生之妻，1942 年 9 月 30 日生于重庆，祖籍江苏昆山。1960 年苏州铁路职工子弟中学高中毕业。1960 年 9 月考入上海戏剧学院表演系，1964 年 7 月毕业。1964 年 9 月至中国福利会儿童艺术剧院演员队工作，1992 年退休。

一代风流今去矣——《年青的一代》作者陈耘学长

陈　艰

《年青的一代》是新中国早期话剧名作之一。

写上面这句话，落笔有点踌躇。现在，恐怕没有多少人记得或知道这出戏了，哪怕是与剧名相同的当今青年一代人。虽同为青年一代人，彼此境遇却相距甚远：今天和以后也有支边，但从物质到精神，与当年已不可同日而语了。时过境迁，风流云散；逝者如斯夫，不分昼夜。谁也逃不了自然规律。

话说回来，当年一炮而红、全国城乡到处都演的《思想问题》《红旗歌》……时至今日，岂不也与《年青的一代》境遇相似?！倒是当时不怎么普遍的《茶馆》，依然屹立巋峨，历久常新。应时和立史，蕴蓄与出发点原自不同，结果也自然有异。虽应时，与前举一系列作品比，《年青的一代》不失一时翘楚：林育生和夏倩如这一对青年形象，深刻或可议，这是无止境的，普遍和真实似应无疑。共和国戏剧史如公正，该应有此剧一席之地。这出戏明快，清晰，热情，诚恳，一眼见底，更无城府，宁可浅直，绝无二心，正如作者为人。出世便红，绝非偶然。出世以来也屡屡横遭掠夺，盗贼无利不来，也从反面证实了《年青的一代》的价值。把《年青的一代》版本按先后署名一个个排列下，是共和国著作权史的一斑，有的版本陈耘二字竟绝迹不见，值得后世永记不忘。

陈耘是我们班年长的同学，我称之"本班学长"，但他一点架子也没有，话虽不多，句句是实；钱也不多，乐于解囊。二人对坐在横浜桥校门对面的杂货铺兼冷饮店，一二瓶冰汽水，便是穷学生的"高级"享受。于是，天南地北，"侃"个淋漓尽致；他听多说少，我说多听少，可最后会钞（即买单）往往他来。其实我家在上海，他靠汇款，总的说他不如我，可他诚心诚意……

也许因为他善良，遇打击不少，逢好人也多。历次运动，几乎次次"擦边"而过。我从"耳风"听到：有谁谁谁为他"缓解"。改革开放回沪后，来往较频，我也曾问他，除一二例外，多数情况他竟漠然不知，甚至是"某某？哎呀，我连认都不认识"！我相信陈耘不是故作姿态，自诩雅量。怎么说呢？"吉人天相"吧。

自从婚后，陈耘的生活是明显地改善了。夫人年轻温淑，且明达善理俗务。喜气还带来好运：陈耘本留母校任教，上海戏剧学院少房，租房结婚。房东是一对德籍老夫妻，在举目无亲的上海生活多年，不知何故滞留不归。中国闭关，一年比一年严紧，海外接济难来，二老生活常陷困境。本是私房，下面二层相继卖掉，陈耘租三楼老夫妇让出的一间，带家具。两家共住一层，关系极好。二老生活日窘，陈耘夫妇就把租金半年一年地预交给他们，预而又预，累成当时不小的数目。老人总须扶助，陈也尽力而为。尼克松访华以后，海禁渐开，德籍二老要回国了。临去话别，把房连家具交给陈家，只收了他们力所能及的房价。辈流之中，自力买房的，陈耘是第一家。不久，他弟弟从海外归省，当年与我们一样穷光蛋，已奋斗成为印尼数得上的华侨巨商……虽陈耘耿介，纤毫不靠亲情；而子女负笈海外，老叔自有门径。今儿女都在海外，学问事业均有所成。从改革开放以来，陈家相对宽绰的客厅，常成为老同学聚会的场所。不仅物质条件，温馨的氛围，也是一种吸引力。

讲写作的条件，陈耘已经今非昔比。

但他却停笔了。

我也曾叩问，甚至鼓励他再放鲜花，他或微笑或轻叹，终于无言不应。我常从他想到一位大诗人对另一位大诗人夫人说的话："诗人是啼血的夜莺，你使他太幸福，他就不唱歌了！"这是好？还是不好？陈耘大约要算故人在幸福中逝去的唯一一位。对《年青的一代》后无作，他有憾？还是无憾？他是突然逝去，怕连想一想的机会也没有。不过对我的文章来说，重复多次的"赍志以殁""抱憾而终"等话，仅回沪这约十年间：屈楚、叶至诚、李天济、薛沐……追念时几乎次次难免，这次免了。

不过，另有一句泛上心来：一代风流今去矣！

上面提到的诸位，他们都是中国成名的戏剧人。这一代居然"迭经坎坷而其志不坠，艰难蹶竭而成绩斐然……"然而，年龄是不饶人的，他们多数已年过古稀，陆续逝去，是不可免的。

一代风流今去矣！

此文原刊载于上戏校友通讯《横浜桥》第 35 期，1999 年 11 月

作者简介：

陈艰，原名陈俊逢，上海市立实验戏剧学校正科话剧演员组（今上戏表演系）1947 级校友。

怀念陈耘学兄

李培健

　　我与陈耘同时于 1947 年 2 月考入剧校，而且编入同一班级，直到 1949 年 5 月底我参加文工团才与他分开，同窗 2 年零 5 个月，彼此相处十分要好，堪称挚友。今夏他突然辞世，实出意外，因为他的健康情况一直较好，奈何突发性心脏病瞬间夺命，使我至为悲痛！

　　回想刚入学时我还是个年仅 17 岁不知戏剧如何入门的小青年，而陈耘不仅比我年长许多，而且有过演剧经验，因此我心目中对他这位老大哥是很尊重的。说实在的，对于他这位来自北平的浑身粗呢军装的学兄，当时我也是有疑虑的，可是一旦接触下来，我发现他是一位不问政治的一心迷恋于斯坦尼的"戏迷"，在与他的交谈中，他从来不谈政治问题，他经常回忆学生时代在故乡（闽南）如何参加学生歌咏队的，说着说着，情之所至就唱起了昔日的故乡谣："故乡，我生长的地方……"。叶子老师教我们表演时有一个"情绪记忆"的教学单元，陈耘一人独坐，双目炯炯有神，从头到尾约有七八分钟，然后起立时对叶子老师说，表演结束了。当时在场的同学们不禁愕然：你一个人不声不响地表演了什么呀？他自己十分自信地说，他看了一段电影，如何使他感动，等等。原来，他是一心一意在追求斯坦尼的"内心体验"。当时大家对他的表演虽有不同意见，但是我对他那种执着追求的精神都是充满敬意的。也许，还是由于他具有这种对艺术忠贞不渝的追求精神，才使他后来在艺术教育与文学创作上取得了丰硕的成果。

陈耘对人赤诚，从横浜桥迁到华山路后，他住在离校门口不远的一间楼下小屋里，我发现他的那间小屋从来不上锁，只要到了那里，即可推门入室，由此可见，他心地坦诚，从无防人之心。有一次我与爱人陈健去看他，他按照惯例总要在饭馆里招待一番，那时他最爱吃广东牛腩面，我也跟着学会了这种口味。大约1958年，他已在酝酿《年青的一代》的创作了，他对我与陈健讲述了剧情设想，并且说，这是他在教学中的切身体会，在毕业生的去向问题上，他认为年轻人应当继承革命传统，到艰苦环境中去锻炼，当时他将戏剧情节与人物设计讲得有声有色，并且征求我与陈健的意见，我们听后确被打动了，就鼓励他快写快演，后来这部作品果然成功了。这部作品很能反映他热爱社会主义祖国、正确引导青年成长的思想意境，同时，也表现出他深谙戏剧规律扎实的功底，绝非一般的"赶任务"临时拼凑之作。使我感到奇怪的是后来在剧本署名上增加了别人的姓名。为这事我问过他，并为他感到不平，而他却淡然一笑，无意计较。从这一点可以看到陈耘真正是淡泊名利的，是令人敬佩的。但是，这也暴露了极"左"路线与政策总是任意侵犯作家的知识产权，一切靠行政命令与长官意志"一锤定音"。

前年他在西郊喜购新房一幢，适巧我与陈健赴沪探亲，他与夫人朱静霞特地邀我与陈健前往看房，并且领我们看了魏启明邻近的新居，因为他知道我儿子全家侨居日本近10年，曾有意在沪购房，他与静霞非常热情地介绍我与房产公司经理相识，他热诚地希望今后能与我为邻，共度晚年，我们还在他的新居门口合影留念。不料他于今夏骤然辞世，我儿子全家也从日本移民到加拿大温哥华，那一次与陈耘相会遂成永诀。安息吧，学兄陈耘。你的业绩已载入戏剧史册，你的道德文章永为后人景仰！

此文原刊载于上戏校友通讯《横浜桥》第 36 期，2001 年 1 月

作者简介：

李培健，上海市立实验戏剧学校正科话剧演员组（今上戏表演系）1947 级校友。

　　　　　　　　　　　　　　　　　　　　　　　　　戏文名师

命运——闲话陈耘、许新

梁小鸳

　　事业成就、家庭幸福、荣誉、财富等等，在我熟悉的同学中，陈耘可谓是全面开花的佼佼者。有人说，什么好事都落他头上，红运亨通嘛。照这样说，反差最大的该数许新了，什么坏事都落他头上，厄运难缠哪。监狱、陪斩，就连柴米、一席之地都难谋取。说家庭吧，老婆离婚、儿子被打死、女儿如陌路人，如今孤老一个，三天两天不烧饭属正常，真是冷冷清清凄凄惨惨戚戚。

　　可是，如果对许新的逆境不摸底，看上去，唷，怪傻的嘛。快八十了，还正儿八经教表演呢。不但辛勤备课，而且风雨无阻，跨上自行车一溜烟就去了。这风采，佐临师亦不过如此嘛。要是步行街上，那派头，人家还当他是侨商，连忙向他靠拢折腰："有外币换吗？"不错，广义解释富字，许新还真不穷。他还寄过钱给病友呢：偶然得知当年的初恋女正处于某种困境，就不远千里去排忧解难；谁有事找上他，准没二话。你们看，桥友在文艺会堂聚会，他总是主动给人买茶、安排座位，好像是他开招待会似的。热情、积极，真是叮叮当当朗朗硬硬邦邦。有人说，这是他的精神化装，强装的，硬撑的，实际上他需要的是同情。这话不错。不过我又想，能强装硬撑就了不起。试问，如果是我，强硬得起来吗？早就碾作尘了吧。而他，却像一株什么草，十万大山也压不垮。

　　"文革"时，像陈耘这号三名三高人物，身处狂飙中心上戏，居然没有挨过打，真是万幸。许新也有万幸。有一回，他骑车紧急刹车，被后面开来的轿车猛烈冲撞，二车皆伤，人却安然无恙。原来陈耘、许新各有化险为夷妙方。许新热衷于注意事物的细微变化，培养出超常的灵敏反应。撞车时，他借助轿车的撞击冲力，把自己抛在轿车上面。要是换了别人，撞倒在地，不死亦残。他平时爱钻细枝末节，未必就好，但在这场车祸中却建神功。陈耘的性格与许新正好相反，小事漫不经心，大事决不糊涂。对待品德、学习、爱情、安全等等，一向严肃认真、反复思考，不得妥善不妄动。所以他重大失误较少。有一回，他得知当天晚上批斗大会将要武斗黑九类，这，无论逆顶、顺受都会以恶果告终，于是周密策划逃跑。逃，又不能真的跑掉，只能暂避这股特大汹浪。他离家躲到火车站过夜，待到快天亮就回上戏向造反派报到。这时，造反战士们斗得太累正好要睡，就叫他快滚，以后再说。这样，在劫难逃却被陈耘逃过去了。

命运即遭遇。有的遭遇无法改变既定后果，有的可以改变或削弱，甚至还会向反面转换。许新的厄运并非时代的特殊现象，个人力量难以改变，更难使它转换，只有增强自己的承受程度和尽力削弱后果的严重性。因此，他能活到今天，可算生命力特强者。尤其是现在还能在生活中体现知识分子的应有价值，佩服！就说他千里访婵娟吧，你不服也得服。数千里之遥，只筹备到数百里的川资就上路，硬是步步为营向前推进。可想而知，这个七十五岁的当代孟姜"男"，要有多大毅力才能到达"长城"啊！这就是精神，这就是力量，这就是财富。

1947年，我校在兰心剧场演出《表》，陈耘在化装室实习，被剧场的一位俄罗斯姑娘狂恋上了，要吻他，他撒腿就逃，姑娘企图追赶，他就哇哇呼救："快！帮我抵挡一下。"他还铮铮有声（原话）："爱情是心灵的内在活动，怎么可以……"不少同学却引为笑谈：逃避桃花红运。话不错，只是逃避二字应该改为战胜——

看上去，陈耘的红运源于两处：有亲兄弟的强大财力后盾，有影响颇大的剧作面世。其实，他的"全面开花"是他勤于思考、善于思考和意志坚强的结果，只有良好的住宅沾了亲兄弟的光。红运，谁都巴望，因为在红运面前，既可消极享用它，又可积极利用它。陈耘与众不同在于不断地战胜它。沧桑过来人不难明白，战胜厄运不容易，战胜红运亦艰难啊。他在横浜桥求学时，从不主动向家里伸手，这就使自己和一般同学们没有什么两样。最艰苦时，有一回，一天半仅仅和我合吃了一个烧饼和一根油条。他立志成为人民戏剧家，着实经得住磨炼。另一名同学，陈耘的同乡，也是富家子弟，也有成为人民戏剧家的憧憬，仅仅是憧憬，没有非达目的不可的意志，很快就弃学回家了。陈耘志向坚强，决不"退后一步天地宽"。三年自然灾害、十年动乱，困难重重，完全可以飞走了事，但他的意志始终不软，坚守岗位。《年青的一代》推出后，红得发紫、稿费丰腴，这就使战胜红运加深、扩大了难度。他成了各方面的争取对象，又潜伏着重点打击危机。好个陈耘，发挥了他自己的勤于思考、善于思考"优良传统"，抵制了"人往高处走"世俗观念，始终保持普通戏剧家的本色，纹丝不移。稿费，分文不留全上交（注："文革"后已如数退还陈）；职务，除了教师全谢绝，使自己在千变万化的复杂处境立于不败之地。稍存杂念，顺水推舟，那就难料成为谁的戏剧家了。

　　许新是战胜厄运好汉，陈耘是战胜红运好汉。

此文原刊载于上戏校友通讯《横浜桥》第 25 期，1998 年 2 月

作者简介：

　　梁小鸳，上海市立实验戏剧学校正科话剧演员组（今上戏表演系）1946 级校友。

陈耘和他的名作——《年青的一代》

王复民

    陈耘教授于 1947 年 2 月入上戏前身——上海市立实验戏剧学校学习话剧表演。三年后毕业留任表演课老师。与他同班任教的有：胡导、王琪、张可，后又来了田恺先生，共同组建了初级班后升高级班表演教师班子。我当时就是该班的学生。

    陈耘教授开始创作剧本是在 20 世纪 60 年代前后，《年青的一代》创作的动因有三点：

    一、他本身的文学底子比较深厚，而且十分懂得话剧的特性和结构规律，对写作剧本有极大的兴致。

    二、在他任教的表演班级中，有一名无组织、无纪律的学生，平时表现不好，毕业时分配在一个较边远贫困地区的话剧团任演员。不料上班不久因怕艰苦擅自脱离了单位，逃回了家。这一事件在当时特殊背景下是个非常严重的问题，于是便形成陈耘在《年青的一代》中写林育生的雏形。

    三、六十年代初，上海警备区负责文化的领导杨进同志调任上海戏剧学院党委书记。他上任之后，不是频繁召开各系科、各部门的座谈会听取汇报，而是先走进各系科聆听教师上课，之后经他分析研究，向全院师生提出了一个十分重要，而且有深远意义的观点。他认为：要办好戏剧学院，各系科、各部门必须树立起一个"三名"思想，即要有"名教授""名作品""名演员"。比如，文学艺术界在学术上产生了某个争论不休的话题，只要戏剧学院某教授出来一说话，事态就平静了。如果不断有名作品、名演员推向社会，大量的优秀的人才就会蜂拥而来……

这一"三名"思想对陈耘教授影响很大！那时，《年青的一代》在题材上、中心思想上、戏剧结构上已有较好的基础，因此在杨进书记、表演系支部书记冯健的大力支持和鼓励下，广泛听取意见，不断提出修改方案，为上戏产生名作努力奋斗，费尽心思。

但是，众所周知，一个好戏光在文字上评判好坏是不够的，必须推上舞台！于是由教师艺术团试排、试演。由罗森老师导演。演出后收到极好效果，一致认为大有希望成为佳作。

陈耘教授上课或写剧本不喜欢独立进行，而总习惯听取各方意见，和大家共同研究商量，特别像《年青的一代》这样的青年题材，更需要听取青年学生的意见。他那时尚未成婚，独自在"佛西楼"边上那间由小楼梯上去的小屋，分批请青年学生到他小屋去研究商讨。有趣的他总是买一点茶点食品，请来者边吃边聊，认真听取学生批评、意见和建议。即使有些地方被来者否定，也会认真考虑如何修改。这种虚心和没有教授架子的平易态度，致使《年青的一代》越改越完善。

巧的是1963年上海隆重举办华东话剧会演，乘此机会上戏领导安排强大阵容，争取更大成绩和影响，决定请朱端钧先生担任导演，主要演员有电影话剧界及本院著名演员。他们是：张伐、蒋天流、周谅量、焦晃、娄际成、曹雷、魏淑娴、卢若萍等。演出后引起广泛好评，产生极大影响，全国各地的大小剧团（包括不少地方戏曲剧团），纷纷移植、改编……毫不夸张地说，那时只要翻开报纸的文艺版，几乎都是《年青的一代》上演和评论的消息。有的演出团体没有向上戏领导和作者打招呼便投入排练和演出，连应付的稿酬也没付，上戏组织和作者没有作任何计较。

特别令人感动的是：

△ 空军司令员刘亚楼将军得知上海《年青的一代》消息之后，乘专机飞赴

上海，与学院杨进书记和作者陈耘教授商谈：作为文化交流，空政话剧团希望上戏的《年青的一代》由他们演出；空政话剧团创作了一个反映空军生活和战斗的话剧《年青的鹰》，可由上戏演出，有关飞行生活体验及服装、设备等由他们机场提供方便。学校便决定由我带领学生剧组去上海虹桥机场深入生活，学习了半个多月。最后，双方的演出都很成功。

△《年青的一代》在上戏小剧场演出时，粟裕大将正好在隔壁华东医院休息疗养，他知道后，便不通知任何人，独自挂着拐杖到上戏小剧场观看，有人突然发现了他，便通报了杨进书记出来接待。粟裕看完戏之后，盛赞这个戏编得好，演得好，深受教育……

△ 更使人感动的是《年青的一代》在北京演出，周恩来总理亲临观看，并亲自修改第三场"血书"一场的台词；极大鼓舞了上戏同事。

综上所说，《年青的一代》对社会、对文艺创作产生了深远的影响，也实现了杨进同志"上戏要出名作"的理想。

仅此短文，以表对上戏杨进、冯健书记及作者陈耘教授的深深敬仰和不尽的怀念。

作者简介：

王复民，1951 年考入上海戏剧学院表演初级班及表演系本科学习，1957 年毕业后任上戏实验剧团演员、助理导演等，师承熊佛西、伍黎。1962 年攻读朱端钧教授研究生，后任表演系教师。"文革"后调入杭州话剧团任导演。曾为浙江戏剧家协会副主席、浙江第七届人大代表。导演话剧《雷雨》等 30 余部，与学兄胡伟民联合主编《沥血求真美——朱端钧戏剧艺术论》及出版其他专著。

陈耘老师给我上了一课

安振吉

我认识陈耘老师，始于 1963 年秋天，地点是当时的上海戏剧学院表演系办公室，正是我毕业留校报到的第三天。记得那是 9 月初的一天，天气闷热难熬，气压很低，突然下起了大雨，我浑身湿淋淋的，胆怯地站在办公室的门口，门开着，不敢进。

此刻，一位中年老师转头看见了我，在座位上向我招呼："有事吗？同学！"语气很亲切。大概他看我在犹豫，于是拿起桌上的毛巾走过来，"同学，给！擦擦！"我没敢接他递过来的毛巾。他突然说："啊！我认出你了，毕业大戏，演得不错！"。从这以后，过了许久，我才知道，他就是陈耘老师。

第二次见到陈耘老师，是一个背影，他安安静静地坐在排练场里，看着表演系老师们排练话剧《年青的一代》，也就是这一天我才知道，他原来就是该剧的作者。

后来，我有幸在第二轮演出中，扮演该剧中的林育生一角。在当年的"大众剧场"整整演出四十多场，盛况空前，观众场场爆满。可是，就在演出第六场结束后，我原来的班主任胡导老师，气鼓鼓地来到后台化妆室，劈头盖脸地对我一阵狠批，"骂"我没有体验，"读血书"一场戏演得一塌糊涂。我懵了，哭了，一夜没睡。第二天周日，不演出。晚饭后，我鼓足了勇气，敲开了陈耘老师的家门，就是今天华山路校区新空间剧场楼上的独居小屋。

我想开宗明义，但刚要开口，陈耘老师就安慰起我了，接着便边说边让座、倒茶，开始了他接待我这个晚辈的长谈。

　　我想，他为什么知道我的来意？可能他也观看了我昨天晚上"一塌糊涂"的演出？果不其然，他说："我看了你的演出，读父亲血书那场戏，你表现很平静，虽然落了泪，但没有深层体验到父亲咬破手指、在临刑前为你写下最后遗言时的情感。可能，你对父亲的英雄业绩了解得不太多，同时，舞台体验也不够深刻！"一语中的，我恍然顿悟。

　　"了解得不太多""舞台体验不够深刻"，今天，我理解了陈耘老师的批评。实际上他是想说，演员通过熟读剧本，要了解剧中的一切内容。包括事件，人物及其性格特征、矛盾冲突，和由此而产生的人物关系的发展变化。不但如此，还应该通过想象，在头脑中建立起一幅角色全部生活内容的立体化图像，及其跌宕起伏的活动式长幅画卷。

　　换句话说，创造林育生一角，演员若是心中没有建立起父亲写血书时的想象图景并体验到父子的骨肉深情和生离死别的无限痛楚，自然在人物体现时，就很难产生艺术感染力和舞台冲击力，观众也就很难因"受到感染"而与演员之间产生"情感共鸣"。于是，想从舞台艺术美中获取某种教益和启迪，就可能达不到预想的效果。

　　陈耘老师坐在我斜对面的单人沙发上，陷入长久的沉默，但眼睛里闪出温和的光泽。我忐忑地等待着。看来他有点激动，几分钟后，他终于开口了。给我讲了许多大革命时期、抗日战争时期及解放战争中，革命烈士们在敌人的屠刀下英勇斗争的故事。他满怀深情、沉重而激越地讲述着，吸引着我全部的注意力。

　　烈士陈延年就义前，绝不肯下跪，挺直了腰板站在刑场上，高喊：中国共产党万岁！结果被敌人的乱刀活活砍死，鲜血浸染了龙华的土地。但是，他的牺牲却在漫漫黑夜中点亮了又一簇火种；在痛苦的废墟上，耸立起又一座高贵灵魂的丰碑。

陈耘老师

东北抗联的杨靖宇将军，在原始森林中与日本鬼子卧雪拼杀，坚持两天两夜的战斗，终因寡不敌众，弹尽粮绝，不幸牺牲。敌人剖开他的腹腔，竟然发现他的胃里全是棉絮和树皮，鬼子们的高官震惊得目瞪口呆，惊呼：世上竟有这样的中国军人，不可思议！

共产党人艰苦卓绝的斗争，让强悍的敌人都发抖了！

赵一曼牺牲前，被鬼子打断了双腿，临刑前流着眼泪给三岁的儿子写信，嘱咐他将来做个什么样的人：头断血流为解放，革命自有后来人。

方志敏戴着镣铐，在黑暗的牢房里，挥笔写下气贯长虹的《可爱的中国》。他把中国比作母亲，深情地呼喊着：我们的母亲是一位饱受苦难，在灾难中养育了四万万儿女的母亲，她比世界上任何一位母亲都更美丽更可爱！他对母亲的深情，可呼唤沉睡的山川猛醒，可让万千儿女垂泪。

更有烈士夏明翰震撼魂魄的诗句："砍头不要紧，只要主义真，杀了夏明翰，自有后来人"，是何等伟大而豪迈的语言啊！他显示了一位真正共产党人品格的高洁和精神的无敌！这样的人，难道不是特殊材料制成的吗？

还有十四岁的刘胡兰，面对敌人的铡刀毫无惧色，慷慨就义。毛主席为她题词：生的伟大，死的光荣！她的血没有白流，就在她牺牲的土地上，终于响起了解放欢庆的锣鼓，父老乡亲们真正翻了身，过上了好日子。"青山有幸埋忠骨啊！"

董存瑞为了大部队能顺利通过封锁线，毅然托起了炸药包，拉响了导火索，喊着"为了新中国前进"！这一瞬间的行动，让英雄的无畏和胆魄，如一只巨臂，高擎云端，让一切敌人龟缩胆寒！

为了人类的彻底解放，不知道有多少董存瑞式的英雄，为革命赴汤蹈火，不惜献出自己的鲜血和生命，如彭湃、向警予、邓中夏、赵尚志、恽代英、萧楚女……

随着陈耘老师深情的话语，在我幻觉的银幕上，不断闪烁着一张张黑夜中火炬闪亮的画面：一双双怒火中烧的眼睛，句句声声带血的怒吼，脚镣手铐和牢房铁门的声响在阴霾中沉吟，罪恶的枪声划破漫漫长夜在狼烟中不绝于耳，一尊尊高大的身躯倒在血泊中却昂着不屈的头颅……

他流泪了，我也流泪了。不！不仅仅是流泪，我们的心里都在流血呀！陈耘老师声音颤抖地说："你的父亲就是夏明翰，就是方志敏，就是杨靖宇等不朽的英雄，是千千万万为共产主义献出生命的烈士们！"他激动了，眼睛红了，声音嘶哑指着我的头。我浑身的血液被燃烧了起来！瞬间，我心灵的触觉，仿佛触摸到了父亲那激情澎湃的心脏，血液的奔涌与父亲的脉搏同步跳荡。那血书上的文字，似乎有了生命，活了起来并发出了铿锵的声响。啊！那是我的心声！在我心田的底层，似岩浆喷涌！

此刻，我的第二信号系统立刻意识到，这就是由"感受"所引动的深刻的心理体验，就是斯氏表演体系所崇尚的核心元素。于是我下意识地将其长久地储存在记忆的仓库里，以期丰富舞台表演的创作资源。

与此同时，说时迟，那时快，陈耘老师即兴创作并脱口而出，用他那不太标准的普通话，含着泪水说了一长段台词：

> 孩子，我亲爱的孩子，此刻，就在我提笔给你写信的时候，牢房外面正下着鹅毛般的大雪，北方的冬天彻骨地寒冷，我的脚早就冻得没有知觉

了，手腕上戴着生锈的镣铐，敌人刚刚送来了我临死前最后一顿牢饭，是两块黑色的硬面饼子和一碗凉水，我不愿意吃他们施舍的猪狗食，我怕脏我的肠胃，都让我给扔了，倒了。为此，狱警狠狠地砸了我一枪砣，一口鲜血连同两颗被打掉的门牙，吐在冰冻的水泥地上，像一朵红花上沾着两片雪花，甚似好看。

　　孩子，我亲爱的孩子，再过一会儿，我就要走上刑场了，你要记住：你的母亲，是因为不肯说出我的身份和躲藏的地方，被敌人用烧红的烙铁活活烫死的。她死后我依然东躲西藏，到处奔波，居无定所，一天吃不上一顿饭，饿晕几次，最后倒在雪坑里，是老乡们救活了我，没办法我只好多方辗转，把你托付给我的老战友……现在，我就要走上刑场了，永别了，孩子，希望你能好好读些书，懂得些道理，快快长大成人，为穷人谋幸福，为劳苦大众打天下！再见了，孩子！再见！

　　我听着陈耘老师的激情独白，心如潮涌，翻江倒海：这不就是爸爸在狱中给我留下的血书吗？不就是爸爸对我的骨肉深情吗？我当儿子的，岂有不与领授之理？我肝肠寸断，泪水如注，心碎了！

　　经历这一次精神洗礼和情感陶冶，我找到了开启表演艺术的金钥匙，那就是演员必需牢牢掌握住，此时此刻此景合乎人物性格逻辑的心理体验过程。所谓"神似"，就是这个过程的不间断的闪光。我收获满满。

　　告别陈耘老师之前，我眼见他从书架上拿下一本小册子，慢慢走到我跟前说："送你一本书看看，可能对你有帮助！"我伸出手，欣然接受了老师的慷慨馈赠，深深地鞠了一躬。我扫了一眼书名：《革命烈士诗抄》。

　　回宿舍的路上，我顺手翻了一页，上面的诗句，立刻映入我的眼帘：

　　　　任脚下响着沉重的铁镣，

　　　　任你把皮鞭举得高高，

我不需要什么"自白"

哪怕胸口对着带血的刺刀……

从这些诗文里，我看见了父亲那张愤怒的脸，看见了父亲那双鄙视魔鬼的双眼，看见了他高高挺起的胸膛，听到了他怒火满腔的吼声……

回到宿舍，我很兴奋，也感欣慰，我突然意识到，这不是陈耘老师给我上的一堂生动的表演课吗？人们都称呼他是一位有成就的剧作家，我说不仅如此吧，他更是一位杰出的表演教师和德艺双馨的戏剧教育家。

作者简介：

安振吉，1959年考入上戏表演系，1963年毕业留校，一直任表演教师（其中1971年至1976年调至上海师范大学革命文艺系工作），1991年退休。历年来，也演过话剧，涉足过影视，获过几个奖项，参加过上海市剧协和视协。

横空出世——记陈耘老师和《年青的一代》

刘　玉

提起话剧《年青的一代》，那绝对是 20 世纪 60 年代话剧界的奇迹！她横空出世，一鸣惊人，横扫全国话剧舞台，空前的盛况至今难有与之匹敌的成功。作为她诞生的见证者及参与者，重述她的前世今生实在是一种荣幸与责任。

我 1960 年毕业于上海戏剧学院表演系，有幸被留校加入学院实验话剧团任演员，除了不再上课，一切仍在校园内活动，连广播员的身份也延续了一段时间。那时的学生广播台由佛西楼正门往右延伸的小屋组成，一道室外单人楼梯进出。每次上下楼都要经过一排窗户，窗内小房间的主人正是陈耘老师。陈耘老师并非我的授课老师，但由于我每天必须数次经过他的窗户，对他留下了温文尔雅、一派教师风度的印象。后来当得知表演系党政领导正在筹划酝酿创作一部有关青年题材的剧本，由系党支部书记冯健老师及朱端钧教务长主持、陈耘老师执笔后，我每次上下楼梯更是小心翼翼唯恐打扰了老师。我常看到在室内工作的陈耘老师不是喃喃自语就是沉思默想，谁也不知道他的思绪飘向了何方。过了一段时间，轰动全国的《年青的一代》，就在这几平方米的小屋里横空出世。我不曾想过我与这剧本有何关系，事实是，她不仅深深地影响了几代青年人，也丰富了我的艺术人生。

那些年，新中国刚刚经历了种种磨难。对青年人来说，如何正确处理国家需要和个人前途之间的关系，走什么道路做什么样的人，都是老一辈革命家十分担忧和关心的问题,《年青的一代》就是在这样的历史背景下诞生的。当时有一首励志歌曲:"到农村去,到边疆去,到祖国最需要的地方去……"话剧《年青的一代》更以鲜明的主题和生动的人物,形象地为青年人指出了一条出路,也为中国百年话剧历史留下了浓墨重彩的一笔。

1963 年 7 月,上海市青年话剧团的《年青的一代》与上海戏剧学院的同步正式上演,我有幸出演女主角林岚。林岚 17 岁,出身高干家庭,她的纯朴开朗、真诚善良,恰与在同一家庭成长的烈士遗孤林育生形成了鲜明反差而深得人心。最后她为了响应国家号召,放弃了大学录取通知而选择了奔赴新疆建设兵团,成了当年为时代推崇和青少年模仿的榜样。那是一段激情燃烧的岁月,《年青的一代》如同一股强劲的飓风席卷全国,以至于各地话剧团甚至戏曲单位都在竞相上演,这在今天是完全不可想象的。

上海市青年话剧团的《年青的一代》,也演遍了上海大大小小的剧场,演遍了各大学和中学,并且出现了两组同时演出的盛况。1964 年,甚至代表上海市人民春节慰问团将该剧带到海岛上,为边防部队进行演出。十年"文革"中,唯有《年青的一代》曾经在兰心大戏院复排重演。回望这段经历,恍如隔世。时代进步,观念转变,就连 17 岁林岚的自我调侃:"将来还会变成老太婆呢!"也成了无可辩驳的现实。

在我长达几十年的演艺生涯中，仅与一位观众保持过多年的通信来往，直到我去了美国。她叫翁华，当年与林岚年龄相仿。我之所以特别对待她，因为她是看了《年青的一代》之后，像无数青年一样为了效仿林岚而前往新疆的。让我更为动容的是，她瞒着华东高干病房当大夫的父母，偷了家里的户口本报的名。当父母得知一切，已无斟酌余地。她的行为提醒了我：作为演员，应当对社会负有责任，要努力创造积极的社会效应。同时，林岚的角色魅力也提醒我，要珍爱她坦诚、率真、乐观向上的品格，因为那是一生受用不尽的财富。

正值母校临近建院八十周年之际，谨以此文庆贺母校青春常在、永续辉煌，并且深切怀念陈耘老师，以及很多曾经为《年青的一代》亮相于舞台而付出辛劳和关爱的先辈、师长，他们有的并不为今人熟知，但我必须铭记他们。

作者简介：

刘玉，1960 年毕业于上海戏剧学院表演系，留院实验话剧团任演员（1963 年改制上海市青年话剧团）。首演学院版《战斗的青春》饰许凤；首演上海市青年话剧团版《年青的一代》饰林岚。2015 年受邀回母校庆祝建院 70 周年，参演熊佛西院长早期作品《一片爱国心》。

这位创造过历史的剧作家对考生说"谢谢"
——追忆我的硕士导师陈耘

孙惠柱

最早看陈耘老师的话剧还是 20 世纪 60 年代初，他写的《英雄小八路》在中国福利会儿童艺术剧院热演了很长时间，很快还拍成了同名电影。那时候我只是个二三年级的小学生，看戏看电影只知道故事紧张好看，并没有留意作者的名字。估计谁也想不到，不过两三年后，《英雄小八路》那个已然很惊人的演出纪录就被陈耘老师的另一部作品完全超越。1963 年 6 月起，《年青的一代》在全国各地同时热演，北京人民艺术剧院的版本由夏淳导演、于是之主演，而在该剧的诞生地上海，一下就推出了六个专业剧团的演出！

上海什么时候有过六个国营的专业话剧团？就是陈耘老师的这部戏创造了上海戏剧史上那个空前绝后的时刻——上海人民艺术剧院一团、二团，上海青年话剧团，中国福利会儿童艺术剧院，上海电影演员剧团，上海戏剧学院教师剧团同时在各个剧场演出同一部话剧——全都是在大剧场里演了很多场。要是"吉尼斯世界纪录"那时候就来到中国，《年青的一代》一定是人类历史上同一时间内演出最多、观众最多的一部剧作。

记得人生第一次在剧场激动流泪就是看《年青的一代》。那时我六年级，还没到可以像剧中的林岚那样去新疆的年龄，但那部戏在我心里播下了去农村当知识青年的种子——后来果然去了。六年级的我已经开始关注艺术家的名字，首先当然是台上的焦晃、杨在葆、曹雷等话剧界的明星（曹、杨很快还因1965年的同名电影成了"文革"前最后一批冒出来的电影明星）；但也就从看到说明书的那一天起，我第一次记住了一个看过他作品的剧作家的名字——陈耘。

陈耘在"文革"中曾奇特地两次引人注目，先是作为上海戏剧学院，也是全上海文艺界名气最大的"反动"权威剧作家被拉出来供人"大批判"；后来，当时文化部门的掌权者发现他的作品其实一点也不"反动"，还很有利用价值，于是又在"文革"后期的1976年拍成了彩色电影。该片不但有当时万众瞩目的李秀明、达式常主演，还有刚刚复出的老一辈电影艺术家张瑞芳加盟，又一次风靡全国。

那时我还在江西的山沟里，连看电影《年青的一代》都必须回到上海才有可能（山沟里偶尔也有露天电影，但不放《年青的一代》这样的上海故事）。我做梦也不可能想到，有一天竟会有机会见到这位名声如雷震耳的大剧作家。1977年末高考恢复后，我考进了江西师范学院宜春分院中文系。一年后的一天，我课后出去逛街，在宜春县城唯一的大街上，习惯性地在邮电局外面停下来，浏览阅报栏里的报纸——那里有来自家乡上海的《文汇报》，虽说迟了两三天，在我眼里还是新闻。这天的报上真的出现了对我来说是极大的"新闻"——一小块"上海戏剧学院研究生招生"的信息，五个专业的第一个就是"戏剧创作与编剧理论"，四位导师中排在第一的理所当然地就是陈耘。我顿时怦然心动——并不是以为我有任何考取他的研究生的可能，而是觉得我这个在江西乡下完全独自瞎摸做了五年编剧梦的自学者，突然撞见了花一元钱报名费就能"买"一套陈耘出的编剧考题的机会，不必去求人拜佛就能多少探得一点编剧的堂奥，何乐而不为？ 1979年还是信息极其匮乏的时代，那天下午让我在宜春街头看到"报屁股"上这条来自上海的信息，真是运气！

缴了报名费不久，适逢我哥哥结婚，我请假回上海，就到上戏去打听一下情况，得知我报的陈耘老师的专业最热门，有120多人报考。当时戏文系正在办一个编剧进修班，主要的老师就是那几位未来的导师，学员大多是来自专业剧团的编剧——他们肯定是最有竞争力的考生啊！而且，导师们已经收到了三四十张有关系的考生托人递进来的条子。一切信息都证明我一开始的想法是对的——不要指望能考上，能拿到一套六份正宗的专业卷子做一做，就将是我学戏剧历程中的一个里程碑了。陈耘老师是那个进修班最著名的老师，我很想找机会混进教室蹭点课——那时还根本不敢想在课后主动找他自我介绍。可是打听下来陈耘老师近期并没有排课，我请到的假期又很短，等不到远远地一瞻"导师"风采的机会了。

初试前的上海之行不但没见到陈耘老师——本来也不敢有这奢望，连借几本指定参考书的愿望都没实现。70年代末书籍特别紧俏，"戏剧创作与编剧理论"专业考试所需的参考书中只有亚里士多德的《诗学》还能找到，莱辛的《汉堡剧评》和顾仲彝的《编剧理论与技巧》都还没出版，只在刊物上发过一些章节。我打听到有个进修班的学员是江西某县剧团的编剧，就去找那"半个老乡"，求他帮我到图书馆借几本刊物给我看看，结果一无所得。此行更坚定了我的初心——把这次考试当成根据考卷认真学习的三天，一点也不考虑录取的可能。初试的三天六场考试不记得有什么难题——好像没什么特别的客观题，几乎都鼓励自由发挥。我拼命写了足足18个小时，三天后手都不大能自由活动了。一考完就忘了戏剧，回去恶补备考期间拉下的那两个多月的课了。万万没想到，两周后我竟收到了上海来的电报，要我去上戏参加十多天以后的复试！

第二天我就到了上海，得知我竟是陈耘老师的专业中唯一上线能参加复试的考生，简直不敢相信自己的耳朵——我怎么可能会与那位从未谋面而且距离那么远的未来导师如此有缘？招办老师告诉我，四位准导师对阅卷的结果也大为惊讶，原以为一百多考生可以录取好几名，现在复试就只剩下了一个人，而且是来自从来没有话剧团的宜春，肯定基础很差，有两位准导师已然退出。但首席导师陈耘对我这唯一的复试考生特别关心，所以招办立刻就打电报通知我，也跟上戏图书馆打了招呼，让我这个非上戏人破例去馆里借书看。我绝不能让陈耘老师失望，当即就去了图书馆，从早到晚泡在那里，那十几天里读的剧本很可能超过了以前读过的所有剧本的总量。

但在面试时见到陈耘老师慈祥的面容那一刹那，我竟一下把事先准备好要说的话忘得精光，老老实实把这十几天读剧本感到的震撼和学习的决心和盘托出。记得当时陈耘老师、任何老师（我的另一位硕士导师）以及其他面试老师也都显得有点吃惊——原来这个考生对经典剧本的了解竟主要是这十几天里才得来的！那他在宜春初试时写满的六份卷子是怎么做出来的？后来得知，因为他们对我的那次面试已经无法再"选优"，主要就想核实一下我这个奇怪的陌生考生是否真是那个在宜春写下初试卷的本人——其实那时候全国怕也找不到能替我答卷的"枪手"，那考卷出得实在高明！1979年是上戏乃至全国大多数高校首次举行研究生考试，手续十分严密，也不可能作弊。现在已经想不起陈耘老师在四十多年前的复试中究竟问了我些什么、说了些什么，但有两个字我永远不会忘记，那就是复试结束前他对我说的"谢谢"。我当时几乎有点惊呆了——这位多少年来我连做梦都不敢奢望会收我为徒的老师，竟对我这个连自己都在面试时深感惭愧的考生说"谢谢"？

不久后，陈耘老师和我如愿以偿成了师生，他自己从未读过、带过研究生（当时上戏的研究生导师都是那样），对我的指导完全不包括指定阅读、批阅论文等现在流行的方法，就是让我每一两周去他家海阔天空地聊聊天。似乎是歪打正着，这可以说是我后来在美国很喜欢、也带回国内的教学方式——讨论班的雏形，而且是现在已不可能的最奢侈的那种——一对一。从我跟他的接触中，也从其他老师的介绍中，我了解到他虽是上戏最有名的大家，"文革"后最早评的副教授，他的低调、谦恭和礼貌也是一向就有名的，所以会在面试时郑重地"谢谢"考生——那绝不是做作，而已经是他的"第二天性"。

时至今日，这样的礼貌早已不足为奇，但1979年还是"文革"刚过去没多久、"五讲四美"尚未提出的年代，所以陈耘老师的"谢谢"让我吃惊。后来了解多了，我发现他的超乎常人的礼貌是有来由的，某种意义上可以说是中国古人说的"衣食足，知荣辱"的最好注脚。他应该是新中国最早靠写戏剧剧本的精神劳动"先富起来"的作家，"文革"前全国六七十个剧团演他的戏的时候，虽然社会上已经在大张旗鼓地"兴无灭资"，剧团还是都给他支付稿酬的，因此他早就成了自食其（脑）力的好几倍的"万元户"，生活优裕，只需每天看看书、想想构思，从不在意当时绝大多数人为生活所迫不得不斤斤计较的琐碎杂事。他还有个在东南亚经营种植园的南洋富商哥哥，时不时给他寄点国内稀缺的东西，他家那个当时中国家庭拥有的最大屏幕的电视就来自海外，我第一次看到时感觉像有一堵墙那么大。

我们那批上戏历史上第一届硕士研究生的教学有点像"摸着石头过河"，特别是我那个"戏剧创作与编剧理论"专业；一开始还不清楚究竟是编剧还是论文更重要，后来上级规定毕业的关键是需要正式答辩的学位论文，但我的主要导师陈耘是剧作家而不是学者。他放手让我自己去写，结果竟是一本13万字的草稿《话剧结构新探》。陈老师毫不讳言自己对指导论文不在行，帮我找来当年他写电影剧本《年青的一代》的合作者、时任上海电影制片厂厂长石方禹，以及时任《戏剧艺术》主编、后任上海戏剧学院院长的陈恭敏等上海顶级的专家学者来把关；一旦听到他们对论文的肯定，他立刻由衷地为我高兴。在他的主持下，我的论文顺利答辩通过，后来还在陈恭敏老师支持下出了书，四十年来多次增补重印。

毕业留校后两年多我去美国读博，后又在美国、加拿大的四所大学任教十年。1999年我回到了母校，正打算要去看望恩师，告诉他20年前的那次考试如何改变了我的人生，却在开学不久的9月突然听到了恩师因心脏病仙逝的噩耗。呜呼，老天竟没给我机会再当面对他回报一声"谢谢"！

作者简介：

孙惠柱，1979年进上戏读研，81年毕业留校；纽约大学博士，在美、加四所大学教授世界戏剧10年，1999年回戏文系任教，曾任上戏副院长。纽约《TDR: The Drama Review》轮值主编之一，上海市文史馆馆员。主要研究戏剧教育、跨文化戏剧、戏剧叙事学、人类表演学。发表专著、教材14部，220余篇中英文论文，创作20余部话剧、戏曲、音乐剧在多国演出。

永远的微笑——忆恩师陈耘

陈世雄

我的恩师陈耘先生已经逝世二十余年了，可是每提起他，我眼前就会浮现他戴着鸭舌帽、一脸笑容的样子，好像是昨天刚刚见过他似的。教过我的老师，最乐观爱笑的大概就是他了。多么可惜，现在见不到他，不能从他的和颜悦色中得到那种难以形容的愉悦了。

他是我的老乡，百分之百的老乡。他的家乡是在福建省泉州市的永春，而我是泉州市西街人，更准确地说，我是曾经属于晋江县的泉州郊区前店村人。父亲就是从这里动身去上海读书的。我是1955年秋到泉州的，那年，我父母亲被调到泉州工作，我也成了泉州市区的居民，从我家门口就可以看到举世闻名的东西塔。

陈耘老师的家不在永春县城，而是在盛产荔枝的岵山乡，离城关很近，站在县城街道上就可以看到那座最高的山峰。山很高而且很美。听说那里风水最好，出了不少名人。永春历史上出的名人当中，有商人、学者、作家、手工艺者，也有政界高官。后来去了台湾的诗人余光中就是永春人，在两岸特别著名，他的诗篇《乡愁》曾被泉州歌舞剧团改编成舞剧，轰动一时。

陈耘老师也是当代名人。他的话剧《年青的一代》是有世界影响的。在世界戏剧史上，有两部话剧曾经刊载在共产党中央机关报上全文发表，并且在全国所有报刊上转载。第一部就是苏共中央机关报《真理报》发表的话剧剧本《前线》，作家是乌克兰人，名叫柯涅楚克，在苏联时代担任过苏共中央委员和乌克兰加盟共和国领导人，可以说是苏联时代职位最高的作家。遗憾的是，近年来乌克兰把他的作品从教科书上删掉了，他的遗孀也遭到歧视。原因可能是乌克兰人认为柯涅楚克过去和俄罗斯靠得太近了。据说他的《前线》是奉斯大林的指示写的。剧本发表后立即用电报发到当时的同盟国美国，发表和演出。

陈耘老师的《年青的一代》同样得到最高待遇。当然，后来的样板戏也被刊载在全国报纸上，但那毕竟是戏曲，又是在"文革"那样特殊的动荡时期。

我是 1979 年在上海戏剧学院的编剧进修班读书时听过陈耘老师分析《年青的一代》的，印象很好。他讲课的风格真的是"娓娓道来"。我觉得这四个字用来形容最合适。他在朗读自己剧本中的台词时，并不显得激动，也没有特别读得抑扬顿挫。我听了觉得是平平淡淡，慢条斯理。他就是这样的性格。我到过陈老师家好几次，发现他对夫人朱老师非常体贴。朱老师进里屋时，陈老师就悄悄和我说几句闽南话，而在他夫人在时，他就一定说普通话——和我一样，闽南地瓜腔是少不了的。

陈耘老师是一个全国闻名的大作家，又是一个谦谦君子，小心翼翼，与世无争。对家人、同事、学生总是那样彬彬有礼，那和蔼的笑容和温柔的话语真是非常暖心。我想，任何人都希望一生中能遇到几个好老师。学问好、对学生严格的老师固然是理想的好老师，可是，没有架子、对人和善的老师同样很好啊，即使他学问并不很好。为什么我这样想？因为，不论老师还是学生都一样，都是人，一个人首先要做一个好人，让你想起他的时候，马上能想起他的笑容。陈耘老师就是这样的人。

陈耘老师，我们想念您！

作者简介：

陈世雄，厦门大学教授，博导。1966 年毕业于福建师大外语系，1978 年到上戏编剧班进修，1979 年秋考上厦大研究生，一年后被送到上戏代培，师从陈耘、任何教授。1982 年获上戏硕士学位，回厦大任教。2019 年起任中央戏剧学院客座研究员兼博导。

追忆陈耘老师

王伯男

当我于 1982 年秋考入上戏戏文系戏剧创作专业时，陈耘老师在我们那一届学生心中，真是神一般的存在。原因就在于他创作的两部作品：即话剧《年青的一代》和电影《英雄小八路》，按今天流行的说法，是传播面相当广的经典。两部作品在今天 50 岁以上喜欢欣赏戏剧与电影的中国观众中，可谓知之者甚广。尤其是话剧《年青的一代》，在当时国内的话剧舞台上，可谓轰动一时，不仅被全国众多地方与部队的话剧院团竞相搬演，且先后两次被搬上银幕拍成电影，在更大范围内传播，借此几乎成为整整一代中国青年的人生教科书。这在中国电影史上不说空前绝后，至少也属凤毛麟角。而《英雄小八路》这部电影，更是在一代又一代少年儿童的心中，播撒下革命英雄主义的种子。

20 世纪 80 年代初的中国，长达十年的"文革"动乱结束时间还不长，国家开始打开国门，面向世界，改革开放。高考恢复正常也已四五年时间，各项事业正值百废待兴。我们那一年代成长起来的年轻人，身处八面来风的时代，沐浴改革开放的春风，每个人心中都鼓荡着"家国天下，舍我其谁"的雄心壮志，而实际上又多少有点"志大才疏"、底气不足的自卑。毕竟需要长身体的时候赶上了国家困难，需要学文化的时候正逢十年动乱。跟我们的上一辈人相比，自己肚子里有多少墨水，我们还是有自知之明的。

我们有幸赶上了一个好的时代！这是民族之幸运，更是我们那一代大学生的幸运。

当时的上海戏剧学院戏文系，虽经十年动乱的摧残，但树老根壮，人才济济。老一代的陈多、陈耘、陈加林都还精力旺盛；更老一代的赵铭彝、陈古虞、魏照风依旧健在；而当时尚属年青一代的余秋雨、叶长海、丁罗男、汪义群风头正劲。可谓是枝繁叶茂，卧虎藏龙。而囿于当时还未完全废除的计划经济体制下招生方案的局限，各系、各专业的本科生录取，数量相当有限。记得当时全院各年级的本科生加在一起，也就不到 200 人。而作为教学重点，全院的师资力量的主体配备，也基本上是围绕这不到 200 人转的。这使得作为学生的我们，有机会聆听了许多中国戏剧教育界大神级的人物传业授道解惑，而对于我们这些虽年龄、文化层次、社会经历差异很大、但在求知欲方面依然处于"嗷嗷待哺"的学生们而言，则可以说是一种不幸之中的万幸。而陈耘先生和一批教学与实践经验都极为丰富的老师，就是在这样一种背景下，成为我们班负责教学的师资主体，并在随后的四年时间里承担了戏文系当时唯一的本科班的主要教学任务。记得当时负责专业主课写作的，除了陈耘先生外，还有陈加林、周端木、徐闻莺及荣广润等老师；负责戏剧史论课的，有金登才、余秋雨、曹树钧、叶长海、丁罗男等老师；负责舞美理论课的，有周本义、金长烈、吴光耀等老师；负责表导演理论课的，有叶涛、项奇等老师……还有许多可敬可爱的先生不在这一长串名单中，若一一列出，还有很多很多。他们对于我们那一代人的成长与成才，可以说都倾注了许多的心血、付出了辛勤的汗水，他们都是值得我们尊敬的先生，值得我们永远铭记！

陈耘先生就是在这时，成为我的专业指导教师，并陪伴我度过了大学本科四年求学生涯的大部分时光。

戏文系的创作专业，从我们 1982 级本科班起，开始增设表演课。因为陈耘和陈加林两位先生原先都曾是表演系的资深教师，于是，他们也就自然而然地成了我们这个班的表演课指导教师。

记忆中，陈耘先生是一个生性随和、平易近人的长者。生活中，他似乎与世无争，对任何人和事都是一副无所谓的样子。但时间长了，接触多了，你会发现，他是一个在是非问题上有自己的原则，并且决不人云亦云的人，这一点，在日常生活中不易看出，但在一些大是大非问题上，却表现得十分突出。

十年动乱中，"四人帮"在上海的追随者出于政治需要，妄图对已经成为经典的话剧《年青的一代》进行主题和内容上的所谓"修改"，原本他们想把陈耘老师的名字从剧本上彻底抹掉，但又唯恐这样做会招致了解这部话剧创作过程的广大戏剧工作者的反感与抵制，于是为了达到他们的所谓"创作意图"，这伙人便在"修改"过程中又新增加了两位作者。对这种不尊重创作历史和作品既往成就的做法，陈耘老师从内心是十分反感的，但在当时的特殊条件下，他作为一个普通的创作者，对此是无力公开抗争的，只能选择以消极"配合"来表达自己的不满和抗争。但即使在这种情况下，当这些人企图对剧中林育生母亲留下的遗书内容进行修改时，却遭到了陈耘老师的强烈反对和坚决抵制。因为这段戏，尤其是"遗书"的内容，当年是经周恩来总理亲笔修改后才确立下来的，可谓是整个剧本的"戏眼"和神来之笔。听系里了解当年创作情况的几位老师讲，当年陈耘老师写到这场戏时，关于"遗书"的内容，多次修改仍不满意，是周总理在看过几遍戏之后，亲自动手对这场戏，尤其是林育生母亲留给儿子的"遗书"内容进行了重新结构。多年以后，我曾听陈耘老师说过，在表现地下斗争和烈士情感上，周总理比他更有"生活"。也因此，当有人企图对剧中这一相关内容与情节进行修改时，理所当然地受到了陈耘先生的坚决抵制。

第二件事是我亲身经历的。

一年级第二学期，我们的戏剧表演课进入了"自选片断创作"的教学阶段。记得我创作的是一个带有喜剧色彩的戏剧片断叫《另有所爱》，是运用铃铛、锁头、油壶等小道具，表现几个生产一线的青年工人追求爱情幸福的故事。当时跟我分在一个表演小组的，有如今已成为著名电视剧导演的毛卫宁及柳国庆、李天圣、刘振平等同学。表演指导老师是陈耘、陈加林两位先生。我们当时其实还不太懂得在舞台上怎么塑造人物，加上片断情节和人物身上所具有的其种喜剧色彩，所以在演出呈现方式上就显得有些过分夸张。演出的效果还是不错的，观看现场笑声不断。陈耘和陈加林两位老师在教学总结会上还曾经以这个片断为例，对我们这个组进行了表扬。我当时对此还有几分小小的得意。可当我们进行教学汇报时，却出了一点不大不小的麻烦。在观看汇报的过程中，前来检查教学成果的领导的脸色就已经不怎么好看了，只不过我们当时都沉浸于"角色"创造的兴奋中，对此却毫无察觉。

待汇报结束，麻烦来了。个别领导对其他几个片断均赞赏有加，唯独对我创作的这个片断，非但没有鼓励和赞赏，反之，批评的"调门"还相当不低。当时国内的意识形态领域正在开展"反对资产阶级精神污染"，便批评我们这个片断是"满台小流氓，一片乌烟瘴气"，直接指责我们是"精神污染"。此言一出，搞得我们几位原本还兴奋异常、想听几句表扬的同学及我这个编剧，顿觉神情尴尬、有点儿灰溜溜的。就在这种压抑的氛围下，陈耘和陈加林两位老师却站出来，态度十分明确地支持了我们。特别是陈耘老师，一反平日里温文尔雅的老好人形象，旗帜鲜明地表态说，学生们的片断与表演贴近现实，富有生活情趣且活泼可爱，表现内容积极向上。表演虽有夸张，但并不违反生活真实。陈加林老师则更是直言不讳地鼓励我们说，努力从生活中挖掘真善美的人物和故事有什么不好，和"精神污染"挨得上吗？在表演教学上我们就是应该大胆鼓励从现实中撷取素材，在思考中塑造人物。

听他们这样说，领导也不好再追究什么，此事也就不了了之，我这个作者也因此而有惊无险地躲过了一劫。

这虽是一桩小事，但令我记忆深刻。以至于毕业留校从事教学工作，乃至后来担任了系领导，在对待和处理涉及学生的思想与品德之类问题时，我总是非常谨慎的，因为我的两位先生给我树立了榜样。

在日常写作辅导教学中，陈耘老师对我这个初入戏剧创作之门的"大龄弟子"亦是要求严格但关爱有加。他时常挂在嘴边、老生常谈的一句话是，创作是不能耍小聪明的，你戏弄生活，到头来被戏弄的一定会是你自己！他指导我写作，耐心而细致，但从来不空谈理论，更不盛气凌人，总是以自己创作中的实践经验和写作教训启发引导，即使我一时不理解想不明白，他也从不发火训斥，而是指点我从某个方面去思考也许容易取得突破。这个时候，他不像老师，而更像一个和蔼可亲、善解人意的慈祥长者。

陈耘先生离开我们已有很多年了，每每忆起老师生前的音容笑貌和谆谆教诲，我总是暗自提醒自己，不能懈怠呵，老先生在天上看着哩！

陈耘老师，我怀念您！

作者简介：

王伯男，上戏戏文系1982级戏剧创作本科专业。1986届毕业留校，文学学士，艺术硕士。曾任戏文系副主任，校图书馆副馆长、馆长，校信息中心主任（兼），戏剧博物馆馆长（兼）。

陈耘先生课间的甜点

赵小波

今年（2022 年）1 月 21 日，毛卫宁同学在班群里发了个《戏文名师》约稿函，是母校上戏戏文系征集校友对李健吾、顾仲彝等九位名家的为人为师为学的回忆文章，看到九位名师里有陈耘先生，肖静同学说"陈耘老师给我们班讲过大课'如何记生活手记'"；冯洁同学说"我记得陈老师的大作……"，而我第一反应是先生家的甜点。由此，40 年前的往事纷纷涌现，久不提笔的我决定把这份甜点对我的影响写下来，与大家分享。

我 1982 年考进戏文系编剧专业本科，距今刚好 40 年。入校时我刚 18 岁，人生观价值观生活观审美观都未成熟，是上戏四年的教育培养，奠定了 40 年人生历程的基调。我感恩母校！感恩老师们！

一入校，就知道系里有位叫陈耘的老师很厉害，是中国话剧史上知名的剧作家。先生 1963 年创作的话剧《年青的一代》公演后引起强烈反响，获奖无数；先后两次被上海电影制片厂改编成电影，分别由当时著名演员杨在葆、达式常、李秀明等主演，非常成功。幸运的是，我一二年级的写作专业课主带老师正是陈耘先生！

我们班一共 19 名学生，是全系 4 年唯一的本科班，也就是说 4 年只招一个本科班，这届毕业了才招下一届。也就是说 4 年里全系甚至全校相关专业的老师都围绕这 19 名同学，可谓倾其所有全力以赴。除了师资资源的优势，在教学方式上也独具特点：除了"史""论"各类"艺术鉴赏"等上大课——所谓大课，也就是 19 人一起上。我们那时有固定的教室红楼 302，很多校内校外的名师大家都给我们上过课。而写作专业则既有大课也有小课，大课是老师讲结构技巧等理论，小课就是写作专业课，是师傅带徒弟的形式单独授课，由一两位老师带三五位学生一对一手把手教。陈耘先生就是我一二年级专业写作课的主带老师，他和曹路生老师一起带我们 5 个学生上写作练习课。

第一次见到陈耘老师是在系里组织的新生和老师的见面会上。新生也就我们 19 个同学，倒是老师比学生多。后来了解到，当时戏剧学院在校生——包括本科生进修生委培生和个别研究生——总共 200 多名，但教职员工有 500 多。单从师生配比论，实属罕见也相当奢侈，并且那时的老师除了著书立说鲜有外面世界的诱惑，都一门心思带学生，加上几乎每晚都有的国内外各艺术类型的演出观摩，我们享受的堪称精英教育。当见面会介绍到陈耘先生时，我发现他个子不高，圆脸，微胖，稍微有些谢顶，喜欢蹙眉，不苟言笑，讲话时语速较慢且带有明显福建口音；印象中是一位严肃敦厚雍容的老爷子。

第一学年上学期专业课内容是人物素描和戏剧小品写作训练，各写两个。我们的专业课也就是写作课贯穿整个 4 年大学，从人物素描起步，到戏剧小品、戏剧故事、戏剧片段、独幕剧、直到多幕话剧毕业，进行完整系统地训练。陈耘先生带了我人物素描、小品、戏剧故事和戏剧片段的写作训练，可谓我进入戏剧殿堂的启蒙者引路人！

记得写第一个人物素描时我完全是懵的。虽然我是以总分第二考进的上戏；虽然中学时语文成绩一直很好，作文考试分数也很高，高考语文分数是我就读的省重点中学第一名；虽然上中学时就自己买票，独自一人到家附近的"成都剧场"看过当时四川人艺和成都市话剧团演出的《救救她》《西安事变》《于无声处》等话剧；但对话剧创作的专业性完全不了解，对人物素描这种体例完全陌生，说白了就是一纯粹的门外汉。先生要求我们人物素描创作不可以虚构人物和事件，一定要选自己生活中真实经历的，这对我这个从未踏足社会经历简单的 18 岁孩子来说太难了，身边的人物都不具备典型性，加之对写作还没有开窍，不知如何从记忆的"宝库"中打捞有用的素材，所以谈构思之前我特别紧张和害怕。害怕谈得牛头不对马嘴，写又写不出来或者离题万里……最终完成不了学业，做不了编剧……我的理想我的追求怎么实现……越想越害怕，越害怕越没思路……浮想联翩中我寝食难安，要知道一直是好学生的我最怕交白卷啊！

当时的教学步骤是：布置作业—自己构思—给老师和同学们谈构思—老师点评构思—写作—点评作业—修改作业—合格。就在我脑子一片空白时谈构思的日子到了，当时我的感觉仿佛世界末日。

在极度忐忑中我跟着大家来到先生的家上课。先生的家就在和女生宿舍一墙之隔的延安西路的一栋花园洋房里，当时几位老师分住一栋楼。之所以在老师家上课，一方面当时学校办公用房比较紧张，老师们没有单独的办公室，人来人往影响谈构思；再有我揣摩是先生的善解人意：在家里聊作业会放松一些吧。

周二上午，我们拘谨地在先生家客厅落座，正当我们紧张地等待严肃的先生发话，看谁第一个过堂时，戏剧的突转发生了，只见雍容端雅的师娘来到客厅，用柔柔的标准普通话对我们说：欢迎同学们，大家别拘谨，先用点点心吧。说话间，把用精致小碗和碟子盛着的酒酿圆子和饼干放到茶几上。大家都拘着，在陈老师低声催促下，不知谁先尝了一口惊喜地说"太好吃了"，陈老师笑了，于是所有人顾不上客气，呼呼啦啦吃起来……

一碗甜甜的、糯糯的、香香的酒酿圆子下肚，奇迹发生了：我不紧张了！

难道是甜点驱散了我的紧张？

不仅我不紧张了，气氛也轻松起来，张筑同学开始谈他的构思，陈老师不断向张筑提问，也问大家……我的构思虽然没有大家谈得好，但总算是把课上完了，谢天谢地。

我的专业课成绩一、二年级时的分数一直不高，尤其和班里有过工作经历甚至剧团经历，年龄大8、9岁的同学相比差距较大，常常不自信。但在陈耘老师循循善诱的讲解中，通过所有任课老师的教授，慢慢掌握了一些要领，比如，什么是人物的动作性语言，如何体现有前史的台词，等等。而这些技能助我日后成为专业尽职的优秀剧本编辑。

之后每周二的上午，我们都会到先生家谈构思谈作业修改思路。我们也盼着去先生家上课，身为上海儿童艺术剧院演员的师母依然会在课间变着花样为大家捧出水果羹、酒酿圆子、八宝饭、桂花藕粉……

在20世纪的1982年，全国的物资依然匮乏，而那时的上海无论衣食，都比我的家乡成都样式新种类多，我平生吃的第一块奶白蛋糕，就是在上海。而师母为我们准备的酒酿圆子、八宝饭、水果羹、桂花藕粉，是过年才能吃上的东西，是我们这些当时仅仅能够吃饱饭的孩子的奢侈品！这些色香味俱美的点心，让我们感到愉悦和欣喜，同时，先生温暖的眼神，师母美丽的微笑，让远离家乡2 000公里的我感受到家的温馨和母亲般关怀的美好体验，心里暖暖的。我想，甜点只是媒介，它承载的是先生和师母给游子的一分安心和踏实！

这份每周二如约而至的甜点，成为我对陈耘先生最深的记忆。在我心里，这份甜点成了一种仪式，表达了庄重严谨承诺和对艺术创作的敬畏之心；这份甜点营造了一种氛围，体现了热爱生活真诚友好的人际关系和艺术创作需要的宽松环境；这份甜点成了一种象征，昭示了勤奋踏实不浮躁不急功近利的治学态度。我想先生是以潜移默化的方式，教导我们树立正确的为人为学的价值观吧。

先生家的甜点像一盏灯，闪耀在我的一生里。它不仅照亮了我最初的迷茫，也和上戏众多优秀传统一起，擦亮了上戏这块金字招牌，让莘莘学子受益终身。

上戏的优秀教育传统，其中重要一项就是对品质的不懈追求。包括对做人品质、作品品质、生活品质的要求。

对人品、作品的要求好理解，生活品质很重要吗？

这里我讲一个小插曲。大概10年前，一位朋友的孩子找我先生咨询报考中国传媒大学的事宜，聊天间我讲到了在上戏的点滴：一对一的专业课教授；诸多名家亲自授课；观摩各剧种大家的演出，如昆曲俞振飞粤剧红线女京剧叶少兰豫剧常香玉……到上海电影译制厂看还没有公映的外国电影；晚上观摩法国歌剧哑剧、英国皇家芭蕾舞剧……当我讲到在陈耘先生家上课、吃甜点的场景，朋友无不感慨羡慕。听完我的讲述，本不打算报考上海艺术院校的孩子，加考了上戏戏文系……改志愿的考生和家长看中的究竟是什么？在资讯发达和物质极其丰富的当下，看电影吃甜点在哪都能轻松实现，没有必要非去上戏。我想他们看中的是学校的教育理念教育方式教育态度，这些教育的本质决定了学校达到的高度、宽度和深度，决定了所培养人才的质量。

因此，生活的品质在某种程度上奠定了作品的品质。凡事追求品质品味是一个人自律自珍的体现。艺术创作来源于生活，对这句老生常谈，我的理解是既要看到生活的表象，也要发现生活的本质，更要提炼生活的哲学。甜点的意义在于展现了当时并不普遍的待人方式以及人性的善、人情的美。生活是创作者最丰厚的土壤，你的眼睛被什么吸引，你的情感被什么感动，你的心灵被什么震撼，决定了你的品位高度境界。生活的品质不是靠钱奠定，是靠眼光和心境。一碗甜品不需要多少钱，但在都不富裕的时代，它不是必需品，更不是必须招待学生的。但正是这碗普通却意外的甜点，让我思考究竟应该怎样生活怎样做人怎样对待他人。甜点的意义善莫大焉！

我们的写作专业课一直上了 4 年，从人物素描写到多幕剧。陈耘先生带了我两年多，是我戏剧创作的启蒙者，也是引领我走进生活，学会观察生活感悟生活，从而学会如何艺术地表达生活的导师；陈耘老师和众多老师的付出，为我毕业后进入电影厂做编剧和编辑，现在在中央电视台电视剧购买部门工作打下了坚实的基础。老师们的教诲和影响让我受益终身，我心存感恩！

在回忆即将结束时，我忽然又变得忐忑，不知我这篇"人物素描"，如果老师在，能打多少分呢？

明年，2023 年是陈耘先生百年诞辰，但愿这本《戏文名师》文集能给先生些许慰藉，因为先生退休时仅仅是个副教授。

我不是个好学生，先生教的很多手法技巧长期不用已经记不清了，但先生家的甜点永远清晰难忘！

作者简介：

赵小波，上戏戏文系 1986 届编剧专业本科生。一级编辑。现在中央广播电视总台影视剧纪录片中心项目部从事部门管理工作。责编和组织了《悬崖》《锋刃》《于无声处》《白鹿原》《破冰行动》《老中医》《天下粮田》《装台》《对手》《人世间》等一大批优秀电视剧。个人和作品多次获奖。带领的团队入围 2020 年度"全国巾帼文明岗"候选部门。

我所钦佩的陈多先生

陈明正

一

陈多先生 1947 年考入上海剧专，1950 年毕业留校任教。1950 年我报考上海剧专时，陈多先生是主考之一。我进校后，他又是我班表演基础课的老师。当时的学校校长熊佛西先生对陈多先生十分欣赏，特别器重，不久即聘请他担任校长秘书一职。读书时，陈多就参加了中共地下党；新中国成立后，他担任了上海剧专党支部书记。此时又担任校长秘书一职，并非办公室的文字秘书，而是属于校长助理性质，因此他成为党政专职干部。他为人朴实亲切，平易近人，工作敬业，主动听取教职员工们的意见，因此他工作效率极高，人缘极好。

令人意想不到的是，1955 年他竟神不知鬼不觉地发表了《试谈高则诚〈琵琶记〉》一文，搞起戏曲研究来了。文中对《琵琶记》进行了系统的分析，指出《琵》剧在情节、结构上存在的悖谬之处。戏剧情节以人物行动为依据，如果人物行动逻辑不合情理，失去真实，任作者如何煽情都难以服众。传说此剧在历史上又被某些"索引派"所利用，指名道姓，牵强附会，早已失去传奇艺术价值。艺术需要概括、提炼、典型、集中，不应陷入功利。

第二年，陈多被邀请参加中国戏剧家协会举办的全国《琵琶记》研讨会，他是重点发言人，他对《琵》剧的否定引起了激烈的争论。此时关于《琵琶记》

的讨论，不仅是对该作品本身的评价问题，更直接影响到戏曲改革工作，涉及古典遗产继承问题。这次大会的目的很明显，就是要改变过去缺乏自由争论的习惯，打破沉闷、因循守旧的气氛，达到"百花齐放，百家争鸣"。所以文艺界、教育界的专家学者达 160 余人出席，代表着中国学术界的最高水平。陈多先生当年只有 28 岁，还是一个文艺新兵，需要有足够的勇气和才智。在讨论中他属于"否定派"，居于少数，压力极大，如同战士般在冲锋陷阵。他是有充分准备的，因为他早就发表了专论文章，之后又听取意见反复思考。他的发言逻辑严谨，立意鲜明，理据充分，对《琵》剧的思想、情节、人物的分析令人信服。与会同仁深感陈多并非狂妄自负，而是一位冷静谦逊、具有理性辩证思维、才情横溢的青年学者。通过这次大会，他被戏曲界所重视。

陈多对《琵琶记》的评论引起激烈争论的现象，我十分欣赏。许多戏曲研究家总是罗列资料，照本宣科，缺少独立思考，缺乏优劣评说。我不认同凡有不同意见就被说成是唱反调，我认为应该有一个健康活跃的学术研究气氛，对任何学术对象都能深入地进行辩证思考，这样才能使民族艺术传统得以发扬光大。

我很长一个时期再三思考，陈多先生是表演系的毕业生，怎么搞起戏曲研究来了呢？而且有那么多的深刻见解，一篇又一篇的文章在报纸杂志上发表。

经我了解，他之所以能在这方面成才，在于家庭和社会的影响及自己的努力，他是一个自学成才的榜样。

陈多先生的曾祖母是一位了不起的教育家。民国初期，她在长沙开办了女子师范学堂，这在中国教育史上是值得大大赞扬的事情；而且曾祖母还酷爱戏剧，开过一个戏院，先后邀请欧阳予倩、陈大悲等著名戏剧家到长沙演出。这样的家庭影响就很厚重了。陈多的父亲当时也在女子师范学堂教书，后来转到法学界发展，成为有名望的大法官。其在女师任教之时，爱上了一个女学生，也就是陈多的母亲——张碧辉，并喜结良缘。陈多的母亲喜爱艺术，水墨丹青、吹箫唱曲都深有造诣，如此一来对陈多的影响就更加一层。

陈多两岁后随母亲住到北京，受到严格的家教，从小就熟读《四书》《五经》，打下良好的国学基础。后在北师大附中读书，且是个高材生。而在京城最使他着迷的就是看京戏。"四大名旦""四大须生"个个他都看个够。他也能哼会唱，进了中学后就常常自编自导自演，积极参与戏剧活动。解放前，大中学校的读书会或文艺活动，基本上都是在中共地下党的领导下开展并发展起来的，对青年人的成长影响极大。

以上事实说明陈多先生转而研究戏曲是有渊源的。他看得多，听得多，受熏陶就多，感受也多，家庭和社会潜移默化地起了作用。

陈多先生的成功也使我觉得有个问题应该引起注意，那就是传统戏曲的观摩与教学对于话剧艺术人才培养的重要性。我们现在一直在引导学生热爱戏曲艺术，因为那是中国戏剧艺术的根，从事话剧的编、导、演、舞美都要认真地学习传统戏曲，如果只在电视上看几个镜头，是解决不了问题的，是无法热爱起来的。20世纪50年代，我在读书时，学校经常组织观摩戏曲演出，甚至会主动邀请戏曲专业剧团来校展演，也会请大师们到学院来示范教学，梅兰芳、周信芳、盖叫天、俞振飞都曾亲临授课。昆曲专家"传"字辈方传芸教授（他是梅兰芳的艺术技导）是表演系形体教研室组长，亲自开设民族戏曲形体课，亲自编写教材，上戏的形体课在全国艺术院校中是精品课程。那时候我们学习戏曲的机会比现在要多，我觉得很幸运。上海戏剧学院是一所综合性的戏剧学府，设有戏曲学院，应该让话剧专业的学生和戏曲专业人员更多地接触、更好地交流。大大地发扬戏曲的优秀传统，这应是中国戏剧教育的特色。

在这里我要感谢陈多先生的贡献，他的科研和教学成就，使上戏成为中国戏曲研究的重要阵地，也推进了话剧专业的教学。

我还要说一说陈多先生自觉钻研的精神。虽然早期有几位研究戏曲的老先生，但上戏实际上是以培养话剧人才为主的学校，戏曲研究和教学的力量十分薄弱。所以说陈多先生是自学成才的专家，是了不起的、令人敬佩的。当他发现自己在戏曲研究方面可能有发展前途之时，他没有等待，而是主动下功夫去学、去钻研、去求教，诚心诚意地去拜师。在自学过程中，陈多先生拜中国戏曲研究的前辈学者赵景深、董每戡先生为师。在赵先生引导下，他认真地阅读了《元曲选》《曲苑》等所有研究戏曲必读之作，占有第一手材料是做学问的基础，他做笔记、做书卡，深耕细作。比较之下，他认为赵先生侧重于传统治曲的方法，而董先生更长于思辨，某些著作也颇有新意。陈多认为，研究学问在贯通之后，需要有一个比较、分析、判断的过程，要有自己独立的见解，而非人云亦云，这是极端重要的。

陈多先生的治学特点就在于他有扎实的国学基础，又得名师指点，能认真地攻读，又掌握了思辨的思维方法，于是走上一条健康、鲜活、具有生命力的研究之路，这是他能不断地发现问题、提出自己独到见解、在戏曲史和戏曲理论方面独树一帜的原因。

人生常有不幸，1957年"反右"时期，担任学校"反右派"办公室主任的陈多先生，因同情右派而自己被划入右派行列。由此，各项运动他都要挨批、挨斗。"文革"中，全国大中小学都停课闹革命，"读书无用论"盛行，就在极其恶劣的环境中，陈多先生没有气馁，没有停歇，没有失去努力的方向。他苦茶一杯，埋头读书，绝不浪费大好时光，潜心研究学问，依然保持着共产党员革命知识分子的骨气。"文革"后，他连续出版了《李笠翁曲话（注释）》、《剧史思辨》、《戏曲美学》、《剧史新说》、《中国历代剧论选注》（与叶长海合作）、《王骥德曲律（注释）》（与叶长海合作）等著作，成为中国戏曲研究的一员大将。可陈多先生为人质朴、行事低调、从不张扬，默默耕耘，他是一位纯粹的学者。

二

陈多先生是上海戏剧学院戏剧文学系建立及戏曲创作和理论本科专业建设的功臣。上海剧专初建到转为学院之时，所谓的戏剧文学科也就是招了少数编剧研究班学生，直到1959年才正式成立戏剧文学系。当时的戏文系主要培养话剧编剧、理论人才，话剧方面的师资力量雄厚，如顾仲彝、熊佛西、李健吾、魏照风、余上沅、许之乔、赵铭彝等，他们都是这方面的专家，有的本人就是著名剧作家、中国话剧编剧艺术的开拓者，而且有比较完整系统的教材和教案。例如顾仲彝先生的《编剧理论与技巧》20 世纪 60 年代初已成为完整的教科书，可惜到他去世后 1981 年才正式出版。那时欧洲的戏剧创作理论翻译成中文的也不少，余上沅先生就是这方面的大师。而当时学校里的戏曲教师队伍就无法与之相比，不成气候，只有陈古虞和陈汝衡两位老专家。古虞先生研究昆曲，汝衡先生研究中国民间说唱艺术，因此戏曲教学没有系统的教材和教案，没有完备的课程设置。而我国又是戏曲大国，各地区各省市都有不同的剧种，都有地方戏曲剧团，比话剧团要多上百倍。戏曲剧团急需编剧人才，作为国家级艺术院校，上戏有责任担负起培养戏曲编剧人才的重任，学院不断地接受上海和中央交派的任务，办起各种进修班、研究班，专科、本科不断发展和完善。戏文系建系初期就考虑要两条腿走路。为了保证质量，戏曲编剧专业初办时所有的专业课几乎都是外请有相关实践经验、理论水平的专家授课，一边办班一边学习，一面调入骨干教师，一面注意优秀毕业生留校培养。不幸的是没有几年，60 年代中期就受到"文革"的冲击，整个学院教学停顿下来。直到"文革"结束后，70 年代末 80 年代初，据我了解是陈多先生担任系主任时期，他带头进行教学和科研，有计划地培养戏曲教师队伍。他首先把老师们紧密地团结起来，组建最核心的戏曲写作教研室，定期开展教研活动，给老师们分配课题、课程。他还亲自带头编教材，广泛吸收戏曲界实践家、理论家零散的论著，认真参照西方的戏剧论选，并组织教师到全国各地各剧团考察，重视不同剧种的创作经验，注意走出去、请进来，坚持不停地思考。在他的领导和参与下，戏文系开设了"戏曲写作""戏曲史论""戏曲美学""名剧分析"等所有应设置的课程，并且逐步达到了所有的课程都由本院教师担任的目标。特别令人欣慰的是，上海各个戏曲院团的编剧骨干大多是上戏培养的，甚至发展到华东、中南地区。这短暂几年里的成绩，充分表明陈多先生不仅是一位出色的学者，还是一位有着出色工作能力的组织者。

上戏戏文系戏曲研究专业有许多精品课程，有许多教材教案，有许多教师成为国家级专家，陈多先生曾被推选为上海戏曲学会会长，深孚众望。他从事戏曲教学的成就功不可没，临终前获得上海戏剧学院戏剧教育终身成就奖。

1984年，全国掀起兴办函授学院的浪潮，"文革"后有条件的青年纷纷参加高考，没有条件的也渴望有学习提高的机会，因此，函授也成为一条自学成才之路。陈多先生深感自己的责任，力主戏文系承办"戏剧影视文学创作函授班"，并主动与上海《新剧作》杂志编辑部合作，每期系统地刊登教材。在其主持下，整个戏文系都动员起来，每位教师对函授的教材编写和教学都非常认真，一丝不苟。由于还要书面细心准确地回答问题、批改作业，这也增强了教师的分析水平、理论水平和独当一面的能力。这样一来，有效地锻炼了教师队伍。

让我们认真地看一看他们编写的教材的目录，就可以清楚地看到他们的努力。主打系列课程是"戏剧写作技巧"，此外还有"戏曲剧本创作艺术特点"系列课程。教材内容丰富，简明扼要，通俗易懂，深得广大学员的欢迎，确实培养了大批群众文艺活动的人才和骨干。书目如下：

一、戏剧写作技巧：《戏剧的题材与主题思想》《戏剧冲突》《戏剧人物形象塑造》《戏剧结构》《戏剧语言》《论独幕剧创作》《戏剧改编》。

二、戏曲剧本创作艺术特点：《戏曲结构》《戏曲人物塑造》《戏曲语言和唱词》《戏曲小戏创作》《谈戏曲现代戏》。

以上教材均由上戏戏文系教师编写。

我认为，作为各系领导，除了做好思想建设以外，主要须抓好三个环节：一要有完备的课程设置；二要配备有力的教师队伍；三要有完整系统的各门课程的教学大纲、扎实具体的系统教材。这几项要求不可能一劳永逸，一个阶段过去，教师队伍就要变迁，新的阶段开始，要注意新老接班，特别要注意新生力量的培养，教材的充实更新，教学成果的系统总结，资料都要保留下来。

我之所以重视陈多先生在担任系领导期间，重视组织教师队伍，重视编写教材，重视课程设计与开发，是因为这是负责教学的领导极端重要的任务，而我们往往忽视。他在组织教学、编写教材的时候，动员教师深入考察各地区不同剧种的发展，对地方戏曲认真研究。中国地方剧种的发展成就，也是戏曲艺术瑰宝的一部分。我认为这就是他的远见，他的步子跨大了，而且是更扎实了，他不死啃书本，而注重实地考察，这是非常正确的。

三

我认为，陈多先生对戏曲艺术史的研究最突出的贡献，在于强调中国戏曲艺术的戏剧观和戏曲史的研究都应以戏剧演出为核心、以戏剧表演艺术为主体，这个观念是极其重要的。

戏曲史的研究不能只是戏曲文本、戏曲文学史的研究，将戏曲舞台艺术变成"文坛"艺术。陈多先生明确指出："戏曲的审美形态不是文字，不是文学，不能停留在想象的文学剧本，而是'剧坛'艺术。剧作是要在舞台上体现的，戏剧文本是为观众演出而创作的材料，不是'文学欣赏'而是要'场上观'。"

我们应该注意到中国戏曲美学观的艺术特点。戏曲艺术和世界戏剧有共性，有差异，差异突出体现在表演艺术构建的形式美学观上，中国戏曲从一开始就把表演放在至高无上的地位。戏曲表导演创作尊重剧本，但创造的形态大大地超越了文字局限，唱念做打全能呈现；有时几乎没有一句话，只有几个字的提示，经表导演创造竟构建成极精彩的一场戏。一提到戏曲艺术的魅力，就会提到那些杰出的表演艺术大师，如梅兰芳、程砚秋，周信芳、盖叫天、俞振飞等，他们都是戏曲艺术流派的开创者。这让我们看到戏曲美学观，支配着表导演艺术的发展，而戏曲表演艺术构建的表现形式又支配着剧本的文学创造。这样的认知并不是否定戏曲文本的重要性，而是立足戏剧本体的实质思考问题。

中国戏曲艺术超越了西洋戏剧，也大大超越了生活自然状态。它融进了歌舞说唱各种艺术元素，而且融合得那么好。戏曲艺术是由戏曲美学观所形成的虚拟性、象征性、假定性、综合性的表演艺术（包括导演、舞美、服饰、音效等）构建起来的辉煌壮观的艺术宫殿。

恰恰相反，正如陈多先生指出的"我们的戏曲史的各种研究始终注目因袭古代文人的一些观点，非常关键的缺失不能依据戏剧本性来研究，而是孤立的研究文本"。他还指出：作为中国戏曲研究的杰出代表人物"王国维先生所奠定的戏曲史学术体系根本之点，简而言之在于是由'凡一代有一代文学'的角度来认识的。他肯定元曲的价值，也是从戏曲文学角度来研究的。"王国维的研究对戏曲界影响极大，几乎所有学者都跟着他的路子走，成为中国戏曲研究的主流。我认为陈多先生并没有否定王国维先生的成就，而是指出这种研究之不足，这是很重要的观点。中国戏曲史之争——"案头之曲耶，舞台之境乎？"陈多先生的观点，我是十分赞同的，应是"舞台之境"。我本人在学习戏曲经验时也有这种感觉，我们应努力纠正过来。

我多次与陈多先生交谈，他是我的老师，又是我的同道，我发现他是一个很有远见、很有思辨能力、又很讲实用的学者。他常提醒我和戏文系的老师，在研究学问的时候，不要就事论事，而是要拉开距离进行比较。以西方话剧、歌剧、舞剧和中国戏曲进行比较，就可以看出它们的不同，可以看到戏曲的特点，可以看到它的优点，而且要学会应用、学会借鉴。不是知道得越多越好，人的脑子不能只成为仓库，而是要会联想、会借用、会创造，就像牛顿看到苹果从树上落到地下而不是飞上天，于是发现了"地心吸力"。陈多先生希望用创造性的思维去写教材，在吸收戏曲的优点，去研究话剧的改造。我在导演《庄周戏妻》一剧时就应用了锣鼓经，外国观众一致叫好。戏曲舞台上有许多绝招，不值得细细研究和总结吗？我的这些研究都是陈多先生"舞台之境"理论研究的伸延。中国戏曲的表导演艺术是非常丰富的，有许多绝招，已成为可以继承的范例。戏曲的艺术表现手段，容量也非常大。我不是戏曲专家，可在学习的过程中也在大胆地应用，我所导演的《白娘娘》《黑骏马》等，都是因为吸收了中国戏曲的创作经验而获得成功。

由此，陈多先生推崇李笠翁，并认真注释《李笠翁曲话》就不难理解了。

陈多先生认为：《李笠翁曲话》是"中国第一部从舞台艺术角度探讨中国戏曲理论的专著"。李的作品风格"率臆构思，不必尽准于古"。对于古训、经书之言，不盲从。李笠翁的治学方法，思想开放自由，独立判断，重新探求，听从自身的切身感受。陈多先生指出："他跳出了三四百年来词曲家始终没有越过的摘章选句的圈子，走进舞台去认识研究戏曲，才使得他能够深入'优人搬弄之三昧'，积累了丰富的舞台经验，也才使他在晚年能担当起历史所提出的总结戏曲理论的任务。"

细读笠翁的《曲话》，可以发现，他的理论，"不止于文人把玩""自我作古""传奇之设"，而是涉及文本、编剧、导演、表演、音乐、舞美、剧目选择、演员技艺训练等多方面。

陈多先生还特别指出："如与现代欧洲所形成的话剧理论相比较，笠翁的戏剧理论在术语使用和表述上，既具有时代特色，更具有民族色彩，更为生动、易懂，它反映的是民族戏曲的艺术规律、民族艺术的戏剧观，是较为全面、较为系统的，是自成体系之作。"但传统儒学要求"学而优则仕"，而笠翁是个"艺术商人""戏班老板"，是被封建社会的"士""学者"看不起的"商人""戏子"。过去如此，现在何尝不是如此？李在戏曲史上的地位一直褒贬不一。可陈多先生认为"李渔是一位超越其时代的、即封建传统社会观念而具有充分近代人文主义精神的戏剧家。他的人文精神的核心是戏剧艺术就是文化企业。他是剧作家、制作人，又是导演、演员、教师，是一个健康的受人尊重的艺术家。"李渔之所以能在戏曲理论上卓有建树，陈多认为："是历史发展的必然和需要，也有李渔自身的主观因素。"

从历史发展角度看，《牡丹亭》《桃花扇》两部杰作的出现标志着我国古典戏曲创作继元杂剧之后在明末清初出现了又一次高峰。与这一创作高峰相对应的，则是戏曲理论批评的空前繁荣。它的标志便是李渔《曲话》的问世。历史向戏剧家们提供了系统总结的条件，李渔成为这一任务的承担者。

李笠翁，浙江兰溪人，生于明万历三十九年，卒于清康熙十八年，处在王朝更迭的社会动荡时期。他出身于商人家庭，性格豪放，不拘泥于礼法，在他看来，凡事"不必准于古，意气倾其座人"。清兵入浙，李笠翁家道中落，藏书著作俱焚，生活道路起了变化，从此不求功名，不再应举，家移杭州、南京，以"帮闲文人"为业。随着资本主义萌芽出现，李笠翁开始"我行我素""自得其乐"，开设起芥子园书铺，写了短篇小说，如《十二楼》等。他还编辑书籍，基本上都不是"学术著作"，如《芥子园画谱》《笠翁诗韵》《资治新书》《尺牍初征》《名词选胜》等工具书，这些书目，不像是一个以盈利为目的的出版商吗？道地的"帮闲文人"。李笠翁还组织了家庭戏班，周游各地，招待达官贵人，自己写戏导戏演出，都是为了挣钱糊口，他得忍受"人以俳优目之"冷眼，所谓"真士林所不齿"。对于诸如此类的讥嘲，李笠翁处之泰然。

陈多先生认为："李笠翁竟然把戏剧当作正当职业来对待，并且乐此不疲，是需要有力排众议的真知灼见和胆识的，正是李笠翁对于戏剧艺术有着不同于一般封建文人较正确的态度，敢于以戏剧为职业而又尊重自己的职业，担负起总结戏曲理论的任务。"可敬！可佩！

为了进一步肯定李笠翁的成就，陈多先生在注释中引证了鲁迅的一段话。鲁迅先生指出："'帮闲文学'曾经是一个恶毒的贬词——但其实是误解的。""在文学史上还是重要的作家""如宋玉、司马相如等的作品就属于'帮闲文学'之列。'帮闲文学'虽然是有骨气者所不屑为，却又非搭空架者能企及。例如李渔的《一家言》《闲情偶记》就是其中须有帮闲之志，又有帮闲之才，这才是真正的帮闲。"（《且介亭杂文二集：从帮忙到扯淡》）这里正是这个意义上使用"帮闲文学"一词的。这一引证再次证明陈多先生对于自己研究内容和对象如此认真的精神是多么可贵。

陈多先生所注释的《李笠翁曲话》已成为我的教材之一，对我的教学和导演产生了很大的帮助，这是我终生难忘的。我们对李渔的研究不能停留在表层的肯定，而是要真正地、系统地、有效地学习并将其吸收、运用在戏剧艺术创作中。这是戏剧工作者的责任。

写到这里，我要再一次感谢陈多先生。谢谢他！我想念他！向他致敬！

＊文中李笠翁引言均出自《李笠翁曲话》，湖南人民出版社 1981 年版

作者简介

陈明正，上海戏剧学院教授，博导，表演系主任，上海师范大学谢晋影视学院副院长，上海剧协理事，上海文联荣誉委员。从教七十年，传承中国话剧戏曲传统，系统地研究斯坦尼体系和各个流派戏剧。著有《舞台形象创造论》《人性之美》等表导演论著。获国家教委颁发的"国家级优秀教学成果奖"。导演《哈姆雷特》《家》《大桥》《黑骏马》《白娘娘》《牡丹亭》等七十余台大戏。荣获文华导演奖、五一工程奖、宝钢文化艺术金奖等，三次获上海文化艺术贡献奖提名。

穷不失义陈先生

周培松

20世纪70年代，我在上戏戏文系任教，与陈多教授多有接触与求教。在他身上，我看到不单是为人的平易淡泊，且及他与戏剧教育的因缘和风骨，他就是孟子所说的"穷不失义，达不离道"的楷模。

所谓"穷"和"达"，我的理解是不顺和顺，二字的语义貌似相反，实有对应。

陈先生是新中国成立前上海市立戏剧专科学校学生，中共地下党员，在那个时代随时都有被逮捕杀头的危险。他始终是忠于党忠于革命的，但1957年大鸣大放中，他被称为反党的"小钢炮"，成为右派分子，可谓穷；被迫退出了教学管理岗位，他心有不甘，仍固守戏剧教育的道义。他体悟到痛苦源于时代和自身的特殊性，可以有不同的应对，但如果在困境面前逃避、退缩，就会一蹶不振。陈先生则以坚强的意志和进取精神迎接面前的挑战。他被发配到图书馆角落劳动改造时，仍不忘初心，发奋攻读。深夜，校园里一片黑暗、沉寂，唯图书馆有一处亮光，那灯下就是陈先生。不妨说，他和命运进行了残酷的搏斗才没有败下阵来，跟上了时代前进的步伐。

在陈先生的著作、讲稿、文章中，有80%以上是在右派平反后撰写的。他并不介意群芳争妍，而是学有动力，踏踏实实又富于开拓精神，在时代转换中得以脱颖而出。——对于鸣放中的"小钢炮"之说，他对我提到的是上海市委书记在动员大会的号召，要大家发挥战斗精神，并向单位传达。至于其中是否有其他"谋"，并不知情。

在教学中他说过："使大家有共同语言，听得懂，听得有兴趣，便是我必须考虑的一个重点问题。"这里有两个层次，从懂升华到兴趣，由理性到感性的融合，看来简单，实是教学中的难点。而陈多先生的教学思想，是知难而上，并化解了其中的难，给学生一个充足的时间，有更多的时间来自由思考，同时开阔了艺术视野，满足了个人精神生活的需要。例如在《琵琶记》的两极争端中，陈先生并不以为自己势单力薄、无所作为，而是从"历史局限性"具体情况出发，在大量材料中梳理出观点，使学生理解、思考，从过去的"学会"到现在的"会学"，从过去的"强记"到现在要学生独立思考，这才是戏剧教育中的开拓与自信。又如，对于我国戏剧形成期的见解悬殊，即从相同资料出发，结论大相径庭，时限差距以千年计。陈先生认为其中研究方法、基本观点的差异是主要原因。其中难懂的历史资料，他充分备课、耐心指引；有他的指路，学生不至于在茫茫的戏海中迷失，学生收获满满，才能教学相长、生机勃勃。

戏曲虽然作品丰富、成就显著，但有关戏曲创作理论的古代著作，数量却很少，和诗词、散文、绘画等是不可比肩的。其量少，其精华部分就尤为珍贵。陈先生为了使学生有较全面的了解，选注一部分成《古代戏曲剧作理论辑要》，以为学习备要。这些都是陈先生教学中的"细微末节"，但出人意料地颇受欢迎。为什么？因为它满足了艺术教育中的迫切需要。借助已有的知识去获取知识，做到温故而知新并不容易；能关注这一点就是把理论变为实践，学以致用，知行结合，才能锻炼人、造就人。

陈多教学思想另一个特点，是审美、继承、革新并重，它有三个层次又相互联系，为认识戏剧和革新发展提供了契机和基础。

和其他艺术形态不同，戏剧的美是由原生态提炼到主观美与客观美统一的形态。这是戏剧教育中一个重要支点。陈先生讲解古典戏曲作品《牡丹亭》《西厢记》《窦娥冤》等，更多的教学精力关注在心灵美和艺术美上；如果受教育者不了解其中的美，怎能产生对戏剧的热爱呢，这是艺术教育中所关心的。让学生真正了解艺术美才是有效的教育途径，同时也提高了他们辨别、选择艺术的能力，对于那些艺术欣赏能力较为缺乏的人尤其应如此。

陈先生为高等艺术院校授课，也为大众撰文、讲授，内容兼及专业性与可读性。它既有欣赏性而不枯燥，又有情怀有格局，充满人文精神。他讲授的作品如感天动地、催人泪下的《窦娥冤》；"情不知所起，一往而深，生者可以死，死可以生"的《牡丹亭》；四大名著《红楼梦》中，男女主人公对《西厢记》爱不释手，不仅相当程度地点出戏曲作品的精髓，也传达了古典作品的美学价值。——戏剧教育的成功与否，其中一个指标是受教育者有没有因教育而提升他对艺术美的发现，对某些社会现象和人生价值的关注。

陈多先生的教学方法具有深刻的启示意义。他重视戏剧审美功能，使学生懂得艺术美，选择艺术美，避免学习上的模糊性、盲目性、片面性，由自己的方式来处理，应对新时代的挑战。他为此讲授的内容缜密仔细。他不惮繁琐，征引辨实，解释力求明澈，使学生理解贯通。它从一个侧面表明：打开戏剧美的大门，不仅使学生理解戏剧首尾呼应，情节起伏、浑然一体，也让学生开发心智，从兴趣中得到兴趣。

这一教学方法不仅是突破了戏剧教育的前沿，也是继往开来的纽带和中华文化在其中成为进步的推动力。

我国最早的教育专著《学记》就提道："学者有四失，教者必知之。人之学也，或失则多，或失则寡，或失则易，或失则止。……教也者，长善而救其失者也。""教者必知之"的内容，主要是教学态度和方法。历代对此教育思想也提供不少线索资料，有所阐述、研究和发展。欧美教育思想学说输入我国后，与我国教育思想有所融合。

陈先生的教学之道，即"长善而救其失者"，并不面面俱到，而是找出戏剧教育中的重点，即首先在教材中的相同性中寻找出不同性、特殊性，从艺术比较中克服教学中贪多务得、不求甚解的缺陷。他说过："我以为决定不同艺术品类各具特殊本质的最根本原因、根据，在于它采取表现工具和所追求反映的社会生活间的特殊矛盾。"每一事物都有其特殊性，他抓教学中的特殊性，由此及彼、由个别到一般，初步地构造了戏剧教学中系统性，这是其一；但其中的特殊性与普遍性并非对立、排斥的，它是在继承中发展，在发展中继承的，这是其二。

我国改革开放，戏剧教育正进入一个新的历史阶段。在这转变中，陈先生的教学理念与方法是别具亮点的一个艺术现象。他是一名冲锋陷阵的闯将，一门冲破陈旧、过时艺术法规的"小钢炮"，正如鲁迅先生所说："没有冲破一切传统思想和手法的闯将，中国是不会有真正的新文艺的。"

历史是一个正直不阿的老师，只对人民诉说真相，唯有人民才有资格和智慧从中汲取历史的馈赠和恩情。陈先生人生道路上的折腾、艺术上的崛起、东方朔式的风趣、不计小节的生活颇具特色，但更引人注目的是他的戏剧教学思想有并不简单的内容，有展露出的新思维，这些都有待挖掘，细心反思。且略举数端为例：

一是在戏剧教育的顺与不顺之间，适应时代和人民需求应放在重要地位。这是戏剧艺术生根发芽的土壤，是思考制定教学方针的因素，绝不能轻慢待之。

二是打牢戏剧教学的基本功。教书育人是教师的第一职责，教师不会上课，医生不懂医术，是不符合职业要求的，亦是阻碍事业发展的。在教学中使基本功与创造性相结合，相互对照，扩大视野，以彰显中华优秀文化的光彩。

三是大胆革新、探索，发挥戏剧教育的"闯将精神"。陈多的教育思想，其中有一种更为开放的方式，开创了一些新篇章。虽然那个时代戏剧教育还不完全成熟，智能时代还未到来，但其中的"闯"蕴含着时代精神，他并不完全是个人行为，它是在一定土壤中孕育出来的，它是一个有代表性的鲜活例证。

"一个人如果不在了，他的影子还会存在吗？"这是一位艺术家提出的问题。人们可能在时间中得到回答，但人们也可能意不在此，而只在意它能否在心灵深处扬起一面"学习与光大"的旌旗，这才是耐人寻味的身影。

作者简介：

周培松，上戏戏文系1958级戏曲创作研究班学员，1961年毕业后分配至院团任编剧，后任上戏戏文系教师、党总支书记。中国戏剧文学学会上海分会理事、上海剧协会员、上海市写作学会会员、上海古典文学研究会会员。创作多部剧目，发表与出版戏剧理论、剧评、散文、专著共100余万字，并屡获殊荣。

陈多教授忆旧

戴　平

　　我和陈多教授的近距离接触，是在20世纪70年代末、80年代初。"文革"中，我被下放到一所中学八年，拨乱反正后，回到上海戏剧学院戏剧文学系，开始担任教工党支部书记。陈多老师那时50岁出头，是系里中国戏曲史的骨干教师，我对他做过一次家访。

一、居陋室而不改其乐

　　在一个阴冷的冬天晚上，因为陈多老师家里没有电话，我没有预约，便走进了他的家门。他住在愚园路靠近镇宁路一幢房子的三层阁楼里，一家三代五口，全都住在里面，十分简陋局促。我踏进他家，一股煤气味和异味混合，迎鼻扑来。只见房内生了煤球炉，上面架了一个铁丝做的网架，网架上烘着好几块尿布。炉子旁，放一个低矮的小桌子，上面放有一碟下酒菜，还有一杯绍兴老酒，一双筷子。在昏暗的灯光之下，陈多老师左手端着酒杯笃悠悠地喝酒，右手则持一本卷着的线装书，在认真品读。他在和我交谈的间歇，还要站起来，去翻一翻网架上烘的尿布。陈多老师没有想到我的来访，不好意思地说："见丑了，见丑了。"我心存疑虑：陈多老师已50多岁，为何还要为孩子烘尿布？他告诉我，这些尿布是瘫痪在床上的老岳母用的。当时市场上没有"尿不湿"之类一次性产品可买，只能定时为老人换尿布。雨雪天气，尿布洗了不易干，于是，"土法上马"，只好在室内烘尿布。我顿时深深为他的孝心所感动，也为他的"回也不改其乐"和手不释卷的好学精神而心存敬佩。

陈多老师是上戏研究戏曲史论的一位专家，处境如此之差，但他的心态却自然平和。他把这一切都视作锻炼人的意志的机会。这次家访，增进了我对陈多老师的了解。陈多，1928年出生于福州，祖父陈天听是辛亥革命时期的留日学生，因忧国忧民，据说在自日本回国的海轮上愤而跳海自尽殉国，名动一时。民国建立后，被追认为烈士。陈多幼年曾在北平生活学习，因此能说一口标准的北京话。他青年时代积极投身于反抗旧体制的斗争洪流中，1947年就读于上海市立实验戏剧学校，二十来岁担任过学校地下党组织的负责人。我后来当学院党委书记，一直尊称他为"老书记"。他1950年毕业于上海市立戏剧专科学校表演专业，即留校执教，先教表演，后转任校长办公室行政工作，并研究戏曲文学。1956年，陈多以发表研究《琵琶记》论文，论点发别人所未发，一鸣惊人，引起学术界的注目。1957年"反右"，遭受到了不公正待遇20余年，但他仍以百折不挠的毅力，从事学术研究工作，在戏剧文学系先后开出"剧本分析""戏曲作家作品研究""李渔曲话研究"等课程，因其博学通达，很受学生欢迎。

陈多老师生性豁达，对生涯中的种种磨难总是乐观应对。但他又是一个情感非常丰富、深沉的性情中人。听周培松老师说，1983年春，他和陈多老师一起去武汉招生，两人同坐火车上的一间卧铺。下午时分，陈多老师坐在车厢走道靠窗的小凳子上，一边喝酒，一边看报，很是自得其乐。忽然周老师看见他哭了，泪流满面，吓了一大跳。晚上周老师问他发生了什么事，陈多老师说，读到报纸上发表的一篇纪念周总理的文章，写周总理对知识分子的关心爱护，非常感动。可见，陈多老师在玩世不恭的外表下藏着一颗多么柔软的心。

陈多教授后来的居住条件改善了。他最早搬进了位于龙华的学院教工宿舍。余秋雨先生写过一篇著名的散文——《家住龙华》。其中有言："在上海市民心目中，龙华主要成了一个殡仪馆的代名词。记得两年前学院宿舍初搬来时，许

陈多老师

多朋友深感地处僻远，不便之处甚多。一位最达观的教师笑着说：毕竟有一点方便，到时候觉得自己不行了，用不着向殡仪馆叫车，自己慢慢走去就是。"文中提及的"最达观的教师"，就是这位陈多教授。他仿佛是在随意说笑，其实，说明了他对人生的得与失、生与死看得十分通透。在他看来，一个人活在世上，就要为大家做事；一个人死了，乃是人对世界奉献的一种结束。"自己慢慢走去"，虽是调侃之言，却是他的生死观最直白的表达。联想到 2006 年，他患重病住在第六人民医院，学院为他颁发"上海戏剧学院戏剧教育终身荣誉奖"。当这位 78 岁的老人由护士推进医院会议室时，人们情不自禁地拍起了手。坐在轮椅上的陈多老师，虽然鼻子里还接着氧气，他却中气十足地说："获得这个终身荣誉奖，让我感到高兴。如果真能返老还童的话，我要继续为戏剧事业贡献力量。"

这几句话，也是他的心里话。作为中国戏曲研究领域德高望重的著名学者，半个多世纪以来，陈多先生潜心于中国戏曲史、戏曲理论的研究和教学工作，在戏曲美学研究方面更是独树一帜，学养深厚。更为可贵的是，他在学术研究中敢于辩争，始终保持着敏锐的思想锋芒和旺盛的学术生命力。他的理论研究既有精密细致的资料考证和逻辑推演，又显示了鲜明、独立的学术个性。陈多先生一直认为，没有新意的论文，决不拿出去发表。

1982 年秋，我从北大哲学系美学教研室进修结束回到学院，开了一门美学课。陈多老师当时已经担任系主任了。他很赞成我开这门课，主动来听过我两次课。每次来听课，他事先并不通知，而是不声不响地坐在学生中间。待到两节课讲完，关掉了幻灯机，拉开窗帘，才惊喜地发现：陈多老师竟悄悄地坐在教室里。听完课，他除了鼓励之外，还指出我有两点差错，至今印象深刻。例如："道观"的"观"，应当念第四声；还有，我把"孔武有力"误说成"武孔有力"了。他对于后学，的确做到了诲人不倦。

二、独树一帜的《戏曲美学》

陈多教授的著作甚丰。自撰及与他人合作写的著作有：《李笠翁曲话（注释）》《剧史新说》《剧史思辨》《陈多戏曲美学论》《王骥德曲律（注释）》《中国历代剧论选注》《现代戏剧家熊佛西》《中国京剧》等。在《剧史思辨》一书中，陈多先生对自己的戏剧观，又作了全新的阐述。他认为，戏剧是审美直观的艺术（场上歌舞），而非审美想象的文学（案头文字）。中国戏曲史论鼻祖王国维先生的戏剧史研究，主要是从剧本文学着眼的；而陈多先生认为，戏曲剧本的首要任务是为登场，是为演出服务的。真正为演出服务的戏曲剧本应适合演员表演，能广泛普及，宜俗而不宜雅，"贵显浅"。他特别指出，我国戏剧的雏形早于史前宗教产生以前的远古时期即已萌生；《桃花扇》绝非成功的剧作；李笠翁的人品、思想在他那一时代是相当高尚先进的；等等。这些意见，显然都与过去的习见成说大相径庭，但他之所论，又均能持之有故，言之成理。论文表述生动，引证规范，资料与考释并重，对中国戏剧发展史的研究自成一家之说，引起了戏曲史家们的高度关注。

陈多教授一辈子所写的著作，最有价值的一本书，在我看来，是《戏曲美学》。这本书的研究范围，基本是从宏观角度探讨戏曲艺术的特征，尤其是戏曲的"美"是由哪些成分构成的。陈多教授在《戏曲美学》的"序"指出："戏曲美学特征可以由基本样式、表达内容、表现方法和技巧特点四个方面概括为□

诀式的十六个字：舞容歌声，以情动人，意主形从，美形取胜。"（《戏曲美学》，第 87 页）这是陈多教授对戏曲之美首次做出了精当的、独到的概括，在内容上把抽象的理论消化为较具体的、可感知的生动内容，把美学的专门概念消化为用生活中习见的事实来表达，并尽可能地多用戏曲演员所熟悉的实例来说明问题。陈多教授明确指出，"戏曲是以歌、舞、诗为主要物质媒介来表演的戏剧"。它"无声不歌，无动不舞"；"以情感人""唤起共鸣"；"以虚拟实""离形得似""得意忘形"；"把表演提到至高无上的地位"……至今时过 22 年，他对戏曲美学特征所做的口诀式的十六个字概括，依然有巨大的指导意义。

他在《剧史新论》还提出，如若严格审视，则真正科学的、符合实际的中国戏剧史发展轮廓仍然相当模糊，诸多成说殊难征信，而极有必要重作探求。陈多教授对戏曲的"综合性"，提出了自己独特的见解：其独具的、不同于其他综合艺术的特点，即发端于它是以音乐和舞蹈作为创造形象、统帅全局的主导手段；而其他被综合的成分只能当作附庸或助手，起着帮助主导手段共同进行艺术形象创造的任务。这个论点，发展了王国维"戏曲者，谓以歌舞演故事"的传统观点。陈多教授继而提出，戏曲的"程式性""虚拟性"，其实质不过是"舞容歌声"的直接、具体的表现形式，也即是使一切动作都带上舞蹈化的节奏、动律、线条和神韵，从而使之具有舞蹈的空间美、动态美、韵律美的成分；使一切声音都带上音乐化的节奏、旋律、音阶特色和音色，从而使之具有音乐美的性质。

陈多教授还提出，戏的价值和生命在于能演出，有人看，其中演员的价值不可低估。演员既是艺术品的塑造者，同时，又是被用来塑造艺术品的物质媒介材料。陈多教授的这个"戏曲演员中心论"，把戏曲美学提到了一个新的高度。

他勇于以新颖的观点，展开学术论争。他从"以演出为中心"的"戏本位"出发建构戏剧"剧场说"，举起"非主流派"戏剧观的大旗，挑战传统的戏剧"文坛说"，将"戏剧学"这一学科在理论上从文坛剥离出来。在戏剧领域，陈多先生的学术贡献是多方面的，但最重大突出的贡献，就是他的"剧场说"。陈多先生的剧场说，问题的指向是直指古代戏剧研究的奠基人王国维先生的。王国维的戏剧史研究主要是从剧本文学着眼；而陈多先生认为戏曲剧本的首要任务是为登场，是为戏剧演出服务的。他还善于借鉴中外艺术经验，触类旁通，常别出心裁，语出惊人。例如运用电影"蒙太奇""特写镜头"的理论来分析戏曲艺术时空自由和特技、亮相、夸张表演等等特征，令人耳目一新。著名编剧余青峰认为，陈多老师对《桃花扇》的研究质疑，令人印象深刻。"这便是我所崇敬的学者，不盲从，不随大流，而是坚持自己的学术和人格素养。这大概也可以称得上陈老师戏曲美学之独特大美之处。"

陈多教授从戏文系主任的岗位上离休后，做到了离而不休，继续笔耕不止，为《戏剧艺术》《艺术百家》《艺海》等学术刊物撰稿，到黑龙江、广西、四川、云南等地讲学，始终保持了敏锐的思想锋芒和旺盛的学术生命力。韩国"中语中文学会"于 2002 年 5 月在汉城召开了"第一届中语中文学国际学术会议"，主题为"两岸中国语文学五十年研究之成就与方向"。陈多教授代表学院应邀出席会议，并作了"古代戏曲研究的检讨与展望"的报告。

三、在传达室设了一个"陈办"

陈多是上戏第一个学会使用电脑写作的老教师，20 世纪末就能在电脑上打出学术论文和整本书稿。2001 年 7 月，当他把近 30 万字的《戏曲美学》的书稿，发到四川人民出版社编辑手中时，得意地对我说："太神奇了！几十万字的书稿，只要用鼠标点一下'发送'，一秒钟就过去了"。记得那时，我才初学电脑，只会用"鸡啄米"的办法打字，听到他的这番话，佩服得五体投地。他个子不高，一个小小的脑袋，但是聪明绝顶。他是学话剧表演出身，曾因在曹禺的话剧《原野》中扮演"白傻子"获奖，后来转行研究戏曲史论。在 1977 年恢复高考时，居然能辅导一位邻居老师的女儿，帮助她补习代数几何，考上了大学，此事在戏剧学院传为美谈。

陈多老师离休后，在上戏的传达室里放了一把椅子，自称是设立了一个"陈办"，可以经常到这里"上班"。他说，除了上课，同事、朋友有事可以到这里找他。陈多教授爱看足球。他说，足球场内充满了真实的戏剧性，充满了变化多端的不确定性，写戏的作者最好多看点足球比赛。他自备一张名片，上面没有任何头衔，没有单位名称，只有四个醒目的大字："戏子陈多"。他告诉我，来到人间，一生只做了一件事：研究唱戏。但是，他的一生又充满了戏剧性，他比一般人看得透，想得开。有人说，演戏的是疯子，看戏的是痴子。"戏子"，往往是世俗对戏剧人的贬称，陈多教授却以此为荣、以此为乐。他平时很注意锻炼身体，据说洗澡是先用冷水冲洗，再到热水里泡泡，又再用冷水冲冲，如是再而三四，因而身体一向很好，从不感冒，到了秋天，依旧穿一条短裤，成为上戏校园里的一道独特风景。可惜的是，到了晚年，恶疾依然找到这个乐观开朗的老教授头上。

陈多教授到了生命的最后，还以积极的态度和病魔作斗争。他去世前一年秋天，我接到了他从第六人民医院病房打来的电话，他说："听说你在做'三讲'工作组组长，交通大学下面的医院归你联络。现在上海有家大医院正在试验一种治疗肺癌的新药，我自愿充当试药者，治疗有效，是我的福气，治疗无效，我也决不叹气。请你向六院推荐一下我这个老试药者。"我劝陈多老师安心治疗，保持一贯乐观的心态，并努力打听这种新药的试服情况，终因他的病情已到肺癌晚期，回天乏力。历经磨难坎坷又顽强奋斗、硕果累累、达观潇洒的陈多教授，于 2006 年 6 月 16 日因肺癌病逝。享年 78 岁。

作者简介：

戴平，教授，1960 年 9 月进上戏工作，曾任预科文化课教员，团委副书记。"文革"中，"四个面向"到中学任教 8 年。1978 年回上戏戏文系，任系党总支副书记等。1984 年 9 月任舞美系党总支书记。1988 年 8 月—2003 年，任副院长、党委副书记、书记。

多老和我的一段剧作因缘

孙祖平

多老，是人们对晚年陈多老师的尊称，是对陈多老师资历、资格和人品的一分敬重和礼赞。作为学生、后辈、属下，我与多老这么多年的交往基本是日常工作和生活的接触和联系，琐屑、平淡，波澜不惊，但也有一段别样的因缘：我第一部搬上舞台的话剧剧本《最后一片火焰》是在多老全方位的"介入"之下得以完成——

多老是我写作这部剧本的原始动因之一；

多老是这部剧本中一个重要角色的初始原型；

多老助力我完成这部剧本的材料收集和推上舞台。

日子久远，许多事情模糊不清了，但也有几个片断印象，每每想起，居然清晰如昨，历历在目。

1964 年，我考入上海戏剧学院戏剧文学系，新学年开学不久的一个下午，辅导员老师要我去系里拿一份材料，当时的戏剧文学系办公室在一幢小洋楼（现为"健吾楼"）的假三层，我两步台阶一步跨地噔噔上楼，直冲系办公室敞开的门前："报告！"只见一位正伏案写作的老师倏地起身，身穿背心的他一把抓起搭在椅背上的衬衣，忙不迭地穿上。这是一位小个子老师，年纪不大，小平头，鼻梁上架一副眼镜，问明来意，他从抽屉里找出材料交给我——我始终记得这个情急慌忙乱套衬衣的情景——正值上海秋老虎天气，被烈日炙烤的假三层办公室闷热难耐，光着膀子工作情有可原；衣冠整齐地接待学生自然是对学生的一份尊重，但总感觉这位老师的反应有点过于"紧张"。后来，在校园遇见这位老师，我都会恭恭敬敬叫一声："老师好！"而老师总是局促地点点头，喉咙里发出些许含糊的应答声响，头也不回地匆匆离去。全然不像其他老师那样，从容自如地回你一个招呼。日子久了才知道，这位小个子老师叫陈多，是个右派分子。

噢，我像是有点明白些什么了。

多老在系办公室工作，不任教授课，和学生基本无交集，不来往。直到"文革"爆发，受"右派分子"牵累，多老成为最早一批被冲击的对象——说来有点奇怪，那会儿，师道尊严是早就不讲了；有"问题"的老师早就被查了个底朝天，但在我的记忆中，多老"右派分子"名分下居然不曾有过什么可被"清算"的陈年旧账，而且，也没有任何可被抓揪的现行"劣迹"。相反，私底下为我们所津津乐道、口耳相传的反倒是有关多老的一些传闻轶事：

他被定为"右派分子"，是在他举行婚礼的第二天向他宣布的，那年，他29岁。（简直就是小说、戏剧中的情节，这给我留下极其深刻的印象）

他赴北京参加由中国剧协召开的元末南戏《琵琶记》讨论会，发表的言论和论文曾名举剧界，那年，他28岁。（也曾崭然见头角，一个有学问的人）

新中国成立前，他是上海市立实验戏剧学校（上海戏剧学院前身）中共地下党的支部书记！那时的他20岁左右吧。（真让人大吃一惊！当时的我们以为，这是一个跟戏剧学院党委书记一般的重要干部）

被划为"右派分子"后，每逢周日，他都会携妻外出，到南京路找一家馆子"撮"上一顿，从第一家开始，一路依次，一家一家轮换，直吃到最后一家。（有点匪夷所思吧，听得我们一愣一愣的，同班老同学传播这个段子时眉飞色舞的神情，我至今留有印象）

在我们学生的眼中，陈多老师是一个带有某种传奇色彩的人物。大多数同学对他不排斥，甚至抱有好感。

1969 年底，我跟多老有了第一次"亲密接触"。为"战备疏散"，上海戏剧学院全体在校师生被转移至上海郊区嘉定县的外冈公社，戏剧文学系仅有在校的一个班 29 名学生和二十几名教师及工宣队、军宣队数人共六十几号人，被安置在外冈东横浜的两个生产队（自然村）。我们男同学和男老师杂居一间 30 多平方米的大茅草屋——从打谷场的草垛搬来一捆捆稻草，沿墙就泥地铺两长排草铺，压上被褥，有点像北方大车店那样的大统铺，被褥挨着被褥，枕头靠着枕头。我的铺位左侧是一位同班同学，已经记不准是谁了；右侧是多老，之所以记得，是因为当晚老师们先后就寝，我们这些学生还在聊天说笑，坐在被窝中的我，不经意低头瞥一眼身旁已经入睡的多老，不由吃了一惊，只见他下巴压着被口，已经摘去眼镜的脸朝我一边侧着，如此近距离，见到的竟是一张神态安详、且光洁、细腻、稚嫩的脸！一张婴儿的脸！第二天，我兴致勃勃地把我昨晚的"发现"和"观感"告知多老，还强调说，像个"小毛头"。他愣了愣，想说什么，又不知道该说什么，似乎晃了下脸，忙他自己的事去了。

没过多久，学校把学生宿舍的上下铺木床拆了，运到我们住地，大多数人有了一张自己的铺位，多老被指定为"伙头军"，住进了"炊事班"宿舍。"炊事班"六七个人，除了由学校专派的掌勺"大厨"（一位大家都叫他为"小李子"的苏北籍的中年食堂师傅），其他几位都是入"另册"受审查却又没有结论被挂着的对象：一位学院的"走资派"；三位我们班的同学，如班上年纪最长的班长大哥，原是复员军人、钢铁厂工人，只因他的父亲是资本家（解放前的银行高管）；另两位都是"因言获罪"，如那位女同学只不过是私底下说过几句带情绪的话，被上纲上线至政治问题。多老自然是因他的"右派"身份。"炊事班"须保障全系 60 多人的一日三餐，平均每人负责 10 个人每一天的吃和喝，任务繁重，容不得半点敷衍塞责。多老在"炊事班"的分工是财务和采购：到日子了，会肩头斜挎一只旧人造革包，脖颈上系根细绳，挂一算盘，右手握笔，左手捧一练习簿，照着花名册挨个收取每个人当月的伙食费。有同学、老师开玩笑："黄世仁、穆仁智收租来了。"他不气不恼，一笑了之。每天天不亮，多老须跟车到镇上赶集，选菜、买菜、购粮、运粮；回厨房后当下手，帮着淘米、煮饭、洗菜、炒菜；满一个月，做出一张详尽的收支明细表，一分一厘算得清清楚楚，张贴在厨房门旁的墙壁上。

"炊事班"以外的我们，每天不是开会、学习，就是下地干农活，割稻、翻地、挑猪塮、施肥……现在回想起来，大多的日子无聊无趣，还值得有点留恋的，竟然是一日三餐在午饭时经常出现的红烧狮子头！这是大师傅小李子的拿手好菜，圆圆的酱色一坨，散发着诱人的香气，令人垂涎欲滴，是我们当时的最爱。多年以后，在上海沪剧团当编剧的班长大哥透露一个"秘密"：一次，因大厨小李子操作不慎，一大盆红烧狮子头打翻在泥地，这在当时可是一个不知会有什么严重后果的"重大事故"！包括多老在内的他们，赶紧从地上捞起红烧狮子头，洗净、回锅、加料，重新烹饪调制。开饭时，一干人惴惴不安地从厨房窥看外面动静，见大家跟往常一样津津有味地享用完午餐，这才松了一口气。他们相约，谁都不往外泄露这一"秘密"。

"文革"结束，1978年，拨乱反正，落实政策，多老的"右派"问题终于得以改正，届时，多老50岁。1980年，多老受命（任班主任）和周端木老师（任辅导员）搭档，招收1980级编剧进修班，我有幸和袁能贤、曹路生两位老师一起，忝列这个班的教学组成员，在前辈老师的领导和指导下工作、学习。

我先是跟随多老赴河南招考点郑州招生（周端木老师带另一组去了长沙）。那天，我们一行三人上了火车，待车启动，多老从人造革包里取出一只原是装水果的广口罐瓶、两个铝制小饭盒，放置小桌上，一一打开，一盒是一颗颗粉红油色的花生米，一盒是一片片暗红酱色的小腊肠，再拧开杯盖，一股醇厚清香扑鼻而来，是一杯白酒。

"来，一起喝，随便吃。"多老对着我们说，捧起一本书，看了起来。

列车自带节奏，咣当咣当飞驰。渐渐，多老的两颊泛起红晕，眼神也有点迷离。"我歇一会儿。"打过招呼，多老倚靠身后的被褥枕头，脸朝内，就势在下铺位躺下。

望着多老屈膝侧卧的背影，那是我熟悉的一种姿态，想到的是我的母亲。父亲不幸早逝，一家子的生活重担压在母亲肩上，以往不怎么沾酒的她，常会在晚饭时喝上点黄酒，日久成瘾。我们吃完饭，收去碗筷，母亲仍坐着浅斟慢酌，不时自言自语几句，喝得差不多了，便蹒跚床前，就势脸朝墙壁，侧卧躺下——暂刻忘却日子的累和苦，为自己解乏，解压；更为一觉醒来，一如既往地扛硬抗压，打拼生活——多老也是孤酒独饮的吧？29岁那年，一闷棍打得他目瞪口呆，不知所措，那年，我第一次见到多老，他忙乱套上衬衣，应该真的是过于"紧张"——下意识的心有余悸和谨小慎微。"何以解忧，唯有杜康"，自酌自饮，饮泪，饮忍。好在还能读书，与书为伴，醉心于中国戏曲历史和理论的研究，自得其乐，乐以忘忧。20年静水流深，重上讲台，多老已是中国戏曲研究领域一名学养深厚的著名学者。

招生很是顺利，从众多报名者中选拔了30余名学员，来自全国十五个省市，日后，这个班涌现出一批以福建梨园戏王仁杰、河南豫剧孟华等为代表的杰出剧作家。

在多老主持的编剧进修班，我参加了由我的恩师、大学时代的班主任周端木老师领衔的"编剧概论"课程建设，负责"戏剧的题材与主题""戏剧冲突"等章节的堂课讲授和教材编写，并完成能供发表的文章。这是我自参加工作以来，在专业领域取得的第一批重要收获，虽然沿袭的仍是前辈顾仲彝教授《编剧理论与技巧》的思路和体系，对我却是一次专业入门的系统学习和深切领悟。作为上海戏剧学院戏剧文学系戏剧写作教研室的一名教师，须具备两种基本素质：懂得如何编剧的理论；自己会写作剧本。两种素质互通互补，方能胜任指导学生剧本写作的教学岗位。于前者，我已迈出第一步；于后者，却始终茫无头绪。只是在学生时代写作过几个独幕剧作业，练习性的习作而已，自己尚不会写作剧本，怎么能施教他人写作剧本？岂不是自己不会游泳，却要教别人怎么游泳？自己不会开车，却要教别人怎么开车？以其昏昏，使人昭昭，是不是很荒唐？很荒谬？为了取得上课的话语权，我非常用功地写作了一个又一个剧本，一个又一个的剧本都自生自灭，练手的习作而已。

心心念念着能写作一个搬上舞台剧场或银幕荧屏的剧本，梦想着那由蛹化蝶时刻的绚烂辉煌，却始终摸索在暗黑的隧道。

恰逢上海戏剧学院建校40周年（1985年），学院很早就着手作院庆的准备，我突发奇想，能不能写一部以老院长熊佛西为主角的话剧？十年"文革"之后，蓦然回首，人们惊讶地发现，那些曾一度被轻视、无视甚至蔑视的文化先辈，他们筚路蓝缕开创的事业竟是如此宏伟！形象竟是如此高大！熊佛西，中国话剧运动先驱之一，中国现代戏剧教育的开拓者和奠基人，拥有这样一位老院长，我们何其幸运！"高山仰止，景行行止"，写作一部以熊院长为主角的话剧，其意义不言而喻。

几乎同时想到的是多老——当年，他可是中共上海市立实验戏剧学校地下党的负责人……

可以多老为模特，在剧中安排一个青春朝气，却是命途多舛的角色！

老院长和这个角色之间会有人生轨迹的交会和交响！

这个戏可以从上海临解放前的那一刻开写！

八字尚无一撇，剧中两个最为重要的角色却已然凸显！

隧道尽头透进一丝光亮！

我告诉自己：去找当事人——陈多老师！

届时，多老刚出任戏剧文学系主任，主持全系日常工作；研究、支持戏曲写作专业建设；带"文革"后首届硕士研究生；发表文章、出版专著；又当上市政协委员，参政议政；忙得不亦乐乎。我敲开系主任办公室的门——

我告诉多老，我想为院庆写一个熊院长的戏。

多老愣了愣，嘴里嗯嗯着，应该是很觉意外，一时不知如何回应我——想想也是，我本就一个剧本创作的白丁，想写？谁不想写！你能写吗——多老沉吟了一会儿，问我，需要他做些什么？

希望陈多老师能为我介绍一些当年熊院长和老剧校的往事（没有提及采访

多老个人的过往，压根儿没想过要问，下意识地回避了这一问题），越详尽越好。跟多老说话聊事，无需紧张，无关利害，不刻意、不造作、不矫情、不夸饰就行，直截了当，实话实说。

重新出山的多老宅心仁厚，与人为善，一般不会拒绝他人的求助。

当即，在办公室，多老边回想边跟我聊叙起老院长和老剧校，断断续续，拉拉杂杂，有一句没一句地，想到什么说什么，想到哪里说哪里……有一件"趣事"令我印象深刻：1952 年，上海文艺界思想整风，老院长要以上海市人民政府文教委员、文艺整风学习分组主任委员的身份，带头在全市文艺界大会作学习发言，对自己的思想作一次清算和检查——这是他有生以来头一次作思想检查，怎么也写不好一份书面检查的文稿，最后，由他的几个学生帮忙代笔，集体"创作"，才最终得以完成他人生的第一份检查……

我本能地意识到，这是可以入戏的！

根据这份检查曾在报纸发表的线索，我到图书馆翻检了当年的上海报刊，查找到熊院长发表在《文汇报》《大公报》上的发言全文，一字一句地抄录，又一字一句细读、感受……

多老又把他剧校时代的老同学、老朋友介绍给我，我一一登门请教，都是50 岁开外的剧校前辈学长，他们如数家珍般地给我讲述他们知道的熊校（院）长和老剧校，给我看他们收集的熊院长的照片和他们回忆熊院长的手稿……我又拜访了在学校表演系任教的熊师母郑绮园老师，从家人的角度感受熊院长日常生活的点点滴滴……

我开始构思未来的剧本。生活中的熊院长性格外向，热情、爽朗、率真，遵循人物的性格特点演绎故事，想象中的场面效果常让我忍俊不禁，兴味盎然；原先以多老为原型的学生弟子逐渐演变，与我采访到的其他几个同类原型融合，像鲁迅先生所说的那样，"杂取种种人，合成一个"青春朝气、有点锋芒毕露的角色形象；那个弟子代写检查的材料被提炼为能延续两场的关节情节……待到暑假，我卷起一卷凉席和毛巾毯，住进学校办公室，潜心写作。新学期开学前，我拉出多场次话剧《最后一片火焰》全稿。

已记不清剧本是怎样呈交学院领导的了，留有记忆的是，一个晚上，在院部会议室（现为院长办公室）组织了一个剧本座谈会，几位现任和前任院领导，包括多老在内，一些在校任教的熊院长当年的学生，到场参加讨论。大家说了一些肯定、鼓励的话，同时给剧本挑毛病、提建议、出点子。主持会议的院领导最后作总结：集全院之力，在院庆时推出这部戏。

这部剧的排练、演出甚是顺利；剧本也随之在上海一家杂志发表。

《最后一片火焰》是我第一部得以化蛹为蝶的剧本，是在多老实实在在的影响、帮助和扶持下，于我剧本写作蹒跚学步之际，跨出至关重要的第一步。此后，我或跟跄、或健步地前行，写作了一部又一部的舞台剧、电影、电视剧和广播剧剧本。

剧本创作成功和失败的经验或是教训，助力我起步于编剧进修班时的编剧理论研究能力取得长足进步，不仅能对症下药地指导学生的剧本写作，同时也能把脉诊断自己写作的剧本——在 20 多年之后，我能十分自觉和理性地意识到我当年煞费苦心创作的《最后一片火焰》所存在的重大缺失：单一着力于主人公"人生戏剧"的表达，而忽略了对主人公"戏剧人生"的全面观照，剧中的老院长尚缺失作为大师级戏剧家和戏剧教育家的质素和风采。2015 年，以《最后一片火焰》为蓝本，我重新构思、写作了第二版剧本《我们的熊院长》；2019 年、2020 年，再度作大幅度修改，完成第三版剧本《熊佛西》。

2019 年 12 月 1 日，上海戏剧学院建校 74 周年，2020 年 12 月 1 日，上海戏剧学院建校 75 周年暨熊佛西诞辰 120 周年，多场次话剧《熊佛西》分别以两种不同的呈现形式献演于上海戏剧学院实验剧院。舞台上的熊院长神采焕然，生气勃勃，和他的学生们演绎着几代戏剧人矢志不渝的追求：心中揣着一团腾腾的火，一心想着去点燃人们心头那一片光明的火焰！随着剧情的推进，剧场里的掌声一阵一阵地响起，气氛温馨、热烈。作为编剧，我深感欣慰，同时深怀敬意——

感恩我们的老院长熊佛西和他开创的事业！

感谢多老，给予我写作《熊佛西》全方位的支持和帮助！

《熊佛西》源自第一版《最后一片火焰》，尽管作了许多重大修改，那个弟子们帮忙写检讨的情节仍在，是多老提供给我的材料；那个婚礼仍在，是我当学生时听闻的多老逸事；那个命途多舛的学生仍在，多老是这个角色的原始形象依据……

一切都缘起于 1964 年的秋天，我第一次遇见多老……

作者简介：

孙祖平，上海戏剧学院戏剧文学系教授。1964 年考入上海戏剧学院戏剧文学系编剧专业（1964—1969），1970 年留校，任戏剧写作教研室教师，长期从事戏剧（影视）创作理论和实践的教学，曾任戏剧文学系副主任、电视艺术系主任。

"一壶水"与"一餐饭"——怀念我的两位陈姓老师

罗怀臻

回顾生平，我有很多老师，其中有两位陈姓老师，对我影响至深。一位是戏曲理论家陈多，一位是剧作家陈西汀。我在戏剧理论、戏剧创作方面的素养，主要受业于他们，他们是我终身不能忘怀的师长。

1983 年，我还是江苏淮阴市（今淮安市）淮剧团的演员，业余时间也尝试着编写剧本。偶然的机会，去到上海戏剧学院戏剧文学系进修。进修班的班主任是著名戏曲理论家、时任戏剧文学系主任的陈多老师。陈多老师听说我白天在进修班上课，晚上自修电视大学中文专业的课程，因为晚上学生宿舍熄灯早，我会立在走廊上或就着传达室户外窗口的灯光夜读。陈多老师让人把我叫到他的办公室，对我说："系主任办公室夜间不熄灯，学生宿舍熄灯后你就到我的办公室学习，我给你配了一把钥匙，你不要对别人说。"

自那晚起，学生宿舍熄灯后我就悄悄溜进陈多老师的办公室、坐在他的办公桌前学习。第一晚学到深夜，口渴了，下意识试了试陈多老师办公桌上的竹壳热水瓶，水是满的。打开壶塞，水是烫的。我也没多想，便倒出来喝了。次日晨，趁着陈多老师还没到办公室，我提前去学校热水房把热水瓶注满，再原封不动地放在陈多老师的办公桌上。

第二天见到陈多老师，匆忙间我没说，陈多老师也没问。当晚夜读，竟发现陈多老师办公桌上的热水瓶又是满的。我开始纳闷了，陈多老师是出了名的

与陈多老师合影

茶客，什么时候见到他手上都捧着一个大茶杯，杯子里的茶叶涨得满满的。陈多老师怎么会一天工作下班后热水瓶里的水还是满的，还是烫的？我马上意识到那是陈多老师特意为我熬夜读书预备的一壶水，他是在下班离校前去到热水房把那一壶水注满的。忽然意识到了后，心头为之一热、为之一颤，再喝那壶水，就感觉到了一股注入身体的热量，感觉到了面前温暖的光亮。早晨，我也会满满地为陈多老师把热水续上。但是，无论是在教室里听陈多老师的课，无论是在校园里与陈多老师不经意邂逅，也无论是在陈多老师家里聊天说戏，老师和学生都没有把那一壶水的默契说破。老师对学生的关怀，学生对老师的感恩，便在那一早一晚的一壶热水中默默延续、默默加深……进修结业归还老师钥匙时仍然没有说，两年后我从江苏调动进了上海再与老师重逢时还是没有说，在上海与老师相处交往的二十年里一直都没说，直到 2006 年老师临终前我看护在他的病床前，我见老师默不作声地望着我，我想说"老师每晚为我留着的那壶水温暖并激励了我一生"，可老师没让我说出口，他只是慈祥地看着我，心领神会地点了点头……

我称陈多为老师，称陈西汀为先生，陈西汀先生是我在上海戏剧学院进修时，陈多老师为我们那个进修班外请的剧本创作指导老师，陈多老师把我安排给了陈西汀先生。陈西汀先生是位高山仰止的大剧作家，他曾为京剧的周信芳、盖叫天、童芷苓、孙正阳，为昆剧的梁谷音、计镇华等著名戏曲演员创作过脍炙人口的作品。在上海进修的一年间，西汀先生精心指导我创作了我的第一部京剧剧本《古优传奇》。

一年进修时间倏忽而过，告别了上海的我，却不知道西汀先生在我离开上海的次日便亲自去到上海艺术研究所，向该所主办的杂志《新剧作》推荐发表我的习作《古优传奇》。

西汀先生这么着急地想让我的剧本在上海发表，是因为之前我们有过一次对话。他问我有没有可能来上海工作？我说这不可能，因为我是初中学历，外地户口，最主要当时我是工人编制，而上海的剧团都是事业编制、干部身份，我不具备异地调动的条件。西汀先生又问怎么才能变成干部的编制呢？我说除非有突出的成就，当时叫"转干"——转为国家干部。西汀先生想到的办法就是让我的作品发表在上海的《新剧作》上。上海《新剧作》、北京《剧本》，在当时号称中国面向全国发表剧本最权威的"南北双刊"，哪位剧作者在其中一家发表了大戏剧本，那么他的一生就算是很有成就了。

西汀先生坐在编辑部等结果。《新剧作》主编顾宝璋说，陈先生您把剧本留下来，先回家吃午饭，有结果我打电话告诉您。西汀先生说不行，我这个学生迫切需要发表这个剧本，你能不能立马给个意见。顾主编说您到隔壁坐会儿，我这就看。一会儿顾主编过来说，剧本特别好，但他一个人决定不了，要请汪培副主编也看看。等到两位主编都看了，已经是下午一点多钟了。西汀先生就一直坐在那里等着，误了他中午的一餐饭。直到两位主编告诉他，他们决定发表了，发头条，把送印刷厂的那个头条先撤回来。有了这个话，饥肠辘辘的西汀先生才起身回家。临行，西汀先生还是不放心地对两位主编说，你们要相信我看人看剧本的经验，罗怀臻是位年轻的编剧人才，我想把他推荐到上海来，他现在需要发表这个剧本。

我拿着决定刊用我的剧本《古优传奇》的《新剧作》用稿通知和陈西汀、陈多两位老师联名写给淮阴市相关领导的推荐信，叩开了淮阴市人事局的大门，材料送进去的一个星期后，我便摇身一变成为了"国家干部"。在我离开上海的两年之后，便在陈西汀、陈多等老师的力荐之下通过上海市的"特殊人才"通道从苏北小城迁居到了大上海。从此，有了更广阔的戏剧与人生的舞台。

陈西汀先生和陈多老师先后故去后，我时常会回想他们，也时常会对我的学生们讲那一壶水和一餐饭的故事，讲那一壶水和一餐饭对我一生的影响与激励。

作者简介：

罗怀臻，当代著名剧作家，1983年及1991年先后就读于上戏戏文系举办的"戏曲创作进修班"和"戏曲高级编剧进修班"。中国戏剧家协会顾问，中国文艺评论家协会顾问，国家艺术基金专家委员会委员，中宣部"四个一批"人才，享受国务院专家特殊津贴，现任上海市剧本创作中心一级编剧，上海戏剧学院教授，中国艺术研究院博士研究生导师。

细微之处见精神——从陈多为范纪曼写悼词说起

沈炜元

在网上有"红色特工"之称的范纪曼获平反以后，被安排在我院戏剧文学系。一九九〇年，范纪曼先生以八十四岁高龄逝世。学院领导经认真考虑，决定请陈多老师为范纪曼撰写悼词。

我想院领导这样决定，是因为陈多是学院的老人。20世纪40年代末，在范纪曼被聘为学院教授、主讲艺术欣赏课程时，陈多不但是学院的学生，而且是学院中共地下党支部成员，是这一段历史的共同经历者。但当时陈多也年近古稀，对于范纪曼的去世，难免有惺惺相惜的感觉。然而，他还是爽朗地接受了这一任务，只说了一句："我也是七十岁的人了，希望以后不要将这种任务交给我了。"

范纪曼的追悼会开得庄严肃穆，党委领导致悼词。与会者既惊异于逝者的传奇经历，又为悼词能深入剖析逝者的精神世界而叹服。一般来说，悼词书写一受逝者生平的限制，二受组织上对其评价的制约，执笔者个人发挥的余地是有限的。但是，陈多为范纪曼写的这份悼词，既以简洁的笔墨恰到好处地回顾了逝者的经历，又能深入逝者心理，作出令人信服的分析。细读悼词，使我们颇能联想到陈多与范纪曼一些相似的经历，进而领悟到蕴含其中的一些韵外之旨。

范纪曼，四川梁山县人。一九二五年他在武汉加入中国共产主义青年团，并于翌年转为中国共产党党员。一九二九年被派到上海进行地下工作，后因叛徒出卖被法租界巡捕房逮捕。出狱后，范纪曼与组织失去联系。后来，他虽然找到了党，但暂时未能恢复组织关系，而只是建立了工作关系。悼词中指出："范纪曼同志本着名义上可以不是共产党员，但'革命工作当然不可不做'的坚定信念，长期继续以各种社会身份做掩护，积极从事党的地下工作。"抗日战争时期，他按照党的指示，一度深入到汪伪的中央大学当训育主任，努力搜集日本情报。太平洋战争爆发后，日寇占领上海租界，范纪曼冒着极大的风险，协助有关同志将我党设立在上海的一座秘密电台搬至自己家里，掩护发报，保持住了与延安总部红色电波的畅通。抗战胜利后，他又打入南京国防部二厅任少将代理专员，为我党获取了不少有价值的机密情报。例如他提供了蒋介石的总部移驻台湾的重要情报，使我党能及时掌握敌人的战略部署。解放初期，范纪曼又先后协助上海市公安局破获了蒋特潜伏在沪的电台八部和潜伏特务多人。非常不幸的是，这样一位毕生为党、为祖国的解放事业作出了重要贡献的老同志，在一九五五年竟因受潘杨冤案牵连而身陷图圄达二十年之久！直到党的十一届三中全会以后，范纪曼同志的冤案才得以平反。随之他立即提出申请，要求恢复党籍。经我院党委认真调查取证，报请中央组织部批准，终于在一九八四年十二月恢复了范纪曼同志自一九二六年转党起的党籍，实现了他数十年梦寐以求回到党怀抱里来的愿望。

在悼词的最后，陈多满怀深情地指出："范纪曼同志最突出、最值得我们认真学习的高贵思想品质，还在于他对马克思主义、对共产主义事业的自觉的坚定信念，他一生经历坎坷，备受艰险，饱尝磨难，始终耿耿此心，虽九死而犹未悔。正是由于有着这种坚定的、永不动摇的信念，才使得他尽管离开了党的组织关系达数十年之久，但始终自觉地严格按党员标准要求自己，为党工作，并从未中断寻找党组织，要求回到党的队伍的努力；才使得他无论是处于解放前对敌隐蔽斗争的艰难岁月，或是建国后无端蒙受冤屈的漫长年代，对党的信念始终不渝……"

陈多在写这些文字时或许联想到自己的人生遭遇，或许他只是潜心于对范纪曼人生经历与思想情感的阐述。但是不管怎样，这两位前辈的阅历与精神世界是颇有相似相通之处的。

如前所述，陈多是剧校中共地下党支部的负责人之一。在迎解放那段兵荒马乱的年月里，他和支部的其他同志一起，组织同学们储粮应变，争取生存。新中国成立后，积极投身教学和演出。但在一九五七年，却被定为右派分子。这桩冤案使陈多忍辱负重二十多年。特别在十年动乱中，由于上戏是"文革"重灾区，陈多这样的"牛鬼蛇神"所遭受的各种羞辱更是一言难尽！但陈多对党的信念始终不变。一九七八年，冤假错案得到改正。陈多与全国知识分子一样，迎来了生命中的又一个春天。80年代，经戏文系教师无记名投票，陈多被选为戏文系负责人。他和系里其他同志一起，关怀教师，凝聚人心，使系里进一步显现出蒸蒸日上的新局面。那时，我在一本科班任辅导员，班主任是荣广润。班上开了一门语言学讲座课，教师是从上海师范大学中文系请的，其中一位教授年纪已在七十上下。老先生来上课那天早晨，我和荣老师早早来到课堂恭候。我们刚到教室，发现陈多老师也赶来了。当时他已住在龙华，从家到学院要比我们远。等上师大的老先生到场时，陈老师以系负责人的身份率先迎上前去亲切问候。这固然是小事一桩，但在当下"官本位"现象盛行的情况下，想起这样尊重人才的细节，使人倍感温暖。

作为戏剧教育的资深教授，陈多在新时期的突出贡献主要体现在教学和科研上。20世纪80年代上海戏剧学院得益于改革开放的春风，谱写出艺术教育改革的新篇章。在戏剧文学系，随着新招的戏曲创作进修班的开班，师生都已不满足于以往此类班级只开"诗词写作""唱词写作"这样的课。经陈多、宋光祖、田雨澍等老师的认真备课，"戏曲编剧概论"这门新课终于开出来了。"戏曲编剧概论"不套用话剧的编剧理论，而是根据戏曲的特点，着重论证和探讨戏曲剧本撰写的规律和技巧，因此能得到主攻戏曲编剧学生的欢迎和好评。与此同时，陈多还向学生讲授另一门新课"戏曲美学"。他在上"戏曲美学"的过程中，不断思考，不断调整，最终将戏曲的美学特征概括为"舞容歌声，动人以情，意主形从，美形取胜"。他的这种概括，与戏曲理论界将戏曲特征归纳为综合性、节奏型、虚拟性、程式性的说法不同，具有较强的创新性和学术性。二〇〇一年，《戏曲美学》经作者再一次修订整理后，由四川人民出版社出版。

陈多是中国戏曲史研究专家，他于管理、教学之余，埋头学问，辛勤耕耘，成果丰硕。至二〇〇四年，陈多共发表论文一百二十余篇，并在此基础上，出版《剧史新说》与《剧史思辨》两本论文集。这些文章本着"为学要不疑处有疑"的精神，针对戏曲研究中习见成说的"主流派"观点提出商榷。文章新见迭出，但能"持之有故，言之有理"，绝不故作惊人之语。陈多做学问，并不是为钻故纸堆，为研究而研究。正如他在《剧史思辨》后记中所说，"研究戏曲发展轨迹的目的，最后应当落实在对今后戏曲发展道路提供可资借鉴、参考的意见"。这就是"以史为鉴话当今"，就是一位老共产党员对党的戏剧事业的拳拳之心！

"日午画舫桥下过，衣香人影太匆匆"。而今，范纪曼先生已逝世三十多年，陈多老师离开我们也已二十多年。但两位前辈对党的信念始终不渝的精神是永远值得我们缅怀和学习的。

作者简介：

沈炜元，1973 年进入戏文系学习，1976 年毕业留校，在戏文系文艺理论教研室，讲授"艺术概论"等课程。80 年代中期调入学院党委办公室等党政管理部门工作。2004 年调入《戏剧艺术》编辑部。2011 年退休。撰写发表过论文若干篇，文章主要涉及两大方面，一是呼唤艺术创造中的主体性，认为艺术家在创作活动中主体精神应进入充分自由状态。二是关注艺术教育，强调艺术家本身人格修养的提升。

陈多先生：上海戏剧学院戏文系的金牌教授
——写在上戏建院 75 周年之际

谢柏梁

一所大学，当然是以其代表性的学者教授作为大厦堂庑的栋梁；一个院系，自然是以具备领军意义的教师作为桃李不言，下自成蹊的金字招牌。我想，陈多先生，就是上海戏剧学院华堂锦屋的栋梁之一，更是戏文系最有影响的老系主任和金牌教授。

一、家世渊源

小陈多 1928 年降生在东北的兆南。年甫两岁，陈多随母亲到北京，一住就是 12 年。他是著名的北师大附中的高才生之一，所以一开口就是字正腔圆的"京片子"。此后，他又先后到苏州、徐州、福州读书，在南北东西的辗转求学过程中，接纳了江山的灵慧之气，养成了不同文化与地域的包容之感。

他的曾祖母是一位了不起的教育家，曾于民国初年在长沙开办过女子师范学堂。曾祖母还酷爱戏剧艺术，为此特意开了一家戏院，专门从上海请欧阳予倩、陈大悲等著名艺术家来长沙演戏。

他的祖父陈天听烈士，在辛亥革命前就赴日留学。毕业乘船归国时，忧国忧民的陈天听因愤慨于日本帝国主义的侵略与压迫，毅然蹈海自尽，以期唤醒国民。他的义举感染了很多革命志士，辛亥革命后，他被国民政府追认为烈士。

阿英所编《辛亥革命烈士诗文钞》中，便收有陈天听的遗诗。

他的父亲陈国翰，曾在长沙女子师范教过书，与学生张壁辉跨越师生名分，恋爱结婚。之后转到法学界，成为一位不苟言笑的大法官。母亲张壁辉，喜水墨丹青、吹箫唱曲，都有一定造诣。

作为诗书礼仪世家和爱国烈士家族，陈家除了让三儿一女接受正规的学堂教育外，另外还延聘了一位家庭女塾师教导儿女们。这位女塾师是旗人，曾在皇宫中陪公主读书，不仅淹通经书，而且精于英文和数学等新学。在她的严格教诲下，小陈多从小就能背诵《四书》，打下了较好的国学底子。

如此家世与环境，出革命家也好，出哲学家也好，出戏剧家也罢，全都理所应当。因此陈家四兄妹，都是大学毕业生，都有体面的职业。从旧家长的眼光来看，最为离经叛道、不听管教的孩子，还是生性活泼、钟情戏剧的小陈多。

二、追求戏剧

从曾祖母爱戏如命的雅好开始，也继承了母亲的艺术基因，陈多自小就与戏剧结下了不解之缘。除了苦读经书、出入学堂之外，小陈多还不失时机地跑戏院、赶堂会，不知看过了多少出京戏。高庆奎、谭富英、马连良等名角的戏，他都可以背出来、哼出声、唱起来了。

新式小学毕业时，必须要有一个颇为热闹的联欢晚会。小陈多抓住时机，自编自演了一出算命先生在人前算天算地、算鬼算神，但却算不出自家失火，闻讯后仓皇逃窜的喜剧。这出喜剧拉开了陈多先生戏剧人生的序幕，从此一发而不可收。陈多在初中时代便正式参加了学校剧团。初中毕业后，又加入了苏州中艺剧团的《浮生六记》剧组。大牌明星郑重演父亲沈三白，国立剧专第一期毕业的丁芝演母亲芸娘，小陈多则扮演他们的儿子。这是陈多先生参与的第一次专业演剧活动。

在徐州求学期间，陈多亦积极参加戏剧活动。他曾与一二同学相约，立下

陈多老师

豪言壮语：十年之后台上见！为了这一份约定，为了对艺术的追求，为了发扬光大当年曾祖母撒播下的戏剧种子，在1947年报考大学时，陈多义无反顾地选择了戏剧院校。

作为名门望族之后和大法官的小公子，陈多居然要"宦门子弟错立身"，这当然是陈家所绝不能通融的原则问题。为了不使父亲察觉，陈多明修栈道、暗度陈仓，以到上海读法学院为名，又转道横浜桥的上海市立实验戏剧学校读书。当然，西洋镜总有被戳穿的时候，当大学生陈多返家度假时，家人发现其所携带的图书，尽是《演员的自我修养》等书。于是陈多之心，家人尽知；但是木已成舟，只得徒叹奈何。父亲即刻斥责说：不肖子弟，粉墨登场，有辱家门！

然而陈多追求戏剧、投身艺术的决心，虽九死而不悔。从此，中国少了一位大法官，多了一位戏剧家。在杨村彬编剧的《清宫外史》演出中，胡庆树等杰出校友演得风生水起，陈先生只是其中的一位小跟班而已。但在几个月的排练过程中，唯一不迟到早退的演员就是他。

上戏的首任院长是哈佛大学文学硕士熊佛西先生。他回国之后，先后在燕京大学、北京大学任教，后来又主政戏剧院校。他一直以"戏子"自居，绝不自命清高。作为熊先生的嫡门弟子，戏文系主任陈多教授广发天下的名片，一向只有掷地有声的4个字：陈多——戏子。

三、表演票友与史论专家

尽管陈多先生读了三年表演系，又是历经了上海市立实验戏剧学校、中央戏剧学院华东分院和上海戏剧学院的"三朝元老"，然而陈多还是认为自己是"票友"。

陈多读书时参加了中共地下党组织，毕业后先当表演课助教，但不久后担任校长秘书和上戏党支书。专事行政工作后，陈多先生颇感遗憾。再三参订后，陈多选择了中国戏剧史研究。他会表演、懂戏剧，文史基础好，善于思辨、勇于推翻成说，因此成了一位独树一帜的戏剧史专家。

在戏剧史研究领域中，将陈多引入门庭的导师首推赵景深先生。是他介绍陈多购买《元曲选》《曲苑》丛书等必备著作。另一位导师是董每勘先生，他也在苏州和上戏执教过。董先生贯通古今中外，关于中外戏剧的几本简史也写得引人入胜，所以陈多一直以董门弟子自居。陈多的第一篇万字学术论文，就体现了独立的思考。1954年，陈多在《戏剧报》上发表文章，对戏剧史权威周贻白的某些学术观念提出异议。周先生认为宫廷演剧值得重视，岳飞也有可褒贬处。陈多表达了不同意见，认为烦琐考证的治学法，亦不可取。陈文一出，周贻白的两大弟子傅晓航、祝肇年也起来响应，但相对而言较为实事求是。1955年，陈多发表了《试谈高则诚〈琵琶记〉》。次年，陈多参加全国性的《琵琶记》研讨会，对该剧予以了否定。从此，专做反面文章的陈多声名鹊起。

大起必有大落。陈多新作《试谈李笠翁的写剧理论》尚未连载完，戏剧性的反转就开始了。上戏反右办公室的陈多主任，因同情右派，立场不稳，自己也被划入了右派行列。右派帽子一戴就是22年，直到1979年才被摘下。然而命运上的不幸，却是学问上的大幸。陈多在逆境中坚持读书，善于思考。新时期以来，陈多先生厚积薄发，先后出版了《李笠翁曲话》、《王骥德曲律》、《中国历代剧论选》(后两部系与叶长海合著)、《剧史新说》和《中国戏曲美学》，从而树立起自己独具光彩的学术堂庑。《中国历代剧论选》因其选篇之精、诠释之妙，已经成为各界学生学习最多的一部教材。

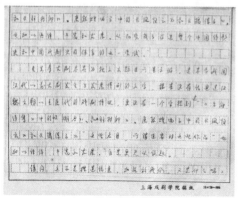

四、《剧史新说》与《中国戏曲美学》

陈多1994年在台湾学海出版社出版的《剧史新说》，成书于20世纪50年代至90年代，是他40年来的戏曲心得之集萃。这本书共计50万字，第一编对中国戏剧形成的若干问题予以考论，共分《古傩略考》《宋杂剧考》等。诸如"远古戏剧说"认为中国戏剧萌生于史前宗教时期，黄帝与蚩尤之战便是傩与蚩尤戏的生活原型。再如"先秦古剧说"提出春秋时期便诞生了古歌剧，《诗经》即是其舞台演出本。

第二编系对元明清戏曲的分别勾勒。有《上乘首日当行》《写情与抒感》等。主要涉及《琵琶记》《牡丹亭》和《桃花扇》三大名剧。作者曾对《琵琶记》鲜明否定，又对《桃花扇》不以为然，认为戏曲规律，不符合舞台扮演要求。人物论中，陈多对臧懋循、卓人月和祁彪佳等人多所美言。

第三编是对李渔风范的评判，有《李笠翁曲话前言》《风筝误新析》等，认为李渔的人品与观念相当高尚，特别超前。

《剧史新说》是作者多年研究的结晶。因其治学谨严，故篇篇皆有创发。一是破成说之旧，立观念之新。无论对《琵琶记》《桃花扇》，还是对司马迁、王国维，都勇于做有理有据的反面文章。二是以舞台之境，观案头之曲。本书从戏剧的艺术综合性出发，对李渔的创作及剧论特别激赏，而《桃花扇》则体现出使演员无用武之地的非舞台化特点。三是因考据之功，通实证之道。关于古傩的考证，立论虽奇而能令人信服。四是以辩证之法，穷推理之趣。学界常以宋元前无剧本为据，阐明戏曲自宋元始。本书认为演出先于剧本而存在，王国维看到的百种元曲和青木正儿的 69 种南戏，资料毕竟还不够。

陈多先生治曲的代表作，对一些戏曲史上的常识或定论予以怀疑、辩证和梳理，从而熔铸新说，成一家言。2010 年，陈先生在上海的百家出版社出版了《中国戏曲美学》一书。该书的要点在于舞容歌声，动人以情，意主形从，美形取胜的 16 字真言。他的戏曲美学思考，实际上是 20 年来面向一线艺术工作者们的思考，是与综合性、节奏性、程式性、虚拟性等权威论点基本不相一致的演绎，是与教科书式的理论推演包括与苏国荣先生的同名专著相比，属于路数完全不同的著述。不做高深之语，但说有用之言，这就是他"不登大雅之堂"的一些戏曲感悟，有助于思考，有益于创新。

五、学术品格

如何看待陈多先生在其戏曲史论研究中所呈现的学术风貌与品格呢？以能否登场演出、是否符合舞台艺术的规定情境和特殊规律，作为研究戏曲史的根本原则、衡量戏曲文学高下的基本标准。这是陈先生治曲总的出发点。

由此出发，他对精于场上、讲究戏情的李渔特别偏爱。他在对李渔作品及其理论的评析过程中头头是道、语语知心，认为李渔剧论全面涉及编剧、导演、表演、音乐、舞台美术、剧目选择、演员训练等各个方面，对中国民族戏曲艺术做出了较为全面、周到甚至是体系化的总结。陈先生还认为李渔的人品非常高尚，属于明清资本主义萌芽时期领导潮流的人物；李渔以实践者和倡导者的姿态出现，在某些方面甚至比启蒙思想家李贽还要走得更远。

从舞台效果出发和考量，陈先生对《桃花扇》这样史有定评的名剧提出了迥然不同的看法。他认为此剧至多是非舞台化的文人案头之作，许多地方不仅不合戏理，而且有悖于常理。如香君上场时听到"梳拢"大事后的无动于衷，以及她一以贯之的少年老成、理胜于情，都使得此女不可爱、不可信。

陈先生善于独立思考、不拘成说、熔铸新论、成一家言。他认为尽管20世纪的曲学研究取得了不小的成果，但在基本的研究观念与方法上存在着若干问题。因此中国戏剧史应当重写。陈先生认为，如果论文在学术界不能引起不同意见，那就肯定没有太多价值。没有独立思考、标新立异的学术品格和理论胆识，没有扎实的治学功底和充分的材料占有，也就很难推动学术事业的发展。

关于戏曲的形成，以王国维为首的大部分学者都认为是在宋元时期。陈先生认为中国戏剧早于远古时期就已萌生。傩与蚩尤戏即是建立在生活原型基础之上的具有戏剧成分的表演。陈先生还与谢明先生一道，将《诗经》名篇改成了歌舞剧台本。"远古戏剧说""先秦古剧说"业已深入人心。

关于宋代并无南戏称名的发微，陈先生提出周密的《齐东野语》、陶宗仪《辍耕录》中所提到的院本目录之"官本杂剧段数"，其中就包括了南戏和杂剧。

关于《琵琶记》《娇红记》《桃花扇》等著名悲剧，陈先生都先后提出了一些大异于时尚的鲜明诘难，而且都能言之成理、自成一说。

六、培育人才，提携后进

作为一位承上启下的系主任和戏剧学者，陈先生在上戏学习、工作、执教五十余年。他不仅在学术堂庑的建树上独具特色，而且在学术梯队的交接上做得非常出色。上承董每戡、赵景深、曹禺等先生，团结陈古虞、陈汝衡先生，培养沙叶新、余秋雨、丁罗男和叶长海，指导外来的学者朱国庆、谢柏梁……凡此种种，这都使得上海戏剧学院的戏剧史论研究乃至戏剧创作梯队结构合理，代有其人。

陈先生在龙吴路的家，给我们留下了十分温馨的记忆。师母可口的饭菜，陈先生堆满书籍的书柜，宾至如归的文化气氛，都给来者以幸运之感，莼鲈之思。

我的《中国悲剧史纲》要在学林出版社面世，陈先生居然为我挑出了那么多错别字。老先生受教于旗人的文字功底，那么扎实，真令我等衷心感佩。在我的学术事业略微有一定起色之后，陈先生专门为我撰文提携，名曰《百尺竿头需进步，一介学人承渊源》。如今文章犹在，勉励动人，老先生的音容笑貌宛在目前。

在他 2006 年归天之前，陈先生一直在课堂上给本科生、研究生和全国戏曲编剧上课传道，黾勉读书，勤奋治学。上课之余，陈多先生最为自然的教学法，是与三五同道、后学门人，择一小馆子，花生毛豆、黄酒清茶，在谈天说地中历数人生感悟、传达学术精神。酒酣耳热之际，那便是人生的佳境，学问的研求。无大无小，无权威无启蒙，前浪后浪，融为一体，前贤后生，一脉贯穿。年年岁岁乐于斯，有多少全国的同道后学，都与陈先生酒茶共话过呢？说有千人以上，不为过也。于是，他成为上海戏剧学院承上启下的学术栋梁和戏文系不可忘怀的一块金字招牌。

作者简介：

谢柏梁，1989 年至 2002 年任教于上海戏剧学院戏文系，后调任上海交大中文系主任、中国戏曲学院戏文系主任。现为北京市教学名师与领军人物，中国戏曲学院与上海交通大学二级教授，国务院政府津贴专家，国际剧评协会中国分会监事长。

学艺师从糊涂始——忆陈多老师

姚金成

在我的印象中，陈多老师脸上经常透着一种似笑非笑的神情，那似乎是一种随时准备要对某种可笑的荒谬的人或事反驳一下、嘲笑一下的姿态。那是一种喜欢抬杠，也善于抬杠，但又带着一种通透随和、因而也"笑口常开"乐在其中的性格显示。

1983 年初夏，我在武汉考点参加上海戏剧学院戏曲编剧进修班考试，他是主考老师。听同场的考友私聊说，1957 年他曾被错划为右派。这很合乎逻辑，这种性格在那种运动中是最容易中招的。

当然，陈多老师后来纠正平反了，但 20 多年里受的委屈恐怕也不会少——不过，我觉得，老师这种性格不会太钻牛角尖，可能会多少淡化了命运逆境里的痛苦和迷茫。

我是 1983 年至 1984 年戏曲编剧进修班的学员。其时陈多老师是戏文系主任兼我们班的班主任。

我们这个进修班共三十来人，年龄、学历、身份相差很大。最大的已四十出头，几位小的二十多岁，多数是三十来岁有一定创作实践的在岗编剧，有的刚刚上路正在挣扎奋斗，有的小有成就渴望发展突破，有的却已经是春风得意的全国知名编剧。大家进这个班，都抱着很高的期望，无不想着得秘笈、悟真经，登堂入室、一剧成名。

然而，陈多老师给我们班上第一课的第一句话却把我们给讲懵了，也给讲笑了。

　　他说："大家都是专业工作者，多数还有作品上演获奖，对什么是戏曲，什么是编剧，应该都是清楚的，或者自以为是清楚的。但我们进修班的课程，却是要给大家讲糊涂的。听了进修班的课，你觉得原来清楚的现在糊涂了，那我们讲课的目标就达到了……"

　　大家哄堂大笑。我一时也有点懵。看着陈老师那似笑非笑的神情，分不清这到底是玩笑，还是一本正经的开场白？

　　我慢慢才回过味儿来。这既是玩笑，也是一本正经的开场白。

　　因为接下来他列举了好多不同观念、不同流派的不同观点、不同现象，孰是孰非，如何判断？好像众说纷纭、莫衷一是，却又各有所长、精彩纷呈……

　　哦，老师是要我们打破成见，广取博收，以开放的、辩证的思维，独立的思考，来汲取知识，重新认识戏曲和编剧，以期在创作上突破自我，开创新局。

　　可以说，进修班的课程设计和授课老师安排，充分体现了陈多老师"要把学生讲糊涂"的指导思想。

　　经历了"文革"动乱和后来的调整恢复，80年代的上海戏剧学院处于教学师资最饱满的黄金年代。老一辈的如陈古虞、陈多、胡导、薛沐等都还健在；中年一代的周端木、徐闻莺、任何等学术水平和讲课正处于巅峰期；而年轻一代的叶长海、戴平、余秋雨、丁罗男等，风华正茂，各自的突破性学术成果正在陆续震撼推出，一代名家正在迅速崛起中。陈多老师"见好尽收"，把新老名师、良师的精华课程，尽数收罗来给我们班讲授。针对我们进修班的特点，老师们给我们班上课应该都是浓缩版、精华版。所以，老师们讲得认真，学员们听得入心，常有意想不到的感悟和难以遏止的激动。陈多老师还利用自己的身份和人脉关系，抓住机会，陆续邀请校外文化艺术各方面的名家如俞振飞、袁雪芬、季羡林、王元化、陈西汀、李玉茹、张君川、魏明伦等来为我们举办专题讲座，真可谓名家云集，成一时之盛，让我们大开眼界，大快朵颐。俞振飞等几位老先生，在给我们讲课之后数年间就先后辞世。这样的师生缘分，实在是我们在上戏求学最难得最宝贵的人生经历。

我们对戏剧和艺术的认知不期然地在经历着某种震撼、颠覆乃至重构、升华。陈多老师要把我们讲"糊涂"的目的，无疑是达到了。

在80年代初戏剧观的大讨论中，围绕中国戏曲的命运和戏剧观的讨论，还有什么"戏剧性"与"文学性"之辩，我们班同学常常在宿舍里激烈争论，弄得声震屋宇，火星四溅，以致同楼其他班同学以为出了什么突发事件，纷纷跑过来看热闹。同学们年虽不少，却依然气盛，这种争论常演变为辩论甚至抬杠，谁也说服不了谁，谁也战胜不了谁，显然也成了一笔糊涂账。

但多年后仔细想想——觉得"糊涂"里似乎还是明白了一些什么。

关于"糊涂"，我自己还有个能扯得上的小故事。

在我们班有关戏剧命运的讨论正热闹的时候，浙江小百花越剧团的《五女拜寿》到上海演出。这是浙江老剧作家顾锡东老师为小百花越剧团量身打造的一台新戏，根据莎士比亚《李尔王》的故事重新编织，嵌入中国历史文化环境。该剧是越剧小百花一代青年演员群体精彩亮相，在越剧界非常轰动，口碑极好。

但因为我不是越剧传统观众，对越剧声腔和流派的魅力没有概念，对故事情节又因熟悉而没有了悬念，在剧场就有点看不下去，对观众的热情追捧也有点困惑。幕间休息时，我忍不住对陈多老师说："这戏既没有新的思想锋芒和精神高度，又是传统的舞台样式、老套故事，就是跟老太太们聊天一样的世态炎凉、道德伦理，到底有多大价值？怎么炒得这么热？"陈多老师笑而不答。同班同学方方（不是写小说的方方）即在旁边批我说："你这是用小说和话剧的标准来看戏曲，对戏曲尤其对越剧根本还不理解！"

对她的话，我当时并不以为然。作为一个县城的文学青年，我在到上戏之前，主要精力和关注点都在写小说和报告文学。所以总是以纯文学创作的思维评价戏剧作品。对戏曲的审美功能、评价尺度，实在说有一些不太靠谱的误解。

不记得具体什么机缘，我曾有几次到陈多老师家闲坐聊天。一两个小菜，一杯黄酒，陈老师边喝边跟我闲聊。

他说："戏曲跟小说、话剧不大一样，尽管都要讲故事，但戏曲和歌舞以演故事，重在表达人物情感，可以说以抒情性见长。张庚先生说戏曲是'剧诗'，恐怕强调的也是它的抒情特性……"

他说："文学要讲典型人物、典型性格，但戏曲不一定是这样。戏曲里的人物很多就谈不上是典型，而是类型性的。唱段唱的也多是类型性的情感。有能让人记住的情节和人物，有脍炙人口的好唱段，大概就能算是好戏……"

老师是在说越剧《五女拜寿》!

老师聊得随意，也聊得很多，我记得还聊到了李渔——老师是李渔专家，对李渔的理论、作品、风流韵事、家庭戏班的运营等如数家珍——

但关于"戏曲以抒情性见长"这段话我却印象格外深刻，因为他对"典型人物"的质疑等观点我当时有点懵。

后来，老师的这些话一直在我心里悬着，从不太理解到似懂非懂，慢慢品出点味儿来。我从创作选题上，也逐步从一味追求深刻、追求超前乃至追求有点"高冷"的所谓"新意"，向较多考虑观众、考虑剧场、考虑剧种风格，追求雅俗共赏、大俗大雅的戏路上倾斜乃至转型。

2011 年 4 月，越剧《五女拜寿》到河南洛阳牡丹花会演出，二十八年后我又在剧场看了一次这个戏。感受跟 80 年代那次大相径庭。我真切感受到了《五女拜寿》许多令人赞佩、值得学习的优长。它为什么能走红全国，久演不衰，成为当之无愧的越剧经典名剧，还有许多兄弟剧种移植搬演？它有戏曲文化的美学密码！它几乎符合了我们戏曲观众的所有审美偏好：世态炎凉，家庭伦理，善恶有报，大悲大喜，人物性格鲜明；尤其是一台优秀的青年演员集体精彩亮相，越剧流派唱腔在戏中各展风采……这些，都是我们戏曲观众喜闻乐见的元素。可能似曾相识、不足为奇，但演得好、唱得好，观众百看不厌，照样喝彩声不断。什么是好戏？这不就是好戏吗？

回想我当年的浅薄，真是有点汗颜。

戏曲与文学同源而分流。戏曲观众与文学读者是两个虽有交叉却非常不同的群体。造成这种分野的根源是戏剧与文学完全是两种不同的艺术形式。

小说、诗歌等文学作品都是个体的阅读欣赏，看不懂可以慢慢看、反复看。有些探索性、前卫性的作品，读者很少，知音盖寡，但你不能说它的价值就不高。它完全可以以"小众"艺术理直气壮地存在。但戏曲不同，它只能是一千多人，或者数百人共同在一个"场"内欣赏。戏剧效果是什么？是全场观众即刻的感应和共鸣。台上台下交互刺激，情绪如风如浪兴起卷过，鼓掌叫好声响起来了，眼泪掉下来了，戏才能算是成功。因此最能获得剧场效果的是全场观众兴趣和感情的最大公约数。多数观众的强烈反应可以形成强大的气场，影响、甚至裹卷少数观众。很另类、太过个别的性格和感情体验在戏剧里是有风险的。这是戏剧与文学的一个根本区别。这一点在戏曲中可能表现得更为鲜明。因为戏曲本质上是一种中国式的"音乐剧"，歌唱抒情是它的核心元素，所以它更重于表现人类普遍的、共通的、类型性的感情形态。戏曲剧本就是要为人物的抒情歌唱营造富有张力的情境支点和感人至深的大段唱词，让观众看得动心、听得过瘾。因此，传统戏曲中的人物，也多是类型化的。越剧《五女拜寿》就是这方面成功的范例。

这个宝贵的感悟，起点可以说就是陈多老师所说的"糊涂"。

从这个起点开始，在三十多年的创作实践中，我也的确实现了自己创作上的转型和突破。

遗憾的是，陈多老师已经于 2006 年 6 月 16 日与世长辞。

但老师那睿智的微笑和把酒闲聊的神情却永远留在了我的心中，伴随着我在戏曲创作道路上一步一步地踽踽前行。

作者简介：

姚金成，1983 年戏文系戏曲编剧进修班学生。结业后调入河南省艺术研究院。曾任河南省政府参事、河南省剧协副主席。作品曾多次获中国艺术节文华大奖和曹禺剧本奖。其代表作有豫剧《焦裕禄》《香魂女》《村官李天成》《重渡沟》等。

先生陈多

孙文辉

一

认识陈多先生，在 1983 年初夏。

那年，经文化部批准，上海戏剧学院戏文系创办"戏曲编剧进修班"，在全国招生。招生分了三个考区，一个在上海，一个在武汉，一个在成都。长沙离武汉近，我只身来到武汉报考。到考点，我才知道来这里主考的上戏老师叫陈多，是戏文系主任。

很早前，没有百度，更没有谷歌，陈多的名字是通过偶尔读到的、一本叫作《〈琵琶记〉讨论专刊》的书而知晓的。那场讨论会是由湘剧《琵琶上路》晋京演出而引发、由湖南人田汉有意策划而举办的。后来，我只记得讨论会开了很长的时间，讨论最初分为两大派，而陈多则是"顽固派"中坚持到最后的人，令人印象深刻。

我特别佩服这位"顽固派"，记住了这个名字。

但没想到，见面却是一位矮矮的"小老头"。

二

1983 年 9 月 1 日，我如愿以偿来到了上戏。戏曲编剧班全班同学 33 人，来自天南海北。我们的班主任就是陈多。

那年，我 34 岁。

我初中毕业后上山下乡 11 年，然后招工到县剧团当专职编剧。高中的门都未进过，更未去跨过大学的门槛，何况这是千千万万俊男靓女仰首以望的艺术学府、戏剧圣殿。当初，我进剧团是为了解决自己的城市户口，写剧本证明了这是一条最好的"农转非"途径。然而，进了剧团我才知道，中国的戏剧也像我们这代人的命运，曲里八拐、起起伏伏。刚开始时，城市剧场里戏曲演出一票难求；不几年，高潮退去，演员们却要打着被包、扛着戏箱去乡下寻找市场。有天，我与剧团的一些家属去乡下看望演员。演出之后，演员与爱人在小镇剧院的舞台上，用景片搭起一个个勉强相隔的空间相聚，我心中突然涌起一种莫名的悲凉。

来到上戏，我是想探问一个为什么？我是冲着陈多先生在话剧学府中高举的"戏曲"旗帜而来，我想在这里知道我生命所托付的戏曲事业——它未来前进的方向。

然而，不久就陷入失望。我当年的日记记录了开课三周后的心情：

……老师个个和蔼可亲，但我首先需要的却不是这个，而是能够站在我国戏剧最前沿的艺术理论精华。三周来，教的全是戏曲 ABC，甚至也有些陈腐。

我们是来进修的，而不是来启蒙的。常识课程太多是浪费时间，在教学中要求学生死记呆背一些东西更是荒唐。

观摩，少得可怜，三个星期仅看了一部录像《雷雨》，一场话剧《伪君子》，一个绘画展览。为什么电导班每周能欣赏到的参考片，与我们又无缘呢？……

我的抱怨并没有公开表露出来，但我注意到，这种不满的情绪在教室和宿舍中蔓延。这些来自五湖四海的进修生都是一些"地方刁民"，有的意见甚至指向了老师个人：一位对戏曲史颇有研究的老教师却以浓重的乡音授课，被要求更换。

1991 年 10 月 21 日，在湘西自治州古丈县默戎镇龙鼻嘴村傩祭"跳马"现场（后排自左至右：校友王胜华、李茂华、孙文辉、吴建伟与先生、师母）

　　这是以话剧、电影教学为主的、文化部主管的高等戏剧学院、专门开办的第一个戏曲编剧专业班，缺少教材、缺少教授、缺少经验，这对作为班主任的陈多先生形成了多大的压力！今天回过头来想，真难为了当时的先生陈多。

　　然而不久，教学的局面有了很大的改观。陈多先生调动了自己个人的资源，为我们请来了不少戏曲名家到班上作专题讲座；戏文系当年已经崭露头角的青年教师余秋雨、叶长海、丁罗男等分别为我们开设了主课；当时还比较神秘的电影"参考片"也对我们开放；剧场观摩演出的场次也成倍地增加，到学院图书馆借书也享受到了教师的同等的待遇……

　　当讲授"中国戏曲史"课程因方言未脱、被同学们要求提前"下课"的老师在给大家讲授"最后一课"时，全班同学居然到得前所未有的齐，听得鸦雀无声；当老师讲完课向大家深深鞠躬表示再见时，我们每个人的心里都有一种犯罪的感觉！从此，师生关系有了重大的转变。

　　天气渐渐凉爽，我们都加上了毛衣，有的干脆穿上了棉袄，而给我们上课的陈多老师却还穿着短袖衬衣。我问其奥秘，他告诉我：他每天早上起床先要泡十几分钟冷水，泡完之后再用热水洗个淋浴。

　　我暗暗下定决心：从明天起，我要开始晨练，先跑步，然后再以冷水淋浴！

三

先生给我们开的课程是"戏剧概论"，重点讲戏曲。第一堂课讲"绪论"，他坐上讲台开口就说："这堂课我要把同学们讲糊涂。"

好家伙！古人云："师者，所以传道授业，解惑也。"（韩愈《师说》）先生不但不为我们解惑，而且还要把我们讲糊涂？我们只得慢慢听他道来。

原来他讲的是"什么是戏剧？""什么是戏曲？"

先生引经据典，将古今中外各位大家的说法一一列出，然后又以质疑的方式一一加以批驳。原来，我们戏剧的理论竟然是建立在一盘散沙之上。先生的用意十分明确，正是这一笔笔"糊涂史"没有理清，戏剧界的争议才让人晕头转向。

我们这代人有责任学习前人、为后人答疑解惑。

这堂听得大家稀里糊涂的课，先生是引用了一句名言后结束的："吾爱吾师，吾更爱真理"。

据说，这句话是亚里士多德说的。亚氏不懂汉语，我觉得，这是译者翻译得准确。以前，我没有注意到这句话的内涵；到今天，我才理解了它确切的意义。同时，也理解了先生在学术上的执着与坚守。

这是一个动荡并生龙活虎的年代。陈恭敏院长重新举起的"戏剧观讨论"的大旗，黄佐临先生奉献出将思想转变为实践的《爱情·生命·自由》封箱戏，阵阵旋风，都在华山路这座小院里激荡。我开始利用上戏图书馆丰富的戏剧藏书，进一步了解文明戏与辛亥革命，了解秧歌剧与延安文化，了解梅兰芳与京剧改良，了解戏曲与西方音乐剧……

当时，学校图书馆的负责人是位湖南人，他允许我到库房里寻书看书。一天，他神秘地告诉我：有本叫作《第三次浪潮》的内部发行的图书，因为只分配到一本，只能供老师在图书馆看。我向他提出请求：晚上借给我，第二天上班我就送回。我开始彻夜阅读，感觉到了人类的一个新的时代即将到来。

从老师到学生，我们都感觉到了世界在变化；从校园到剧场，大家都在思考着戏剧的未来……

陈多先生敏锐地感觉到了同学们的内心思考与焦虑。在他的倡导下，一个"戏曲的现状与未来"研讨会在我们班召开。

陈多先生叫我发个言，我的普通话很次，我起了个稿，请来自武汉越剧院的熊少鑫同学代我宣读。我们来自五湖四海，而大多数同学来自基层，很清楚县级戏曲剧团的现状。结业后我们都要回到剧团，而剧团大多都岌岌可危。皮之不存，毛将焉附？我的发言基本上反映出了来自这些基层编剧们的忧虑。

很快，学院的院刊《戏剧艺术》报道了这次座谈会，我的发言稿加上了一个《"戏曲"已近尾声》的题目。戏曲二字之所以加上了引号，是陈多先生的意思，我也在文中作了说明：本文所说的"戏曲"，是指"近代以来京剧和所有地方戏的统称，即指采用板腔体音乐结构形式的戏剧"。

没想到的是，我的文章代表了当时众多同学的心声，可在正式发表的 6 篇文章中，我的文章成为绝对的少数。

很快，文章被《戏剧报》《中国戏剧》以及《人大复印资料》转载。不少学者、论者断章取义，对我这个"戏剧消亡论者"猛烈开火。当我后来从县城调到湖南省戏曲研究所，一位老同志将这篇文章复印出来散发，并坚决反对这样的"消亡论者"调入这个单位（此次他并没有"得逞"，后来也成了我的好师友）。

我将进入新单位的遭遇告知先生，他微微一笑，对我说"继续研究"。我想到了先生在《琵琶记》讨论会上的情形。

我想，我学陈多，不但是"少数派"，而且做"顽固派"。

先生们支持我，希望我把自己的观点充分地表达出来。离校后，我与先生始终保持着紧密的联系。

进了湖南省戏曲研究所，我把我的重心从编剧转移到研究上来。我花了四年的时间，完成了一部《第四代戏剧》的书稿，我认为"宋元有南戏，元明有杂剧，明清有传奇，近代有戏曲"，一代有一代之戏剧。断言"戏曲"已近尾声，并不是说整个戏剧艺术就会消亡。恰恰相反，中国戏剧艺术将生命不息，与人类共存。

在上戏进修时，我是余秋雨老师"戏剧美学"课的课代表，我首先将书稿寄给了余老师。余老师在百忙中带着书稿四处奔波，在至兰州大学讲学的空隙间给我回了长信。在充分肯定的基础上，他的一句评语"理论武器陈旧"，让我下了从头再来的决心。又经过十年，1998年4月，一本25.4万字的《戏剧哲学》在余秋雨老师一句顶百句的评语下（他说：在我国当前的戏剧研究领域，这是一本带有一定归纳性和创建性的简要戏剧学著作。它的立论，高出于一般的同类作品，在相关学术资源的汇集和处理上也下了很大的功夫。思路清楚，材料丰富，有一种简明的学术风格，如能出版，是一件好事。），终于印刷成书了。

我将成果回赠给了母校，也将小书寄赠给了诸位先生。

宋光祖老师首先发声："文辉的《戏剧哲学》终于艰难问世，我好兴奋，这是我班第一部戏剧理论著作啊！我班出了多位知名剧作家，他们也有很好的戏剧见解，但主要从事理论研究的好像只有文辉一人，所以我们都要支持文辉的工作。"

叶长海老师说："大作《戏剧哲学》早已收到，见到你为戏剧理论文库增添一份厚礼，令我分外高兴。其中对戏剧发生与当代戏剧的思考，我特别感兴趣。在这些问题上，值得继续深入研究，也许可以献出更新的成果。"

陈多先生更是以数千字的篇幅，写了一篇题为《十年辛苦不寻常》的大论公开发表。他说：

> 《戏剧哲学》一书，设定了一个带有开创性的课题，所追求的是理论上的突破，提出了许多有创建性的见解、命题。

如对作为全书立论基础，入门初阶的戏剧究竟是什么，戏剧的本质为何的根本性问题，就提出了值得注意的新解：戏剧是人类生命的一种存在形式，是人类群体意识外倾的表现形式；戏剧的本质就是人类群体意识的对外宣泄。由此出发，该书又进而看到：戏剧是人类最早的艺术形式，它的发生以至它的内容，包括题材、主题、情节、结构、节奏等等，都和原始人的祭祀仪礼、神话原型有着千丝万缕的联系，悲剧与喜剧分别渊源于人祭仪式与生殖祭仪。戏剧生命体的"灵魂"便是用它来宣泄的"群体意识"；因而戏剧永远会从人类的"群体意识"中获得生命力；遵循着"群体意识"的"意志"向前发展。戏剧如若脱离或违拗了这一"灵魂"，便会被接受者所排斥、淘汰。该书对当前人们特别关注的"戏剧危机"作出了自己的分析，认为当前以及历史上多次出现过的所谓"戏剧危机"，从本质上看，都只是戏剧范围内传统的变迁，戏剧范型的改革、嬗变。……

诸如此类经过作者刻苦努力而获得的有着理论突破性质的创见，在全书中比比皆是。

先生的评价，让我热泪盈眶。这本初出茅庐的小书先后获得了第五届湖南图书奖、田汉戏剧成果优秀专著奖、中南地区大学教育学术成果奖、中南教育专著奖。这与陈多先生的评价与肯定分不开。

四

离开上戏后，很少与先生见面。我们班校友们第一次聚会，我因在"湖南艺术节"中担任评委，未能参加；第二次聚会，我到了上海，先生却已赴台湾访问又未曾谋面。

1991年10月下旬，"中国少数民族傩戏国际学术研讨会"在湘西举办，我与先生才有一次面对面的长谈。

谈话是围绕"傩戏"的主题而展开的。探讨的内容包括傩与戏曲起源，傩戏面具与脸谱的关系，戏剧与祭祀仪式，先秦时代的戏剧演出……先生总是提问人，他的提问显示出他对问题思考的深度，也启示着对话者对问题继续深入思考的方向。他是先生，总是授人以渔，而不是授人以鱼，给予答案。

虽然见面很少，但我们的联系依然紧密。我们是通过一年一纸的《校友通讯》来进行"精神聚会"的。在通讯中，同学们对老师的尊敬亦如当初，而陈多先生将学生统统称为"学兄"，他从来不顾忌学生们是不是诚惶诚恐。

先生的心理虽依然年轻，但身体无可逃遁地老去……

1998年9月30日，上戏举办了庆祝陈多老师教学和研究50周年暨陈老师70寿辰的活动。活动以座谈会形式举办，邀请了陈多老师几十年的好友、同事及学生参加。活动很精致，很热烈，很有人情味。作为陈多老师的一个徒儿，罗怀臻同学代表"戏曲创作进修班"作了个发言。他侧重说了两点，一是陈多老师作为班主任，他让我们在一个完全属于话剧氛围的大学里、坚定了对于传统戏曲的信心；二是上戏进修一年，大都促成了我们同学后来在工作及生活环境方面的改变。他代表进修班的全体同学向先生三鞠躬，并向他老人家献了花篮……

是的，是上戏那短短一年的进修，改变了全班三十多位同窗下半生，乃至今生的命运！

2000年12月28日，陈多老师与郭美丽师母给我发来一张贺年卡，他以"回车键体"写了新年的祝福："兔年岁末／不识相的医生把病危通知书／送到了美丽的手上／害得我们年夜饭也吃在病房／吉人自有天相／岂容死神乱闯／尽管磕磕碰碰／跌跌撞撞／然而总可以宣称／我们硬是骄傲地屹立着／迎接新世纪的曙光／这真是／活着就是幸福！／老人，宝在健康！"

先生乐观地对待自己的死亡，但对亲人的离去却难以放下。

2002年初，师母离世，先生难以承受如此大的打击。年底，他给学生们写信道："……身心交瘁，行动迟缓，不思饮食，靠服安眠药睡觉。此时幸得友人提醒说：这样下去人要垮掉了，才逐渐注意调整心态，锻炼身体，以求能适应现实。到四月份前后，身体有所好转。我想不要老是触景伤情，换换环境当有利于淡忘只好忘掉的事，恢复身心健康。于是便把主要时间放在'离家出走'的外出访友、旅游上。四月份去了常州、胶东半岛、烟台、威海、蓬莱、长岛、青岛等地，五月份先是去韩国，归来后又去苏州洞庭西山小住了一周。六月又去苏州三山岛和吴江同里小住。七、八月份去成都、茂县、九寨沟、黄龙；归途赶'末班车'游三峡，并在重庆、武汉、杭州各停留几天会会老朋友，在武汉见到郭大宇。最后是应胜华兄之邀，以讲学之名，行旅游之实（美其名曰'田野考察'），于九月份去昆明待了两个月；还见到了甘大代表和李世勤。"

随信，他附上《西江月》一阕，他说："……词是不像词，但也略微表达了一些此时的心意，故敢大胆录呈一览，以得窥鄙衷。"

坦对

坦对死之将至，何妨依旧风骚。得逍遥处便逍遥，曲蘖愁肠烂掉。

使酒科头骂座，抗情信口讥褒；冥兄持帖敬相邀，撒腿欣然就道。

先生自 1989 年离休后，开始专心著书立说，计划每年写一本书。

1999 年到 2001 年，他完成了既定目标。家人离世之后，他意识到留得青山在，不怕没柴烧，因此面对死亡，依旧风骚。

2006 年，他又出版了《剧史思辨》，2010 年出版了《中国历代剧论选注》，2014 年出版了《剧史新说》。

2005 年 12 月 25 日，他给我发来了"并转诸学兄"的信。信中写道：

在我因病住院治病期间，承蒙诸学友或来函来电亲切地关切，或吟诗作画以资鼓励，或如怀臻多次亲临病房探视，或如胜华不远千里专程来沪慰问，隆情盛谊，当永志不忘。……

略可告慰的是虽然西医对我已基本是黔驴技穷，但在服用中药调护之下，尽管难望痊愈，却或有可能和平共处一个阶段。俗话说得好："阎王叫你三更死，谁敢留人到五更。"用句数学术语来讲，其"逆定理"亦真："阎王叫你三更死，谁敢提前到二更。"何时结束和平共处阶段而进行决战，并分出胜负，反正是由阎老五决定，我又何必多操心，还是有一天算一天，开心地活着吧。

先生一生经历了无数苦难，此时 78 岁了。先生说，人生 70 古来稀，他今年 78 岁了，不算"夭折"。

多次前往医院看望先生的罗怀臻说："他老人家对待苦难的态度仍然是乐观的、超脱的，这足以令人感动和佩服。但是陈老师最惦记学生，我每次去探望他问得最多的还是大家，虽然有时问得重复，但他还是要问。"

带着病体、从云南专程来上海探望先生的王胜华说："上海之行也是我表敬爱之情无法不为的举动。因为陈先生在学问上和情感上都是我的父亲，而我的亲密长辈，如今也只余下他老人家一人了。……先生心态达观，对疾病有战胜的信心。在言谈中，先生仍不改机锋，捷急幽默。"

来上海参加戏剧奖评奖会的姚金成也去看望了先生："恩师旷达淡泊，有仙风道骨，我能想象他在对待疾病和生死问题时的谈笑自若和睿智幽默……走出病房，我们内心都在为恩师默默祈祷。"

刚从德国科隆国际媒体峰会归来的学生方方刚下飞机，立马赶到医院。学生虽然成为教授、成了先生的同事，但在先生面前永远是学生。学生汇报了自己在峰会上的主题发言，先生也将此行当成了自己的荣耀……

2006 年 4 月 8 日，他的学生、京剧《徐九经升官记》编剧郭大宇在武汉去世，获此噩耗，先生去邮局发唁电，但邮局告知，电报比信还慢，他用短信请我们转交给兄弟的亲人："惊悉大宇不幸西去，英年早逝，曷胜哀悼，谨电致唁，并祈节哀。陈多。"

5 月 26 日，上海戏剧学院艺术教育家陈多先生"戏剧教育终身荣誉奖"的颁发仪式在市六医院会议室举行。坐在轮椅上的先生，虽然还输着氧气，却中气十足："获得这个终身荣誉奖，让我感到高兴。如果真能返老还童的话，我要继续为戏剧事业贡献力量。"

他的弟子叶长海、罗怀臻、王仁杰等深情地说，老师始终保持着敏锐的思想锋芒和旺盛的学术生命力。他的精神对后辈搞戏剧创作和研究，起到了积极的推动作用。

6月16日凌晨，先生在平静中安详地离世。

郭大宇的儿子郭体恩发来唁电：

> 得悉陈多老先生亦驾归道山，曲界、剧坛从此少了两位剧痴、戏人，小侄同悲！于闲暇之时拜读过陈多先生的《戏曲美学》大作，感其性情、美韵，先生字里行间透出的难得之眼界、笔调，可贵之气度、意趣颇薰我心，令小辈心折。性情中人作性情华章，先生如是，家父亦如是也！行者不孤，先生与家父俱为思想之行者，于今远行新路，当可一路走好！

> 行者不孤，一路走好！

五

先生走了，留下了一笔笔丰富的戏曲理论遗产，在未来的实践中闪烁着光辉。

先生的《剧史新说》以全新的视角探讨中国戏剧史，认为王国维以来的戏剧史研究主要是从剧本文学着眼；而先生认为戏曲剧本的首要任务是为登场，是为戏剧演出服务的。"戏剧的演出"应该成为"戏曲的现状与未来"的继续研讨尤为重要的话题。

前些日子，随着市场经济的推进，中国的戏曲也经历了一个艰难的时刻；"为戏剧演出服务"的剧团面对市场，遭遇了重大的危机。

皮之不存，毛将焉附？

就在先生离去的这年这月，以"保护文化遗产，守护精神家园"为主题的首个"文化遗产日"活动在全国各地广泛开展。我作为湖南省非物质文化遗产专家评审委员会成员，先后帮助全省多个戏曲剧种、各地傩戏列入了国家或省非物质文化遗产保护名录，而它们的保护单位，就是这些基层院团。2011年，当这些戏曲团体再次面临改制，并被推向市场时，我向省文化厅建议，将这些院团体更名为"传承保护中心"而规避了风险。今天，传统文化得到了空前的重视，这些戏曲院团又有了新的发展。

保护了这些演出团体，就是保护了这些戏曲剧种生存的载体。

戏剧领域，先生的学术贡献是多方面的。在学生看来，先生的"非主流戏剧观"并没有得到戏剧学界真正的认识和重视。他说："严格来说，真正科学的、符合实际的戏剧史发展轮廓，似尚相当模糊，有待探索、勾勒。这不是枝节问题决定的，而首要在于基本研究方法、观点上存有若干问题。……就戏剧史研究的主流而言，始终只是注目于古代文人，从其观点、立场、角度出发而写下的零星材料，同时也自觉或不自觉地因袭了古代文人的大量观点。其中非常关键的一点，即在于未能依戏剧之本性，把它当作独立于文学之外，以观众为生命之源的一种表演艺术来研究。"（《剧史新说·自序》）

我的《戏剧哲学》出版之后，先生曾鼓励我继续深入研究。学生本着先生"为学要不疑处有疑，才是进步"的学术思想，仍在探索。

在戏曲史的探讨中，我们过分注意了以行政区划为标识的、1953年前后"流动的戏班就地登记"时被强化的"剧种"概念，而忽视了能够跟随戏班演出、四海流动的"声腔"；

在戏剧起源的研究中常常在"流"上寻"源"，而忽视了原始形态的戏剧在其中的关键影响；

在"南戏"的研究中，注意了文化发达、有文献遗存的华东地区，而忽视了自春秋战国以来沿袭至今、比"吴歈"流布更为广泛的"楚调"；

在戏剧的传播中，注意了官路、商路就是戏路，而忽视了战争中人的大规模迁徙，戏剧声腔的交流与融合；战争平息后，戏班的回流对全国戏剧声腔发展的影响；

在戏剧文化的考察与研究中，注意了反复咀嚼不多的几本文献，而忽视了在楚南的古老的戏剧遗存、戏曲非物质文化遗产的遗存；

在祭祀戏剧向审美戏剧的历史跨越中，注意到了宋徽宗时代演出的、与佛教有关联的《目连救母》，而忽视了此前宋真宗时代的、与道教有关联的《宴瑶池》的演出……

总之，正如先生所言：中国的戏剧史，仍然是"相当模糊"的糊涂账。

先生治学有三宝：疑，思，辩。

先生告诉我们：当女儿燕妮询问马克思的人生格言时，父亲的回答是"怀疑一切"。"怀疑一切"其实就是"思考一切"。先生认为：有疑而后有思，有思才有辩，辩就是探索。有了思辨，中国戏剧史的研究，才有进步。

有人问：先生为何好辩？先生以孟子之答为答：中国戏剧史依然糊涂，"予岂好辩哉？予不得已也。"

有人说，先生是个"顽固派"。是的，他的"顽固"表现出他对事业的坚守与执着。"坦对死将至，何妨再风骚"，他为中国戏剧艺术的不断前行，贡献出了毕生的心血。

作者简介：

孙文辉，一级编剧。1983年戏文系戏曲编剧进修班学生。后调入湖南省艺术研究院。出版《戏剧哲学》《巫傩之祭》《评与论》《欧阳予倩传》《中国戏曲剧种大全·湘剧》《湖南话剧志》《湘剧志（2015）》等专著。编剧有花鼓戏《接来乡里爹和娘》、辰河戏《月是故乡明》、歌剧《那年冬天》、话剧《快乐城堡》等30部。

陈多老师对我的启迪

陈　珂

陈多老师，我们在背后都叫他多多头。这是茅盾小说《农村三部曲》里边一个人物的绰号。陈多老师戴着高度近视眼镜，个儿不高，脸比较窄，属于那种小小个儿，但是一看就是很精明、很智慧、很有学术范儿、很精致的上海男人。我们1982级在学校读书的时候，他应该在做系主任。给我印象特别深的就是陈多老师教我们中国戏曲方面的知识。

陈多老师在我的学术生涯中起过很大作用。陈多老师和叶长海老师给我们，尤其是给我带来了一个特别新颖的世界。那时候叶长海老师是陈多老师的研究生、助教，他们合编过一部关于中国历代戏曲理论的书，这给了我很大的启发。其中有一段在我的硕士论文中几乎是完全引用，就是汤显祖关于记五通神的一篇小论文，大概数数也就几百字，却让我拓展出很多关于中国戏剧戏曲理论的见解和想法。我那个时候看过很多杂书，知道这个五通神是一匹马，而且是一个淫乱之神，有很多明清的情色小说都把它作为一个淫神，在那些故事里面相当于一个邪神，有点古希腊酒神狄俄尼索斯（Dionysus）的感觉。陈多老师如何讲的这篇短文我已经记不清楚了，但是他肯定给我们讲过，因为这是戏曲理论大家汤显祖一篇很重要的文章，里边隐含着很深的中国哲思。这给了我进入戏剧戏曲理论的一个很重要的契机，所以印象非常深刻。正因如此，我就觉得汤显祖和莎士比亚之间一定有一个很重要的思维模式上的不同。虽然他们有共同的交叉，但是他们在整个外显的形式上却不一样。因为戏剧戏曲里蕴含着很深的哲学思想，这些思想其实才是一个艺术样式最核心的支撑。这篇短文给我的启迪，应该说影响了我后半辈子很多有关戏剧戏曲方面的思考。可想而知，多多头在我心目中的那个位置是多么的重要。

在我后来治学的过程中，陈多老师给了我更多启示是他对注释的每一个细节，每一个词，甚至每一个标点符号的那种精准。这种精准也是我在上海戏剧学院特别能感受到的。戏文系的老师，包括陈汝衡老师、陈耘老师、周端木老师、金登才老师、余秋雨老师、曹树钧老师、孙祖平老师、曹路生老师、吴小钧老师、戴平老师，等等。当然这都是我见过面，也给我们上过课的老师；还有我的老师，一直带我的先生，陈加林老师。我觉得他们都透出一种真正宽容大度，不随意干涉学生的学习，也不去刻意要向学生灌输什么的教学模式。这些老师真正传递给我们的，到了我们这个年纪再来回想的时候，我觉得就是一种专业的精神。这种精神可能在很多地方都体察不到，它就是两个字——精准。这是上海戏剧学院戏剧文学系，至少是给了我的最大的一笔财富，让我第一次体会到什么叫精准。专业，就是精准。这也是我后来经常给我的学生们灌输、唠叨的一句话："专业就是精准"或者"精准才叫专业"。

陈多老师还给了我一个很深刻的印象，就是我们班当时对戏曲能够感兴趣的人，还有其他一些对传统文化有浓厚兴趣的人，都是被他们这批老师所启发的。当然多多头给的特别的具体，还有讲中国戏曲的金登才老师、宋光祖老师。我觉得他们身上还体现了一个非常重要的精神，就是启迪学生"自我决定"的学习。这也是在那一代先生身上，我们感受最深的。回看现在很多的学生，他的学习都不是自我决定的，都是被决定的，因此就会产生厌学的情绪。因为一个人被学习，被灌输，一定是很痛苦的，他对学习缺失了那种自我决定学习的快乐和愉悦。这是一个心理学术语——自我决定。凡是能够自我决定的，他一定会产生内驱力。陈多老师和戏文系的先生们给了我们这种有意识和无意识的学习氛围，就是启迪学生的兴趣，让我们产生一种自我决定的学习状态，使得我们的内心有了非常狂热的学习内驱力。这也是这一代先生们最优良的教书的品质。

我也到过一些学校，说实话，这样的老师，愿意以鼓励为主，启发加辅导，而不是满堂灌，比靠考试、靠点名、靠什么教纲教案、靠PPT嗯吧嗯为主的教学方法和态度，不知高明了多少倍。那才是真正的因材施教、以人为本的教与学。可惜，到了我们这一代，惭愧啊，这种老师已经是凤毛麟角了。其实现在所谓严格管理的课堂上，学生的厌学情绪早就把各种你精心设计的管理方法撕得粉碎，除了纸面上的数据，这种模式对学生对老师，没多少价值。以学生为中心的教与学，基本成了口号。这种被学习、被考试、被他人决定的教学模式不改变，真正的教育成果，尤其是落实到具体的一个个学生个体的知识体系上，就会碎片化，就会成一种可悲的结果导向——为考试而考试，为考试而学习。这自然与人与社会无益。

陈多老师他们实际上不仅仅是教书，他们还在管理着整个上戏戏文系的教学事务和教学主张，并把刚才说的这些优良的传统传递给了我们。虽然这是我们今天对这些先生们的一个回忆，但事实上，在我们二十多岁的那个年纪，这些东西对一个年轻人可能就显得特别宝贵和重要。

知识不重要，通过知识而透露出来的这种精神，这种治学的理念，这种教学的管理方法，这种教与学互动互促动态的过程，才是教育的精髓。从陈多老师和戏文系的这些创始的老师们身上，他们在教与学的过程中所传递下来的星火，是我们今天要继续往下传递的最珍贵的东西。

作者简介：

陈珂，上戏戏文系1982级本科生、1988级硕士研究生，中戏艺术学博士。中央戏剧学院教授，博士生导师，上海视觉艺术学院教授。教育部、文化部、财政部高雅艺术进校园专家组专家，田汉基金会欧阳予倩研究中心主任，中国演出行业协会艺术普及教育委员会副主任。

感念恩师又一回

明 光

近十年来，说来也怪，每年都有数次这样的梦境：重返上海戏剧学院，找导师提交论文。近日母校戏文系陈军教授嘱我，写篇纪念陈多先生的文章，我才明白，梦境在提醒：自先生仙逝我奔赴上海龙华府上吊唁后，尽管心中常念师恩，却一直未有文字表达，实该写篇纪念文字，献上心香一瓣。

三句话，受用几十年

我于1985年9月开始在先生身边学习三年。先生的授课指导，主要有三种形式，一是让我们跟专修班上课；二是专对几位研究生授课，布置习作，检查读书报告；三是我们趋府候教，于交谈中，解疑惑，明识见，学方法。

几十年来，先生的许多真知灼见，滋润后学多多。我至今印象最深的是耳提面命的三句话。

第一学期完成某篇习作，交了上去。感觉不错，正自轻松，不几日，先生批语下来："论据不足、观点不新、语句不流畅、用词不准确。"这对曾经是中学语文教师的我，不啻当头棒喝，悚然一惊。当时也就是告诫自己，构思、完成习作，要多想多检查而已；在日后的教学、研究中，才真正领会、践行先生批评的内涵：做学问必须眼界广，论据足，行文当准确严谨。

大家知道，先生的戏曲研究颇以创见为名，小者如《桃花扇》爱情戏写得不够好，大者着眼于表演，主张诗经时代就已产生戏曲，遂为戏曲史非主流派的代表。某次交谈中，先生说："怎么你的观点比我老头还要保守？"虽是笑着说的，我也赧颜憨笑，心中却知道这批评分量是很重的，最起码是指责不善思考、人云亦云。初学者的最大毛病，就是把本科考试的东西奉为金科玉律，缺少独立思考的训练。研究创新固难，独立思考却是学术研究的必备品格。后来我也指导研究生了，也产生了与先生同样的感叹，回味这句话，并且隐约感到当年未曾觉察的先生话语背后的淡淡失望，不免有点对不住先生的内疚。反思早年不善思考，自身循规蹈矩的性格有很大的影响，好在先生点拨及时，我亦铭记在心，努力矫正性格之弊。

读研第三年，发现了《鱼儿佛》作者的一些线索，便追踪下去，还到杭州浙江图书馆查阅资料，完成一篇习作，提交先生审阅。先生阅后说："你们扬州人，是否都像任二北先生一样，有考据的传统？"听了此语，心中一喜，至少此篇的考证，先生认可了。果然，先生将此文推荐给洛地先生主持的刊物发表。也许是先生考语给了我心理暗示，激发了我考证的潜质，日后的发展确实证明我于寻线索查资料较有兴趣和耐心。现在花甲已过，看看近期所作文章，考据性质之作居多，不由佩服先生识我之准。

先生鼓励学生实战，大力提携后进。在校期间，先生受邀为多位戏曲家写评传，指令同届两人跟着研学；并规划好研究提纲，要求我负责臧懋循、张大复的初稿写作。有压力，也有动力，实战操作幸不辱师命，完成任务，我开始步入研究的道路，摸着点学问的门道——资料、观点、眼界。当时，湖南师范大学龙教授带学生到上海戏剧学院交流，并为《中国文学研究》征集稿件；先生鼓励我们投稿，检验检验。我正好有一篇探讨元杂剧结构模式的习作，经老师修改后，投寄过去，很快录用，这是我正式发表的第一篇文章。毕业后，先生还提携我参加林同华先生主编的《中华美学大词典》古代戏曲理论条目的撰写，承担《六十种曲评注》中的《八义记》评注，在戏曲理论阐释、戏曲作品解读两方面给我许多具体指导，大大提升了我专业发展的必备素质。

父辈关爱，温暖至今

陈先生是我学业良师，生活中更有父辈的关怀。先生家住愚园路，离学院不远，我到陈府候教时，常在先生家用餐。先生喜喝两杯黄酒，我自然沾光，起初是惴惴然不好意思，后来是坦坦然在自家一般。先生则一贯熟视无睹，喝酒聊国事、忆往事、谈学问、议表演；偶或先生还亲自下厨炒个把小菜。后来，先生高迁到龙华宿舍，酒桌边的温馨谈话也未曾中断。

那年妻子带小女来沪，我便相携去拜望先生、师母。师母看到小女，以儿童金项链相赠，我极为狼狈——应该弟子孝敬师长，哪有师长赠金之理，万不敢领；老师、师母严命接受，却之不恭。每忆及此，妻子总是感叹，先生、师母是把小女当他家的孙女看待啊！我则念叨，先生此情，何以为报？唯将先生关爱后生之举，发扬光大为是。

先生搬到龙华后，我和妻子还去住过几晚。记得早晨同去街上同进早餐，一同逛集市购物；现在谈起来，妻子脸上还洋溢起幸福的容光。我毕业回扬州后，有好几年私事赴沪，都是住在先生家的客厅里，先生不以为忤，仍像我在沪求学一样，晚餐黄酒谈话，一喝两小时。

入先生门后，先生也来扬州多次。第一次是1987年6月参加扬州师范学院硕士生答辩，我随侍先生、师母来扬。还陪先生游览扬州诸景，请亲友开车，晨至冶春品蒸饺、徽饼，上午游个园，下午逛瘦西湖。

有一次，先生与薛沐教授来扬，住在我家里。当时年轻，我难得喝茶，不知泡茶需用现烧的开水，早晨拿起水瓶就给两位先生泡了杯茶。先生喝了一口，说："扬州泡茶不用开水啊？"我随口应答："不是啊！"先生说："茶不烫嘛。这是昨晚的开水。"我连忙烧水重新冲泡，以补过失。

那年，先生约我同游江西庐山，分别从上海、扬州出发，在庐山脚下的九江聚合，乘轿车同上庐山。庐山盘山道，"葱茏跃上四百旋"，我被转得晕车难忍，半途不得不停车休息；而先生精神矍铄，反为我打开后备厢寻找晕车药。好在上山后，我恢复正常，得侍先生数天，含鄱口观日出，仙人洞赏奇松，否则真是难以为情了。

守古道，趋新技

陈先生一生经历坎坷，潮落潮起。解放前的学生时代参加学运，解放后毕业于上海市戏剧专科学校，留校执教，后走上领导岗位。反右时为安慰朋友而被打成右派，"文革"时成为图书管理员、清洁工；"文革"后又是上戏的教授、戏文系主任。先生笑看世事，胸怀磊落，敢于担当，不唯唯诺诺，其处事风格正如其学术风格，鲜明犀利。那年，他带我去拜望居住在扬州师院宿舍的前辈任二北先生，簿上签名，家佣奉茶，任老与先生接谈甚欢。任老大声说话，议论院事，风采不减当年。出来后，先生慨叹"任老寂寞矣"，我问何以知之，曰："茶叶有点陈。"推想访客不多也。

先生待人又极为礼貌，一派古风。与我通信，上书"学弟"，下书"顿首"，我怎么敢当？每每展信，必持信鞠躬致敬，以减罪过。

先生学表演出身，身体素质好，中秋季节，我们年轻人已穿上长裤，先生还会西装短裤上班，整个不服老。一生好动，退休后还不时参加影视演出。曾收到先生寄来的照片，乃是在高邮拍摄电视剧的剧照，我好羡慕。90年代初，那时我还没有接触电脑，更不会打字，先生来信居然是电脑打印版，尽管先生当时电脑输字比"手写慢几十倍"。先生有古风，接受新事物的兴趣却比年轻人还足，天若再假先生十年，先生的微信、公众号也一定风生水起。

我是在上海戏剧学院的招生简章上得知先生大名的，冒昧写信求教，居然就得到先生的亲笔回信，鼓励我向学，时在1983年末。遗憾的是，当年报考要考生单位开具介绍信，偏偏校长不同意，只好次年报考。第一次见面，却是先生来看我。1985年，通过戏剧学院初试，春天来沪复试，住在愚园路的学院地下招待所，大通间上下铺，全是考生。报到当晚8点多钟，已在铺上看书，忽听有人找我，循声看去，一位矮个慈祥老者，虽不认识，便知是陈多先生来看我了！忙下床，张罗给先生找凳子坐在唯一的桌前。谈了哪些话，已记不得了，只记得其他考生羡慕的目光。最后一次见面，是赴沪参加上海戏剧学院举办的先生七十寿辰庆祝会，前一晚住在先生家，当天早晨陪先生一起到学院，献上花篮，为先生祝寿。

最初识先生，距今三十余年；最后一次见面，距今二十余年；府上拜祭，距今十五年。后来，校点《昆曲艺术大典·文学剧目典》五个剧目，其中就有陈多老师评注过《西楼记》，我在《校点说明》中特地写道："此次校点该剧，首先捧读先生著作，再次重温恩师学术研究的严谨学风、缜密考辨、独到视角、新颖观点；先生耳提面命的情形，如在昨日。故本剧校点，除了谨依体例和酌改《六十种曲评注》本《西楼记》明显的印刷错误外，悉依先师校点；本文的相关说明、评价等，也如是，以志对恩师的敬仰和怀念。"今日感念师恩，又一回！

作者简介：

明光，扬州大学文学院副教授，硕士生导师。1985年9月考入上海戏剧学院，为中国戏曲史专业古典戏曲理论研究方向硕士研究生，1988年7月毕业。从事古代文学、古代戏曲的教学和研究工作。参编《中华美学大辞典》《中国昆剧大辞典》《江苏戏曲志·扬州卷》，校点《昆曲艺术大典·文学剧目典》中《八义记》《西楼记》等五部剧目。出版专著《扬州戏剧文化史论》《清代扬州盐商的诗酒风流》。

忆陈多老师

刘　庆

2001 年 8 月，我随叶长海老师去遂昌开会，其间第一次和陈多老师有了较多的接触。那天，外面下着雨。碰巧会议内容比较枯燥，我正在房间里琢磨着如何"逃会"而不被批评，忽然接到他的电话。他问："你要没事，陪我出去逛逛吧？"于是我们"溜"到了大街上，坐在三轮车里四处看雨中的风景。好不容易找到一家书店，进去后却一无所获，便又去了百货公司。陈老师在服装柜台上想买件衬衣，标价是六十元。我故作老练地悄声对他说："可以还价的。"他有点尴尬，问："我不会，你会吗？"

于是我只得硬着头皮去跟售货员谈——其实我也不在行，最后五十元成交。陈老师很开心。

会议结束后，陈老师和我转道去了李渔的家乡——浙江兰溪。几天访学下来，我对陈老师的认识显然远远超过了对李渔的认识。一天夜里，我们乘着疏朗的月色，在一座跨江而建的木桥上，喝酒，闲聊，看水面清冷的灯光，现在回想起来，那一刻倒很有些江湖的情怀。只是几乎谈到的所有专业问题，我都在班门弄斧。我不明白陈老师为什么还听得那样饶有兴致？

这以后，我读过陈老师的书，听过他的课，挨过他的批评，帮他修过电脑（没有修好），有时也和几位老师一起陪他吃饭，听他讲笑话。最近一两年，他的身体不如从前，酒也喝得少了，精神却依旧好，有几次还很关心地问起"你怎么还不结婚啊？"随着自己日渐疏懒，我便少有机会和他见面了。去年 11 月，得知他病重，我去医院看他，我们谈起了我的论文，然后他给我分析"超女现象"，我跟他讲在民国《申报》上看到的那些八卦消息，结果同房间的病人都很奇怪地朝我们这一老一少看。临别的时候，他很郑重地与我握手，我却惭愧地离开了。

今年 6 月 16 日，陈老师走了。那天我正好在给学生上"戏曲写作"的小组课——这门课是陈老师 20 年前筹划开设的，为此他付出了许多的心血。同学们交流作业的时候，我望着窗外的绿色，仿佛又在斑驳的树影里见到了陈老师的面容，惘然间，竟想起宋朝人说的"聚散真容易"这几个字来。

以陈老师的通达，我想，如果说他离开时有什么遗憾的话，大概只有两件：一是没有能亲眼见到自己最新出版的文集（他去世的那天正在寄往上海的途中），再就是没有能观看世界杯的决赛了。不过，相信在另一个世界里，一定也有世界杯吧。

作者简介：

刘庆，上海戏剧学院副院长，上海古典文学学会理事，教授。从事戏曲史研究与教学工作。代表著作有《上海滑稽史》《明清时期的戏剧管理》《管理与禁令：明清戏剧演出生态论》等，曾获"第十一届上海市哲学社会科学优秀成果（著作类）二等奖"。作为教学团队成员，曾获"上海市教学成果特等奖""国家教学成果二等奖"。

此心安处是吾乡——谨以此纪念恩师陈多先生

常青田

那天正出门去陕南邨，因应北京好友之邀，早就约好了一起去拜见黄裳先生。突然，剧作家余青峰的电话打了过来。接电话的瞬间，我心里就不由地咯噔一下，有一种不祥的预感，因为最近一年，我与青峰兄通电话，除了约一起去看戏、喝咖啡，还有就是跟我们共同的一位老师有关。

果不其然，电话里青峰兄语调低沉地说："你知道了吗？陈多老师走了……"

对于这突如其来的噩耗，我脑子一麻。

"什么时候？"我问。

"前天。我也是刚知道，我再打电话问一下罗怀臻老师，追悼会什么时候……"

接完余青峰这个电话，我就在去陕南邨的路上了。上海的路很堵，车爬也似的，走走停停，跟我此时的思绪一样。由于最近在忙一个电视剧，几乎足不出户快两个月了，想想还是上个月给老师家人打过一次电话，家人说还好，没有明显变化。也是因为听说还好，我宽慰了许多，但是心里不免还是想抽时间去医院看一看。

其实我心里明白，陈多先生这病，不比别的，肺癌晚期，年龄大，不能化疗……说句心里极不情愿说的话，着实是看一次少一次了。令人没有想到的是，两月前的那一面竟然成为我们师生的最后一面，呜呼哀哉……

在这之前，不管去陈多先生家里，还是去医院，多是我约青峰兄，或者青峰兄约我，然后，我们俩结伴而去，也是我们都怕单独去探望陈老师的气氛会悲情了吧，再说一起去也尽量让老爷子少耗费一些精气神。每次去看望，先生都很是高兴，总是拉着我们问最近在写什么？可是那天，先生精神头明显已经不是很好，虽然床边还是像往常一样放着几本戏曲理论书，还有一本金庸的武侠小说，可是这次我们去的时候，他却没在看那些书。

见我们来了，陈老师还是很高兴，抬抬手示意我们坐。看着先生的清瘦的皮包骨头的手，我心里难受得紧，就很想去摸摸先生的那双手，所以就没有掩饰地上前握住了先生的手。他的手很温暖，可是，我的心却泛起一丝的凄凉和莫名的酸楚。

然后，余青峰跟他说了一些刚刚去参加的中国戏剧节上的事情，看得出先生对青峰在戏曲上取得的成绩很高兴，颇感欣慰，说话声音也大了些，可哮喘也让他呼吸急促起来。为了止住哮喘，他让护士给往嘴里喷了一次药，让我看着更是难受。

关于陈多先生的病，我又想起前几次看他，当面，我们都不敢主动提，毕竟是肺癌晚期，可是，一向达观的陈多先生自己倒是多次主动说起自己的病，显得极为坦然，特别是年前去龙华龙吴路他家那次，他说："快八十了，不说现在的身体吃不消，就是吃得消也不去受化疗那个罪了，虽说这个病有点突然，可是想想一辈子曲曲折折走来，也似乎没有什么遗憾的事，去见马克思也没什么好怕的，阎王叫我三更去，我不会赖着不走到五更的，哈哈……"还记得，青峰兄说："陈老师，你一定要好好的，到时候我们一起看 2006 世界杯。"先生笑呵呵地说："我还要等着看 2008 北京奥运会呢！"

护士给喷了一次药之后，先生的喘息不是那么急促了，声音也恢复了一些。我们静静地看着他。他突然说："世界杯，快了，还有两个月，到时候这个药估计得多喷几次了！"这时候，我发现，就在陈多老师床头的墙上贴着一张手写的纸片，上面写着 CCTV5（25），STV 体育（6）等等，括号内的数字是病房里电视机遥控器的频道。可是，世界杯小组赛正如火如荼地进行中，小组赛首轮还没踢完，想想 16 日那天凌晨 3 点 45 分，也正是瑞典和巴拉圭上半场马上就要结束的时候，他却走了。

陈多先生是个球迷，除了戏曲，他最爱看的就是足球了，这是所有认识他的人都知道的。在他给我们讲戏剧和舞台的时候，常用足球比赛来举例，他说足球场内充满了真实的戏剧性，用足球比赛来给我们诠释戏剧的节奏、悬念、突转等等，真是生动极了，还说作为一个编剧应该是个球迷才是。然而，今年的这个夏天，四年一度的世界杯又像出大戏一样拉开了帷幕，球迷为之疯狂的饕餮大餐，也不知道小组赛先生看了几场……

记得从学院官方网站上看到，5 月 23 日，上海戏剧学院为陈多教授颁发了"戏剧教育终身荣誉奖"，称其为"戏剧艺术教育家"。颁奖词中说："陈多先生作为中国戏曲研究领域德高望重的著名学者，半个多世纪以来，潜心于中国戏曲史、戏曲理论的研究和教学工作，在戏曲美学研究方面更是独树一帜，学养深厚。更为可贵的是他在学术研究中敢于辩争，始终保持着敏锐的思想锋芒和旺盛的学术生命力。他的理论研究既有精密细致的资料考证和逻辑推演，又显示了鲜明、独立的学术个性。"这似乎是对其盖棺论定的说法，真的就在过了不到一个月，6 月 16 日，颁奖词竟成了盖棺论定，呜呼……

另外，这个颁奖词里还有是对陈多先生生平的介绍——陈多，1928 年出生于福州，自幼受到了良好的传统文化的教育，青年时代便积极投身于反抗旧体制的斗争洪流中。在 20 世纪 40 年代就读于上海剧专时，他已是学校中共地下党组织的负责人。新中国成立以后，他又继续为戏剧教育事业奋斗，先后担任上海戏剧学院党组织负责人、戏文系主任及中国傩戏研究会理事、上海戏曲学会会长等职。陈多老师不仅是一位学者，而且还是一位对戏剧教育事业做出很大贡献的导师。在长达 50 余年的教学生涯中，桃李满天下，其中的佼佼者如叶长海、王仁杰、罗怀臻等诸先生已成为当代戏曲理论界及创作界的领军人物和中坚力量。在平时，陈多先生又是一位谦和平易的长者，他于日常交往的点滴细节中对晚辈后学的提携和鼓励则蕴涵着对学生的深厚情感……想到此处，恍如隔世。

其实，以前对陈多先生并没有这许多了解，只知道，他，七十多岁，个子不高，精神矍铄，是一个和蔼而又活泼的可爱的小老头，时常挂着一根拐杖走在学院里，身旁身后多是跟着几个我们的老师。他，是名副其实的，我们老师的老师，甚至是老师的老师的老师，教授里的教授。不过当面，我们还是叫他"陈老师"，可背地里，我们一般称呼他为"老爷子"。他，右耳朵上一直带着一只浅咖啡色助听器，说话声音很大，恐怕别人听不到一样，操一口戏剧文学系里不多见的标准普通话，说话速度很快，还常说一些俏皮话，完全不像是七十多岁的老人。据说他是上海戏剧学院玩电脑玩得最早的老教授，似乎是从286开始的，至今还是笔记本电脑不离身；还有，他有一张著名的名片，上面写的不是上海戏剧学院教授、系主任之类的吓人的头衔，而是永远在名字之前写着两个字——"戏子"；还有，他，表演系表演专业出身，却成为戏剧文学系戏剧戏曲学教授；还有，他是上海戏剧学院的三朝元老，历经解放前上海市立戏剧专科学校、解放后中央戏剧学院华东分院和上海戏剧学院三个阶段，在学院五十多年的历程中，桃李满天下，最近几任的院长余秋雨教授、荣广润教授等也都是他的学生；还有，就是常听系里老师像讲传奇故事一样地说陈多老师是国民党当政时候的"地下党"、共产党当政时候的"右派"。听说被打成右派的时候，组织劝他的新婚妻子跟他划清界限，然而，他的妻子却说："我还是认为陈多是个好人……"关于这两点，吕佳同学在她的博客上说，这表明陈多老师不仅仅是一名真正的共产党员，还是一个真正的男人。说得好！不愧是发行量超强的《故事会》的文学编辑！

说起吕佳同学，让我想起了曾经的我们那个班——九八戏文，还有我们那个小组。弹指间那也是七年前了，时间过得真快。1999年的下半年，我们的专业课进行到戏曲片断写作阶段，我和另外三名同学——似乎是赵珉、刘颖、蒋佳伶——有幸被分到陈多先生的指导小组。这种小组课是艺术类院校专业课的主要形式，课很灵活，从谈构思、确定构思，学生回去写初稿，到初稿完成，老师点评，进入二稿写作，再修改，直到最后定稿，完成一个阶段的作业，有点像普通院校硕士生博士生阶段导师制的小课。当时，其他三人对戏曲写作似乎不是很感兴趣，多是按时交了作业，人就溜了。对此，陈多先生并不责怪，而是极为宽容地笑着说："年轻人对戏曲没什么兴趣是可以理解的，我不会强迫学生……"唯独我，因为想着陈多先生中午的那顿黄酒，老是赖着不走……就这样，一个组，四个人，半年的课，几乎都让我一个人上了，可以说是我捡了一个大便宜。

其实，给我们上课的时候，陈多先生早已经离休，可是没离开课堂，一直在给博士生硕士生本科生上课，像他这么大年龄的国宝级教授还坚持给本科生上课，这在其他大学是不多见的，只能说谁摊上就是谁的福气。

那半年，特别是后半段时间，单独面对我一个光杆学生的时候，每次上课，我们多是直接去学院小餐厅，点上四菜一汤，一坛黄酒，课才开始。陈多先生爱喝黄酒，这是戏剧学院人所共知的事，据说他在当系主任的时候，开着门在办公室里喝黄酒，一边笑着问路过的人："谁要行贿？快进来……"此时此景，想来一定可爱得很。他的课也是从黄酒开始的，有时饭桌上还有别的教授打着蹭饭蹭酒的旗号过来作陪，陈多先生更是高兴了几分。然而这样，就成了几个教授给我一个人上课了，再后来就似乎不是上课了，上课成了我们一老一小找机会喝酒聊天的借口了。半年的课，我除酒量大增之外，更受用无穷的是陈多先生给了我比这个阶段学习更大的帮助，使我真正地走进了戏剧之门，逐渐触到了舞台的精髓，深刻感受到了戏曲的魅力。

在之前的三个学期里，我虽身在戏剧学院，可是在专业上一直没怎么开窍，对我恨铁不成钢的李宁老师、吴小钧老师更是无奈于我钻在宏观叙事和小说思维里拔不出来。这个状况在当时的学习过程中是很危险的，当然，这跟我的个人的文学经验有关，在考进戏剧学院之前，除了学过课本上选的几个话剧片断之外，我几乎就没有接触过戏剧，而是一直在看杂书，写小说，看电影……后来，毕业之后的那一年，我在构思创作新编越剧《纳兰性德》，还像当初上课时候一样，多次向陈多老师请教，更是得到了他很大的鼓励和指教。没想到该剧拿给某院团，却遇人不淑，节外生枝，给他人做了嫁衣裳，然而却由此结识了师兄余青峰，引为如水好友，交往至今，也算一得。

车到南京路的时候，更堵了，都说上海人多，人最多的应该就是南京路了。车窗外，熙熙攘攘，人潮涌动，然而，就是这许多的行人，他们仅仅是在匆匆行走？我想一定有人也跟我一样在想事情吧？只是不知道他们各自在想什么。人啊，衣食住行，生老病死，抑或是为生活、为金钱、为名誉、为爱情、为理想、为永恒，甚至是为更多而奔走？此时，青峰兄又打来电话，仍然是语调低沉，说："陈老师的遗体告别仪式，在6月21日下午3点半，龙华殡仪馆，永乐厅……"

永乐厅，挺好，苏东坡也词云"此心安处是吾乡"嘛。还有，说到龙华，记得老院长余秋雨先生在《文化苦旅》里有篇文章是写关于死亡的，题目叫《家住龙华》，文中有这样一段话，大意是说家住龙华，离龙华殡仪馆近，一位最达观的教师笑着说，毕竟有一点方便，到时候感觉到自己不行了，用不着向殡仪馆叫车，自己慢慢走去就是。其实，余秋雨先生在这里说的最达观的教师就是陈多先生。可是，到了最后的陈多老师、最达观的陈多先生毕竟没能自己慢慢地走去……

作者简介：

常青田，上戏戏文系2002届本科毕业生。上海戏剧家协会会员、中国电影文学学会会员、中国电视剧编剧工作委员会会员。主要作品有话剧《情感派对》、越剧《纳兰性德》、电视剧《新水浒传》《红色黎明》，参与撰写《上海话剧百年史述》等。

　　　　　　　　　　　　　　　　　　　　　　　　戏文名师

难忘的一段"上戏"岁月

李惠康

人到暮年，憧憬未来的事逐年递减，回忆过去的情与日俱增。留在上海戏剧学院的一段纯情岁月，在我的陈年往事中格外令人亲切怀念。

远在 20 世纪 50 年代下旬，我在南洋模范中学高中毕业时，学校有个免试保送清华大学的名额，校领导先来征求我的意愿。但我看了保送的六个专业全是理工方面的，而我从小喜欢看戏，看戏看到自己很想当编剧的程度了，故而明知这个"免试保送"是非常难得的幸运，也只好舍弃，自行报考复旦大学中文系。不久，报上刊出由上海戏剧学院与上海戏曲学校联合举办戏曲创作研究班招生，我又去报考。待到相继接到两校录取通知书后，我再舍复旦而进上戏了。

我钟情戏剧，也爱好诗歌。进上戏学习戏曲创作是我学生时代志趣爱好的最佳选择，并由此于 1958 年 10 月 1 日国庆节，还仿照七律规格写了一首古体诗：

> 少小田间农事通，不知世上有莎翁。
>
> 幸逢解放转时运，重入书林得启蒙。
>
> 缘起诗歌心所爱，情投戏曲愿由衷。
>
> 而今举国欢腾日，谁识我曾是牧童？

不过，1958 年也是我国各行各业卷入狂热的"大跃进"之年，上戏还在

"全民大炼钢"的热潮中折腾着。及至 1959 年下旬，高等院校的教学事业才全面恢复常态。我们戏曲创作研究班的课程设置也由此日臻完善。

顾仲彝教授主讲"编剧概论"，魏照风教授主讲"文艺学"，陈古虞教授主讲"诗词韵律"，刘如曾教授主讲"戏曲音乐"，周端木老师主讲"艺术哲学"；同时外聘刘厚生老师讲授"戏曲发展史"，蒋星煜先生讲授"戏曲名著赏析"和他的"王实甫'西厢记'研究"，何慢先生讲授"戏曲推陈出新"和他的"越剧'碧玉簪'研究"，还有观摩剧目演出和戏剧创作方面的专题讲座，等等。

我对顾仲彝教授的"编剧概论"特别偏重。

这不仅是因为"编剧概论"是我们学业主课中的主课，而且还由于顾仲彝教授在这个领域，既拥有通今博古的学问见识，又有深入浅出的讲解艺术，让我们非常敬仰。

我记得顾仲彝教授讲悲剧理论，从英国莎士比亚的《罗密欧与朱丽叶》讲到我国越剧《梁山伯与祝英台》。他着重分析剧中人物所处的社会环境与人物所特有的性格特征之间的矛盾冲突。如前者因两个世代仇恨、相遇就进行生死决斗的族群之间，一对青年男女从一见钟情而友好相爱到了宁死也不可分离的地步，由此论述人物的悲剧性之由来；后者则从封建的家庭地位与势力和父母之命出发，阐明祝英台与梁山伯的自由恋爱虽然清纯美好，却因"爹爹之命不可违"和"马家势大亲难退"而相继走向死亡。顾仲彝教授由此讲到两个悲剧的结局：梁山伯与祝英台之死，化成一对比翼双飞的蝴蝶，是人虽死而情不灭的美丽象征；罗密欧与朱丽叶之死，化解了两个族群的仇恨，从此友好相处，也是一种人虽死情不灭，情在两大族群化敌为友、和平共处之中……

顾仲彝教授还以莎士比亚的《哈姆雷特》和福建莆仙戏《团圆之后》为例，将悲剧理论的讲解引向深入。从前者如何由性格冲突走向悲剧命运说起，引出《团圆之后》如何突出主人公高中状元之后，因他是寡母与家庭教师"私生子"的隐情，在逐渐泄露的过程中，展示他亲生父母与他自己本人先后不能不走向自杀的悲剧命运，并由此揭示封建制度杀人的冷酷无情到了不必用刽子手的屠刀，一个个只能自我处死的地步……

我也难忘顾仲彝教授讲到喜剧理论，内容涉及意大利哥尔多尼的《女店主》、法国莫里哀的《伪君子》和博马舍《费加罗的婚姻》，以及俄罗斯果戈理的《钦差大臣》等外国名著，从中也插入中国滑稽戏《三毛学生意》等剧目赏析，把喜剧编剧的理论与技巧，也讲得富有喜剧情趣，使我们感到既幽默深刻，又动听好笑。

顾仲彝教授讲课，善于运用生动的艺术形象，诱导我们感性的自发力，继而在对艺术形象的赏析过程中进入编剧的理论领域。从如何展开起、承、转、合的剧情，怎样在矛盾冲突中进行人物描写等各种艺术技巧，往往在借题发挥中进行论述。使我们学生坐在课堂里听课，既因内容丰富多彩而引人入胜，又使理性化的概念给人以深刻印象，久久难以忘怀，时有耐人回味的再生力。

顾仲彝教授再三开导我们："人的智慧和才情，离不开自己切身的经历。而阅历，也是积累知识、生发才情的经历。"因此，他的"编剧概论"每讲完一课，都要给我们几个思考题，并谆谆叮嘱我们："课教作启示，学业靠自修。"

其时，我遵照顾仲彝教授"课教作启示，学业靠自修"的教导，凡是他在讲授"编剧概论"时所引证的剧作或剧中的实例，我都要去图书馆查阅，并做阅读笔记，因此，当时我不仅读到了不少古今中外的戏剧名著，丰富了自己的阅历；同时，还认识了在图书馆工作的一位不声不响、不卑不亢的老先生。

这位老先生，凡是我要借阅的参考书籍，他不仅很快就能找到，而且有时还主动给我介绍另有参考价值的中外戏剧论著，至今我还记得的，如外国叔本华的道德哲学和尼采的悲剧学说，以及约翰·霍华德·劳逊的《剧作理论与技巧》，还有我国古代戏曲理论家李笠翁的《闲情偶记》等，开我眼界，获益匪浅。我也由此对这位老先生非常感激，十分尊敬。

可是有一次，我去图书馆借书时，突然发现有人在训斥那位老先生，而他却低着头一声不吭。事后我惊悉：原来这位老先生姓赵，原是学院里的一位大教授，因他在整风时提意见，对领导说了几句不满意的话，到反右时因"反党反社会主义"的言论而成了"右派"，被下放到图书馆接受监督改造。好像也是从那天起，我再到图书借书时，就发现他工作照样埋头苦做，但始终闷声不响，也不抬头看人……我为他感到深深的难受，并从他的遭遇中联想到中学时代原来令我尊敬的师长，也在"反右"运动中被打成"右派"后的不幸命运……

顾仲彝教授对学生是个有问必答的老师。有一天，我为戏剧理论上的问题，课外请教顾仲彝教授之后，又向他提问："整风时提意见，到反右时论为反动言论，打成右派，这符合宪法上规定的言论自由吗？"他听后先怔怔地望着我，而后微微一笑地说："整风'反右'是发生在社会上的大事，但中学生是不参与的。现在你刚从中学升到大学，没有整风'反右'运动的切身经历，刚才你提出的问题，是一个你本身还没有进入社会的疑问，是不是还不太具备探讨的条件啊？"其时我只好点点头，但事后回想才越来越感受到，那是一位师长在当时当地对自己学生最难得的爱护和开导啊！

1961年9月，我从戏曲创作班毕业，分配到剧团当专职编剧，也由此开始投入社会实践。特别是经历十年"文革"之后，我从剧团上调上海艺术研究所，由越剧编剧改行成文艺编辑，并从事艺术研究，发表戏剧评论。1996年退休以后继续写作，先后编著出版《一代风流尹桂芳》《映日荷花别样红——吕瑞英的流派艺术》和《李惠康戏剧评论与剧作选》等七部艺术专著。但是，那段在上戏校园的纯情岁月，特别是顾仲彝教授讲课时亲切的音容笑貌，以及对自己学生关怀的语气和笑影，却总时常在我的记忆犹新中闪回，闪回，再闪回……

作者简介：

李惠康，上戏戏文系戏曲创作班1958级校友，剧作家，文艺评论家。曾任上海艺术研究所副编审、副所长。《新剧作》杂志编辑、《上海艺术家》杂志主编。中国戏剧家协会会员，上海戏剧文学学会常务副会长。发表戏剧评论150余篇30多万字，发表剧作十部，编著专书七部。

丛脞说师长

严福昌

接读约稿函，余上沅、顾仲彝、赵铭彝、魏照风、陈多等至贤先师的音容笑貌，立即浮现在眼前，栩栩如生，像又要与你聆教。想不到时间倏忽已过了一个甲子，我们学生辈都进入耄耋之年了。

当年我最先见到的是顾仲彝先生。1959 年春节他回老家浙江余姚过年。随后由他外侄陪同参观其毗邻——我就读的上虞春晖中学。

这个中学可是名震遐迩的存在。经亨颐、夏丏尊、朱自清、朱光潜、杨贤江、丰子恺曾在此执教，何香凝、李叔同（弘一法师）、张大千、张闻天、陈望道等在此蛰居和讲学，有"北南开、南春晖"之誉，曾集一时之盛。

那时左联作家蒋光慈夫人吴似鸿（曾是南国社当家花旦）在此闲居。她指导高年级学生排演保留剧目曹禺名剧《雷雨》，我被指派学演周朴园一角。她与顾先生熟识，攀读中说起他正在筹办上海戏剧学院戏剧学系，学制 5 年。当时听之而已，对此浑然无知。

经当年春晖校友刘启蔚和话剧史学者刘家思考订，《雷雨》的首演为该春晖中学师生合演的湖风剧团，距剧本在巴金主编的《文学季刊》发表仅五个月，所以我的同班同学曹树钧教授讲课时，修正了首演"复旦说""日本说"，改写了话剧史的重要一页。

但等到我到上戏报到，向顾老师禀报，是他外侄将多余的报名表送我才有进学的事。（那时只是考虑报名费5角钱，到杭州报考旅费1.3元，完全没有想到会被录取，只是在旁人怂恿下去见习一下"高考"。阴差阳错，这是冥冥之中的幸运？要不此生完全会是另外一种情形，至少与戏剧无缘。）老师只是颔首苦笑而已。原来这时顾先生不再是系主任，系也改名为戏剧文学系，学制改为4年，就中底里我等学子就不明究里了。

系主任是魏照风老师了，他教授话剧史课。因我学演过《雷雨》，所以对此课有偏好。加之那时中国话剧的第一二代名家都健在，活跃于讲坛、舞台、银幕上，而且还偶能亲睹他们的尊容。一次剧界领袖田汉来沪，在学院指导藏族班排演《文成公主》，我有幸一睹丰采。那时正好读到陈白尘回忆南国社（南国艺术学院）的文章，更是对这位"田间硬汉"备极景仰。他写道："经常和同学们在一起的是田汉先生，他讲学也是随便得很，今天谈谈培根的哲学，明天又谈莎士比亚；谈易卜生的时候，可能扯到遗传学，但也会扯到历史学或政治经济学上去，根本没有什么固定的课程。虽然辟了一个教室，但同学们都喜欢在石库门前席地而坐，晒着太阳，听田汉闲聊。有了剧本，大家便上小舞台上去排戏，也不管你是文科或画科的。有了电影，全校便集体去观赏，归而纵谈得失。学风自由活泼，但也很散漫。"这些又正好与我禀性有些契合，便增添了我学习探求话剧史的兴趣。

我以为上戏也有此种遗风在。由海派文化气质、江南文化基质、红色文化特质共同熔铸的具有上海标征的艺术学府，上戏为我们学子提供各种人文学习机会，这种借重海纳百川、有容乃大的气派对于我们无论从事何种工作都是无形中有所裨益的。

我由此感到，田汉凭一己之力，办刊物，办剧社，拍电影，办艺术学院，并且都卓有成效，非常了不起。于是我有意搜集资料，到旧书摊淘南国旬刊、半月刊、月刊、特刊、增刊，居然还颇多收获。那时，这些旧报刊每份只需一两分钱，不过当时我只有每月4元钱的补助金，真正是"从牙缝里抠出来的"，不过我乐此不疲。由此兴味日浓，又从徐家汇藏书楼抄录大量有关资料，为我日后撰写毕业论文《南国社史论》奠定了充分翔实的史料立论基础。

当年初生牛犊不怕虎，居然对这位戏剧大师多加评骘，要不是指导老师魏照风、柏彬鼓励有加，悉心指点，还有南国旧人赵铭彝、闫哲吾先生的宝贵意见，是不可能有出笼之日的。

"文革"中稿本散佚，曹树钧在戏文系档案为我手抄十万余字文稿，至今深以为感。这篇拙文，1985年被《戏剧与电影》杂志连载（发表用笔名严肃），后又收入葛一虹主编的中国话剧史料集一书。

我被分配到四川工作后，每当与上戏有关的情事，诸如招生、实习、聚会、演艺都乐意为之，这大概就是母校情结。余上沅执长国立剧专在川九年之久，我以为意义非凡，和当年一批校友于迁校40周年之际，在长江边城江安县为他树立了庄谐并济的铜像。近年又力主完全恢复校址，通过全国两会提（议）案升格为国家级文保单位。

顺便提一下，叶长海教授去年在《文汇报》行文说，他的导师陈古虞是上戏英文最好者。此言稍嫌失当。余上沅留学于美国哥伦比亚大学及卡内基大学，解放后当复旦大学英语系教授；顾仲彝曾任复旦英语系主任。要论英语之高标，二位在国中也属翘楚。

我们还有一位出自江安时期国立剧专的老师刘厚生，他不属于学院体制，在上海剧协任秘书长时，代为我们教授中国戏曲史课程。自1964年调入中国剧协后，我俩过从甚密，我受到过他许多言传身教，他还为拙作《论剧集》撰写了长篇序文。老人家前年高龄谢世，一辈子为戏剧事业殚精竭虑，实是我们晚辈的楷模。

前面提到的赵铭彝教授，1957年被错划为"右派分子"，平日里忍言噤声，那时少有教授衔者，但他若小职员，"内控"未入教席。然为人热忱，为我毕业作业指点迷津，数十年后以"田汉研究会"常务理事身份力荐发表入书。他对中国话剧史亲历良多，钻研颇深，又是左翼剧联的中坚分子，他与诸多名师都是中国话剧界一个值得夸耀的存在。

赵老师是四川泸州人，新中国成立后，在川东（重庆）办过中华戏剧专科学校，他是第二任校长，直至1953年才结束办学。连同熊佛西在川西（郫县）办四川戏剧学校，余上沅在川南（江安）的国立剧专，这三位名师为四川，更为国家培养和储备了大批戏剧艺术人才，其卓越丰功伟绩是永不可泯灭的。

赵先生夫妇数十年乡情萦怀。1985年夏我出差上海去寓所拜望他，二老表示很想回老家看看。我因一直做文化行政工作，为此"假公济私"作了他老人家满意的全程安排，会见南国旧友陈明中等艺坛耆宿，接受了当年中华剧校弟子的祝寿，回到了阔别30余年的故家，了却了他的终生之愿。

也出于工作职责，我邀请上戏陈多、余秋雨、叶长海、丁罗男、曹树钧等新老教授多次讲学，周端木老师等来写剧本、做演出，也假中国艺术节之便召集过1963届戏文同学会。所有这些回想起来，心里至今还是颇感温馨的。

暮年忆师长，纸短情且长。以上写的一星半点，一鳞半爪，纯属丛脞杂谈，规定三千字数，就此打住吧。

走出斗室，仰望星空，似有星辰坠落。愿我们的师长，在天堂里快乐地演绎多姿多彩的戏剧奇景。

作者简介：

严福昌，笔名严肃，一级编剧、研究员。1963年毕业于上海戏剧学院戏文系本科。曾任四川省委宣传部文艺处处长、四川省文化厅副厅长（正厅级）。写作出版《评戏集》《剧作集》等、编著出版《中国文物大系—四川卷》《中国戏志—四川卷》等各十余种。荣获文化部先进工作者称号和巴蜀文艺奖之终身成就奖等多个奖项。

感恩母校　感谢恩师

邢益勋

我是 1960 年考上母校戏剧文学系的，入学后深感自己的好运和荣幸。

首先，1958 年开始"大跃进"的狂热浮躁气势在 1960 年秋季基本消失了，代之以的是国家重新进入稳定建设发展经济时期，校园里也营造出安心专心的读书学习环境；虽然 1962 年提出以"阶级斗争为纲"的治国方针，但斗争矛头是对外的所谓"苏联修正主义"，对十评"苏修集团"的批判文章也只是正面学习；而 1963 年大张旗鼓地掀起的学习雷锋运动是提倡做好人好事、互相帮助、互相学习的良好气氛；所以到六四年我们毕业时的四年学习期间，让我这个来自海南岛农村的学生获得了认真读书增长才干的大好机会。

其次，母校为我们提供了十分强大的教师队伍和非常全面的课程设置，教师们无论老中青，个个学问真实善于讲课，那种认真负责耐心辅导学生的职业精神让我们深为感动和佩服。

课程设置上不但有专业课基础课普通课，也有实践课，像写作实习（创作与理论都有）、观摩讨论（每月观摩费一元八角看两场戏剧演出，两角看一部电影）、亲自参演（老师让我们排演英国著名独幕剧《月亮上升的时候》我有幸扮演男主角）。

在理论课与实践课相结合的学习中，我们获得较为全面的专业基础知识，也即通俗所说的扎实的专业"基本功"。记得，当时的学兄班有些同学投稿报社，我们班同学在报上看到发表出来的短小戏剧评论文章后都纷纷赞扬叫好，十分羡慕，老师便及时严肃地要求我们认认真真地学好各门课程，扎扎实实地掌握好专业知识，不要现在就忙着分心去投稿想着发表那种"豆腐块"式文章，等你们毕业后走上工作岗位了再施展你们的本事。

尤其让我们感到幸运的是当时国家两所最高的戏剧学府"中戏"和"上戏"中，"中戏"认为学校是培养不出作家的，所以他们的戏文系只培养专门的戏剧理论人才，而我们的母校却认为也可以培养出剧作家乃至作家。

于是，在这样的教学指导方针下，那时我们戏文系的大学班（从各大学中文系毕业生中挑选来学习的研究生班）、1959届和1960届的本科班及专门为上海各戏曲剧种培养编剧的创三班（即学习三年的大专班）都涌现出了一批编剧乃至作家（自然也包括本人），为此我们真是为母校感到骄傲和自豪！

在所有的老师中，印象最深的自然是专业课教师了，像教"编剧概论"的顾仲彝老师，教"贝克的戏剧理论与技巧"的余上沅老师，教"中国话剧史"的魏照风老师（他也是系主任），教"中国戏曲史"的陈多老师，其他教"西洋戏剧史"的是丁小曾老师，教"俄罗斯戏剧史"的是任何老师，教"苏联戏剧史"的是何纪华老师。编剧理论加上戏剧史课老师要求我们阅读大量的古今中外剧本。

而作为"剧作分析兼写作实习"课老师的董友道、周端木、徐闻莺、谢志和、柏彬等人在课堂上一个个剧作分析的同时，又在课堂下一人辅导五位同学的写作实习，真是十分辛苦。教"艺术概论"的王东局老师是我们的班主任，每次观摩后课堂讨论时，他总是参加与指导，平时对我们的思想行为和生活情况也非常关心，总是和同学们打成一片，让来自全国各地的同学感受到集体的温暖。教"中国文学史"的陈汝衡和陈古虞老师和教"姐妹艺术课"的刘如曾和周本义老师都让我们获得了很多基础知识。

还有马列主义教研室的袁化甘老师总是经常组织各种时势讲座，像"学习雷锋精神的报告会""批判修正主义文艺的讲座会""学习大庆人两论起家报告会"（即《矛盾论》和《实践论》）"关于一分为二和合而为一的讲座会"等，这些结合现实及时灵活的讲座实际上即是政治课，不管当下的人们有何看法与反思，但在当年的教育效果是很好的，能让我们关注时事、联系思想培养家国情怀。

顾仲彝老师教的"编剧概论"自然是专业课中的主课，因此课程量最大、教授时间最长，他手握讲义，讲得很有逻辑性，同时又很会掌握节奏，他总是边看讲义边注视着学生边讲，很是照顾我们在边听边做笔记，因为没有现成的课本又怕漏听了他的讲课内容，我们也是边全神贯注地听边紧张地做笔记。上海寒冷的冬天让几乎每个同学都手生冻疮（当年没有任何供暖设备），握笔虽然难受，但认真学习的我们也都顾不上呢。

顾老师的课让我在往后的创作中受益最大，因为当时写作实习老师经过写作练习实践认为我形象思维好、应向编剧方向努力发展（逻辑抽象思维好的同学老师便建议他们向戏剧理论研究方向努力发展），所以在学习顾老师的课程方面我尤其认真努力。应该说让我最难忘的受益有三点。

一是戏剧最根本的独有的特征是矛盾冲突，没有冲突就没有戏剧。顾老师讲课中介绍了苏联曾经泛滥一时的无冲突论，只是正面赞美与歌颂，这种戏剧的演出越来越不受观众欢迎。同时，他又介绍毛主席的著作《矛盾论》，特别强调"矛盾存在于一切事物之中也贯穿于事物的始终"这一关键内容，从个人家庭单位到国家的一切事物和人与人的关系无不存在种种复杂的大小不一的矛盾，戏剧必须面对并抓住这种矛盾让其发酵起来形成冲突，这种冲突因其双方乃至多方的人物力量对比不同而跌宕起伏的变化、最后可变成或喜剧或正剧或悲剧演出形式给观众看。讲课时，顾老师又用各种不同风格形式的剧本进行对比很是具体形象。这样，冲突论就成了我毕业后创作中坚持的原则了。记得1990年在参加了"全国话剧与歌剧的创作会议"后，剧院领导交给我一本报告文学著作，让我改编成话剧排练演出。该书有二十万字，写的是某县领导做的各种好事，全是赞扬歌颂。读时倒也很感动，只是没有任何矛盾冲突，怎么能改成戏？我只好谢绝了领导的要求，领导有些生气但又无奈，因为这是上面的指示要求，但我作为内行很懂得戏剧创作的规律，所以她又只好把任务交给分配来剧院不久的两位青年人，然而他俩折腾了几个月还是完不成改编任务。

二是只有性格冲突才能塑造好人物。顾老师在列举了各种"冲突说"后就重点突出地强调性格冲突的重要性了，他讲其他文学作品比如小说作者可以通过各种各样的描写诸如人物外形气质、内心活动、环境气候、衣饰打扮、各种气氛等等手段去塑造人物。但话剧不行，它只有台词对话，所以高尔基才说戏剧和雕塑是最难创作的文艺作品。于是我们也联想到开学典礼上熊佛西院长激动自豪地宣称"我们的话剧是艺术百花园中高贵的牡丹"。

为了说明性格冲突的重要性，顾老师讲了当时话剧创作演出中普遍的现象是总让人物围绕着事件转。像要完成某项任务了，比如工程建造、技术革新、创造发明、研发产品等等，而一律是先进与落后、保守与冒险、坏人与好人的冲突斗争，让人物为事件服务，只看见事不看见人。其实事件的出现必须是为人物服务，事件就像做馒头的"起子"，有了它面粉便能发起来了，果戈理的《钦差大臣》里市长声称"钦差大臣要来了"就是"起子"，各个人物也就行动起来了。当然，行动起来的人物必须按照性格逻辑发展，冲突时的表现也要符合其性格特征，这时唯一表现人物手段的台词就极其重要了。顾老师这些性格冲突的说法始终让我牢记在心，并力求自己创作中也这么做，尽管能力有限常常做不到，但对在话剧创作演出中，总是反复出现那种人物围着事件转和只正面歌颂的做法深感遗憾。

三是让我十分受用的戏剧结构法。顾老师讲了三种结构方法"开放式""封闭式"（也称回顾式）"人物展览式"。他讲"开放式"的特点时既举莎士比亚的悲剧也举喜剧的例子，讲"封闭式"的特点时举易卜生的《娜拉》（也称《玩偶之家》）和曹禺的《雷雨》等做例子，讲"人像展览式"的特点时举曹禺的《日出》、夏衍的《上海屋檐下》和契诃夫的剧本做例子。

在边听边记边想象着那些剧本的特点时又在观摩剧场演出，先后看了母校苏堃副院长及陈加林老师创作的《战斗的青春》和表演系老师陈耘创作的《年青的一代》演出，随后又听陈耘老师的讲课。同时我也到他家（那时老师还单身就在校内一间小屋居住）登门拜访听取他的创作经验与体会。所有这些听课与观摩，真使我收益满满！

四年后毕业了，我先是参加农村的"四清运动"，后又赶上十年的"文革"浩劫。但顾仲彝老师讲的编剧概论课我始终记在心里，在粉碎"四人帮"后的创作中编剧结构的几种方式我都尝试运用了，有成功演出发表的，也有挫折失败的，这自然都很正常。

作者简介：

邢益勋，国家一级编剧，国家政府特殊津贴获得者。1960年考入上海戏剧学院戏剧文学系，毕业分配到中国青年艺术剧院任编剧、业务副院长。发表报告文学、人物特写、随笔及戏剧文章等，著有《邢益勋剧作集》（1998年，人民日报出版社）。退休后应聘去大学教书，著有《电视编导基础教程》（2010年，中国传媒大学出版社），此外还创作拍摄与发表电视剧等其他文艺作品。

别梦依稀忆恩师

曹树钧

一、回忆顾仲彝先生

2020年是上戏建校首任校长顾仲彝教授仙逝55周年纪念，也是我校建校75周年纪念。夏日的一个黎明，我忽然梦见顾先生1959年给上戏戏文系首届本科生上课的情景。往事纷至沓来，顾先生生前的几则往事，顿时一一清晰地浮现在眼前，如同昨日一般。

（一）引吭高歌《打渔杀家》

我是1959年进入上海戏剧学院的，为戏剧文学系的首届本科生。我十分荣幸，进校不久就聆听了顾先生讲授的"编剧理论与技巧""名剧选读"课，以及课上分析昆曲名剧《十五贯》。

上顾先生的编剧理论课是一种享受，每次我们都会认真做笔记。

由于顾先生有渊博的戏剧史知识和丰富的戏剧创作、戏剧批评的实践经验，他的编剧理论课十分注重具体的艺术分析，将戏剧理论与戏剧实践紧密地结合起来，进行生动具体的戏剧作品艺术分析，让学生真切地理解戏剧理论的深奥原理。

顾先生的编剧理论用以阐述的实例中，中国话剧、中国戏曲占有近一半篇幅。他所分析的剧作，除了读者耳熟能详的希腊悲剧、莎士比亚四大悲剧及莫里哀、易卜生、奥尼尔、契诃夫等最富代表性的剧作外，就是大量的中国的优秀剧作,如关汉卿的《窦娥冤》《救风尘》,王实甫的《西厢记》,昆曲《十五贯》,京剧《四进士》《乌龙院》《将相和》,以及各地地方戏精品如川剧《乔老爷奇遇》、评剧《秦香莲》、越剧《梁祝》,还有歌剧《白毛女》等。在中国话剧史方面,他分析的都是诸如曹禺的《雷雨》《日出》《北京人》,田汉的《关汉卿》,夏衍的《上海屋檐下》,老舍的《茶馆》等一批传世之作。

这些剧作都是中国读者熟悉的。因此听顾仲彝先生的编剧理论,会有一种特有的民族自豪感和亲切感。一次听顾先生分析名剧《十五贯》,我对此剧感到十分亲切。一是因为我在入学前就看过昆曲电影《十五贯》,二是上课之前我买过一本《戏剧报》,上面有一篇顾先生写的《十五贯》长篇剧评,我如获至宝。上课的时候,我就一面听讲,一面看《戏剧报》上顾先生写的剧评。这天正好系里教"外国戏剧史"的丁小曾老师坐在我旁边听课。他用手指轻轻地敲敲我的书桌,说:"刊物下课再看,先注意听。"

我就收起刊物,这时顾先生正在分析《十五贯》结尾之妙——作者在闭幕前一刹那,来了一个小小的思想余波:

中军(讽刺地)太爷高才还在都爷之上,如今平反了冤情,功劳不小。
况钟　包庇死囚,罪名太大,功难抵过,也未可知。
中军　太爷爱民如子,必定升官晋级。
况钟　这顶乌纱帽,若能保住,就算万幸了。请!

顾先生分析说:"做个清官不太容易,说不定还要罢官免职哩。这种补充,使主题体现得更臻完美。"

这段分析,我至今仍留下深刻的印象。

不久。我又遇到了一个惊喜。在这学期系里召开的新年联欢会上,在大家一声又一声"顾先生来一个!"的欢呼声中,顾先生还居然引吭高歌京剧《打渔杀家》中的一个著名唱段:(西皮快三眼)"昨夜晚吃酒醉和衣而卧,稼场里惊醒了梦里南……"

丁小曾老师操京胡，顾先生高亢洪亮的京调，让全系师生大吃一惊。原来，对祖国戏曲艺术深深的热爱早已在顾先生的心中扎了根。

（二）逆境挨批度日如年

风云突变，建系不久，便遇上全国性的"反右倾"运动。1959年冬，文艺界开始掀起所谓批判"修正主义文艺思想"的高潮，戏文系师生被通知赴兰心剧场参加市里召集的一个文艺批判会。会上，华东师大一些年轻学生由于受极左思想的蒙蔽，声色俱厉地批判所谓宣扬"修正主义"观点的教师钱谷融先生，痛斥他在《雷雨》分析中宣扬"人性论"。随之，各文科大学普遍掀起批判"修正主义"、批判教师讲稿的恶浪。不久，戏文系的一些老教师也成为过火批判的对象，戏文系接连批判了王东局老师的"文艺学"、顾仲彝先生的"编剧理论"、丁小曾先生的"剧本选读"讲稿。这样的批判，极大地伤害了教师的教学积极性。

顾仲彝的"编剧理论"课讲稿遭遇过几次很激烈的批判，给他带来很大的精神压力。在讨论会上（实际上是批判会），只能让批判者讲话。被批判的顾先生对有些批判观点实在听不下去，他举手要求谈自己的观点，却被主持者劝阻，他只好忍气吞声听任批判。这样的日子简直度日如年。他在东南大学时的同班同学、曲艺史专家陈汝衡教授回忆说："他对我这一老同学还是肯说几句知心话，他曾经拉我到一个僻静的屋里对我说：'不瞒你老同学，我好多天整夜不能睡眠，两眼一直睁着，不知道何时批判才完结？'"

正是在这样的历史条件下，顾仲彝先生排除万难，百折不挠地将《编剧理论与技巧》写完，显示了他高度的敬业精神和追求真理的勇气。

（三）撰写论文，要下苦功

1961年，在文化部召开的文科教材会议反"左"精神的鼓舞下，顾仲彝先生在《编剧概论》教材的基础上，写成《编剧理论与技巧》第一稿，1962年下学期担任我们班学生毕业论文写作的指导工作。

1962 至 1963 年间，我的毕业论文选题是"《雷雨》人物论"。非常荣幸的是，我毕业论文的指导教师是著名的戏剧理论家顾仲彝教授。顾先生负责指导我和同班同学郭世英两人的论文写作。我们可以多次到南昌路顾先生寓所聆听他的教诲。当时论文要求字数不少于一万字。刚开始我不知从何着手，顾先生对我说："写论文尤其是写毕业论文，它是四年专业学习的小结，一定要下苦功夫，第一步要进行论题的调查研究。"在他的指导下，我开始积累并汇编了第一批曹禺研究资料。

一次在先生家谈论文，正巧《辞海》编辑部同志来访，请教条目中要不要收美国剧作家奥尼尔（当时中美关系十分紧张），顾先生想了想说："奥尼尔恐怕还是应该收的，他的剧作不但影响了世界，对我国戏剧创作也有重要的借鉴意义。如他的剧作《安娜·克莉斯蒂》《琼斯皇》，对我国的曹禺创作就产生过很明显的影响。"

顾先生是一位学识渊博的学者。他引领我进一步领略曹禺剧作的魅力，给我分析易卜生、莎士比亚、契诃夫、奥尼尔等戏剧大家对曹禺剧作多方面的影响，从而激发起我更加深入地探讨曹禺剧作获得成功原因的欲望。

顾先生指导我，不但要收集中国学者的研究资料，同时视野要开阔一些，还要了解外国学者的研究成果。于是，结合毕业论文的写作，我还从学院图书馆借来了俄文版的《曹禺戏剧集》上下卷，书中附有两篇文章，苏联学者 B. 彼得罗夫著的一万五千字长篇学术论文《论曹禺的创作》，与曹禺写的已译成俄文的《作者的话》。我想将前者译出，供自己研究参考。征求顾仲彝先生意见，他十分支持，并鼓励我不要怕生词多，一定坚持下去，将全文译完。于是我将生词一一抄在本子上，一个字一个字地翻成中文，花了一个月功夫，终于译完了全文。

（四）学李时珍，锲而不舍做学问

1963 年 6 月，我完成了一万八千字的论文《〈雷雨〉人物论》，顾仲彝先生打了一个"5 分"（当时最高分为 5 分）。这是对我的极大的鼓励。

1965 年 2 月，顾先生因患前列腺癌医治无效，在上海逝世，年仅 62 岁。先生住院时我去探望他，他还向同时前来探望的剧协秘书长姚时晓介绍我说："这是我们戏文系的留校毕业生，年轻的接班人。"

临别之时，我向先生握别，先生的手软软的，十分温暖。走到门口，回头一看，先生还在向我挥手致意。万万没有想到，这竟是我与先生见到的最后一面。

20 世纪八九十年代，我在一些研究话剧理论的学术研讨会上，听到一些学者历数洪深、宋春舫、陈瘦竹等的名字，就是漏掉了顾仲彝；在一些研究话剧史专著中，也没有提到顾仲彝的贡献；甚至在有的艺术院校发给学生的阅读书目中，戏剧理论部分有亚里士多德、狄德罗、劳逊、贝克等外国戏剧理论家的名字，而偏偏遗漏了我们中国的顾仲彝。我深感不平，便在《上海戏剧》上发表了文章《一位不应忘却的戏剧理论家顾仲彝》，指出：这是不公正的！也是不符合中国现代戏剧理论发展的客观历史事实的！

回眸 60 余年，人生真如逆水行舟，不进则退。大学期间，我看过一部顾先生十分推荐的由赵丹主演的电影《李时珍》，至今仍时常在我眼前闪回。

《李时珍》是 1949 年以来第一部以中国古代科学家的奋斗历史为题材的传记片。它描写了医学家李时珍为了重修本草的艰巨任务，在封建统治者轻视医学、压迫人民的情况下艰苦地奋斗了一生，终于完成了具有世界意义的科学巨著《本草纲目》。影片最使我难忘的一个镜头是：李时珍和父亲李月池在江边看到一条大粮船在汹涌澎湃的逆流里，由二三十个破衣跣足的纤夫，吃力地拖拉着前进。父亲对李时珍说：……你的一生就要像这条船一样，一生都在逆流里，可还得往前，往前，斗争！这一镜头在电影里重复出现了三次。

此刻，导师顾仲彝先生讲课的声音又在我的心头回响："它是中国古代科学家李时珍的艰苦奋斗精神，他的光辉形象在观众心里留下了不可磨灭的印象，极其深刻地教育和鼓舞了我们。"

也可以说，是伟大科学家李时珍及顾仲彝先生的精神，激励我要以毕生精力锲而不舍地研究曹禺、研究莎士比亚、研究中国话剧史。

斗转星移，光阴如箭。从 1963 年到 2020 年，转眼之间，我从事戏剧（影视）文学教育已经五十七年了。人生有限，学海无涯。我热切地希望有生之年，能为建设中华文化强国，为实现中华民族伟大复兴的中国梦，再做一些添砖加瓦的工作，以告慰我崇敬而又怀念的导师——顾仲彝先生的在天之灵。

二、回忆余上沅先生

我是读大学二年级的时候，第一次见到余上沅老师的，他为我们上"贝克技巧"。这门课的教学方法很特别，只见一位年逾古稀（其实知道他当时只有 65 岁）的老先生手里捧着一本贝克教授的英文著作——《戏剧技巧》，当场翻译，当场讲解。

我是全班年龄较小的学生，坐在教室第二排。老先生脸型显得苍老，口齿不太清楚。但是，我感到这位老师能当场翻译、讲解，就由衷地敬佩，因此听得也十分认真，并且边听边认真记课堂笔记。

我偶尔回过头一看，也许因为老先生讲课口齿不太清楚，后排已有不少同学不在听课，干自己的事，甚至个别同学伏着桌上打盹了。但余先生并未受到影响，他仍然认真地一边翻译、一边讲解。

通过他的讲解，我了解到贝克通过莎士比亚剧作版本的比较，详细论述了戏剧创作场面开掘的技巧。例如《奥赛罗》一剧，层层深入地刻画了亚果的奸诈，奥赛罗如何一步步受到他的欺骗，最后掐死了深深爱着他的妻子苔丝狄蒙娜。这种分析，对我以后探讨曹禺剧作的技巧十分有启发。例如曹禺就从莎士比亚的杰作中学习了多种多样的场面开掘方法。《雷雨》第一幕"喝药"就是典型的一例，他通过周朴园逼蘩漪喝药、让周冲逼母亲喝药、让周萍下跪逼蘩漪喝药三个层次，将周朴园的专横、自私和冷酷，周冲的正义感、周萍的软弱作了有力的揭示。

余先生见我上课认真听讲，便十分关注我的成长，他曾送我一本刊物，上面有一篇他发表的文章。

后来，我才知道，余先生当时还戴着历史反革命分子的帽子，由于受扬帆冤案的牵连，坐牢两年多，下课之后还要打扫教室。但在我心目中，余先生始终是一位有真才实学的教授。

1963 年大学毕业后，我因毕业论文《〈雷雨〉人物论》被评为优，又能在毕业前夕翻译一万五千字《论曹禺的创作》长篇论文，系里将我留下来做教学工作。

刚刚毕业，我对今后该如何工作颇感茫然，便专门拜访余先生听取他的意见。余先生和师母都热情地祝贺我，称我是戏文系教师队伍的接班人。我对余先生谈了自己对曹禺剧作的喜爱，希望今后能在中国话剧史教研室工作。余先生对我的想法很支持，他还建议我可以先从 1942 年毛主席在延安文艺座谈会上的讲话那一时期开始，然后再前后延伸，学习整个中国话剧发展史，这样有利于全面系统地研究曹禺剧作。他建议我结合研究，对莎士比亚、易卜生、契诃夫、希腊悲剧作深入的阅读和探讨。余先生还鼓励我，治学要一步一个脚印，扎扎实实，这样才会有成就。

余先生的这些指导，对我帮助极大。

从戏文系毕业至今，对于曹禺的研究我已坚持进行了 50 年，出版了专著十余部，拍摄了我国第一部电视传记片，1988 年在中央电视台两次播放，产生了较广泛的影响。饮水思源，这些成果的取得，都离不开我国现代戏剧史上杰出的戏剧教育家——余上沅先生在当年对我的谆谆教诲。

三、回忆陈汝衡先生

（一）坚决为清官辩白

陈汝衡，著名作家，中国曲艺史专家。1959 年戏文系建立之前，便已出版《说书小史》（1936）、《说书史话》（1958）等曲艺史著作。然而，他却是"文革"前夕，戏文系第一个被揪出来的"反动学术权威"。

1965 年 11 月 10 日，上海《文汇报》发表姚文元文章《评新编历史剧〈海瑞罢官〉》揭开了"文化大革命"的序幕。随即殃及许思言执笔、周信芳主演的京剧《海瑞上疏》。

1966 年 1 月，上海剧协召开座谈会批判《海瑞上疏》。4 月，上戏戏文系戏曲史教研究组名为讨论实为批判清官戏《海瑞罢官》。

就在这月，陈汝衡在《文汇报》发表了《我对清官问题的几点认识》，文中公开认为清官应该肯定。不久，陈汝衡便成为戏文系也是上海戏剧学院第一个被批判的"反动学术权威"。

戏文系总支组织了多次批判会，陈汝衡先生坚决不认错，他还列举历史事实，据理反驳。这件事已过去半个多世纪，至今仍给我留下清晰的印象，深感陈汝衡先生作为一位学者，具有坚持真理、百折不挠的勇气与风骨。

（二）教学、研究两不误

陈汝衡在戏文系作"古典文学选读""唱词习作""古典诗词欣赏暨写作实践"等多门课的教学。他的"写作实践"课最大的特点是当堂布置题目当堂批改作业，传授自己的真才实学，深受学生欢迎。

陈汝衡的多部曲艺专著，填补我国曲艺史上的研究空白，在我国学术史上占有重要地位。

《陈汝衡曲艺文选》一书，是 1985 年 7 月中国曲艺出版社在陈汝衡先生年逾八旬后主动提出将他的曲艺论文编辑出版的。该书收入了作者曲艺史研究方面的主要成果，其中包括《说书史话》《宋代说书史》《说书艺人柳敬亭》三部曾出版发行的专著，《弹词溯源和它的艺术形式》《〈水浒传〉和说书》《试论三国故事的演进》《试论有关狄青的小说和戏曲》等十多篇论文，同时还收入作者所作《夏日公园写景》《渔樵对话》《太平天国》《潘金莲》等弹词开篇九篇。对于陈汝衡先生的通俗文学史研究，学术界评价较高，特别是收进该书的《说书史话》，作者既抓住唐代俗讲、宋人讲史、元明词话及明清的弹词、鼓词等在某一时代突出的说书形式作重点介绍，同时对诸宫调、子弟书、快书、道情、大鼓书、木鱼书等众多的艺术形式，都按照历史发展顺序一一道来，材料丰富，叙事翔实，在国内外通俗文学研究圈内均有一定影响。如已故的复旦大学赵景深教授认为，"这部书已有国际地位，研究中国说书历史的，如日本、苏联等国的专家们，几乎都要提到这本书。"

四、回忆陈古虞先生

我们班的"中国戏曲史"课由上海剧协秘书长刘厚生老师担任，陈古虞先生给我们讲"戏曲剧本分析"课，印象中陈先生有三大特点：

（一）讲课只说不写

我在上戏做学生时，不少老师上课发讲义，唯独陈古虞先生讲课只说不写，从不发讲义。后来听叶长海老师说，他有历史教训：他在北大西语系读书时，有两位名师，50年代以后，一位名师朱光潜常写文章常挨批，另一位名师搁笔不写，则平安无事。于是他也就选择"不写"了。

戏文系建系不久，便遇上全国性的"反右倾"运动，文艺界开始掀起所谓批判"修正主义文艺思想"的高潮，一些老教师成为过火批判的对象，这更让陈古虞先生深感还是不写为妙。

其实，陈先生是很能写的，早在20世纪40年代，他就在北京《新民报》和《北国杂志》上发表了数十篇剧评和论文。

（二）登台又说又演

陈先生是深爱昆曲的，他一上讲台讲昆曲，则手舞足蹈、绘声绘色。我亲自听过他讲昆曲《单刀会》，只见他自比关公，唱得大气磅礴，让我在潜移默化之中，深感昆曲曲调之美。以前我从未听过昆曲，由此成了一个年轻的昆曲迷。我留校当了班主任后，还大力组织学生看昆曲演出，让他们也领略祖国昆曲艺术之美。

（三）评职称淡然处置

在高等院校，教师的职称评定是一件大事，它关系到教师的学术地位和经济收入。戏文系建系之初，全系正教授只有顾仲彝一人，系副主任魏照风也只是副教授。一大批骨干教师，如周端木、徐闻莺（剧本写作），任何、何纪华（外国戏剧史），陈汝衡（中国戏曲史），袁化甘（文艺理论）等均是讲师。

至于各教研室的年轻教师，如复旦大学分配来的高材生范民声、马圣贵、盛仲健，教写作的袁能贤，教中国话剧史的柏彬，教中国戏曲史的计文蔚、田雨澍，教文艺理论的我均都还是助教。

因此，助教升讲师、讲师升副教授都必须经过激烈的竞争。

戏文系的"戏剧史教研室"包括"戏曲史"和"中国古典文学"两个方面。陈古虞和陈汝衡是上戏研究"中国古典文学"最有学问的老师，而且也是戏文系英文水平出类拔萃的老师。然而，这两位陈老师在评职称问题上却是受压抑的。学校很晚才为陈汝衡老师申报"副教授"，然而上级部门批复下来的却是"正教授"。陈古虞老师则在退休后才"补评"为教授。

然而，陈古虞老师对"职称"之类身外物一向看得很淡，他所关心的是昆曲艺术的传承和弘扬。

作者简介：

曹树钧，1959年进入上戏戏文系学习，1963年毕业后留校任教。教授，主攻曹禺剧作研究、莎士比亚演出研究与中国话剧史研究。曾任中国莎士比亚学会副会长、周信芳研究会理事、中国曹禺研究学会副会长、上海文艺心理学学会理事、上海市作家学会会员。发表、出版有影响力的论文及专著多篇／部，并屡获殊荣。

初识戏剧　受教于名师
——忆李健吾、赵铭彝、魏照风诸名师教诲

邹宁德

早年，我就读上戏，初识戏剧，并幸遇名师启蒙教诲，终身受益。下面忆述其中与戏文名师相关的数个事例。

一、忆李健吾师讲学，打开喜剧之门

李健吾先生，倡议并参与创办上戏前身——上海市立实验戏剧学校，此后历任剧场主任、编导班主任、戏剧文学系主任等职。1954 年奉调晋京主持法国文学研究。我曾两次聆听了先生所作的极其精彩的学术报告。

（一）以契诃夫式的幽默作纪念契诃夫报告

我报考上戏那年，恰巧也是契诃夫逝世五十周年。我跟随给我作考前辅导的师哥来到上戏横浜桥旧址四楼实验剧场，听崇敬的李健吾先生作纪念契诃夫的学术报告。

报告开始了。李先生一开口先声明："今天纪念俄罗斯杰出的文学家、戏剧家安东·巴甫洛维奇·契诃夫。可是我不懂俄文。一个不懂契诃夫语言的人，来给大家讲解契诃夫，嘿，这样的人和事，恐怕只有在契诃夫的作品里才能找得到。"话音未落，全场一片笑声。李先生也爽朗地笑着。开场白用契诃夫式的幽默，定下了这场学术报告的基调。

在介绍契诃夫小说中的人物时，李先生还会穿插带有表演性的动作、表情来演绎人物情节，使得讲解生动形象，深入浅出。如打个喷嚏，赶紧捂嘴，惊恐地看前面（《小公务员之死》），又如把衣领上翻并缩脖（《套中人》）。在整个报告过程中，同学们时常为李先生风趣幽默的授课风格所感染，而忍不住发出笑声。

在讲解契诃夫的剧作时，李先生说，契诃夫没有止步在通俗笑剧，而是探索着不同的形式（悲喜剧），之前已有屠格涅夫做先驱铺了路。在契诃夫的多幕剧里，看似平静如水，实际上底下滚动着人与情境冲突的潜流。于是成就了斯坦尼斯拉夫斯基演剧体系，形成了莫斯科艺术剧院的风格，值得我们深入学习研究。

时间过得太快了，不知不觉中李先生的报告走到了尾声，同学们热烈而经久不息的掌声，传递出敬爱和感激之情。也正是这场报告激起了我学习契诃夫作品的强烈欲望。

我幸运地被表演系录取了，入学后我特地去学校图书馆一查，嚯！契诃夫中短篇小说中译本有几十集，据说有470多篇，我逐一读来；契诃夫独幕剧和多幕剧的中文译本各五部，我也一一借阅。好像是听了李健吾先生报告后的反刍。李健吾先生翻译的《契诃夫独幕剧集》中，凡是适合用作表导演基础训练教材的，我全部手抄下来：《天鹅之歌》《达吉亚娜·雷宾娜》《一个做不了主的悲剧角色》《大路上》。在该译本中，自谦不懂契诃夫语言的李先生，对剧中人名地名的原文含义都经过了仔细查考，如《求婚》中"沃洛微草地"按原意"老牛草地"译出。先生严谨细致的治学精神可见一斑。

片段教学阶段，我和同学陈茂林、张大英合作排练契诃夫的《求婚》，顾孟华和我选排《海鸥》片段。我将对契诃夫的理解融入专业课的呈现上。

多幕剧教学阶段，我在苏联现代戏《远方》剧组。我联想起契诃夫的短篇《因为烦闷无聊的故事》，二者描写了相同的地点、几乎相同的人物。《远方》作者阿菲诺盖诺夫，仿佛是将契诃夫小说描写的俄国1905年革命前20多年的在这个远方车站的这些人，置于十月革命后20多年，由于一位将军滞留一昼夜，而有了翻天覆地的戏剧性变化。这个三幕剧的风格也是契诃夫式的：表面看来是平静如水的生活，下面却滚动着内在冲突的潜流。

焦菊隐在所译《契诃夫戏剧集》的《译后记》中说："不是因为斯坦尼斯拉夫斯基才约略懂得了契诃夫，而是因为契诃夫才约略懂得了斯坦尼斯拉夫斯基体系。"我在上戏学习期间初识了契诃夫，在之后的几十年教学中也多次选用契诃夫的作品做教材。这一切，都起源于李健吾先生的那场报告，建立起我对伟大的戏剧家契诃夫的浓厚兴趣。我终生感激李健吾先生的启蒙与引导。

（二）喜悲交融，动情解读女性觉醒

1954 年，李健吾先生离沪晋京之前，熊佛西院长怀着九载风雨同舟的深情，和他约定每年要回来讲学。我大三时，李先生终于回来讲莫里哀专题了。我是课代表，兴奋地赶紧领取和发放先生翻译的《莫里哀喜剧》(油印本)。

当年的教室就在今天的佛西楼。李先生先作了莫里哀生平简介。李先生说，400 年前，人文主义的光芒穿透欧洲中世纪的黑暗，诞生了巨匠威廉·莎士比亚，他 1616 年去世之后，1622 年诞生的莫里哀成了西方戏剧史上又一里程碑。莫里哀出生于内府供奉身份的室内陈设商家庭，本名约翰·巴蒂斯特·波克兰，受过良好的教育，获得奥尔良大学法律学学士。但他却放弃了可以世袭的前程，用"莫里哀"这个艺名到外省去做流浪演出的"戏子"。他深入民间，贴近人民。经过十几年的实践磨炼，他率剧团回到巴黎，并在激烈的竞争中，站稳脚跟，不到 15 年创演了几十台精彩的喜剧。

李先生作比较：如果说莎士比亚的作品像是天上的故事，表现的是国王、王子、将军、贵族生活；那么莫里哀的作品像是地上的故事，表现的是民间资产者的生活。在他前后，其他法国古典主义戏剧家间接地通过古希腊罗马的故事，折射出 17 世纪的人情世故，莫里哀却是直接描绘现实。

李先生接着说，莫里哀在巴黎，接连推出喜剧新剧目，流传至今可以确认是他的作品有 30 部。有时赶戏连写带排不过五天，高强度的工作使他患病而咳嗽不止，他便把自己的在剧中饰演角色设定为气管炎患者；为了维持剧团人员生计，坚持抱病登台。最后在台上咳破血管，回到寓所不到三小时辞世。为戏剧事业奋斗到最后一息，享年 51 岁。

伟大喜剧家的悲剧人生，使同学们的内心产生无限同情与敬重。我们认真地听李先生继续讲下去。

李先生借刚过去不久的"三八妇女节"的话题，开始解读莫里哀的《太太学堂》，这一对法国喜剧具有划时代意义的五幕诗体"大喜剧"。先生用他擅长的模拟剧中人语气、语调的方式，表现 17 岁少女阿涅斯由稚嫩渐趋坚定和人到中年的阿尔诺耳弗倚势压人却逐步变为气急败坏的过程。还配合表情动作，用喜剧讽刺、批判的方法讲述了阿尔诺耳弗为了维护夫权，买来四岁的女孩关在修道院 13 年，教养成一个"白痴"的荒唐行为；他朋友的儿子奥拉斯悄悄与阿涅斯谈恋爱，却全程告诉不知是情敌的他，他不断施计破坏，却被见招拆招，令情势越来越紧张。李先生提示说：这只是传统喜剧手法造成的外在情势，当奥拉斯与阿尔诺耳弗的对立转化为阿涅斯与阿尔诺耳弗的对立时，戏剧冲突才真正达到顶点。那么，"白痴"般的阿涅斯怎么对付得了阿尔诺耳弗？使她开窍的"学堂"是什么？她宣告对立又意味着什么？——这才是这出戏的主旨、莫里哀喜剧的价值所在。

对此，李先生又做了两层分析：

一是莫里哀步步深入揭示了人物的内心活动。阿尔诺尔弗买下没落贵族的地产，上面有象征爵位的老树桩，于是把自己的名字改成德·拉·树桩。这既造成奥拉斯起初不知而后来恍然"原来（阿涅斯的保护人）树桩先生是你！"的喜剧效果，也刻画了阿尔诺耳弗有钱就向往当上等人的心理（莫里哀后来专门创演了《贵人迷》）。他为人大方，婚姻上却极为自私；买地产提升了优越感，却在争夺阿涅斯过程中大伤自尊、懊恼痛苦。可以说莫里哀的性格喜剧从这部戏起始。

二是莫里哀透过表层的笑、闹，显示出深刻的思想内容。阿涅斯通过与奥拉斯的自由恋爱和阿尔诺耳弗强加的婚姻之强烈对比，产生了女性的觉醒意识，以此促使观众思考。可以说近代的社会问题剧也在这部剧中初见端倪。200 年后易卜生笔下的娜拉，在 17 世纪 60 年代就如闻其声。

李先生的评析真是深刻独到！

他又介绍，当年《太太学堂》演出 63 场，莫里哀被国王赐予"优秀戏剧家"称号和年金，却遭到敌人的攻讦，甚至诋毁他的私生活。李先生深情地说："我们爱莫里哀，我们尊重他自己的态度：可以容许对作品的批评讨论，但不许对作者的私生活说三道四。"

李先生还给我们解读了《太太学堂批评》和《凡尔赛宫即兴》两个独幕散文剧。前者叙述在于拉妮的沙龙里对《太太学堂》观后的讨论，有人发表攻击或贬低的看法，女主人于拉妮等立即反驳，维护莫里哀喜剧的艺术趣味和美学追求。后者描写在宫里为国王演出之前，莫里哀在指挥彩排，他滑稽地模仿竞争者的表演，还阐明自己对艺术批评与人身攻击的不同态度。这使我们了解到当时剧场内外由他的喜剧演出引起的热烈反应，从而认识到莫里哀不仅是在写戏演戏，他是在思考和创造戏剧文化。

（三）绘声绘色，揭露骗子，警醒受骗

讲到莫里哀的代表作——五幕诗体"大喜剧"《达尔杜弗或者骗子》两次遭禁，莫里哀三上陈情表，为争取公演居然斗争了近五年。李先生气愤地说，教会和"正人君子"公开咒骂莫里哀是魔鬼再世，想尽方法禁演此剧，甚至在公演四年之后，莫里哀去世了还阻挠出殡，竟想让他死无葬身之地！

同学们慨叹，想不到莫里哀喜剧"笑果"力量竟有如此之强，讽刺力量竟有如此之强。

李先生平静下来，模拟该剧开场的铺垫：白尔奈耳老太太唠唠叨叨，挨个指责儿媳、孙女、孙子、女佣乃至舅姥爷。原来大家都与她对立，不相信、不尊重他儿子奥尔贡请回家的"道德高尚"的达尔杜弗。接下来奥尔贡出场，女佣道丽娜故意试探地告诉他太太生病的情况，他却只询问："达尔杜弗呢？"道丽娜回答说健康状况良好。他却说："可怜的人！"并且重复四次。李先生模拟二人这段对话，语调先依次升高、加紧，再下降、减速、加重。

说到奥尔贡甚至要把女儿嫁给骗子，道丽娜不信，脱口而出"瞎掰。"（后来奥尔贡不信骗子曾调戏他太太时，也反唇说"瞎掰！"）李先生在解读中，有意将"瞎掰"改用方言"瞎话三七"来接地气地体现奥尔贡的痴迷、愚蠢，诙谐有趣，令同学们忍俊不禁。

达尔杜弗出场了，李先生表演这伪君子装苦行僧，对道丽娜一瞥，随即眯眼昂头，拎着手绢，先惊愕继而缓慢低沉地装腔："啊，我的上帝！……盖上你的胸脯！"再模拟道丽娜尖嘴利舌地戳穿其虚伪。紧接着又模拟骗子，以祈祷的语调试图挑逗年轻的艾尔密耳太太。还模仿奥尔贡的痴迷顽固，直到按太太的安排藏在桌子底下，亲眼得见伪君子的无耻行径，转而又因有把柄落其手中而惊恐、无奈……李先生都演绎得绘声绘色，惟妙惟肖。

李先生说，在被禁演的五年里，莫里哀反复推敲修改这个作品。受害者的滑稽形象和几乎家破人亡的困局，使观众得到警醒；恶棍的艺术形象更加真切而深刻，通过点破他的伪善，进而揭露了教会的虚伪本质，达尔杜弗成了伪君子的代名词。该剧当年演出五十多场，法兰西喜剧院1680年成立至今演出三千余场，还不算国外的演出和改编。在上海，应云卫曾导演此剧改编版滑稽戏《活菩萨》，原作的喜剧性，加上杨华生、张樵侬、笑嘻嘻、沈一乐、绿杨等滑稽名家的表演，喜剧效果颇佳。

（四）梳理评析现实主义喜剧传统

李健吾先生对莫里哀的整个喜剧创作与演出作了深入的梳理与评析。

莫里哀从小爱看江湖艺人和小丑表演，他学习闹剧（farce，本是中世纪宗教剧里插入的逗笑小品，李先生印发了《巴德林先生传》，以便我们了解这一传统）和意大利职业喜剧（戴面具，人物定型，台词即兴）的演技，并加以改造，赋予深刻的思想内涵，抨击贵族和教会人士，讽刺资产者，歌颂下层人物。

关于喜剧角色形象，李先生说，莫里哀曾从意大利职业喜剧借用定型人物名称，如爱情小生奥拉斯、法赖尔等，但有所变化。从莫里哀开始，不再让下层人物当丑角。从意大利职业喜剧中借来的定型人物司卡班，在《司卡班的诡计》中，性格有了提升，从小丑向正面人物转变。莫里哀创造了好几个这样的

"仆人"形象。《达尔杜弗或骗子》中，更让道丽娜作为推动情节，甚至起到突转作用的枢纽。可以说该形象或作为下一世纪博马舍笔下费加罗的嚆矢。

谈到时代对喜剧的影响，李先生说，莫里哀用古罗马喜剧《瓦罐》的基本情节，作了迥然不同的再创造。《瓦罐》里剧中人吝啬还向亲情让步，莫里哀《吝啬鬼》里的阿尔巴贡却放债到儿子身上，还要娶儿子的意中人，父子在经济上、爱情上的对立，反映出资产阶级的兴起对人性异化的影响，使得喜剧性讽刺与从前有了本质上的差异。李先生提到，巴尔扎克继承了莫里哀的基本观点，在资产阶级取得统治地位后，用长篇小说作了悲剧式的描绘。还提到了果戈理、匈牙利的喜剧电影等。

最后，李先生归纳：莫里哀建立了现实主义喜剧传统——以突击的方式，用误会、巧合等手法，以及机械、重复、矛盾、出彩等手段把恶人变成滑稽人，使恶习变成笑柄，以此来反映时代和现实生活。我们不仅要读他的剧本，更要发扬他的精神。

李先生从小受父亲（辛亥革命晋南领导人）思想影响，少年时积极参加北京剧运、学运，在现实主义戏剧道路上逐步成熟，几十年为中国现代戏剧艺术事业不断做出贡献，包括倡议和参与创办上戏。夏衍曾评价说："在艰苦的孤岛岁月中，他是抗日、团结、民主的坚强斗士。……在四十年代他写的文章中，对光明与黑暗的斗争，他是爱憎分明，词严义正的。"（《忆健吾》，《文学研究》1984 年第 6 期）

李健吾先生结束了在上戏的讲学，即将北返。我作为学生代表参加送别，我将熊院长赠给李先生的盆景送上火车。几十年过去了，李健吾先生的音容笑貌。总是萦绕在我的脑海。

二、忆赵铭彝师授课的两则启示

（一）重视戏剧嬗变的内因作用

考进上戏第一学年，资历深厚的赵铭彝先生给我们讲授"艺术概论"（周端木老师任助教）。有次由于对文艺的形式与内容的辩证关系，在课上未弄明白，于是我个别去请教，恰好谢鸣老师有事要去赵先生家，我便随同前往，有幸得到赵先生亲自答疑。

赵铭彝先生微笑着，两手像包着小圆球作比喻，大意是说：不要把文艺的形式与内容分割开来看成两个东西，这是互为依存的统一体。首先，内容决定形式，形式适应于内容。讲好一个故事，要安排好情节结构，选择语言，运用各种技法，才能赏心悦目。

接着，他又将合抱的双手反向来回转动，说出另一层含义：形式又会制约，甚至束缚内容，新内容促使人们寻求对旧形式的突破、变革，创造出新形式。譬如元末明初，杂剧衰而传奇兴；再看欧洲，古典主义戏剧最终被现实主义戏剧取代。讲到这里，先生加重了语气："戏剧是时代的产物。时代变，戏剧也随之要变，但这种变是外部条件通过戏剧自身的内部矛盾——形式与内容的对立统一实现的。以后学了戏剧史会更明白的。"

赵先生深入浅出的阐释，使我懂得了文艺的形式与内容的辩证原理，尤其是联系历史上戏剧的嬗变过程，对我启发更大。

大三时，陈古虞先生给我们班讲授中国戏曲史，讲到元代后期，政治气候、文人队伍与思想倾向等外部条件起了变化，杂剧恪守四折一楔子、每折一宫调不转换、一人主唱到底，这些局限性日渐明显；而与之互相影响的南曲戏文，则以多场次展开剧情，吸纳北曲唱腔自由灵活，多角色可开口唱，做工又更丰富，便逐渐兴盛，发展成明传奇，取代了杂剧在舞台上的地位。曹未风、李健吾、熊佛西、任何诸名师分专题讲授的欧洲戏剧，古典主义取代了文艺复兴，而其"三一律"、悲喜剧严格区分等局限性，一再受到挑战，最终又被现实主义新潮所战胜。

过去只知道一个时代有一个时代的艺术，没想到外因通过内因而起作用。正如中国话剧民族化、戏曲现代化，无不体现着艺术的内部矛盾——形式与内容对立统一的辩证关系。"史"与"论"互相呼应，纵横交织，赵铭彝先生和其他名师以自己精湛的学术造诣，共同为上戏的学生们奠定了牢固的知识基础。

（二）理论助推舞台美术功能与地位的提升

第二学年，赵铭彝先生讲授"戏剧概论"（柏彬老师任助教）。有一章是讲舞台美术，大意说：舞台美术包括布景、灯光、服装、道具、效果、化妆等，它们失去了原来独立的地位，融会成戏剧中不可分割的成分，以线条、色彩、光影、形状、材质等造型手段，配合导演安排演员动作的舞台空间，描绘角色的生活场景，印证剧本的规定情境，渲染气氛，体现主题，塑造舞台视觉形式美。可以说，舞台美术师是造型导演。记得当时期末试卷上有一道论述题："为什么说舞台美术师是造型导演？"通过学习，我们意识到：舞台美术有这般功能，多么重要！

上戏的舞台美术教学始于学校创办之际，改为舞台美术系后，以舞台技术为基础课程，设计教学逐步建成与表导演、戏文各专业同步的"基础与元素、技巧与方法、创作与体现"三段式主干课程，逐步构建起具有上戏特色的教学体系。赵先生讲述这一章，正值体系建设的关键阶段。

导演兼舞台美术家在国内外大有人在，而上戏的舞美教学就渗透着导演思维，学生多有阅读、思考、写笔记的习惯，和导演在合作中常相互启发。1957年毕业留校任教的胡妙胜师哥，就在舞美教学、创作和理论上卓有建树，曾赠我文集《充满符号的空间》。谈到与导演的合作，他对我说，跟在熊院长、朱院长身边这些年了，读剧本之后，就能想到他们会在哪个舞台空间怎么安排演员动作。舞美与导演的契合，不能不说是上戏的一大特点。这就不难理解，为什么上戏舞台美术系总能站在学术与教学的前沿，关注并引领舞台美术发展的新趋势。

赵铭彝先生在 50 年代，就从理论高度助推了舞台美术在戏剧艺术中的功能和地位的提升。

改革开放之初，我曾去看望赵铭彝先生，也看望住同一栋楼的周端木老师和胡妙胜师哥。和端木老师谈起当年他当助教时，喜欢参加实习大戏出演群众角色，他笑着说："在戏剧迷宫探索，最好当然要到动作中去体验体验，这不是很正常嘛！"难怪他在专著《戏剧结构论》中特别强调戏剧动作为首要特征，并能写出《霜天晓角》这样能作为教学剧目的佳作。

谈到舞台美术的功能，赵铭彝先生点了题，胡妙胜师哥做了大文章，"妙学勤恳横浜故址，胜业垂范华山校园"。先生此时已视力、听力大不如前，但仍然和蔼健谈。我深深感激他在我初识戏剧阶段的"开蒙"教育，相信老人家在中国话剧运动史和戏剧理论学科上的地位与贡献，是不会被磨灭的。

三、忆魏照风师指导的戏剧教育实验

看到如今上戏的戏剧教育专业蓬勃发展的景象，令我不由得回想起六十多年前，魏照风先生指导我进行戏剧教育校外实验，往事历历浮现眼前。

（一）从见习到指导，尝试戏剧教育

1956年初，学院派人参加上海市文化工作队，其中包括正上大学二年级的我。主持教务处日常工作的魏照风先生亲自召集我们开会，他介绍了上海市郊区在农村社会主义高潮中挖掘民间表演形式的成果后，重点布置了帮助农村俱乐部活动的任务。大家深受鼓舞，分赴市郊各乡，积极整理创排戏剧曲艺节目，参加春节会演。这是我初次受魏先生指导，参加校外戏剧教育实验。文化工作队获得好评，我也得到了见习和锻炼的机会。

这年秋天，近邻长宁区少年宫（那时叫"少年之家"）请上戏帮忙建立话剧队。我们班正在排实习大戏，所以部分同学抽空去"少年之家"完成了培训和选拔，我则被派去担任话剧队指导员，为此魏先生还郑重叮嘱了一番。

魏先生说，中国话剧运动是从学校演剧起步的。喜欢演戏的学生，有的后来从事表演、编导，也有的在其他行业有出众的成就，是学生时代的戏剧活动锻炼了他们的分析和社会活动能力；并提醒我已经受过系统的专业教育，不能像外行人，只会叫孩子背词、走位、做手势。不要低估小朋友的潜质，要善于引导，发挥他们的想象力和表达力。现在小学教育正在改变以往的灌输式，而

注重启发式。学戏剧是对教学很好的配合，通过戏剧活动，孩子会更活跃，品德更优良，这也是学生家长的期望。

我原以为是陪小朋友课外演演戏，就是轻松娱乐一下，哪知担子这么重！

长宁区少年之家的负责人孙鞠娟老师，提供了童话剧剧本《孤独的老鹰》（作者方平）。我尝试有层次地利用提问来启发小朋友，让他们设身处地体会戏剧情境，边思索边进行戏剧动作。

首先，森林中动物朋友们原本是什么状况，老鹰为什么会与别人表现不同，又怎么一步步遭到拒绝，然后走到孤独的境地的？

其次，老鹰有什么感受，又有什么想法，其他动物又怎么对它？

然后，老鹰如何逐次化解隔膜，重新被接受的？

最终，森林里出现了什么情景？

这样启发式的提问，依单元逐一进行，孙鞠娟老师始终陪同，还做"场记"。我更不敢懈怠，认真备课和写课后小记。

由于牢记魏先生提过的启发式教育。经我要求，孙老师陪我去华山路第二小学看了一堂口述课：看图，举手发言，每人一句叠加成完整的口头作文。我很受启发。但在排练场，我要求小朋友们不要像口述课上用心于选择表述的词句，而努力找到内心的感受，在动作中注意互相判断、交流，需要言语时，台词自然地说出来了。

除了小蝴蝶舞以外，其余导演处理上需要的儿歌和舞蹈，都由小朋友们现场即兴发挥，再由我选择加工、孙老师认同。《孤独的老鹰》超出预料地成形了，孩子们塑造人物的感觉真切又鲜活。

全市少年之家会演前，我们班暂停实习大戏排练，加入上海市学生代表团演出队，归属南京军区、两省一市慰问团，去空军基地、海防前线进行节日慰问。回来后，魏先生告诉我：《孤独的老鹰》参加汇演，现场效果和评价都很不错。孙鞠娟老师代我应邀在市教育局召开的座谈会上介绍经验，如何运用启发式把排练节目做成戏剧教育的。说实话，我那时并没有那么清晰的理性认识，只是按魏先生贯彻的上戏的戏剧教育主张，作了实验。孙老师旁观者清，理出了头绪。而我在实践中，对戏剧教育的理念有了初步感悟。联想到当年熊院长办实验农民戏剧，魏先生开展学生、工人戏剧活动，而我到农村、去少年之家，不正是追随先辈师长的脚步吗！

（二）通过演剧认识社会、发现自己、影响人生

1957 年秋，我为敬业中学、市十女中联合话剧队选排一台话剧晚会。在此过程中，魏照风先生循循善诱，谆谆教导，不仅让我觉得温暖，更增添力量。

上海市学联领导郭坤和，在我们班排演实习大戏《少年游》时曾讲解过解放前的学运情况，他说，中共地下党十分注重在学生运动中发挥文艺青年的特长。戏剧电影界前辈崔嵬、张瑞芳也在讲课中描述过他们用演剧策动学运的往事。于是我想，可否把晚会定在 12 月 9 日举行，开场演《放下你的鞭子》（以下简称《鞭子》）。

我把想法讲给魏老师听，他很是赞同，并且指导：可以用戏中戏的方式，再现当年崔嵬、张瑞芳在香山聚会演出《鞭子》、策动学运的情景。我欣然照做。第二个节目，魏先生建议用上戏的原创剧目《钢铁是这样炼成的》（以下简称《炼成》）中的片段，主要内容是进步学生揭穿特务，使认识不清的同学顿悟而奋然投身革命运动，戏剧性强，且人各有貌。最后一个节目，魏先生说最好简短有力。正好当时表演师资班毕业大戏《决裂》中，攻打冬宫前阿芙乐尔号巡洋舰上水兵领袖戈东有一段起义宣言，我问可否让一名音质佳的同学朗诵。魏先生说，好，就是它了，"凤头、猪肚、豹尾"嘛。

这台晚会由广场剧开锣，接镜框式舞台剧，以激情朗诵收场，形散神联。遵循魏先生的提示，《鞭子》的戏中戏注意交代清楚，《炼成》加强动静对比，显出后面的顿悟觉醒，推向高潮，再迅速暗转成高台朗诵；尤其注意三个不同节目间潜在的延续性。学生们被剧情感动，排练积极热情，表演质朴感人，剧场效果轰动，演员和观众都深受教育。但我深知，没有魏照风老师给予我关键性的指导，就不会有这台晚会的成功。

虽说只一件事，却充分体现了魏照风老师的平易近人和对学生的厚爱，更表明了他对戏剧教育实践活动的重视。

不久后，朗诵《决裂》中起义宣言的同学考入中央广播电视台，后成为央视著名主持人；《鞭子》中饰卖艺姑娘的同学考入中福会儿童艺术剧院，后进入央视少儿频道；饰卖艺小伙计的同学考进外语学院，后来当了外交官；在《炼成》中饰演进步学生和特务的两位同学，考入华东师大后组织起师大话剧队。当年演老鹰的小朋友改革开放后传来讯息，他当了某大型国企的老总。学生们通过戏剧活动认识社会，也发现自己，确定了人生的选择。这应该是魏先生指导的戏剧教育实验的后续成果吧。

魏照风先生投身中国话剧运动数十年，为上戏教务和戏剧文学系尽心尽力，可敬可佩！特别是在繁忙的工作中，还耐心指导学生进行戏剧教育实验，对我的戏剧人生产生了深刻影响，这一切我永远铭记于心。

作者简介：

邹宁德，江西艺术职业学院副教授。1954年考入上海戏剧学院表演系本科。毕业分配到江西省话剧团，在江西省文艺学院导演专业兼课，后调入学校，执教表导演主干课程，兼教史论课。先后主持戏剧影视教研、校艺教委、教务处工作。曾任全省艺教考核组长、艺术高级职称编导学科评委。

零散的记忆　真挚的怀念

王　昆

回忆一

1952 年秋，全国大专院校院系调整，由上海市戏剧专科学校、山东大学戏剧系和我所就读的陶行知办的育才学校戏剧组，三方面合并成立中央戏剧学院华东分院。熊佛西任院长，苏堃任党组书记。后更名为上海戏剧学院。

由于学历与年龄的原因，育才戏剧组的我所在的班级，并入的是分院的"附中"，两年后——1954 年升入本科，四年后——1958 年大学毕业。

合并初期校址位于四川北路横浜桥以北。由于学院发展的需要，1955 年 8 月，从四川北路原址迁至华山路 630 号。

当我来到华山路新校址时，惊讶地发现——这里原来是我 1949 年 5 月为躲避战乱而曾经住过的地方，让人惊奇又惊喜。

那座玻璃门窗通透的两层楼，成了上戏的图书馆和阅览室。我攻读研究生的 1961—1964 年，几乎天天去那里"报到"。记得图书馆正门前的水泥大道两旁，是两片绿茵茵的草坪，映衬着图书馆的玻璃大厅，协调美观！也许是上戏元老们对四川北路原址那个小小浅浅的游泳池的怀念与需要，后来"挖"去了草坪，造了一个完全合乎规格的成人游泳池！自此，游泳运动在上戏蓬勃展开，我本人也参加了 500 米耐力考验！泳池边的鼓励之声，至今记忆犹新！

"文革"后，开始建造现在的"上戏实验剧院"，拆去了图书馆，拆去了游泳池……

孙浩然教授——当时的舞台美术系主任，毕业于清华大学，留学于美国宾夕法尼亚大学，其实他心目中向往的始终是土木工程。我常见他的身影出没于新剧场的建造工地，那思考的神态和愉悦的微笑历历在目。

1986年春，上戏实验剧院建成。4月，中国第一届莎士比亚戏剧节在新剧场举行开幕式典礼，曹禺先生作主持演讲，中外宾客济济一堂。为向开幕式献礼，上海戏剧学院演出了莎士比亚戏剧《泰特斯·安德罗尼克斯》，由徐企平教授执导，演出实况由中央电视台全程录像并转播。莎剧节的开幕式，无形中也成了新剧场的落成典礼！

《泰》剧演出的第四场——最后一场，迎来了至高嘉宾——时任上海市市长的江泽民同志的莅临。

回忆二

李健吾老师原本是上海剧专的老师，后调至北京工作。我读本科期间，学校曾邀请李老师返校举办莫里哀系列讲座。红楼303大教室，坐满了学生。李老师讲课非常生动，在讲解过程中，他常常抑、扬、顿、挫十分鲜明，甚至是十分夸张地念着莫里哀喜剧人物的台词，表达着人物的思想感情，同时又不忘随时插进短评，以阐明他作为讲解人对剧情、人物的独到见解与分析。这种"沉浸式"的讲学风格，把我们——尤其是表演系的学生，毫无障碍、自然而然地带入斯坦尼的"体验派"，我们进入了十七八世纪的法国宫廷情境和莫里哀的世界……

李健吾老师讲学时，那抖擞的激情状态（那时我猜想，是不是由于声带边缘特光滑而发出了如此铿锵的声音）和飞快的课堂节奏（稍不留神，就会被落下），都铭刻在学生永恒的记忆中。

顾仲彝老师，也是在红楼303教室，面向全院师生讲授他的经典著作《编剧理论与技巧》，极其精彩！那时，我虽然不懂编剧，但由于他在报告中列举了丰富生动的剧本、剧目例子，使我也听得津津有味！一个难忘的细节是，在讲座接近尾声时，他大声疾呼："悬念！悬念！悬念！"学生们回报以满堂喝彩！

陈古虞老师，给我们讲授中国戏曲史课程，曾在课堂上讲解《录鬼簿》，通过他的讲解，我们知道那是我国历史上第一部戏曲史著作。陈古虞老师戏曲史课的独到之处，在于他说着说着就能唱起来，所谓"言之不足，歌之咏之"，这是在任何其他的史论课上绝无仅有的独到表现。

在剧场里，我有两三次碰到陈古虞老师观剧，发现他总是坐在最后或倒数几排，便问他为什么坐那么远？他说："看戏，就要坐在最后几排，才能观看和理解到这出戏剧的全貌和社会历史意义！"我立即受到启发：我要向老师学习，学习他用一种历史的眼光，来观察每出戏剧的存在价值！

陈汝衡老师上课时，和我们这些年轻的学生沟通、交流不多。我想，也许是 20 世纪 50 年代，我们比较热衷于阅读西方和俄苏文学翻译作品，而对中国古典诗词关注较少，所以对陈老师精彩、深刻的诗词讲解，响应不够热烈。

陈耘老师当时是表演系 1957 届的表演课老师。他是一位有海外关系的华侨，从他创作的《英雄小八路》和《年青的一代》里能看出，他的内心很积极、很爱国。陈耘老师当时住的单身宿舍位于现在上戏新空间剧场，从前是电影公司的试映厅，现在想来，他的房间应该是当时的放映间，窗口就朝向今天熊佛西雕像前的小路。他很爱思考，我觉得他当时那几个剧本就是经过长期不断的思考创作出来的。那时我们去食堂吃饭，经常可以看到他站在窗前目光炯炯地凝望、思考。他有着丰富的内心世界，所以才会有优秀的作品问世。不可否认，《年青的一代》这部剧作，不仅今天，特别在那时，是具有一定里程碑意义的！

赵铭彝老师，给我们上中国话剧史课，记得那是表演系与舞美系本科的公共课。课上主要讲述并评判曾经的左翼戏剧联盟的戏剧活动与剧目。赵老师本人就是左翼戏剧联盟的领导人。可能正因为这个原因，再加上他又是一个含蓄文雅的知识分子，所以他的讲课也很低调，很少与年轻学生沟通、交流。上完课，赵老师戴着一千多度厚厚的眼镜离开教室。我们都非常尊敬他，听说他有过不寻常的革命历史，但在年轻学生面前，他只是一位寡言而又亲切的老师、长者！听说，他曾是中宣部副部长周扬的入党介绍人，当周扬副部长到上海特地去拜望自己政治引路人时，赵老师已被错划成右派。

回忆三

在三年自然灾害困难时期，上海市委统战部为了保证高级知识分子的身体营养，安排他们每个月打一次"牙祭"，到高级饭馆去改善一下伙食。上戏的元老们为这个有意义的聚餐起了个名儿——"老人会"，并自立规矩：每次聚餐，需由一位某方面的专家（编、导、演、舞美、史论）作一个相关的主题发言，然后大家边吃边讨论，学术气氛浓厚。知识分子们就是这样，任何时候都忘记不了"学问"。

"老人会"的主持人，自然是由熊佛西院长担任。

那是春夏之交的一天，不冷不热，气候宜人。熊院长站在华山饭店的一个包间门口，热情地迎接着老教授们的到来：吴仞之、朱端钧、孙浩然、赵铭彝、顾仲彝、魏照风……

我之所以有机会去"蹭"了一顿饭，是因为那天吴副院长将在席上作有关"斯坦尼体系"的报告。当时我是他的研究生，当场记录和事后整理的任务就交给了我，故而有了这次长见识的机会。

魏照风老师（我们班聆听过他的关于中国话剧史的讲座）也站在包间门口，风度翩翩地与熊院长一同迎接客人。我是小辈，当然是站在他们的身后。

门口来了一位特殊的客人，熊院长迎上前热情地伸出右手握住对方的右手，并把左手搭在客人的左肩上，二人流露出故人重逢的喜悦之情。那客人第一句话便是对熊院长大声说："老兄，今天我来，必要报我几年前的'一箭之仇'！"熊院长更加热情地握着对方的手。客人接着道："你在某某报纸上写文章，说我是'海派'？！"熊院长笑着直呼："抱歉抱歉！赔礼赔礼！"自此我知道，"海派"也曾是个贬义词。

那客人是大名鼎鼎的应云卫先生，他不仅是话剧导演，并且特别富有"灵活机动的应变智慧"，故而解放前进步戏剧的演出，常由他担任"前台主任"，去对付国民党特务的检查和流氓的骚扰。

回忆四

为了调动老一辈知识分子的积极性，学校决定成立戏剧研究室。由吴仞之副院长兼任研究室主任。我正值读研期间，领导指示我兼研究室干事，为老师做开会通知、行政联系等事务性工作。戏剧研究室主要成员有：余上沅、张可、王琪、沙金等几位老师。

张可老师，毕业于圣约翰大学。中共地下党员，参与并领导上海地下党的抗日演剧运动。英语水平极高，长期从事莎士比亚作品的翻译与研究工作，她与著名学者王元化先生，夫妇俩在遭受迫害的艰苦环境中，依旧合作翻译了《莎士比亚研究》。

记得"文革"结束后不久，全院师生获得一次专场观摩英国经典电影《雾都孤儿》原版片的机会。但由于十年的禁锢，师生们对英国电影文化了解甚少，更何况是观看英语原版片。于是，学校紧急邀请张可老师作专门讲解。她手里拿着英语原版著作，边阅读边讲解，使大家对影片的故事梗概、文化背景等有了相当程度的了解。

沙金老师是中俄混血儿，年轻时在俄国长大，精通俄语。由上戏歌舞系毕业后留校任教。在我就读的班级做过形体课助教。苏联专家来中国执教后，她一直在北京"中戏"和上海"上戏"担任口语翻译工作，深受赞赏。到戏剧研究室后，直至晚年，她都致力于俄国剧本的翻译，促进中俄文化交流。

王琪老师，是我们的好老师，一生专注于表演专业的教学与思考，笔耕不辍。

余上沅老师，在解放前，是南京国立剧专的校长及戏剧学方面的教授，翻译并写作过许多戏剧专业的文章和著作。我想，他应该是在熊院长、吴副院长和杨进书记共同商议下，安排到研究室来继续发挥学术特长的。我所接触的余上沅老师，身上没有什么"国民党政客"的影子。相反，他完全是一个全身心投入学问、地地道道的中国高级知识分子！

某日，吴副院长和我讨论到斯坦尼斯拉夫斯基体系"情绪记忆"章节，提到有个叫作里波的心理学家专门论述过人的情绪心理问题，只是该理论已过时很久，他的"情绪心理"见解，早已无人问津了。没想到的是，余上沅老师听闻此事后，不知他用什么本领，居然找到了里波的原著，并不辞辛劳地把它翻译了出来。吴副院长拿给我，供我研究斯坦尼体系参考。我特别钦佩他在治学上别人难以企及的水平和挖掘宝库的无限能力。

在戏剧研究室工作期间，我曾登门拜访过余上沅老师。他当时住在学校分配的宿舍里，位于愚园路 541 弄——一座老洋房二楼的一个大约三四十平方米的房间。屋内布置简洁、妥当。他的夫人对我说，余上沅老师十分爱清洁，除了伏案写字读书外，手中总喜欢拿着块抹布，东擦擦西擦擦的。

现在想起来，我几乎不敢相信下面这段清晰又模糊的记忆：一天午后，我在学校那一排办公小洋楼前的小花园处，见到了余上沅老师，他穿着一件有些飘逸的灰色长袍，可神情已明显地紧张起来了。因为那时"文革"的气氛已经袭来。他曾经的身份，令其自然具有一种特别的敏感与担忧。我们互相打了招呼，从此，我就再也没有见过他……

我的六叔王大鹏，曾是南京国立剧专舞台美术系的学生。他在那里求学时，参加了解放军，后来被打成了右派，送到了苏北劳动改造。"文革"后，我去看望他，他送我一本 1986 年由长江文艺出版社出版的《余上沅戏剧论文集》。通过阅读这本著作，我更多地了解了余上沅老师在学术上的成就和他内心世界的深度。

作者简介：

王昆，上戏副研究员，研究生学历。上戏表演系 1958 届本科毕业，后留校任教。1961—1964 年攻读研究生，师承吴仞之教授。在表演专业课教学的同时，先后给研究生开设了"演员心理—哲学基础""斯坦尼斯拉夫斯基体系研究""表演理论史"等课，逐步形成为"表演学"的系统课程。发表与出版的论文与专著，至今仍作为上戏表演专业研究生的必修课教材。

六十年前学编剧

徐维新

离开母校近 60 年，其间搬了五次家，一包在学院"戏曲创作班"读书时的课堂笔记，虽然早已纸张发黄，但于我却弥足珍贵，始终保存至今。那是从1960 年开始我在上海戏剧学院戏文系学习时的课堂笔记，计有："编剧概论"（顾仲彝）、"中国戏曲史"和"戏曲音韵"（陈古虞）、"古典诗词欣赏暨写作实践"（陈汝衡）、"戏曲表演常识"（郭建英）、"中国话剧史"（魏照风、徐闻莺）、"艺术概论"（周端木）、"表导演基础知识"（胡导）、"古典名剧分析"（赵景深、陈多、黄沙、徐以礼、张丙坤）、"专题讲座"（熊佛西、吴仞之、朱端钧、李健吾、徐昌霖、伍黎、师陀等）。

当时记录不是很完善，大多是"详细提纲"式的。搬家时一定要翻阅这些笔记，有时碰到对现在有些创作现象实在不理解时，也会去翻翻这些笔记，重温老师们的教诲。翻阅这些笔记，脑海里常常会浮现当年那些大师和巨匠们为我们授业时的音容笑貌。回忆当年有幸接受那一批顶级的戏剧专家、学者的教诲，常常还会由衷自豪。

我们进院的第二年（1961）戏剧学系正式改名为戏剧文学系，而"戏曲创作班"据说也是"开天辟地"新办的，此前中国的艺术院校似乎还从未有过专门培养戏曲编剧的专业，我们和比我们早一年入学学习戏曲创作的师兄们，成了新中国第一批艺术院校培养的戏曲编剧，当时很自豪。学院对我们倍加呵护和关爱，安排这么多中国戏苑人杰、剧坛翘楚为我们授课，便可见一斑。

一

那本"编剧概论"的笔记，是我笔记中记得比较详尽的。对我教诲最深乃至影响我一辈子戏曲写作的，就是顾仲彝先生的"编剧概论"课了（我们行将毕业时戏文系印发了讲义，名《戏剧理论与技巧·试讲稿·上》。至今我还将它与我的笔记一起珍藏着，这份 16 开、蓝封面的油印文本虽然打印得不很清晰，但是打开时仍然飘着油墨香）。

顾仲彝先生一派学者风度，皮肤黝黑，常常戴一副茶色眼镜。他的"编剧概论"观点鲜明，条分缕析；他开宗明义就对编剧提出了思想（要有正确的世界观）、生活（丰富的社会实践）、技巧（掌握编剧基本艺术技巧）"三必备"。在这门课程中，顾先生以自己独到的见解，阐述了戏剧的特征、戏剧结构、戏剧人物及戏剧语言等重要课题，引领我们从这里开始琢磨戏曲创作的理论和技法。

记得我们进院时，恰逢 1960—1963 年各地报刊围绕电影《今天我休息》《五朵金花》和上海的滑稽戏而展开有关喜剧电影的大讨论，顾先生又先后在报刊上发表了《漫谈喜剧的矛盾冲突》《再谈喜剧的矛盾冲突》和《论滑稽戏——从滑稽戏谈到社会主义喜剧》等十分经典的论文。我从小对上海滑稽戏很喜爱，所以对顾先生的讲课和论文，更是如饥似渴地学习。顾先生强调的"没有冲突就没有戏"，以及诠释"歌颂性喜剧"里"差异便是矛盾的开始"，一直是我从事编剧的格言。特别是他总结的一个喜剧应该具备喜剧矛盾（喜剧性情节）、喜剧性格（喜剧性人物）、喜剧语言（喜剧性台词）的"三要素"，更是喜剧创作颠扑不破的不移至理。

记得在"文化大革命"结束不久，我曾经与师兄缪依杭及申屠丽生先生在重建的上海滑稽剧团（当时名称"上海曲艺剧团"）一起创作滑稽戏《性命交关》，我们在华山医院深入生活后，在梳理素材结构剧本提纲时曾经有过迷茫，对如何用喜剧的形式准确地揭露"四人帮"倒行逆施，推行极"左"路线迫害

（左图）陈汝衡老师批改的作业
（右图）课堂笔记

知识分子，一时难以确立有个性的主线。这时，我们一起探讨了顾先生关于喜剧"三要素"的教导，才豁然开朗。我们根据"三要素"设计了"四人帮"强令"医护工"易位为喜剧情节的"核"；设计了医、护、工三个代表人物及"四人帮"爪牙的"喜剧性格"，并由此生发的一系列诸如医生被逼当工人、工人上手术台操刀、假病人冒充工人"手术"的"成果"、病人手术后"假死"、愚昧的工人在太平间忏悔开起了"追悼会"等荒诞不经又合乎那个年代特征的喜剧情节。这个戏成了"文革"结束后第一个在《新剧作》创刊号上发表的滑稽戏剧本，不久还由我们原作者编成电影文学剧本，成了"十年动乱"后第一个被拍摄成电影的滑稽戏。

我写滑稽戏始终不忘喜剧"三要素"，创作或与人合作的大型滑稽戏《官场现形记》《亲家对头》《规矩方圆》《热土花红》《江南第一春》《正宗自家人》《醒醒，朋友》《花好月圆》《毛里有病》《行善缺德》，都遵循喜剧"三要素"来结构剧本，取得了很好的成效。

2006年秋，我曾受某省卫视邀请，去策划一个古装的电视系列情景喜剧。到了那里他们向我推荐了两个"写手"，说是新世纪初从我母校毕业的、我的师弟辈的"校友"。主办方把他们写的本子推荐给我，我认真拜读后觉得很奇怪：每集都没有戏剧冲突，没有戏剧性的情节，就依靠剧中人"侃大山"、"讲"故事、说几句"调侃"的话,以此洋洋洒洒地写成一个"剧本"。我没有采用这类"剧本",并以老校友的身份询问他们:"老师是怎么教的?"他们顾左右而言他。我在想:难道"没有冲突就没有戏"、喜剧"三要素"等这些编剧的规律性的东西现在都不灵了?

二

陈古虞老师那时为我们讲授《中国戏曲史》和《戏曲音韵》,听说他年轻时学过昆曲,会很多出昆曲剧目,后来就读北京大学,研究莎士比亚。他常戴一副玳瑁色边框的近视眼镜,度数不浅,讲课时经常会取下眼镜边看教案边发挥,很有一副饱读诗书的学究样子。陈老师讲课深入浅出,有时兴致来了,还常会边吟唱边伸出"兰花指"做些"手眼身法步"的表演,而那种优美的"舞台动作"又竟与"学究"的姿态十分谐和协调。

陈古虞老师讲授《戏曲音韵》,其中最让我受益终身的是,他教会我们掌握规律区分尖团音和入声字。传统戏曲和大多数方言,都按"中原音韵"严格地区分尖团音和保留入声字,而戏曲演唱要字正腔圆,使台词和唱腔抑扬顿挫,学会区分尖团、保留入声,从而使平仄声调平衡交替,对于戏曲编剧和演员都是十分重要和必要的。当时推广普通话已数年,而普通话不分尖团,取消了入声字;如按普通话发音去朗读古诗词,念唱或编写戏曲唱词,常会出现不符诗词格律的现象。在听陈先生讲课之前,我只知道清康熙晚年或稍后,曾有清人"存之堂"编著过一本《圆音正考》(又名《清汉圆音正考》)的"辞书"——清时北京音是分尖团并保留入声的,那本《圆音正考》是为了帮助当时在京的满族人氏辨析汉语尖团字而编著的汉满对音字典。戏曲和方言中的尖音字和入声字许许多多,仅以数字为例,从1到10就有5个入声字(1、6、7、8、10)。如果从字典里"对号入座"或一个个字地从字典里"按图索骥"并死记硬背,显然十分困难和吃力。陈古虞老师在"戏曲音韵"课上教了我们一个科学的方法:尖音字、入声字都有从偏旁的特征。以尖音字为例,你如果记住了"青"字是尖音,那么以"青"

字为偏旁的所有字几乎都是尖音字，例如：请、情、晴、睛、精、静、靖、倩、菁。入声字也有这个规律。啊，多么有用的科学方法！

近几年，在保护和传承上海方言的工作中，有专家借口标准上海话式微，入声字、尖团音难分难记，要人为地取消戏曲和标准上海话里最具标志性特征的尖音和入声发音。我在保护上海方言的各种讲座中，推介了陈古虞老师教我的方法，简便易学深受欢迎。

三

陈汝衡先生教授的"古典诗词欣赏暨写作实践"，在当时似乎并不"起眼"，但是我却情有独钟，而且连带学习陈先生的一系列曲艺论著，使我终身受益。

陈先生胖墩墩、福德德的身躯，上课时脸上始终架着一副眼镜，只有在查看我们的作业时才取下眼镜。他对我们的作业，常常一边看一边用他那纯正的扬州话说着"不臭（错）！不臭（错）！"

陈先生教我们古诗词格律，并训练平仄押韵，他的"写作实践"课最大的特点是当堂布置题目当堂批改作业。一次，他要我们当堂练习写《牡丹亭》里杜丽娘的"上场诗"，我写了"兰质无心理粉黛，春光有意织相思"的对句。他走到我桌边，取下眼镜看了我的草稿，很快地将"理"字改成"施"字，对我轻轻地说了声"平仄"（提醒我学会用字锤炼平仄声），旋即戴好眼镜，去黑板上抄写了这个对句，还连声说："不臭（错）！不臭（错）！我们班里有不少人是会写的！（他把"写"字讲成 sie 音）"一种赞不绝口的样子。我受宠若惊，这一来竟大大激发了自己学习的积极性，每次做学写古诗或上场诗的作业，都更加认真卖力。陈先生批改也决不马虎，常常为我逐字逐句修改，教我斟酌推敲，有时甚至帮我"通首改韵"；还在我的作业本上留下"平仄稳当，可用"或者"颇佳"的批语。

可以这么说，我们班不少同学是在陈汝衡先生手把手下学会写作韵文唱词的。前几年，我在上海电视台参加策划一个"综艺剧"栏目，那是一种以电视为载体的戏曲演出，也是想为戏曲的传承做些有益的工作。在将近四年的时间里，我们从传统戏曲里挑选了近200个喜剧题材的剧目，模仿元杂剧"四折一楔子"的结构体例，重新编剧，邀请各剧种的名演员同台演绎，颇有一些老上海"什锦歌剧"的风格。200多集的所有唱词都由我改写或编写，我作为"总策划"之一员，每次排练和录制都到现场。一次，根据剧情需要，演员和导演提出要增加几段唱词，如果到第二天再补上，势必会影响拍摄进度和演员档期，这时，我说我现在就写给你们吧。于是我到一旁用了十几分钟，写了两段各近12句的唱词。现场拍摄人员惊呼："啊，本事大！当场写唱词！""没碰到过这样的编剧！"我说："这没什么稀奇的，我们班里同学个个都有这个本事的！"

陈汝衡先生为我们授课之前，早已有《说书小史》（1936）、《说书史话》（1958）等曲艺史著作，但是他在课堂里从不炫耀。我因为自幼喜欢上海滑稽，当时知道这个信息，便从图书馆里借来认真阅读。《说书史话》是陈先生根据自己苦心搜集的说书资料编写而成，他说："旧籍中涉及说书者，必另纸誊录，报纸杂志所载，间亦剪裁保留，积久竟然成帙。"这是一部填补我国曲艺史研究空白、前无古人的草创著作，在我国现代学术史上占有重要地位。陈先生的书资料翔实，有根有据地追溯我国曲艺历史，娓娓道来更是使我茅塞顿开。

我1986年起，参与主编《中国曲艺志·上海卷》《中国曲艺音乐集成·上海卷》；2010年策划出版"上海滑稽丛书"《上海滑稽前世今生》《上海滑稽三大家》《上海滑稽与上海闲话》《远去的上海市声》等4集130多万字，以及从2004年起主持上海人民广播电台《滑稽档案》栏目的直播十多年，都学习和遵循陈汝衡先生对中国曲艺的探索精神，让史料讲话，以史为鉴；都取得了十分显著的成果。

作者简介：

徐维新，1963年毕业于上海戏剧学院戏文系。研究馆员职称，中共党员。上海市作家协会会员，上海市戏剧家协会会员。曾任上海市曲艺家协会第四、第五届副主席，上海市群众艺术馆副馆长，《中国曲艺志上海卷》《中国曲艺音乐集成上海卷》副主编，《上海故事》杂志主编。

我的三位陈老师

周大功

1963 年我入学上戏戏文系时，系里先后有多位姓陈的老师。陈汝衡、陈古虞、陈灌芜、陈多、陈耘等，都是饱学之士。可惜，我们这一届在极"左"思潮的影响下，课堂读书甚少，大部分时间在搞运动下乡下厂，所以真正得到这些老先生教导指点的机会很少很少。这里只能谈谈与陈汝衡、陈古虞、陈多三位陈姓老师接触过的浅薄的印象。

陈汝衡先生是这三位中唯一给我们上过课的，当时是由盛钟健老师给我们教授"古典诗词写作"，对古典诗词学养颇深的陈先生主动来讲第一课："平仄和押韵"。在讲到"四声"时，陈先生用浓重的扬州口音说："东、冬、董、笃"。引得我们暗自发笑，但相信每一个同学都牢牢记住了四声的区别。

陈汝衡先生还给我们开过"三国与三国演义"课。具体讲些什么，惭愧！我这个坏学生都"还给"先生了。印象最深的是先生讲了三国在历史上有过几种关于哪个是正统的版本，陈寿《三国志》以曹魏为正统，《三国演义》则奉蜀汉为正统，居然还有一种以东吴政权为正统的版本。

先生的课堂气氛是宽松活跃的，尤其是提问时。说来好笑，这位大学者把我们当作小学生，宽厚地提些非常简单的问题。"三国志是哪个写的？""凤仪亭是什么东西？"然后对回答一律是满意的："对的。坐下。"问到班上一个小女生："的卢是什么东西？"女生调皮地用上海话说："一只马呀。"他也说："对的。坐下。"最好笑的是他把问题和学生姓名连起来说:"董卓的女婿是哪一个? 丁罗男。"于是丁罗男就得了个"董卓的女婿"的外号。

毕业后我与先生就没有什么接触,只是在剧场看戏碰到过两次。第一次是在"第一届莎士比亚戏剧节"的学院剧场二楼。看到他身体很好,我问候过他后,随口就说了:"陈先生,我最近买了一本您的《陈汝衡曲艺文选》。"先生立刻很高兴地问我:"你看了吗? 你说说有什么看法? 提提意见。"我吓坏了,因为我只是草草看过不求甚解,哪能说些什么? 只得连连抱歉说我没有好好看过。先生又说:"你怎么不来考我的研究生?"哇! 这就更加吓死我了。我虽然也喜欢曲艺评弹等通俗文学,但我只是听听"戤壁书、砖头书"的水平,与先生的学问差距何止云泥,我考他的研究生那是有辱先生声名了呀! 岂敢岂敢。

事有凑巧,第二次又是在剧场见到陈师。我真是没记性,又是随口说:"我买了先生的《说唐》一书。"先生又是很期待地要问我看法。我又只能惶惶地落荒而逃。

这两件事给我印象很深,我总感觉陈先生在对学生的期许和鼓励之外,有种孤独寂寞的心情。只是我这个没出息的学生每次都交了白卷,辜负先生的一片美意。真是无颜面对啊!

陈汝衡先生的学术成就很高,这是我们入学之初就听说的。但陈先生一直只是讲师职称。我的岳父是华东师大原中文系主任,参与"文革"后第一次上海高校的高级职称评定。他告诉我们:"上戏的陈汝衡先生,他的《说书史话》在国际上都有影响,尤其在日本评价很高。所以这次本来报的是副教授,我们一致同意把他直接提为正教授。"我们都为陈汝衡老师感到高兴和骄傲。

陈古虞先生没有教过我们课,只知道先生在昆曲界的成就和地位很高。至于高到怎么样? 却一无所知了。印象中,古虞先生的身体一直不好,可能有哮喘或者肺气肿一类的病。但先生那时还抽烟,所以常常咳嗽气急。有一回他给我们唱一段昆曲,他非常努力地唱,可是气短声音嘶哑,古虞先生还用手抚着胸用劲唱着,头还不住地倒过去。恕我不恭,我对唱的什么是一点印象也没有,因为完全不懂曲，而且时刻担心着先生的身体。大概他老人家的学生子弟要骂我猪八戒吃人参果了。

因为我喜欢唱唱跳跳，还算有点嗓子。有一次听见古虞先生与人在说，可以让我与另一女同学排个小戏《小放牛》。我是暗暗高兴真希望实现，可是后来不了了之，我也没有争取。否则，我能得古虞先生亲炙，呵呵，那该何等荣耀！

与陈古虞先生接触较多是在青浦赵巷公社方西大队搞社教时候，我们都住在大队的饲养场。那时极"左"，也真不知道怎么想的，把古虞先生这样的老先生弄到乡下干什么。后来他病了，要提前回上海，偏偏正好是雨后，路上滑塌泥泞。系领导要我护送古虞先生到长途汽车站。于是我就搀扶着先生走在乡间的小道上，路上的稀泥足有三寸厚，我们两人真是一步一滑，难走极了。古虞先生人很瘦，但身高肩宽，手上的力气很大的。我几次差点滑倒，幸有古虞先生抓住我。当然他也有走不稳的时候，我就只能极力扶着他。我们二人简直就是互相搂抱着走的。我想鲁迅先生说的与柔石"大家都仓皇失措的愁一路"大体就是如此了。总算平安地踩上坚实的公路时候，古虞先生说什么也不要我再送他到汽车站了，想来这一路是他扶我的时候多，出力多，累了。

与陈古虞先生的交往记得的只有这些浅薄的印象。身处这么一位大师级老师身边，却错失了虚心求教的机会，何如"入宝山而空手还"啊！

陈多先生也没有给我们开课。就是上面说的在青浦搞社教那次，是我们与陈多老师认识之初。我们见他矮小瘦弱其貌不扬，可听说他是当年上海剧专两个半中共地下党员之一，确实心生敬仰。我们班和老师们集中住在饲养场时，自己开伙，陈多老师是负责采购的。每天早上，我们都可以看见一个小老头（其实当时他还并不老），穿件褪色的破棉衣，腰里系根草绳，挎一个长长的挑菜秧的筐子，一步步走到镇上去买菜。陈多老师办的伙食相当精彩，简单而不铺张。他主持做过一次真正的"青浦扎肉"，每一块老秤四两的五花肉用新稻草捆扎，红烧炖煮，酥而不烂清香扑鼻。我认为这是我生平吃过的最美的红烧肉，绝无第二。

我说这些没有半点贬低的意思，想想那些大师往往也是美食家，如汪曾祺、王世襄等先生，他们聪明博学，热爱生活，才会这样多才多艺。

再见到陈多先生是我毕业后在江西工作的时候，陈多老师已经是中国戏曲史的专家，他带着他的研究生叶长海来江西参加"汤显祖研讨会"。据说在会上陈多老师发表了自己的研究结果，但有些狭隘的江西学者不认同，并出言攻击，很不礼貌。不过陈多老师相当大度，还是乐呵呵地坚持与会到底。因为多年未见，而且我与陈多老师还是愚园路的邻居，我在江西省话的家中请他两位来便宴，他们两位提出想走走南昌的各家新华书店。于是，第二天我陪他们去了古籍书店、旧书商店以及两家小一点的书店。看来南昌的书店让他们有点失望，他们好像什么书也没买就让我回家了。此后，我与陈多老师也无缘再见了。

我能说得出的三位陈先生的往事只有这些了，浮光掠影，浅薄得很。但怎么办呢？我们的学生时代就是那么荒唐粗暴，让人才荒废，让时间虚度。但我想，我的这些肤浅的回忆应该不会减弱这些先生光焰万丈的学术光芒。

作者简介：

周大功，1963年入学，上海戏剧学院戏剧文学系1968届本科毕业生。先后在江西省话剧团和江苏省无锡市锡剧研究所任编剧。艺术系列一级编剧。现已退休。

戏文系的老师赵铭彝、陈多……

丁言昭

近日收到母校戏文系发来的约稿单，要出版一本《戏文名师》，列了9位老师，有李健吾、余上沅、顾仲彝、赵铭彝、魏照风、陈古虞、陈汝衡、陈耘和陈多。当中除了李健吾和顾仲彝从未谋面，另外几位在校园里都有所见闻，尤其是赵铭彝和陈多，我还曾去他们家中采访过。

约稿单上说2月要交稿，我赶紧放下手上正在写的两篇文章，回过头来先完成母校的"指令"，世界上最亲的是母亲啊！

1964年我考进上戏戏文系读书，就听说系里有好多位戏剧界的前辈。一天，在校园里看到一位先生，衣服穿得笔挺，走起路来腰板直直的，戴了副金丝边眼镜，一看就是有修养、有学问的文化人。一问才知道他就是余上沅先生，有着辉煌的戏剧生涯，担任过国立剧专的校长，解放前，梅兰芳和胡蝶出访美国，是他当翻译的。

2000年末，我在写《悲情陆小曼》时，发现1928年徐志摩和陆小曼合作写的剧本《卞昆冈》排演时，请求余上沅当导演。为此，我翻阅了有关余上沅的材料，才真正了解了他的戏剧生涯。余上沅先生读书时，成绩一直名列前茅，1919年开始，结识了早期共产党人，如恽代英、陈独秀等，也认识了文学界、戏剧界的学者，如胡适、徐志摩、叶公超、梁实超、熊佛西、李健吾等一大批人，他曾赴美留学。原来父亲要他学政治，不料余先生却选了戏剧，有人问他为什么要学戏剧，他回答："因为我爱她……越和她亲近，越觉得她全部的美、生气、灵魂都聚集而涌现在面庞之上、眉目之间。其神妙之处，竟把世上的美全融会而贯通在这里面了。"我想等我有空时，也许会为他写一篇长文。

我知道陈汝衡先生是位知识渊博的老先生，看过他写的《说唐》，英文特别好，课余时，我们与他讲英文，他操着苏北口音的英文，逗得大伙捧腹大笑。

陈古虞先生说着一口京片子，会唱戏曲。给其他班上课时讲到《春香闹学》，讲着讲着就演了起来，嘴里念着锣鼓点子，伸手一个兰花指，脚踏小碎步，戏曲表演的手眼身法步演得极其到位，把学生都看呆了。要知道陈古虞先生是位北方汉子，长得魁梧高大，我想他一定下过苦功夫才练成的。

给我们上课时会讲他家里的趣事。有一回，他太太搜他的私房钱，他不讲，就罚他跪在地上，他还是没讲，太太要打他，他只好讲了，大家听了，都哈哈大笑。我觉得这个老师太有趣了，别看他长得又高又大，原来是怕老婆的人。

魏照风是系主任，其女儿魏怡比我高一班。魏老师给我印象最深的是他的头发，三七开，每天梳得油光光的，走路很稳，从不东张西望。我猜想，他一定是做什么事情都很稳健，不会出差错。我从没和他说过话，对他较敬而远之。

没进学院之前，我就看过陈耘老师《年青的一代》的剧本，还几次上剧场看过演出。上学后，看到陈耘老师，大吃一惊，原来他那么年轻，起先以为作者是个老头呢。

看到前面有位老先生，驼着个背，头发好像茅草堆似的，戴了副厚玻璃底的眼镜，大概是怕摔跤，所以低着头慢慢地走路，原来他就是——

赵铭彝老师

早先听说赵铭彝老师是周扬参加"左联"的介绍人，那时周扬担任文化部部长，心想，他介绍部长加入"左联"，一定是个了不起的人。后来，我跟着父亲丁景唐研究"左联"，又与姚时晓先生搞了一年的左翼戏剧，到北京看望了夏衍、司徒慧敏等老一辈戏剧大师，对赵铭彝老师的经历逐渐熟悉起来。

1930 年 8 月 23 日由上海艺术剧社倡导筹建的戏剧运动联合会成立为"中国左翼剧团联盟"（后改名为中国左翼戏剧家联盟，简称"剧联"），召开成立大会，到会者有五十多人。"文委"决定在"剧联"内部设党团，第一任书记是杨村人，赵铭彝任宣传，侯鲁史任组织。

1931 年 1 月"剧联"和直属的大道剧社召开成立大会，选举产生了"剧联"的执行委员会。执委会由赵铭彝、刘保罗、沙千里负责。为了避免敌人注意，伪装庆祝新年，把会场布置成舞会的场面。大道剧社的主要成员有赵铭彝、杨村人、刘保罗等近二十人。

1932 年 7 月刘保罗被捕后，"剧联"党团立即改组，由赵铭彝接任书记。

1992 年 1 月 6 日，我和父亲丁景唐去拜访赵铭彝先生。走进房屋，我觉得光线不是很明亮，似乎可以用昏暗这个词。四周放着许多东西，包括书刊报纸，再加上桌椅板凳，好像还有一个床，屋内的空间显得很拥挤。

那时赵先生已有 85 岁，戴着暖和的老头帽，穿着黑色的羽绒服，一手拿着助听器，另外一只手扶着电线，也许怕电线松了掉下来，无法听清对方的话。他坐在一张旧的沙发上，我父亲坐在写字台旁边，窗台上放满了书，还有台灯、钟、胶水、药瓶，窗的左边框上有好几个插头。桌上显著的位置上，放着一个体积很大的红灯牌收音机，大概因为眼睛不太好使，每天早上戴着助听器听新闻吧。

我父亲一生研究的项目有四个方面：鲁迅、瞿秋白、左联五烈士和左翼文化运动研究。那次去，主要谈了左联的一些事情，还请教了《放下你的鞭子》（以下简称《鞭子》）。

你别看赵先生有些耳背，但是脑子特别灵，讲起好多年前左联的事情，记得一清二楚。

1931 年暑假，陈鲤庭在南汇大团镇花了好几天，写成一个短剧，题名为《放下你的鞭子》，那时他在大团小学任教。

剧本写的是一群难民街头卖艺，看得出献艺的姑娘疲劳得很，难以支撑，那个卖艺的老汉竟动用鞭子。此时从观众中突然跳出一个青年大声呵斥（其实那是演员扮演），责问情由，原来老汉和姑娘是相依为命的父女俩。只因家乡连年灾荒，苛捐杂税偿不完，官绅欺压、兵痞骚扰不断，活不下去了，才逃出来，沿途卖艺，穷人命苦啊！青年愤怒呼吁：要把鞭子调转头，指向那些迫使你们背井离乡、忍饥挨饿、过着流浪生活的罪魁祸首！结尾是扮演观众的演员带头喊口号，全场响应，点明"鞭子"应该"指向谁"的主题。

"按惯例，每年10月10日总要举行大型游艺会，于是陈鲤庭写信给我，还有姜敬舆，希望'剧联'派人去进行指导。"赵铭彝回忆道。

"那信还在吗？"我好奇地问，想如果在的话，肯定是非常珍贵的文献资料。赵先生还没有回答，父亲说话了，"那怎么可能呢？"想想也是，经过那么长的时间，是没有希望的。

"没过多少时间，我派章泯、阿梁，就是梁耀南、卜落和一个姓张的去指导。"

后来，1931年10月10日这天，在南汇的游艺会上演出了《鞭子》这个戏。后来这个戏流传到各地，影响很大。

关于《鞭子》的作者是谁？抗日战争初期，上海报刊上曾展开过争论。何延先生著文说，崔嵬"1936年改编了《放下你的鞭子》，把话剧搬到街头、广场演出，打破了舞台框框……1943年王莹到白宫演出。"

事实的真相是这样的。1932年春，浦东青年会小学有一批青年教师要求辅导，"剧联"派了陈鲤庭、辛汉文和田洪去，选定《鞭子》为演出剧目。陈鲤庭当时对负责人黄鲁说，不要将他的名字刻印上去，不署作者名字，准备如果特务追查起来，可以推托是传抄的。崔嵬看到的剧本，大约就是这一份。

许之乔先生在1947年把《鞭子》列为田汉的作品。说田汉曾把歌德的《威廉·迈斯特》中的眉娘故事写成一个独幕剧。后来，赵铭彝和陈鲤庭根据此情节改编成《鞭子》。

赵铭彝先生说："这是大错特错了。"1930年上半年，陈鲤庭从大夏大学毕业后，经当校长的同学介绍，到南汇大团小学任教。在那儿的一年多时间里，他看到广大内地人民遭受的苦难，特别是他亲眼看到路过城镇逃荒的难民，他们成群结队地要饭吃的悲惨景象，促使他写了《鞭子》。

"你们文艺出版社出版的《中国现代文艺资料》上也曾那么说过。"赵铭彝对父亲说。"是。"父亲点点头，"我已经知道了。"那时父亲任上海文艺出版社的社长兼总编辑。

"听说朱铭仙老师曾演过这个戏？"我问。赵铭彝先生说："是的，具体的事情你们可以去问问她。"

"我们正要去她家。"父亲说。

"代我望望她！"

"没问题。"

我们向赵铭彝先生告辞后，立马去探望朱铭仙老师。路上，我向父亲介绍着朱老师，说她是表演系的台词老师，听同学们说，以前她是广播皇后。说着就到了朱老师的家。

由于事先约好，进门后，我们就开门见山地问了起来。"演香姐那会儿，我才19岁，在劳工小学当教员。"朱铭仙回忆道。

演出时间是1932年的中秋节，地点在上海浦东劳工新村的小礼堂，由洪大本饰青年，王为一饰卖艺老汉，他们俩是从美专剧社请来的。朱老师能说一口流畅的国语。还从"剧联"的春秋剧社借人来帮助照明，同时安排他们作为台下的观众，在戏的结尾带领喊口号。

在三楼的教室里，有一位个子不高的老师正在给戏文系同学们上课，讲的是元朝末年高明的《琵琶记》，同学们听得津津有味，他就是——

陈多老师

陈多老师是中国戏曲研究领域、戏剧教育界的著名学者，写过多本关于戏曲研究的书，有《戏曲美学》《中国京剧》《剧史思辨》《剧史新说》《现代戏剧家熊佛西》等。在学校时，我不知道陈多老师有那么多的成就，只知道他曾当过熊佛西院长的秘书，肚子里的知识可多了，从来没有与他交谈过。直到毕业后才陆陆续续知道一些他在学术方面的贡献。

因为我喜欢儿童文学，毕业后主动要求到上海木偶剧团当编剧，在创作木偶剧本的同时，收集和研究国内外的木偶皮影，写了不少关于这方面的文章。有一次，我收到一份邀请函，说日本要举行比较文学的研讨会，其中有一个题目是关于木偶的，会议要求用英、德、日三种文字宣读论文，我当然选英文。于是每天完成剧团写作任务外，就是准备论文和背英文单词，到英文老师家去练习口语，后来因故未去。但是比较文学给我留下了深刻印象，我想木偶也可以比较啊，中国的地域宽广，木偶除了西藏、新疆等几个地方没有专业的剧团，其他各地几乎都有。各个木偶剧团最大的区别在何处？在语言和唱腔方面，这些与当地的戏曲有密切的关系。

如北京的木偶戏唱的是京剧，在清朝称为大台宫戏，演出场面与京剧一模一样，有木偶操纵者"举着的"，还有代替木偶唱的"坐着的"，演唱的都是当时京剧名人，据说梅兰芳的父亲也曾进宫演唱过。浙江的唱昆剧，陕西、山西等地唱秦腔、碗碗腔，湖南唱湘剧……

中国的戏曲有三百六十多种，我想，自己对中国戏曲几乎没有什么研究，何不请教专家呢？一下子陈多老师的名字跳了出来。

1992年7月10日，我登门拜访陈多老师。陈多老师告诉我，可以乘104路公共汽车，龙华站下车，不要过马路，抬头就能够看到所住的弄堂。我一一照办，果然没有走冤枉路，很快就寻到了。我记得他当时住在上海戏剧学院最早为教职员工建造的几栋楼里，类似新工房。

我一按门铃，门立刻开了，陈多老师笑容满面地站在门边，戴一副眼镜，很学究气。只见他上穿一件白底浅蓝直条子的体恤，下着一条黑短裤，鞋和袜子都是黑色，看上去很稳重的模样。

进门是一大间房，似会客厅，旁边有一间小一点的，大约是卧室，我没有进去。陈老师让我坐在沙发上，自己拉了一把放在写字台旁的椅子坐下。我还没来得及开口说话，他已经说了："我看到你发在我们院刊《戏剧艺术》上的文章，好啊，笔调很老练。"

我想老师指的是发表在 1983 年 2 月出版的《戏剧艺术》上的《中国木偶戏发展简述》和 1991 年第 4 期上的《论原始文化与木偶艺术的发生——一种文化模式的思考》，后者在上海民间文艺家协会 1991 学术年会论文评选中获优秀论文奖。那时我想如果有人与我商榷就好了，可是没有人来找我。朋友说，你研究得太深刻了，没有人跟得上。

"你还出版过一本《中国木偶史》?" 陈多老师问，我点点头，"了不起，了不起啊!"

"谢谢老师的夸奖，这是在父辈和朋友的鼓励下写成的。"我有点不好意思。

我看他很忙，因为桌上放满了书稿，想赶紧把我的来意说明白。"我想写一篇关于木偶和上海戏曲若干关系的思考的文章，所以来请教您。"

"你这篇文章的立意非常好，全国每个地方都有自己戏曲。我的家乡福建就有很多戏曲品种，有芗剧、莆仙剧、高甲戏、闽西汉剧、闽北四平戏、闽南四平戏，等等。"

"但是上海呢？虽然有京、越、沪、淮等戏曲，但是上海的木偶戏早年来沪的木偶戏班唱的都是京剧，从来不唱越、沪、淮。而且据我考证，最早来沪演出的戏班是 1913 年夏天，哈同妻子罗迦陵 50 岁生日时，从自己的家乡福建请了个木偶戏班子。"我想了想继续说，"上海郊区的皮影戏班子，唱的是特有的皮影调，加一些上海的民间小调。"

陈多老师听了我的话后，点点头，接着从上海这个城市的特点说起。上海从几百年前的小渔村发展为今天中西交汇、万商云集的国际都会，其间 19 世纪中叶随着门户开放，上海成了海陆通商要地，和全国的经济中心。从此，在上海滩中西文化相互撞击、交汇、渗透、吸引、兼容，它的文化精髓和深层内涵就是：海纳百川、兼收并蓄。

木偶与戏曲的关系确实非常密切，但是上海的情况有些特殊，很早以前，上海有不少文化人到欧美留学，如余上沅、黄佐临等，还有一些留学日本，如郭沫若、陶晶孙等，带来外国的文化样式，如话剧。

"1930 年开始，陶晶孙成立了木人戏社，演出的剧目是日本的话剧形式。20 世纪 30 年代中期，陈鹤琴从欧美考察回国后，将一些外国木偶资料给虞哲光，1942 年 7 月，虞哲光与人成立了上海业余木偶剧社，后又分化为中国木偶剧社和上海木偶剧社，运用了布景、灯光、声响等。除了用话剧形式，有几个剧目还是唱京剧，还请了程之、陈娟娟等为木偶配音。"我情不自禁地插嘴道。

"所以说上海是海纳百川呀，传统的和现代的同时并存，丰富了文化内容。"

时间不知不觉中过去了一个小时，为了不打搅陈多老师宝贵的时间，我起身告别，临走前，拍了张照片，留作纪念，现在这张照片真的成了一件珍贵的纪念品了。

作者简介：

丁言昭，上戏戏文系 1964 级校友，女性作家，中国作家协会会员、上海作家协会会员。出版多部民国女性传记及木偶剧剧本，并在各报纸杂志上发表文章千余篇。

"二陈"先生

吴小钧

　　当年我们还是戏文系小字辈的时候，记得系里有好几位老师都是福建人，譬如中国话剧史教研室的魏照风先生、写作教研室的陈耘先生和徐闻莺先生、中国戏曲史教研室的陈多先生等，后三位先生平时走得较近，因为他们不仅是同乡，还是上海剧专的前后同学，而且又有着共同的爱好——美食，当然三位先生在此方面风格不一：陈多先生是丰俭随意，陈耘先生比较"贵族化"、讲究精致，而徐闻莺先生则是对食谱最有研究。有意思的是，陈多先生和陈耘先生两人一见面经常要故意"抬杠"，最经典的段子就是，陈多先生宣称自己就是不喜欢看电影和话剧，而陈耘先生则是针锋相对地自称就是不喜欢看戏曲，然后两人都哈哈大笑了之。"二陈"就是徐闻莺先生对这两位师兄的统称。

　　在戏文系的高年资教师中，陈耘先生是来得最晚的，但是当时他在社会上的影响力及知名度则是最高的，主要缘于他创作的两部话剧作品：《英雄小八路》和《年青的一代》，这两部作品后来都被搬上银幕。《年青的一代》曾经被誉为能够显示上戏在新中国成立后至"文革"前的十七年间成果的"三大宝"之一（还有两大宝分别是因为主演《红色娘子军》而获得首届百花奖最佳女主角奖的祝希娟和藏族表演班），周恩来总理还曾亲自执笔修改剧中的烈士（遗孤的母亲）在牺牲前留下的遗书；而另一部作品《英雄小八路》被搬上银幕后的主题歌则成了后来的中国少年先锋队队歌。由于陈耘先生一直在电影厂修改剧

戏文系 77 届编剧班毕业留念。前排右四是陈耘先生，右三是徐闻莺先生。前排左四是班主任、原上戏院长荣广润先生，左三是周端木先生。这四位先生均为该班的专业主课教师。后排右五为作者本人

本，参与《年青的一代》第二个版本的拍摄，因此在我们做学生的前两年里对于陈耘先生只闻其名未见其人，当他再回到学校时，我们已是最后一年了，更没有想到的是陈耘先生担任我的毕业创作指导教师。

陈耘先生个头不高，慈眉善目，对人总是笑吟吟的，后来熟悉了，发现他有时说起对社会某些现象不满的时候，偶尔也会爆出一句国骂。先生的寓所在与学生宿舍一墙之隔的一排小洋楼里，他家的楼上是表演系项琦老师一家，毗邻还住着老院长熊佛西先生的遗孀郑漪园老师及后来也从表演系转到戏文系任教的陈加林老师等，我的班主任也是后来的院长荣广润老师也曾在那里住过。现在这一排小洋楼荡然无存，它的一部分成了华东医院的扩建部分，另一部分连同我们的男生宿舍则是现在的学生公寓大楼。由于戏文系的写作课都是采取一对一的小课教学，那时我们多习惯去学校附近的老师家谈作业，这也是上戏"家园精神"的一种真实写照。

陈耘先生住在一层，只有一间数十平方米的正房，有一道帷幔可一隔为二，里面充作先生夫妇的卧室，外面则是一双年幼儿女的睡房；落地窗外有一个改成阳光房的露台，既是书房也是会客室，还是餐厅。师母朱静霞老师毕业于表演系 1964 届，他们夫妇是师生恋，她是儿艺的演员，曾出演宋庆龄，后来大家

见了面都称她"国母"，估计这一"尊称"最早也是出于陈多先生之口。先生家还养着一只肥硕的花猫。每每到了写作课的时间，我们只要从宿舍楼上一看到先生坐在阳光房在翻阅书报时，就赶紧下楼径直前往。

我是在1974年夏秋之际从工作了五六年的边远的北大荒军马场重新回到上海生活，社会的接触面一下子扩展许多，结识一批同龄人，其中多是在动乱时期落难的干部子弟和高知家庭的子女，私下自诩"十二月党人"，甚至后来还有意剪成"小平头"。基于自己的生活积累及感受，我将毕业创作的选题定为"文革"后期的上海，表现这里的人民群众对于"四人帮"的不满及反抗。好几次在谈生活素材和创作构思时，一开始，陈耘先生都是半眯缝着眼睛，突然之间他的眼神明亮起来，看得出来他是非常支持我的选材和创作意图。现在几十年过去了，但当时先生在辅导我时的一段话至今仍是印象深刻："不要急于表达自己的主题思想，而是应该让它像一颗种子那样，将它埋在土壤里，在那里扎根，让它慢慢地从土壤里生长起来。"我的理解，先生所说的土壤其实就是生活素材，主题的生命力正是在于它是来自生活，同时又是与生活紧密的结合，这一理念也正是陈耘先生的创作之道。《英雄小八路》是他当年带表演系学生在福建前线一边慰问演出，一边深入生活搜集创作素材的结晶；而《年青的一代》中女主人公林岚的原型就是20世纪60年代初主动放弃高考去安徽务农的上海知识青年张韧。后来他还专门给戏文系的本科班做过一次专题讲座，名称是"如何记生活手记"。

在陈耘先生的指导下，我终于完成了近六万字的毕业创作：七场话剧剧本《在党旗升起的地方》，该剧的剧情时间跨度从1974年的寒春至1976年的晚秋，采用人像展览式结构，通过干部、知识分子、工人三个不同阶层的家庭十五个人物之间的关系纠葛及其矛盾冲突，表现了他们中的正直、善良的人们为了捍卫在党的诞生地所升起的党旗的纯洁性，就像剧本的主题歌所借用的战争年代的一首无名歌曲的最后两段歌词"阴森的牢笼熄不灭奔腾的热血，高垒的营墙割不断远眺的目光；战士呵，这样刚强，这样坚信，东方一定能升起火红的朝阳。同志们，团结紧，快准备好最后的冲锋——黑暗就要被埋葬，胜利的旗帜将永远飘扬"。过了一年多以后，我已经留校任教，在当时的戏文系办公室所在的小洋楼（现在是外事办和留学生楼）前的夹道遇见陈耘先生，他特意叫住了我，说起昨晚观看的一部在当时很红的也是反映与"四人帮"斗争的话剧，他说你的那个剧本（即《在党旗升起的地方》）并不比那个剧本弱。先生有些遗憾地说，如果当初有条件能够把剧本树起来就好了。我心里非常感动，但不知说什么是好。又过了好几年，大约是在1985年或1986年间，戏文系办公室已经搬到了现在的综合楼，一次在楼梯口遇见先生，他直截了当地问我为何没有报考研究生？闻之，心头一热，没有想到先生一直在关心着我，那年学校正好要招收一个研究生班。其实我又何尝不想，但是确有为难之处，此事则与"二陈"中的另一个人物陈多先生直接有关。

在做学生的时候，我与陈多先生并无私人之间接触，只知道他是中共地下党出身，在五十年代曾被打成"右派"。我们的第一次零距离接触应该是在1977、1978年间，一次不知是顺路还是因为什么事情，我与陈多先生一起走出延安西路的校门，我告诉他中央正在讨论关于右派平反的事情。我的话音刚落，他犹如触电一般急遽地从我的身边闪开，站在马路沿上看着我说"我不知道！"，他的这一像是要撇清什么的神态顿时让我想起了那些年里在所谓追查"政治谣言"中被追查者的样子（因为我有此切身体验），要用"惊弓之鸟"来形容此刻的陈多先生毫不为过。很快他又回到我的身边，问我是怎么知道的。我原原本本地告诉他，我的舅舅早年毕业于燕京大学新闻系，亦是中共地下党员，他是在中央党校学习期间被打成右派的，并从京城发配去了苏北，因为夏衍先生是我舅舅的入党介绍人，所以正在通过夏公帮助提出申诉。我现在已经记不得陈多先生后来是怎么反应的，但是前面的那一幕我则是至今仍是印象深刻，而我当时的感觉是很复杂的：不解、困惑、同情乃至怜悯，甚至有那么一丝不快。

记忆中与陈多先生的第二次私下接触是在他的"右派"问题被平反之后。当时，系里的某位领导，不知是由于他们那一代人的某种微妙的人际关系在我

戏文名师

们这一辈中的延伸，还是因为其他什么原因，有些冷落我，而我这个人的脾性则是越是这样就越是对其人敬而远之退避三舍。我与徐闻莺先生谈及此事，她建议我去找陈多先生谈谈，索性就去他担任主任的中国戏曲史教研室。后来我在戏文系的大办公室遇见陈多先生，当时只有我们两个人，先生主动问及此事，记得他一上来先是称呼我"吴小钧同志"，他明确表示很欢迎我去他的教研室，紧接着他直截了当地问我究竟日后是真的想从事中国戏曲史的教学与研究，还是仅仅出于权宜之计？我一时无言以对，从我的内心而言，确实更喜欢剧本创作及其教学，而且深知自己在古典文学方面的根基不够扎实，这也是我一直犹豫而没有主动找陈多先生去谈的原因。先生似乎看透了我的心思，他希望我在专业的事情上要慎重做出自己的选择。为人真诚、坦率正是陈多先生的为人处世之道；而他的另一可贵之处也正是体现在对于自己所热爱的专业上面，即使是在受到不公正的待遇二十年间，仍然是锲而不舍、潜心研究。

　　1984 年，陈多先生出任戏文系主任。同年，时任文化部民族文化司司长的李超委托院长苏堃翌年开办全国少数民族创作干部专修班，这一任务自然就落在了戏文系。十一月，文化部在昆明举办全国少数民族戏剧调演，陈多先生让我随徐闻莺先生前往观摩并调研，同行的还有袁能贤老师和金登才老师，我是最年轻的。又过了一段时间，在系里遇见陈多先生，他似乎随口问了一句，民族班的筹备工作在做了没有？我也随口说现在不清楚哪位老师来主持民族班的工作。陈多先生像是征求我的意见问道，可以让哪位老师担任班主任？我说去昆明的徐、袁、金三位老师都是可以的。陈多先生仍是随意的口吻说，你为什么不可以做班主任呢？我毫无思想准备，半晌无语。当时在我们这批青年教师中也有几位已经参与带班工作，他们或是政治辅导员，或是副班主任；此前我虽然也曾跟过班，在本科班是专业主课教师徐闻莺先生的助教，在进修班多做一些事务性的工作，但是现在要我独当一面，且又是一个以前未曾办过的全国性的少数民族班，我的畏难情绪可想而知。这似乎早在陈多先生的意料之中，他很坦然地说，带少数民族创作班，系里哪个老师都没有现成的经验，而且对于少数民族戏剧的研究恐怕也都脚碰脚，谁都需要再学习。陈多先生认为，民族班的教学应该要让学员比较系统地学习并掌握戏剧创作的基础知识和一般规律；另一方面则是要让他们在上海这座城市接触到更多的东西。概言之就是打基础开眼界，这两点后来也是民族班办班及教学的基本方针。

我之所以在当时接下了民族班班主任的工作（该班十七个学生来自西北西南八个省区的十二个民族），后来在带班期间又放弃了考研的机会；并且有两年半还兼着辅导员的工作，如果说这是印证了"士为知己者而死"的道理，那正是被陈多先生待人的坦诚、平等、信任所打动，这也是他的人格魅力之所在。记得有一年的春节，陈多先生请系里的好几位青年教师去他还是在愚园路的寓所吃饭，席间，他年幼的孙子从外面进来，陈多先生让他称呼我"爷爷"，我惊愕地站起来连说不行，先生挥了挥手说我们现在都是同事关系，算是平辈。这是一位性情中人。1986年，徐闻莺先生患病去世。当时许多事情还是计划经济的思维模式，开追悼会的悼念厅的规格都要根据级别而定，而徐先生的副高职称尚未最后批复下来，某部门的主管领导坚持按照制度办事，陈多先生闻之拍案而起，直闯院部"咆哮公堂"。这样的父辈、师长、领导，怎么会不赢得我们的尊重与敬爱？

陈耘先生是倒在将要跨入千禧年的门槛之前，当时我已从戏文系调到院部工作，他以副教授的身份退休多年，今天我们不论从哪个角度去评价《年青的一代》，应该承认于编剧而言这是一部真诚的作品，它影响了整整一代人，我是早在小学六年级时观看《年青的一代》，从事地质专业的肖继业顿时成了我的偶像，不知是在小学六年级还是初一，有一门课程叫"自然"，其中有一章节专门是讲地质及石英岩、花岗岩等构造，其实很枯燥的，但是我却颇有兴趣，包括《十万个为什么》丛书中的地质分册，我也是看得津津有味，就是想着将来也能像肖继业那样走南闯北。《年青的一代》在艺术上还是明显受到苏联戏剧的影响，譬如罗佐夫的《祝你成功》、考涅楚克的《普拉东·克列契特》，有的场面处理富有诗意。其实后来真正影响我的倒是林育生对他的未婚妻夏倩如的一段话："想想看，白天我们一起去上班，晚上回来就听听音乐，看看小说，读读诗，看看电影，星期天上公园，或者找几个朋友聊聊天……"那时的我正在恋爱之中，很是向往那样的婚后生活。不可否认，《年青的一代》曾被柯庆施、张春桥等利用过，指派了后来在十年动乱时期担任上海市委书记的徐景贤和当时的市委宣传部文艺处处长章力挥参与修改剧本，因此很长一个时期，该剧的编剧署有三个人的名字。前些年，徐景贤刑满释放回到上海，据说他送给第一次见面的女婿的纪念物就是有着他署名的《年青的一代》剧本。其实早在 1989 年首版的《中国大百科全书·戏剧卷》中关于《年青的一代》条目上编剧就只有陈耘先生一个人的名字。2007 年，为了纪念中国话剧百年，出版了一套 20 卷的丛书《中国话剧百年剧作选》，署名陈耘编剧的《年青的一代》与《甲午海战》《霓虹灯下的哨兵》等八个剧本入选第十一卷（20 世纪 60 年代），若先生天上有知当可欣慰。

陈多先生是在跨入千禧年没有几年与我们告别的，当时我刚从院部回到系里工作不久，仍以院长助理的身份兼任戏文系书记。先生是在去外地参加学术会议时感到身体不适而查出肺癌的，在他住院治疗期间，我曾多次去肺科医院和市六医院看望，先生显得达观豁达，有一次去他还在全神贯注地收看中超联赛的电视转播，并跟我讨论上海申花队的走势。陈多先生甚至还怀疑医生的诊断有误，这也不是没有理由的：因为他曾是戏剧学院有名的"短裤党"，秋凉时节还穿着及膝西装短裤走在校园里，当时戏剧学院与隔壁的保温瓶厂共用一个澡堂，他每次去洗澡都是在冷热水里交替冲淋；晚年先生又以"老顽童"自居，他曾给我看过一张坐在儿童乐园滑梯上的照片，并且热衷于"粉墨登场"，只要逮着机会就会去跑个龙套，因为他在上海剧专时学的就是表演专业，在毕业剧目里演的也是龙套，是曹禺先生《原野》里的白傻子，陈耘先生有时会恶作剧地称他"白傻子"。1994 年，学院举办"国际莎士比亚戏剧节"，开幕演出的是《亨利四世》，导演苏乐慈老师邀请我改编整理文本，陈多先生扮演贵族葛兰道厄，在二十多个有名有姓的角色中他排在倒数第二个，尽管没有几句台词，但是无论是排练还是演出，他总是捧着从不离手的保温杯早早地候场，事后他还抱怨为什么不给他的角色多几句台词。在陈多先生去世前一个月，学院党委特意在市六医院为他颁发了"上海戏剧学院戏剧教育终身荣誉奖"，我主持了那一次的仪式，这也是我为先生做的最后一件事。

自 1986 年至 2006 年，二十年间，"二陈先生"与他们的学妹徐闻莺先生相继驾鹤西行，现在他们相聚于天国，一定少不了一起聚餐，那里不再有烦恼，只有他们的不尽笑声。先生们的正直、善良、真诚以及培养与教诲将永远长存于学生的心中。

作者简介：

吴小钧，上海戏剧学院教授，研究生导师，校教学指导委员会教学督导专家。1974 年就读于戏剧文学系编剧专业本科，1977 年毕业留校。曾任上海戏剧学院院长助理、戏剧文学系书记及副主任等职。曾于在职教师研究生课程班学习。曾获全国戏剧文化金鹰奖（优秀编剧奖）、田汉戏剧奖论文一等奖以及上海高校首届优秀青年教师、上海教育系统先进工作者等奖项。

向任课老师们拜年
（1979 年 1 月 29 日大年初二的日记）

陆铁军

1 月 29 日上午八点半，我和同学们喜气洋洋地聚集在学校后门房。春节前夕，班主任孙祖平老师交给我一件差事，通知班里住在市内的同学于初二上午八点半在学校集合，到几位任课老师家里拜年，恢复"文化大革命"前的传统。忽然黄世华叫了声："孙老师来了。"话音刚落，孙老师头戴鸭舌帽、身穿军大衣，出现在大家面前。由于一个上午要跑九家，他决定兵分两路，把我们分成两组，他和唐宁、黄世华、姚扣根等同学一组，我和陈萌萌、邱士龙、张义华等同学一组，孙老师把徐闻莺、陈汝衡、魏照风老师的地址告诉了我。

我们一组首先来到学校隔壁的袁能贤老师家。他曾给我们讲授过社会主义喜剧创作，对喜剧颇有研究，因此他的话多少也带点喜剧味。他告诉我们，他正在写《邹韬奋》电影文学剧本，并说"邹韬奋全心全意为人民服务的精神，比星火日夜食品商店还要伟大"，接着便向我们侃了一番邹韬奋的事迹，让我们上了生动的一课，不过这一课允许我们做小动作——剥瓜子、吃糖果。

继而，我们到华山路 327 弄 2 号陈汝衡老先生家拜年。他自豪地说，他是全校年纪最大的老师，1900 年生的。但他很忌讳别人说他老，处处显示自己不老。他戴着一顶毛绒的瓜皮小帽，把头上稀疏的白发遮起来。他让我们坐下，自己却挺胸凸肚地站在我们面前讲话，我们怕他累，让他坐下，他不肯，说他一点也不累。他拿出一本影集给我们看，指着一张他和续弦夫人的合影问我们："我老不老？"并低声告诉我们，和她结婚五年了。他和夫人年龄相差二十五岁。夫人打扮得像姨太太，两人一对比，陈先生更加显老，而他却说自己不老，我们听了暗自发笑。但从他七十四岁还讨老婆这点来看，他是不老，青春犹在。在影集中，我看到一张书签式的贺卡，背面有题字："赠送陈汝衡老师，戏文系三年级，1961年春节。"我脑海里马上浮出一个问号：如此普通的贺卡，陈先生为何要保存到今天呢？这张贺卡记录了学生们对陈先生的一片敬意，它能唤起陈先生幸福的回忆。我们没有准备贺卡，我们太没经验了。

随后，我们来到马路对面华山路303弄14号徐闻莺家。她拿出奶油花生招待我们。由于我们都是第一次上门，不免有点拘束，她就用舞台术语对我们说："放松一点。"我们见她性格开朗，手上的肌肉立刻放松了，自由自在地拿起了花生。她家书桌旁有只金鱼缸，水很浑，一条红金鱼在缓缓游动。我问徐老师："里面怎么只有一条金鱼？"她说："过去我被打成臭老九，没事干，就养了很多金鱼。'四人帮'粉碎后我很忙，就在鱼缸旁编教材、备课，没空再去照料金鱼，所以死光了，就剩下这么一条。"我从金鱼的命运变化中，看到了徐老师（何止她一人）命运的变化。徐老师和爱人俞子涛老师把我们送出门口。俞老师感慨地说："'文革'中老师给学生拜年，现在学生给老师拜年。"我们挥手向他们告别。天色虽然阴沉，大家的脸色却很晴朗。

当我们来到淮海中路622弄5号楼47室魏照风家时已过十一点了。据保姆说，他出去做客了。秀才情谊纸半张。我就留下了半张纸，内容是："魏老师：我们戏文系编剧班二年级拜年组的学生代表全班同学，向您——中国话剧史课的教授拜年，我们衷心祝愿您在新的一年里身体健康，精神振奋，为实现四个现代化，为戏剧教育事业发挥出巨大的作用！"

上午一晃而过。同学们都觉得很有意思，张义华说："明年春节我们再去向老师们拜年。"

作者简介：

陆铁军，1977 年考入上海戏剧学院编剧专业，1980 年分配至上海市文联下属的《上海戏剧》杂志社，1994 年下海经商。创作话剧《傻子进行曲》(上海青年话剧团演出)、《天使的情爱》(上海人艺演出)、《动心》(上海市留学人员联谊会主办、上海演出家艺术团演出)。

访　谈

父亲余上沅在上戏的日子——余安东教授访谈纪要

张　璟、陈　莹、顾振辉　采访　　顾振辉　整理

（采访时间：2021 年 12 月 17 日）

　　张老师、陈老师、顾博士，很高兴能和你们通过视频连线的方式来回忆我父亲余上沅在上戏工作的情形。

　　我，余安东，今年已经 84 岁了，在家里排行第三。我父母亲有四个孩子，目前已经过世两位了，就剩我和余同希了。余同希任教于香港科技大学，现在也退休了。今天参加连线的还有我大哥余汝南的儿子余壮和我的儿子余迅。我们本着实事求是、"知之为知之，不知为不知"的精神，不夸张也不编造，知道多少说多少。名单里的几位老先生，我们都见过的。当年陈多还住在我们同一栋房子里，经常见面的。

　　我父亲生我的时候已经 40 岁了，我和我上面的两个哥哥差了八九岁。主要是我母亲喜欢女儿，想生个女儿。前面生了两个儿子，有点不甘心，过了快十年了，还想试一下，没想到还是个儿子。过几年还想拼一下，没想到还是个儿子。我母亲名叫陈丁妩（字衡粹），陈瘦竹的太太沈蔚德为此写了一个打油诗，其中有一句就是："若问夫人心中事，独缺一颗掌上珠"。开玩笑说她是有丁无女，是名字取坏了。因为"妩"嘛，就是命里没有女儿的意思。

　　父亲早期的戏剧活动我也就是听说的。我一岁就到了江安。所以我对国立剧专的情形是有所了解的。后来沪江、复旦再到上戏，我也是从旁观察到一些。

1987年4月4日，顾一樵著《戏剧与我——为纪念余上沅先生作》

1959 年，我父亲从复旦大学转到上戏。我们一家也就是在那时，从复旦大学搬到了愚园路 541 弄 2 号。这是一个花园洋房，住了很多家。我记得一边是苏堃，一边是胡导。我们和胡导老师共用过一个厨房。我父亲当时分到一个比较大的房间，另外还有一间给我住的阁楼。我要上这个小阁楼的时候，就要路过陈多家门口的。

那时我是同济大学的大学生，还有一年毕业。但已经提前抽调我留校当助教了。我当时基本就把精力放在同济大学，只有每个周末会回到家里探望一下，所以对父亲在愚园路生活的细节不是很清楚了。包括他接待学生，可能一般都在工作日。我工作日一般不在家，周末偶尔碰到过几次，印象也不是很深。父亲在复旦工作的时候，我还认识一些学生。到上戏的时候，就不怎么认识了。不过有学生来，父亲总是很高兴的。因为在那时候，能来的学生也不是很势利的。

虽然我是学土木工程专业的，但对于戏剧和文学，因受父母的影响，还是有些爱好的。我父亲的藏书，我也拿来翻看过。

前几年上戏校庆，他们请我去参加，和一些校友见了面，他们很热情，让我讲了几句。我曾讲过，我父亲余上沅到上戏，从状态上来说应该是强弩之末。他从 20 世纪 20 年代开始从事戏剧事业，非常强势地在这个领域作出了很多贡献，做过很多努力。但是，客观地说，到了上戏可谓是"虎落平阳"，已经是他

1948 年，国立剧专校长余上沅为十四届毕业学生题词

晚年最没有气势的时候了。因为当时的各种运动已经把他折腾得只剩半口气了。这是我的观察。所以，听说当年的学生对他还有很好的印象和评价，我是很感动的。因为他年轻时在戏剧教育领域叱咤风云和在上戏的景象是截然不同的。

我的父亲余上沅在国立剧专当了 14 年的校长，网罗了一大批戏剧界的人才，都是中国戏剧史上的著名人物——曹禺是他的教务主任，我的表兄吴祖光是他的秘书。所以，当时他是何等的气势，何等的雄心壮志。当时戏剧界的大家都在他的聘请下当老师。黄佐临和夫人丹尼也在江安时期的国立剧专任教过。后来他们回上海去做苦干剧团了。我们一家就住进了他们在江安装修过一点的房子。

国立剧专的学生，如谢晋、凌子风、张瑞芳对我父亲都非常尊敬、非常崇拜、非常敬爱的，像自己家里的长辈一样。所以在江安设立了纪念馆，树立了铜像。这些学生碰到我，和我谈起，都是感激涕零的。因为，抗战八年期间，余上沅先生不仅要管教学，还要管师生的衣食起居、柴米油盐等后勤方面的工作，经常要向时任教育部副部长的老朋友顾毓琇尽可能地多要点经费。同时，还组织在江安地方上以"凭物看戏"的形式换一点物资，来改善师生的生活。他真的是全身心都扑在学校里，家里的事是几乎不管的。

我母亲陈衡粹是位中学老师，北京女师大毕业。她也是位好老师。我父母亲对学生真可谓爱生如子，爱学生比爱自己的子女更多。我出国的时候，我母

亲已经 88 岁了，除了我侄子余壮对她有所照顾以外，主要都是她的学生经常来照顾她。

可是对学生太好也有副作用。在国立剧专时期，余上沅有个中共地下党的学生——扬帆。余上沅也是对他很好，掩护他跑掉。谁知道后来他当了大官，得罪了江青。这种事是当时做老师的、做校长的，无法预料到的。我现在碰到扬帆的后人，他们也都是感激不已的。就是因为，我父亲那么大年纪了还是受到牵连被关了进去，到最后还要逼供他。但我父亲还是坚持实事求是，并没有为了保全自己而乱揭发别人。这就是他正直、诚实人品的体现。

我也是做了一辈子的老师。我是同济大学的教授，退休以后做顾问教授。父母对学生视如己出，让我耳濡目染，所以我也对学生好，学生也对我很好。这是我们的家传。

但是到上海戏剧学院，对父亲来说，真的是低潮时期。因为他年龄也大了，身体也不行了。一个七十多岁的老人，到最后要扫弄堂、扫厕所。除此之外，还要天天伏案工作，搞翻译，搞研究，再去给学生上课，尽心尽力地去帮学生。

"文革"时，父亲被勒令下乡劳动。他当时走路都吃力了，还得自己背行李铺盖。我母亲给他准备行李铺盖，多一点吧，背不动，少一点吧，衣被太单薄

1948年，余上沅赴捷克参加国际戏剧会议途中，在船上留影

了，父亲怕冷，日子实在难熬。父亲在乡下病了，很想吃点肉，母亲就在他回家时，集齐了家中所有的肉票，做了一碗肉给他吃。可是他挟了一块，张口要吃，可还是放下了。母亲很奇怪，问他为啥不吃。父亲说，造反派勒令他不准吃肉，他答应了……

这一方面，是父亲还保有那种答应别人的事就一定要做到的操守，这也是孔子所说的"君子慎独，不欺暗室"的修为。另一方面，造反派还是给了他不少让他心有余悸的皮肉之苦。虽然我父亲嘴上没说。

毕竟父亲当时已是74岁的老人了，实在是做不动了。最后他因为食道癌喝不进稀饭了，就被送回来。依据他的级别，住进华东医院接受治疗。

我记得"文革"刚开始时还有件啼笑皆非的事。当时我父亲已经关"牛棚"了，我当时就是"黑五类"。所以，同济大学的造反派也不收我，因为我父亲是有问题的人物。可上戏造反派就问过我父亲，"你知道我们为什么不打你的屁股？"

我父亲就说："很感谢了，我年纪大了打不起了。"

"不对！"

"我身体不好，生病了打不起了。"

"也不是！？"

"那为什么呢?"

"因为你是'红五类'!"

这是因为我祖父是店员,属于无产阶级,劳动人民,所以算是"红五类"。但是我父亲进了"牛棚",是"历史反革命"。我就是"黑五类",这就是"文革"期间盛行的血统论。现在想来真是荒唐又好笑。

我父亲全心全意对学问、对学生,归根到底就是个学者。他内心很厌恶升官发财的那一套,也搞不了这个,他就单纯地想从事他的戏剧事业。他早年那本《上沅剧本甲集》中有篇《塑像》就反映了他早年的思想。他早年那批徐志摩、梁实秋等新月社的朋友,被左联批判的就是"为艺术而艺术"的倾向。就父亲来说,他也不想搞政治,也不懂,就是一心想搞戏剧。

所以,从年轻时,父亲就在戏剧理论和创作方面很钻研。后来做了庚款秘书,就不能搞本行。接任国立剧专校长后就把很多精力用在剧专的工作上去了。这个学校的人事、经费都要他来操持,于是很难抽出精力再来从事创作和研究工作了。我母亲就很不满意,经常提醒他还是好好做教授,做做研究,写写剧本,不要搞行政工作,人事那么复杂。这是我父母时常争论的焦点。父亲就觉得,他要是不做这个校长,自己的戏剧事业就没有了。

最后到了1949年,国民党政府要垮台了,要把国立剧专搬到广州,搬到台湾。他就不干了,就自己跑到上海来,住在文华学堂的老同学家里。他就是用这样的行动来表达和国民党反动统治的决裂。但是他到了沪江和复旦以后,没有戏剧课可以上。学校认为他是新文学运动的亲历者、新月书店的经理,于是就让他去教中国文学史。他就只能重新开始换一个行当,叫"中国新文学史"。他自己编教材上课,从沪江到复旦一以贯之,戏剧变成了业余的了。但是我父亲还是心心念念地想着哪一天还能再从事戏剧事业,希望心无旁骛、尽全力地将戏剧知识传给后人,可谓是矢志不移,不忘初衷。

他到了上戏后,没有什么行政职务,也没有什么具体工作。他就做做翻译,备备课。后来他身体也不行,讲不动课了,同时,时代氛围对他这样的人也越

余上沅家庭合照

来越严苛。到后来也就只能做做翻译了。

我们子女对他那时的印象就是每天下班回家都没有几句话，说完就在书桌上埋头苦干，伏案工作。他尽管英文很好，但他很严谨，很多单词的意思，都要反复确认。他有个很大的英文字典，装在木盒子里的。这本字典由余同希在 2019 年送到了江安的国立剧专纪念馆。他晚年的研究，主要在于翻译了乔治·贝克教授的《戏剧技巧》等戏剧理论著作。此外，他对李渔的《闲情偶寄》很感兴趣。

我到德国三十多年了，德语和英语都还不是很好，我自己都不能满意。但我父亲余上沅先生去美国两年，英语为什么就那么好？主要就是他 15 岁就到武汉的文华学堂，一个教会学校读书了。虽然穷，但也获得了全额奖学金。那里所有的课本都是英语，所以，他在文华学堂八年，打下了非常扎实的英语基础。同时他六七岁就开始跟着老先生读私塾，所以他古文功底很好很扎实，字也写得很漂亮。他从北大中文系毕业后，到清华大学教过课，梁实秋还听过他的课。不仅如此，他数学也很好。我因为是学工科的，本来对父亲理科方面的水平有所怀疑，可他告诉我，他还在清华教过数学课，着实令我吃惊。其实，这是因为他在文华学堂八年学得非常扎实。到了美国以后，他没钱，他就天天晚上买纽约大都会剧院低价出售的站票。他都还能看得懂，就很厉害。我现在看英文、德文的电影，都不能完全看得懂。

父亲老家在湖北省的沙市，我去过那里，发现那里其实是个"戏窝子"，那里有很多小剧场，演当地的汉剧。当时，我的祖父穷，就住在一个四合院的偏房里的两间房。在后面进出的院子里就有一个小戏台，所以我父亲从小就看汉剧。其实，现在京剧的韵白，就有荆州话的影响。父亲脑子里对传统戏剧的印象也非常深。他有次看戏看得晚了就睡在了戏台附近的草堆里，家里人一时间都找不到，第二天睡醒过来才自己回去。可见他看戏看得多么沉醉，从小就是个戏迷。

后来父亲去美国留学，接受了西方的戏剧教育，是中国最早的一批接受西方戏剧教育的人士，还有熊佛西、洪深、赵太侔等。另一派是欧阳予倩从日本留学的人士。我父亲余上沅先生曾经在北京的《晨报》副刊上发表过六十几篇介绍西方戏剧的文章。从古希腊的悲喜剧，到莎士比亚，再到易卜生。现在看来都是些科普性的内容，但在一百年前，这样的介绍就有启蒙意义了。对于将西方现代戏剧的理念引入中国来说，余上沅等人是有开创性的。

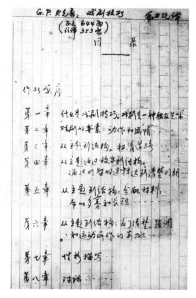

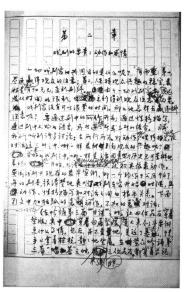

余上沅手稿

同时，我父亲又有深厚的国学基础，所以我父亲脑子里是两根筋不是一根筋，他回国后发起并倡导的"国剧运动"就是期望能将传统戏剧和西方戏剧融合在一起，走出中国自己的道路。后来梅兰芳出国演出，为什么要请他来做顾问，就是因为我父亲虽然是留洋的学生，但他还是懂传统戏曲的。他并不是两极化的。可惜在1920、1930年代时，全盘西化和全盘守旧过于明显的思潮氛围里，我父亲他们的理念可以说是"左右不逢源"的。但是，他所主张的理念，也不是纸上谈兵。他去做国立剧专的校长，就是对自己戏剧理念的最好实践，事实上国立剧专14年来培养出那么多人才，他从西方引进，又结合中国实情，建立了话剧教学体系，影响至今，也表明了他的成功。

我父亲余上沅先生当年坐船去美国，同船的一批同学基本上都是历史人物，如熊佛西、梁实秋、谢冰心、顾毓琇，还有孙立人将军。我父亲是和闻一多一起回国的。到了北京后，他还和赵太侔、熊佛西一起搞过小剧场运动。应该也是老朋友了。

解放后，尤其是1955年6月，我父亲因为"扬帆案"被审查，被软禁起来。后来在周恩来总理的亲自过问下，父亲于1957年3月结束审查回家。仍回复旦，原职原薪。但直到1959年乃至到"文革"，扬帆的问题始终没有解决。所以，这就是在父亲心头上的一块大石头。

我父亲是这样去上戏的。全国刚解放，我父亲去北京参加文代会，同时参与国立剧专的移交工作。因为我父亲在抗战时期搞了很多抗战戏剧，周总理对文艺界是很熟悉的，所以也是认识他的。在文代会的招待会上，周总理看到我父亲就和他打招呼，问他现在干什么？他说，他在复旦大学教课。总理就和他说应该归队，继续搞戏剧。这个事情对我父亲来说，一直是个心病。他在沪江大学和复旦大学，一直都在教中国新文学史，因为他是"新月社"的亲历者。但这并不是他的本行，所以他也心心念念地想去戏剧界。原来的国立剧专和鲁艺等院校合并成为中央戏剧学院。上戏和他没有直接关系。

熊佛西尽管与父亲是老朋友，但那时他们俩地位也悬殊了。一位是院长，另一位是被审查但也没有最终结论的，而且有历史问题的老先生。在当时，要是有人有什么历史问题，大家都是避之不及的，能以礼相待、不来搞你的话，就已经谢天谢地了，所以他俩就谈不上什么密切交往了。这也是各有各的苦衷，是大历史背景造成的，也不能怪谁。

我父亲一生都很俭朴，出国访问时做过两套西装。回国后在解放前基本就穿长衫、便装。平时基本不买什么衣服。但是我父亲是很讲究清洁卫生的人。他在沪江大学时期，曾经写过一篇题为《法宝》的散文，讲的就是当时的文人各人有各人的法宝。我父亲的法宝就是一块抹布。他很喜欢清洁，大的重的体力活干不了，但会拿块抹布在家里到处擦，也十分注意自己的仪容整洁，我妈也会把他照顾得很好。所以，父亲那时尽管处境艰难，到后来，他工资被克扣，每个月到手上才十几块钱，我妈做中学老师的工资收入都要比他高，可他出门做事都还是穿得干干净净、体体面面的。

我父母对自己孩子都严加教育，我们兄弟四人都没有学戏剧，就是因为父母和我们讲，不要学文科。一是学文科的风险太大；二是不要吃老本，不要借父母亲的光，要靠自己从零开始打天下。我弟弟是学力学的，我的两个哥哥一个学工科一个学农，都是自己闯出一片天地。这是父母亲对我们从小的教育。

这次收到你们的邀请，让我百感交集。因为我父亲供职于上戏，是处于一段特殊的历史时期。这些事情虽然不必强调了，但这些难忘的记忆，还是应该说一下。我父母一生清贫，去世时没有给我们子孙留下任何财产。曾与他交往的文人名士赠予他的一些字画，像徐悲鸿、张大千等人的作品。在"文革"时，这些字画就被上戏的造反派给抄走了。

现在都认为，我父亲在上戏期间住在愚园路541弄2号的房子里。其实，"文革"开始后，我的父母亲就被赶到胶州路上的一个石库门的房子里。那里没有卫生设备也没有煤气。平时做饭什么的都要生炉子。两位老人家都已经七十多岁了，过去用煤气都用惯了，却还要去生煤炉。

然而，我今天特别高兴，因为今天上海戏剧学院新一代的各位老师能够怀念起这些老先生，真是很不容易的。这也说明了时代的进步。

附：余上沅小传

陈衡粹

余上沅（1897 年 10 月 4 日—1970 年 4 月 30 日），湖北省沙市人。家住沙市九十铺，家境清寒，无房无地，父亲余晓臣是布店店员，靠工薪维持一家生计。余上沅自幼喜欢看书看戏。七岁时，曾在同院住的邻居老中医刘寿林处附读，刘是一位饱学的老秀才，余当时因文才出众，颇受这位蒙师的赏识与鼓励。十二岁时，因生活所迫，辍学到余鸿昌布店当学徒。1912 年，因一心想读书，遂离家私出，考入武昌教会办的文华书院，以读书用功、成绩优良，得到学校免费，从中学读到大学二年级。在文华书院八年期间，打下了中文和英文比较坚实的基础。

1919 年"五四"运动前后，受到新文化思潮的影响，特别是恽代英等革命前辈的影响，积极参加活动。曾担任文华书院学生会的负责人，约请陈独秀等名流到武汉演讲，传播新思潮。以后又作为武汉学生代表之一，到上海出席全国学生联合会会议（当时开会会址在北京西路今新华社所在的大红楼内）。其后，又到北京去开会，并经陈独秀介绍给胡适，转学到北京，于 1920 年入北京大学英文系读书。1922 年在北大毕业以后，到清华学堂任助教。1923 年得到清华学堂半公费补助，在同乡父辈资助下，与熊佛西等人同船去美国留学。从 1921 年到 1924 年，余上沅积极参加新文化运动，并对戏剧产生很大的兴趣，曾在《晨报》副刊上撰写和翻译了 60 篇左右的文章，不顾当时社会上瞧不起"戏子"的传统偏见，抒发了自己热爱文学与戏剧的热情。

余上沅到美国以后，先在匹兹堡卡内基大学戏剧系攻读，又到纽约哥伦比亚大学读研究生，专攻西洋戏剧文学和剧场艺术，后来因为不肯按同乡父辈的要求改习政治，坚持个人爱好要学习戏剧，失去了经济来源，只得放弃攻读学位，提前于 1925 年春回国，同行的有赵太侔、闻一多。在美国留学期间，有一批志同道合的留美学生，在学习西洋戏剧的同时，特别重视我国的传统戏曲并且加以发扬，不但在学术理论上宣扬，而且要自己筹备剧院，在实践上发展祖国戏剧事业。余上沅编著的《国剧运动》一书，就是这个思潮的代表作。

他们回国以后，正好发生"五卅"惨案，对这几个爱国青年印象极深。到北京以后，在北京艺术专门学校开办了戏剧系，这是我国第一次在正式学校里面开设的戏剧系，也是余上沅为戏剧教育事业努力终身的开始。当时办戏剧系困难重重，在他和欧阳予倩、洪深、张家铸等人的通信片段中，可见一斑。

在北京艺专任教的同时，他还在北京大学、清华大学等校兼课，担任过戏剧、英文等课程的教授。为扩大戏剧在社会上的影响，他还参加了中国戏剧社的活动，当时该社有社员约30人，都是热心戏剧事业的知名人士。

1926年秋，余上沅到东南大学（今南京大学前身）任教，同年底和北京女师大中文系学生（后转入女大毕业）陈衡粹结婚。1927年大革命失败以后，到上海与胡适、邵洵美、徐志摩、梁实秋、饶孟侃等开办新月书店，曾任书店经理兼编辑，同时，在暨南大学、光华大学等学校兼课。这个期间，写过一些文章和剧本，《余上沅剧本甲集》《戏剧论集》等就是在这期间出版的。

1929年，因学校欠薪，虽然夫妇都在工作，但是要赡养父母，又添了儿子，生活比较困难，遂到北京中华教育文化基金会去任秘书，并在北京大学等学校兼任教授。但是，他仍然热衷于戏剧运动，曾和赵元任、丁西林、熊佛西等人组织了业余的"小剧院"。他们受当时欧美小剧场运动的启发，针对当时国内话剧存在的一些问题：如导演、演员缺乏正规训练，水平不高，演出商业化倾向严重，艺术态度不严肃等，决心自编、自导、自演，努力提高演出质量，扩大话剧在社会上的影响。丁西林的《一只马蜂》《求婚》，余上沅的《兵变》等都曾由"小剧院"演出。同时，还排演了一些西洋名剧，如小仲马的《茶花女》等。当时"小剧院"公演，戏票一抢而空，在当时文化界和社会上有一定的影响。著名演员白杨（当时名杨君莉）的艺术生活，就是从"小剧院"演出开始的。

戏文名师

1935年初，余上沅不愿久当秘书，正好得到梅兰芳的约请，陪同梅剧团到苏联去演出。当时中苏文化交流正趋扩大，苏联方面很重视，派专轮北极号到上海迎接，同船去的还有以胡蝶为首的中国电影代表团。梅兰芳在莫斯科、列宁格勒等地演出很受欢迎，受到莫洛托夫等接见。余上沅陪同梅兰芳拜访过斯坦尼斯拉夫斯基、丹钦柯等戏剧大师，得以面授机宜。随后又陪同梅兰芳到波兰、德国、法国、英国、瑞士、意大利等国家旅行，观摩西方戏剧，访问了莎士比亚故居，拜访了萧伯纳，观看了多场名剧，参观了许多剧场。1935年8月，余上沅和梅兰芳一起从威尼斯乘康特凡第号邮船经日本回到上海，接受国民党政府教育部（当时的部长为王世杰）聘请，到南京筹办国立戏剧学校，担任校长。1935年10月18日，该校在南京薛家巷正式开学。最初为两年制，结合教学，经常举行演出。余本人除上课外，多次担任导演。第一届于1937年毕业，公演了莎翁名剧《威尼斯商人》，即由余导演。

1937年抗日战争爆发以后，学校内迁，由长沙而重庆。在重庆时，抗日救亡剧运蓬勃开展。有一次文艺界统一战线大公演，许多戏剧界知名人士登台同台演出，余也上台扮演角色。1939年4月，为避日机空袭，迁校江安县，在文庙内设校址，利用大成殿前庭搭设剧场。不久剧校改为专科学校，三年制，除话剧科外，还增设乐剧科，尝试发展中国式的歌剧。国立戏剧专科学校是中国第一所戏剧专业的大专院校。1945年抗日战争胜利以后，迁校北碚，1946年迁回南京，在大光路新建校址。

余上沅主持剧专十四年，除本人讲课、导演外，这个期间著述不多，主要精力用在办学上，为培养戏剧人才，发展戏剧事业竭尽全力。虽然剧专和当时大多数大专院校一样都是由国民政府教育部领导，但是余上沅主张要像他在北大时的校长蔡元培先生一样，兼包并容，延揽人才。只要对教学有好处，千方百计把各方面有名的学者请到校中任教。十四年间，国内戏剧界知名人士有很多都曾先后在该校任教，有的还担任过教学领导职务。音乐界、舞蹈界也有一些知名人士担任过该校教授，有些中国戏曲方面的专家，也曾来校任课，以继承我国戏曲的优良传统。一时之间人才荟萃，弦歌不辍，演出不断。对发展戏剧、扩大其社会影响，起了很大作用。名师出高徒，十四年间，剧专毕业学生数百人，人才辈出。现在全国各地电影戏剧界的业务骨干，很多人是该校校友，不少人现在已经成为很有造诣的社会上的知名艺术家，就不一一列举了。

1948年夏天，余上沅代表我国出席在捷克斯洛伐克首都布拉格举行的国际戏剧家协会年会，这是我国第一次正式参加国际戏剧组织（近年，我国已经恢复参加该会的活动）。会后，应英国对外文化协会之约，访问了英国。1948年秋临近解放，余上沅以爱国之忱，毅然回国。不久，为避开被迫迁往台湾，他辞去校长职务，到上海闲居，等待解放。

1949年5月上海解放以后，他返回南京办理了剧专移交手续，受聘到上海沪江大学中文系任教授。1952年院系调整到复旦大学中文系，讲授中国现代文学史等课程。业余仍然关心戏剧活动，曾为学生的业余剧团导演过《阿Q正传》等。上海市第一届文代会，余为特邀代表。1950年去北京参观学习时，在北京饭店招待会上见到周总理。余在重庆时曾见过总理，这次总理亲切地叫他归队搞戏剧，为此，他一直想再回到戏剧界工作。1959年经组织同意，调到上海戏剧学院戏剧文学系任教授，开设西洋戏剧理论等课。后又到研究室，主要从事戏剧理论名著的翻译和有关教材的编写工作，如翻译贝克的《戏剧技巧》等共数十万字。在解放后二十余年里，还翻译出版了一些文学作品，如《光明列车》等。余上沅一生著作目录，现正在搜集整理中。

余上沅在社会上活动五十年，主要在戏剧界和教育界。解放时自愿留下，接受思想改造，愿意重新学习，在中国共产党领导下好好工作。在复旦大学时，参加了中国民主同盟。后来，于1955年因扬帆问题牵连（扬帆为余上沅学生，曾在剧专任职），被拘留审查。1956年，经周总理过问，释放回复旦大学继续担任教授。"文化大革命"中，和许多知识分子一样，备受冲击，打入"牛棚"，下乡劳动。但是他一直老老实实，继续完成分配给他的翻译任务，直至1970年初，身体实在支持不住，才从农村回上海市内就医。住院一个月，即以食道癌及体力枯竭死去，终年七十四岁。

打倒"四人帮"以后，1978 年，上海戏剧学院为余平反，对他一生作了实事求是的评价。余上沅虽然已经去世十二年，由于党的政策英明，终于拨乱反正，亦必瞑目于九泉矣。

受访者简介：

余安东，1937 年生于长沙，祖籍沙市。父余上沅，母陈衡粹。抗战时期成长于江安。1955 年上海市上海中学毕业，1960 年同济大学毕业。1960—1989年在同济大学从事教学、科研和设计，教授，同济大学出版社创社社长。1989年起在德国工作，从事核电站及德国和中国大型工程的抗震防灾设计。1994 年至今任同济大学顾问教授。

小传作者简介：

陈衡粹，1901—2001 年，享年 100 岁。祖籍湖南。父陈韬，母庄耀孚。毕业于北京女子师范大学。曾在四川江安、北碚和南京为国立剧专子弟创办幼儿园和小学。1949 年后，任教于上海复兴中学和市西中学。

记忆犹新，感念弥深——余雍和老师访谈纪要

张　璟、陈　莹　采访　　周　南　整理
（采访时间：2021 年 3 月 31 日）

　　戏文系计划编写《戏文名师》，这是一件很有意义的事，也是院史的一部分，很重要，我也很感兴趣。虽然过去了六十多年，但回忆起来又觉得这些老师离我并不遥远。

　　我是 1958 年考进戏剧学院的。大概是那年的初夏，我在景德镇的职工业余初中做语文教师。有个朋友告诉我，上海戏剧学院在《文汇报》上刊登了一则招生广告，要在全国范围内招收戏曲创作的研究班学生。同等高中、大学毕业、在职人员和社会青年都可以报考。记得当时从全国各地涌来了一千多人报名参加考试。考生中有年龄比我大十多岁的，我二十一二岁属于中档。我带着侥幸的心理到上海撞大运，结果被我撞上了，感到格外幸运。从此命运发生了改变。

　　我们同学中有大学毕业生、在职干部，也有上过两年大学的，不过多数还是像我这样的高中学历。当时入学考试分三次，初试、复试和面试。初试和复试都是笔试，面试即口试，是最后录取的一道关。面试主持人是熊佛西院长。熊院长谢了顶，头发很少，我以为他年纪很大，其实六十还不到。我们考生听到熊院长主考，都感到胆怯惊慌，因为他名气很大。当时我觉得没有退路了，脑子一片空白，就糊里糊涂地走进了考场。熊院长居中坐着，左右是顾仲彝、魏照风几位老师，还有就是教务处的干部，记不清他们的名字。

面试由熊院长主问，其他老师偶尔插两句，魏照风老师插得多些。魏照风老师很洋气，头发梳得锃亮，带波浪的，我觉得有点像外国人，非常精神。我是江西人，熊院长也是，所以他带江西口音的普通话我听得入耳。他声音比较混浊，不是很清晰。他问我为什么来考戏曲创作研究班。我说我喜欢看戏，小时候喜欢在家乡的戏台下面钻来钻去玩耍，大了以后看过一些越剧、赣剧和京戏。他问我会不会押韵，我说我不懂押韵，只会顺口溜似的凑合、模仿。笔试中我填过一首《忆江南》。大概熊院长看过我的试卷，他说写戏曲不懂押韵是不行的。他还问过我有什么想法，我说没有什么想法，他笑了。魏老师和顾老师还问了一些别的问题，当时我已经晕头晕脑记不清了。在我眼里，魏、顾两位老师都属洋气的知识分子，熊院长则是老一代知识分子的模样，着装不引人瞩目。魏老师的着装比较讲究，容易引人关注。

我们看魏照风老师总感觉有些距离。他长得高高的，常面带笑容，文质彬彬的很讲礼貌，见人就点头打招呼。

我还记得，1958 年 8 月，我收到了学院的录取通知书。我喜出望外，开心得不得了。一千多名考生录取了 30 人，后来又加了 3 名戏曲学校保送生。进校以后，我觉得这个学校非常人性化，师生员工都十分友善，大家相处跟家人朋友一样。那时候我们国家已经快到困难时期了，但我们的待遇依然很不错。上午上完两节课后，红楼走廊上摆了一桶热豆浆和白馒头，由大家取用。有些家庭困难的同学，还顺手取一两个放进口袋里，准备晚上自修以后吃，这也没人干涉。当时在大食堂门口设有一块较大的黑板，预告第二天的主菜名称，你可挑选一道自己喜欢的主菜，或鱼或肉，选好后将写有自己名字的小牌牌挂在菜名下面，第二天用餐时即可享用这道主菜。同学们都吃得非常开心。

时过不久，我们感觉老师们的情绪有些变化，显得沉闷些。我们的主教老师是顾仲彝、陈古虞、陈汝衡和周端木老师，院外来的是刘厚生和章培恒几位老师。顾仲彝老师为我们讲编剧概论。他穿着齐整，戴个金丝边眼镜，身材中等略显富态，表情庄重，皮肤偏黑，脸上的皱纹带有一种沧桑感。课后我们与他没有什么接触，他轻言细语，话也不多。陈古虞老师、陈汝衡老师则与他风格迥然不同。

陈古虞老师为我们讲元曲和音韵学，什么关汉卿、窦娥冤、佩文韵府、中原音韵等。他非常专业，有时候连说带唱，现在恐怕很难找到这种老师。他说的是一口纯正的北京味的普通话，非常注意咬文嚼字，声若洪钟，共鸣很好。他满脸大胡子，又密又黑，剃后泛青。身材魁梧，有北方汉子的特点。他常嘿嘿地笑起来，不拘小节，同学们都愿意和他接近，他戴黑边框眼镜，穿着很整洁，上课时手上的粉笔灰却在身上乱擦。

当时陈古虞老师还不满四十岁，看上去却显得老气。一些同学去过他家，好像他结婚不久。记得他说过这样一件事，一次他和夫人坐三轮车回家，下车时夫人搀了他一把。三轮车夫说你女儿真好，他说这是我老婆，大家都笑了。

我还记得，有一次他谈到王昌龄的"闺怨"，"忽见陌头杨柳色"，"色"字不能念"sè"，要念"shǎi"，古音。我们不理解，为什么要这么念，他就嘿嘿嘿地笑了，说古音就要那样念。上课时他还经常提到昆曲大家韩世昌先生，说韩先生使他受益良多。有时，他上课中会情不自禁地哼两句昆曲，引得同学们欢声四起，非常有趣。陈古虞老师看起来有些威严，其实他很平易近人，从不批评我们，总是先笑笑再跟你讲话。应该说，陈古虞老师为我们日后从事戏曲创作打下了良好的基础。我来上海时一口江西口音的普通话，完全得益于陈老师教导的音韵学，才慢慢在生活中加以校正。

再说陈汝衡老师，他也十分有个性。在我印象里他长得蛮丰腴的，有些肥头大耳样，大概家庭生活比较好。他教我们文学和曲艺方面的课，讲的内容涉及面较广。他一口扬州官话，有时像说书样的。他问我们同学，你们听过扬州评话吗？我们很多同学都说没有。他非常佩服扬州评话名家王少堂，常在讲课中提及。他刚来上课时在讲台上放了一本他编写的《说唐》，颇为自得。我们有同学跟他开玩笑，说这么厚的书，老师的稿费不得了。他就爽朗地大笑，说我还有作品嘞，你们不知道。和他开玩笑不要紧，学他讲苏北话，他也不会介意。

有的同学学他讲话显得怪怪的，他也会跟着大家一起笑起来，十分风趣。

陈汝衡老师讲课，有时会扯得比较远，说些奇闻逸事。有一次他讲课提到《长生殿》，问我们，你们知道吗，杨贵妃没有死。我们问，老师怎么知道？他说，有人考证出来，当时在马嵬坡找到一只袜子。我们哄堂大笑，问他袜子是丝的还是棉的。他说，我也不知道，没得考证。我们听他的课不觉得累，没有什么负担，挺愉快的。"文革"之后，听说从他家里抄出一些金条，发还时折合人民币给他，他直呼亏大了，这样做是没有道理的。

学院内为我们主讲的老师中，最年轻的是周端木老师，他为我们讲文艺概论，内容涉及中外。他备课充分，没有什么题外话。他人如其名，端方四正，但平易近人。由于是表演系出身，他口齿清晰，表达流畅，讲课受到我们欢迎。有时向他请教，他总是热情地为我们解答。

此外，还有赵铭彝和余上沅，这两位老师当时年纪相对比较大。赵老师为我们讲述三十年代文艺，授课时间不长。赵老师五十出头就像个上了年岁的小老头，满脸皱纹，戴个玻璃砖似的眼镜，近视很深。他穿着极为朴素，总是一身洗旧了的中山装。讲话轻言细语，音调平缓，待人谦和，显得很谨慎。同学们都觉得他很有学问，但不大能畅其所言，大概是一些"运动"使其受到了伤害。平时我们与他没有什么接触，在遇到问题向他求教时，他总是面带笑容地耐心解答，口吻充满了商讨的意思，很容易让人接受。

余上沅老师没有专门为我们班开课，只是听过他的讲座。他虽然年龄较大，体型偏瘦，但腰板挺直很有精神。我们常见他穿西装打领带，走路目不斜视，颇有绅士风度。听说他解放前是国立剧专校长，很吃惊，还有些"历史问题"，我们都不敢个别向他请教。后来我们班去实习时，都买了他翻译的《戏剧技巧》，这也是他对我们的教诲吧。

此外，还有两位当时相对年轻的老师——陈耘和陈多，他俩没有为我们班上过课。那时，陈耘老师是表演系的，陈多老师还在图书馆工作。陈耘老师面目清秀，体态干练，头发稀疏，已有点谢顶。我们常见到他在校园里散步，抬头挺胸，目光前视，好像在想什么心事。我们听说他那时在创作一个剧本。大约是 1960 年，我和陈耘老师有过一次接触。那是他创作的话剧《英雄小八路》上演了，反响不错，大家都去观摩了。当时有个解放日报的记者到学院来采访，遇到我和教我们班政治课的冯守棠老师在聊天。那位记者要我们谈谈对《英雄小八路》的观后感。谈完后，记者要我们写成文章寄给他。过了两天，冯老师和我合作的一篇近千字的评论文章在解放日报副刊上发表了。后来，陈耘老师在散步时遇到我，两人还交谈了几句。相隔不久，他又创作了一部轰动全国的话剧《年青的一代》，全院师生都观看了演出。数年后，在一次开会时又遇到他，他向我打招呼，非常客气。

陈多老师大约比我们大十岁上下，人长得比较矮小，眼睛近视，气色欠佳，穿着不修边幅，我们还以为他是个小老头呢。我们去图书馆借书或查找资料，常见他不是在埋头看书就是翻检书架上的书籍。同学们向他询问一些史料方面的问题，他总能热心地作答，或者指点你去翻阅哪本书哪些杂志。我们都觉得他肚子里的"货"真不少。班上的禹学文同学一有空就跑到图书馆去找陈多老师问这问那，两人很谈得来。禹学文曾多次跟我说起，陈多是个很有学问的人，现在很可惜，应该让他当教师。平时，陈多老师爱和熟悉的人开开玩笑，我见到过他和魏照风老师开玩笑时哈哈大笑。一般人从他身上看不到遭受打击后的萎靡，但如果仔细观察还是可以感得到他是一个受过政治伤害的人。毕业后，我几乎没有见到过他。

直到 1977 年秋天，我创作的第一部沪剧《峥嵘岁月》上演了。我特地到学院请陈多老师和戏文系的一些同志去看戏，以便听取他们的意见。几天后，系里开了个座谈会。会上先由我简单介绍了这部戏的创作情况和一些反馈意见。当我说到市文化局一些评审的同志向我指出，这出戏重视情节编织，影响了人物塑造，这种倾向不大好时，陈多老师忽然提高了嗓门插话说：余雍和你不要听这种意见，我们看了太多的不讲故事情节的戏，你这个戏故事情节很好，我就喜欢看故事情节好的戏，这有什么倾向不倾向的，修改时你也可以加强人物塑造嘛。陈多老师的一番话给了我启示和鼓舞,这一幕情景我至今难以忘怀。

1958 年,正是全国"大跃进"时期,农业到处放高产"卫星",工业则掀起了大炼钢铁的浪潮。上海的一些里弄把旧铁门铁栅栏也拆下来送去炼钢铁。上戏也不例外,大约是年冬天,在红楼大草坪的西南侧挖土建起了炼铁炉,还请来技师做指导。一些同学和部分教职员工都参加了这支"冶炼"队伍。晚上真是"炉火照天地",大家兴奋而卖力地参与其中。结果可想而知,只看到一些被熔化过的铁疙瘩,自然是熄火了事。

进入 1959 年,社会上又出现一股反右倾的思潮。我们也不知道发生了什么事,忽然要批判顾仲彝老师的讲稿《编剧概论》。而且让我们班同学分成几个小组,每组承担一部分章节的批判任务,然后重新撰写一本《编剧概论》。还说,如果写得好可推荐出版社出书。于是我们一些同学都跑到图书馆去找资料,翻阅马列主义方面的书籍,并在小组展开讨论。当时顾老师一切如常,只当是没有这件事似的。我想顾老师是知情的,只是师生之间谁都没有挑明而已。这件事的结果呢,当然也是可想而知。我们这样一群没有多少学养的年轻人,奉命作文,只能是把一篇篇憋出来的文稿凑在一起罢了。毫无疑问,这件事的发生对顾仲彝老师造成的伤害还是蛮大的。

还有一件是苏堃副院长的事。当时听说,他也要受到批判。批判他什么,没有人告诉我们。一天忽然接到通知,说苏院长要跟我们班一起到一家工厂去参加劳动,而且要做到"三同",即同吃、同住、同劳动,不能有特殊照顾。报到后,他被分派到我担任组长的小组里。起初,同学都有点紧张,有点不知所措。他年纪比我们大得多,人高马大,讲一口河南口音的普通话,待人平和,没有什么架子。相处一两天后,大家说说笑笑就都能打成一片了。我们睡上下铺,晚上没事时听他讲讲新四军的一些事情。有时高兴了,他会唱两段京戏给大家听,由王祖鸿同学为他拉京胡伴奏,引来一片叫好声,十分热闹。半个月后,我们回到学校就很少见到他了。他是主管行政的副院长,没有开课。现在我只记得,他还为我们班做过一次关于豫剧艺术方面的讲座,向我们普及了一些豫剧知识，并讲述了常香玉如何为抗美援朝捐献飞机的事情。

教过我们班的老师很多，除了前面谈到的院内老师，向院外请的也不少。他们大都是颇有名气的专家。刚进校，教我们明清文学的是复旦大学的章培恒老师，总共两个学期。章老师备课很好，但他只照讲稿念，带点上海口音的普通话，语调四平八稳，听得我们昏昏欲睡。他不管课堂纪律，课讲完夹起包就走人，非常准时。他看起来比较年轻，瘦瘦的，戴副近视眼镜，从不见他东张西望，俨然一个学者模样。当时我们听说，章老师曾经受到过批判，故而显得很拘谨，且有点古板。

教我们戏剧史的是刘厚生老师，大概也讲了两个学期。刘老师是市文化局艺术处的领导，也是上海剧协的领导，并兼任我们班的副班主任。除了上课，我们也见不到他。那时刘老师还不满四十岁，人长得帅气，举止文雅，穿着普通却颇有风度。他走进教室总是面带笑容地和同学们打招呼，非常平易亲和。他讲课时没有什么闲言碎语，普通话很标准，语速不紧不慢，不怎么看讲稿就能有条有理地讲下去。他讲的课很受同学们欢迎。

此外，来学院为我们班授专题课的先生也不少，有的讲几个星期，有的讲半年以上。诸如，中国唱片厂的总编徐以礼先生，为我们讲"戏曲编剧的表现手法问题"。戏曲学校教导主任郭建英先生为我们讲解京剧程式方面的知识，有时还连念带唱，做出多种手法和步法，非常形象且表达生动。可惜的是，据说他因曾经与江青同学，"文革"开始受到冲击之后自杀了。戏校的另一位资深的打击乐教师苏荣宗先生，带着板鼓来为我们讲解京剧的铜锣经。因为太专业，我们大部分同学都只是听听而已。苏老师心里清楚，但仍然一丝不苟地教授。上海作协副主席姜彬先生是研究民间文学的专家，他专为我们讲述民歌民谣。由于江浙口音较重，外地同学听起来有些困难，再加上内容欠生动，故而反应不理想。大概姜老师也知道一点，上了两三次课就结束了。

我们同学来自四面八方，年龄差距也比较大，有些人的经历也不同于一般高中毕业生。就为了上课这些事，另一位副班主任周玑璋先生就直接批评过我

　　　　　　　　　　　　　　　　　　　戏文名师

们。周玑璋先生是上海戏曲学校校长，他讲话很直，管我们班的事也比刘厚生老师和正班主任冯少白先生多得多。他在一次班会上批评我们说，为你们请了最好的老师、一流的学者来教你们，你们还对章培恒、姜彬几位老师不满意。你们好高骛远，自以为了不起，将来到了工作单位有苦头吃。那时，我们真的有些不知天高地厚。随着社会形势的变化，我们班一年之内先后因政审甄别和病患等清退了 6 人，这在高校也是不多见的现象。

关于我们班的正班主任冯少白先生，也是一个挺有意思的人。他时任市文化局艺术一处处长，平时并不与我们接触，很难得见到他。听说，他曾留学日本学军事，后来又到了新四军，他的名字还是刘少奇同志为他取的，故而在新四军里也有些名气。他因受降级处分才转到文艺界来的。记得有一次他跟我们谈话，说自己非常喜欢搞戏，但写得不太好。他认为有些戏是可以在交流中"聊"出来的，并不是书本上的东西。你们学了书本知识之外还要多实践，多看戏。你们有空也可以找几个要好同学一起聊聊戏，买一包花生米，一包瓜子，坐在草坪上，谈谈怎么搞戏，怎么构思，可能聊着聊着一个戏的大纲就出来了。这个事情我们同学还拿来相互开玩笑，说因为市场上买不到花生米，买不到瓜子，所以也"聊"不出戏的提纲来。那时我们国家已经进入困难时期，市场上可供应的物品也越来越少了。我们上午课间吃的馒头和豆浆也没有了。

我们的三位班主任都对我们讲过，你们不喜欢看戏不行，一定要多看戏才能很好地学习借鉴。1959 年国庆十周年，上海举办文艺大会演，各个剧种、各个区县的院团都演出了大量的新创剧目和传统老戏。有时候我们一天看两场戏，晚上就寝前还会大谈看戏的观感，聊得很起劲，哪怕从剧场走回学院宿舍，也不觉得有倦意。记得一次剧协安排我们去观摩由朱端钧老师执导的沪剧《星星之火》，虽然外地同学不怎么懂沪语，但看后都兴奋不已，竟三三两两地一路议论着徒步从共舞台走回宿舍。之所以徒步，一些经济困难的同学也是为了节约几分钱的交通费。当时家庭条件好的同学可以说是屈指可数的。

谈到这里，我想岔开去说说我自己。由于我家庭出身不好，从小又失去了父母，十三岁就被送到一个远房亲戚开的南货店里当学徒。1952 年春天，一个偶然的机会我考进了浮梁师范（后改名景德镇师范），师范是管吃管住不收任何费用的，而且困难学生还可申请助学金，我就是靠政府的甲等助学金生活和学习的。1958 我考进上戏也是靠政府甲等助学金生活和学习。记得每月发给我15 块钱，12 块钱上交伙食费，另外 3 块钱用来购买生活和学习用品。精打细算积攒几个月，还能添置点单衣鞋袜。冬天如需要买棉衣，可打报告申请专项补助。到了寒暑假，我和几个境遇差不多的同学可以申请留校生活。假期里，我们还可以看到一些文艺和体育表演节目，泡在图书馆里看书报，没有无家的寂寞感。总之，母校的种种关怀，给我留下了许多铭记终生的温馨回忆。

这次，我是怀着一种感恩的心情来回忆母校老一辈的一些人和事的。我们这一代同学，健在的也已垂垂老矣。我忆及的恩师均已作古，你们编写《戏文名师》正是对他们最好的纪念。

受访者简介：

余雍和，一级编剧。1958 年进上戏戏曲创作班，1961 年毕业。先后在上海京剧院、沪剧院任编剧及沪剧院艺术总监。1992 年获评文化部优秀专家，享受国务院特殊津贴。曾任上海市第九、十、十一届人大代表，中国戏曲现代戏研究会副会长。现为上海市文史研究馆馆员。

忆恩师魏照风先生及其他——丁罗男教授访谈纪要

顾振辉　采访整理

（采访时间：2021年12月1日）

在我印象里，魏照风先生是一位非常忠厚正直的老师，平时为人低调，话不多，不怎么谈论自己的事情，我那时作为学生也不太好问。他的情况我也是后来从旁了解了一些。

魏照风先生是福州人，1920—1930年代时曾在北平求学，后在辅仁大学经济学系学习。当时魏先生受到左翼进步思潮的影响和感召，积极参加了中国共产党领导的"北平左翼戏剧家联盟"及左联的相关活动，因此与田汉、宋之的、于伶、张瑞芳等人相熟。1948年，魏先生随工作所在银行来到上海。上海解放后，魏先生先是在军管会文艺处戏剧室工作。1951年院系调整时，魏先生依据工作需要，被调至"上海市戏剧专科学校"参加"中央戏剧学院华东分院"的筹建工作。

我是1963年考入上戏戏文系本科学习的。当时魏照风担任戏文系的副主任，院领导苏堃兼任主任。在上课过程中，我发现魏先生讲课许多是依据他发表在《中国话剧运动五十年史料集》上的内容，分享的基本都是他在北平时参与左翼剧联活动的经历，但他从来不提自己在其中具体工作情况。魏先生由于有亲身参与戏剧活动的经历，同时在早年间也积累下了一定的戏剧学养，因而，除了中国话剧他有时也能讲一些外国戏剧的情况。

他还给我们开设过剧本分析课。当时的剧本分析课不像现在，主要介绍分析经典名著，而是对当时影响比较大的剧作来进行分析。我印象中有反映非洲人民反抗殖民统治的剧作《赤道战鼓》、反映当时北方抗洪救灾的《战洪图》等。魏先生讲的基本就是这类国内的剧作。外国戏剧、艺术概论则是任何、何纪华、王东局等几位老师来教的。当时丁小曾老师曾编有《外国戏剧史》的教材，但他没有给我们上过课。

魏照风先生的教学态度十分认真。讲课前，他都会很认真地准备讲稿。上课时，基本也都是依照讲稿照本宣科，他不会信口开河地随便漫谈的。因为他是福州人，讲的普通话带有口音。课堂的氛围相对四平八稳。

魏先生曾写过一批与话剧史有关的回忆文章，又有亲身经历。所以在1961年时，由于田汉、欧阳予倩、熊佛西等前辈的倡导，中央戏剧学院、上海戏剧学院两所院校决定联合起来建立"中国话剧史"这门新学科。上戏的魏照风先生、赵铭彝先生和当时的青年教师柏彬到北京，与中戏的沙新、陈丁沙（本名陈永康）、马琦等老师一起编写《中国话剧史纲》的教材。赵铭彝先生资格老，30年代初时，他就是上海左翼戏剧家联盟的发起人与负责人之一。他还曾是周扬的入党介绍人。但后来被划为"右派"，失去了上课的资格。当时余上沅先生、陈多先生也是一样，虽然资格老，但因为历史问题或现实政治问题，都被"发配"到资料室、图书馆做编辑、整理或搬书的工作。

魏照风先生等三位就代表上戏戏文系方面和中戏戏文系的三位同行一同编写了《中国话剧史纲》。这是我国最早的一部中国话剧史的教材。我记得这是一本硬质的灰蓝色封面、油印的教材，约有四五十万字。据说当时中戏的欧阳予倩院长还曾主持开过一个征求意见的座谈会。

在这之前，话剧史教学最多参考的是《中国话剧运动五十年史料集》。可这毕竟只是一本回忆文集，很难当作正式的教材。这个编写组也是按照历史年代先将框架搭起来，而后逐步写出来的。我是1963年进校的，大二时，魏先生和柏彬老师就跟我们上过这门课了，虽然不是很正规、完善，但看得出几位老师

　　　　　　　　　　　　　　　　　　　　戏文名师

是花了大功夫收集资料、做采访的。我印象很深的是"文明戏"部分，他们采访过当时还在世的文明戏老演员，抢救了不少有价值的史料。这本教材我之前还在上戏图书馆看到过。

魏照风先生虽然早年参加左翼戏剧运动，但并不是党员，主要是外围参与。他平时也是谨言慎行，忠厚老实，有点明哲保身，但还是为人正派的这么一位老师。正因为他的谨言慎行、跟随大流，所以"文革"之前的历次运动基本上没有受到什么冲击和影响。魏先生也不会做那些在别人背后打打小报告、做做小动作，或者拍拍领导马屁往上爬的事，应该说是个非常正直的人。

60 年代戏文系的教材方面，我印象里，主要就是顾仲彝先生的《编剧理论与技巧》《中国话剧史》以及《艺术概论》等油印本。《艺术概论》是很薄的一本，感觉并不是很完备。

我进校后，顾仲彝先生那时好像正在中戏讲学，结束返回上海后就病倒了，之后没多久就过世了。所以，我在戏文系上学时，并没有见过他。但当时顾先生的教材已经编好了，系里的周端木、徐闻莺、董友道等青年老师都是依据顾先生的教材思路来讲授编剧课程的。其实，就顾仲彝先生的资历与身份来说，就算是当个副院长也是当之无愧的。毕竟他在民国时就是复旦大学的教授，还是上戏建校之初的校长，在编剧理论与实践方面又具有丰富的经验和学识，可惜我们没有听过他讲课。

我进校后，正值"文革"前几年。我们这班同学在求学期间，经常要下乡、下工厂劳动，一去就是一两个月，经常半个学期没课上。我记得我们曾在上海大自鸣钟附近的"国棉一厂"（就是出了全国劳模杨富珍的那个棉纺厂）劳动。说是体验生活、深入生活，其实也就是干活劳动。我们没有工人的技术，不会上机器操作，就只能做做小工，帮着工人推一推运送棉纱的小车。

记得熊佛西院长过世时，我们班都不在学校，都还在郊区劳动。顾仲彝先生过世好像就没什么动静；毕竟熊佛西名义上还是院长，他的过世学校还是比较重视的。"文革"前夕，当时的气氛对一批老前辈、老教授来说都是比较压抑、紧张的。他们因为所谓的"历史问题"而大多"靠边站"了。

总之，我们班当时真正学习的时间只有一半不到。行课也不系统不稳定。感觉没怎么扎扎实实地上过课，真正有学问的老师戴了"帽子"不能参与教学工作。

当然也有少数给我们上过课的，我印象较深的如陈汝衡先生。老先生在中国俗文学方面是很有造诣的，他给我们上了一个学期的"三国演义"，有几个章回讲得细致入微，上他的课我们没有一点负担，倒是像听说书似的。

给我们上课的中青年老师的水平不一，也有些使我们获益的课，比如谢志和老师的中国现代文学史、范民声老师的中国古典文学、盛钟健老师的诗词格律，都是很有帮助的课程。徐闻莺、周端木、董友道等老师的剧本分析课，声情并茂，很有艺术感染力。

从我们这届起，戏文专业从四年改为五年制，这本来是贯彻高教部响应中央的"调整、巩固、充实、提高"八字方针，提升教育质量的措施，可惜我们并未受益。"文革"开始，教学全面停顿，我们也才三年级，这三年又是打折扣的，学业总是被中断而去参加各种劳动和"运动"。

在1965年全国兴起的社会主义教育运动中，各地普遍组织"四清"工作队到农村开展社教运动。我们班也跟着部分院里的干部，先后到江苏太仓县的两个生产大队，作为"四清"工作队进驻当地。记得我们参加的公社（乡）一级的工作队队长是江阴县的县委书记，副队长是当时我院的宣传部部长江俊峰，上戏的科室干部，以及各系的中青年教师和学生都去了。我们同学基本两三个人分在一个大队里，下到各生产队（村）搞社教运动，主要工作就是向社员宣讲中央文件和报纸的社论，同时还有查账工作；但我们也看不懂账，就只能靠县里和学校的干部去查。

同时，我们还要管他们的党支部、共青团、民兵、妇女等工作，当地人什么事情都要向我们汇报，虽然我们只是大学生，但他们当我们是"上面派来的"干部，一律称呼"×同志"。现在想来很好玩也很荒唐。

从 50 年代到"文革"期间，一些干部受"左"的思想的影响。给上戏的教学工作带来了不少的干扰。1966 年"文革"开始，学院的教学就陷于停顿了。再后来我就被分配到江西省工作了。

"文革"结束后，我也想回上海工作。后来得知上戏在招第一届研究生。可当我得知消息时距离开考也就两个月的时间了。当时招考有四个专业，分别是中国话剧、外国戏剧、中国戏曲和编剧理论。我有点想考编剧专业，但心里有点没底。外国戏剧的面较广，材料也多。还是魏先生的话剧史专业相对好准备，当时也就那些材料。好在我英语底子还不错。当时考试也就考一门外语和一门专业，没有现在考研那么复杂。所以后来也就顺利考取了。

读研究生时，魏先生的指导方法主要是开书单，让我自己去图书馆研习、做研究。时而探讨相关的研究方向和内容。像陈多老师也是到我读研究生以后才有接触。我觉得上戏戏文系的培养模式主要是在 80 年代拨乱反正后，尤其是陈多老师担任系主任之后，才开始逐步走上正轨的。余上沅先生可惜在"文革"中过世了。赵铭彝先生"文革"后虽然年事已高，无力承担教学工作了，但也写了不少文章，为话剧史留下了不少宝贵的记录。

现在想来，上戏戏文系的教学模式和培养方案的确立，顾仲彝先生是功不可没的。当时我们和中戏对于戏剧学院能否培养编剧是有争论的，也走了不同的培养路线。我们认为戏文系毕竟与一般大学的中文系不一样，除了人文修养，还是有一些编剧的方法和技巧可以学习的，虽不能说直接就出编剧了，但作为一种培养与训练，还是能够出一些人才的，比如，从最早的杨履方、陈恭敏、陈耘，到后来的沙叶新、乐美勤、邢益勋、张健钟、曹路生、孙惠柱、赵耀民、张献、余云、李容等。戏曲创作方面，戏文系也通过办各种班陆续培养了不少编剧人才，比如薛允璜、黎中城、余雍和、唐葆祥、王仁杰、罗怀臻、姚金成、陆军、余青峰、管燕草等，这些人中间有些成了全国知名的剧作家。

60 年代初，中戏之所以请顾仲彝先生去讲编剧理论课，可能他们还没有建立起一套完整的培养编剧的方案与课程。中戏当时就没有办过有学历的编剧班，相对来说，他们当时不太重视编剧方面的教学，认为学院无法培养编剧。他们把力量主要花在戏剧学、戏剧理论方面。这可能是受苏联的影响，苏联的相关院校就没有设立编剧专业。亦如综合性大学的中文系，它们也并不培养作家，因为小说、诗歌、散文的创作的确是无从教起的。可我们上戏的观点是，编剧的技术性与技巧性更强，因为戏剧有很多内在与外在条件上的限制，因而会有很多规矩、很多规律性的东西可以归纳总结，并付诸教学实践。

所以上戏戏文系一开始就明确要培养编剧，本科班都侧重这方面，后来还办了培养出沙叶新等人的编剧研究班，学员都是大学本科毕业的，其实就相当于研究生了，只是当时国家还没有设立相关专业的研究生学位。更不要说从陈多老师主持戏文系开始，我们办了一届又一届的进修班，挑选各地剧团里那些有一定编剧实践经验的青年学员来"深加工"，事实证明效果很好。大约从 80 年代末开始，中戏也把戏文专业的本科班分为了"创作"与"理论"两个方向了，也增加了剧本写作课。之后上戏戏文系也学习这种方法，将本科班进行创作与理论分班教学。我们两所院校在教学上一直有相互学习、共同探索的传统。

当年顾仲彝先生之所以主张开设编剧课程，因为他本身在民国时期就是暨南大学和复旦大学的教授，同时又有戏剧创作的实践经验。他在创作实践的过程中又注重归纳总结，并与中外编剧理论相结合，最终才在不断教学实践的打磨下，完成了他那部《编剧理论与技巧》著作。这部书既是教材，也是他个人研习编剧理论的心得，出版之后在全国产生了很大的影响，其他艺术院校都是拿它当教材的。所以，顾仲彝先生在上戏戏文系建系之初，在确立编剧培养的方法体系方面的确是厥功至伟。顾先生从他的创作实践经验出发，觉得通过教学还是可以培养出编剧的，虽然并不是所有学生都能培养成才，但他所创立的编剧培养体系还是经得起历史检验的。

此外，值得特别提一下上戏戏文系在编剧教学上所采取的"小组课"的授课形式，这是我们戏文系的特色。我们系的写作课老师特别多。60 年代时，系里将近一半的老师是教写作的。当时的理论课都是一起上的，但写作课都是分组进行的。这就类似研究生的教学待遇了。上戏戏文系一个创作班一般有 20 位左右学生，大概会有三至四位老师给他们开小组课。每个小组大约有五到七位同学，上课时围在一起，老师就手把手地从场面、片断开始教，通过一个个作业反复实践。这种小组课的教学形式可以通过老师有针对性的指导，细致且全面地帮助同学逐步掌握编剧的技法。同时，小组里的同学们也可以在互相传阅、评论别人作业的过程中，在如切如磋、如琢如磨的实践中，互相借鉴，共同进步。学生就在这样的氛围中从场面、片断、独幕剧，一直学到多幕剧。

写作课的训练量大，也是上戏戏文系的一大特色。最初的片断训练也是依据编剧技巧各种"元素"的不同而设置的，每个作业有戏剧情境、戏剧冲突、戏剧语言、戏剧悬念与情节突转等等不同侧重面和要求。每种技巧先结合名剧范例从理论的角度进行讲述，然后给学生布置大量的练习，再在小组课上进行个别辅导、评议、修改，直到学生基本掌握为止。独幕剧的写作训练也如此，要求把多种元素技巧综合起来加以体现。

至于多幕剧的教学，就是通过让学生改编指定的中篇小说，从大纲结构开始到每一幕、每一场的情节构思概要。教师通过一个学期的时间，逐步辅导学生完成一个多幕剧的详细提纲并写出其中一两幕戏。到毕业创作，就要求写一出完整的大戏了。

这样的编剧教学法，可以说是上戏戏文系首创的。效果也不错。在 60 年代我在戏文系求学时，编剧课就采取了这样的教学方法。当时几位老师的水平也都不错，都能在小组课上一针见血地指出学生习作的问题，并给出有针对性的修改意见。虽然当时的学习不系统也不稳定，但现在回忆起来，编剧课的教学方法，再加上顾仲彝先生科学系统的编剧理论，使其成为我们那时收获最大的一门课。这样的编剧教学方法是当时国内其他大学没有的，可以说是上戏的独创。

陈多先生担任系主任时期，执教系里写作课的有陈耘、周端木、徐闻莺、陈加林等骨干教师。我在担任系主任时，也很重视戏文系的编剧课程，设法调来一批新的写作课老师，如赵耀民、余云、徐频莉等。再加上曹路生、吴小钧、周豹娣等骨干教师。所以整个 80 年代到 90 年代，戏文系写作课程的师资是很强的。

80 年代开始，戏文系的理论教学力量也很强。余秋雨在担任院长之前就带过首届理论班。那时候系里招过两届戏剧理论班。也开始采用小组课的形式，分组个别辅导理论写作。我和朱国庆、金登才、叶长海、刘明厚等几个史论课的老师成了理论写作课的骨干教师。戏文系老师的负担也挺重的，尤其剧本写作课老师，他们往往要带好几个班的小组辅导课。这也是上戏的特色之一吧。

受访者简介：

丁罗男，上戏戏文系 1963 级本科，1979 级硕士研究生。教授、博士生导师。曾任上戏戏文系主任、研究生部主任、上海戏剧家协会理事、中国田汉研究会理事，现任中国话剧史论研究会名誉会长、中原工学院新闻与传播学院特聘教授。其个人及研究成果曾多次获得国家级及省部级的称号与奖项。

回忆恩师　回顾母校
——张马力、金长烈老师访谈纪要

张　璟、陈　莹、顾振辉 采访　　顾振辉、周　南 整理

（采访时间：2022 年 2 月 22 日）

张马力老师的动情回忆

我是 1952 年考入中央戏剧学院华东分院附中的，1954 年至 1958 年间，在上海戏剧学院表演系求学。

我是学表演的，对形象比较敏感、记得牢，记文字不太擅长。回想你们提起的这几位老师，可以说这些老师都是国宝，再也没有这样的老师了。我有时闭上眼睛，都能清晰地看到他们一个个生龙活虎的样子。一晃许多年过去，老师们都不在了。他们都有各自的特点，每个人之间有很大的不同。我印象比较深的是李健吾、陈古虞和赵铭彝老师。

这些老师给我们上课时，已经经历过很多次运动了，老师们在学校里都是低头走路的。我们班同学特别尊敬、爱护这些老师，无论走在哪里，碰到老师，同学们都会鞠躬、问候"老师好！"或者"老师早！"这些老师，有时是上午在挨斗，下午来上课，但他们还是那样专注地给我们讲课，我们就感觉心里特别不是滋味。越是在那时，我们班同学越是尊重老师，有的同学还会带点茶叶给老师泡茶喝。

当时学校给我们班配备的教学力量很强，教我们莎士比亚的是黄佐临、曹

未风、孙大雨，后面两位也是很难请的复旦的教授。李健吾老师那时已调往北京。这些都是熊院长凭着他的面子，去外面请来教我们的。

我听李健吾先生的课比较多。从我的感觉来讲，到大学来学习，能听到大师级的先生们来讲解国内外优秀的戏剧家及其作品，真是觉得幸运，收获很大。从李健吾老师这里，我最主要是学到了一套学习的方法。掌握了这个方法后，我就可以自学。比如，如何研究那些戏剧大师，像莎士比亚、莫里哀等。

在我印象里，李健吾老师长得高高的、宽宽的，身材很魁梧。夏天穿着米白色纺绸短袖中装和裤子。冬天是一件浅灰色的长衫，一条黑色的长围巾。他讲课主要是念剧本，声音非常洪亮。但不要认为他只是在读剧本，他能把里面所有人物角色的潜台词、内心独白都讲出来，所以特别引人入胜。

他主要给我们讲的是莫里哀的《伪君子》。讲大戏之前，他会先会把背景讲给我们听，让我们加深印象。比如，他先给我们介绍那个年代法国剧场的样貌。法国过去的戏剧舞台像在广场上一样的，有之字形的很高的楼梯。观众都没有坐的地方，来去也很自由。

其次，李健吾老师给我们详细介绍莫里哀生平。喜剧大师莫里哀的悲剧命运，尤其是他在爱情、婚姻方面的不幸遭遇令人同情。生活中的磨难和挫折深深打击了莫里哀。在某天演出时，他从舞台的楼梯，慢慢地一层一层地走上去，他越走越衰弱，走到最后一层的时候，喷了一口鲜血，倒下了，最后倒在舞台上。这个画面我始终忘不了。莫里哀是一位杰出的喜剧大师，他的剧作是那样地精妙、诙谐，可又有谁知道，他的命运却又是如此的悲惨。听了李健吾老师的介绍与描述，我们对莫里哀不再陌生，更对他的戏剧作品产生了兴趣。

有了上面的铺垫之后，再来看莫里哀的剧本，感受就不一样了。李健吾老师并不过度解释什么，主要是念剧本。他要说的话，都在剧本的台词里了。他能把每一个不同的角色及每个角色的潜台词、内心独白都用不同的声音表达出来，并且把其中的潜台词、内心独白都一一清晰地分析给我们听。

李健吾老师不像其他老师上课都会带辞典什么一大摞的材料，他就只带一个莫里哀的剧本。他在给我们念剧本时，似乎在看，其实并没在看。他完全是背出来的，整个讲解过程就好像在演一场戏一样。他对莫里哀实在是太熟悉了。课堂上，除了李老师的讲课，一点声音都没有，安静得不得了，同学们都全神贯注地听着。课间休息时，我们同学给他倒一杯开水，能看到李老师头上沁出的汗珠。他讲课很投入，把自己的情感完全投入到了人物当中。我们都觉得李健吾老师就是莫里哀。

那时候各方面条件都很艰苦，我们没钱买笔记本，就用教务处印的一些不用的讲义，装订成本子，在背面记笔记。可惜这些笔记本现在都不知到哪里去了。当年李健吾老师上课的笔记我记得很详细，有的同学要参加留苏考试，都会向我借笔记来看。

以前，上戏图书馆的馆藏很丰富，图书馆的馆员服务得也特别好。比如我们需要看莫里哀的书，当时在图书馆工作的蔡祥明老师，就会帮我们把有关莫里哀的书籍统一放到一个书橱里。这样我们就不用在图书馆一本一本地去找，直接在这个书橱上就能拿到自己想要阅读的书籍。

陈古虞老师，这个人很特殊。他那时候也不是很老，40多岁吧，头发有点卷，还带点黄，总穿一件古铜色的衣服，不中不西，还有点脏兮兮的。我们同学也不好意思讲，也不敢笑。

他是一个资深的戏迷，会唱昆曲，课堂上解释不了了他就唱。因为古装戏跟现代戏不同，跟莎士比亚、莫里哀的戏也不一样，翻译的用词都是白话文，而传统戏曲，类似于古典诗词，比如《牡丹亭》。除了陈古虞老师讲课外，还有方传芸老师的中国舞蹈课，给我们排过片段《游园惊梦》，我演杜丽娘，王昆演我的丫鬟，所以我们对《牡丹亭》的大致内容算比较熟悉的。但是里面有很多唱词，不解释还是不懂。我们班同学大都只有十几岁。词句上不懂，我们就去问陈老师，老师这个怎么解释？比如"袅晴丝吹来"是什么意思？我们就不太懂。再比方说"露滴牡丹开"，现在听到能想象得出来是什么意思，但是那时我们年轻学生理解起来会有点困难，老师要解释明白也比较困难，他就唱了，老师一唱感情全进去了，我们就大概懂了。

别看陈古虞老师长得很粗犷，但他唱的还是旦角，《牡丹亭》里的杜丽娘、春香他都会唱。

陈老师讲，古时候的戏，有在宫廷里演的，也有室外演的，就像乌镇的古戏台。宫廷里的演出，灯光是用灯芯来点的，时间久了会暗，就需要用绳子把灯从高处取下来，剪掉一点，再放上去，来维持这个灯的亮度。

赵铭彝老师，真的是一位好老师，讲话轻声轻语的，个子也矮矮的。因为一直挨斗，他走路都是低头不看路的。他是戏文系的老师，讲授戏剧概论。思路清清楚楚。什么是戏、什么是剧，什么是歌舞、什么是曲艺、什么是戏曲。然后再讲戏剧的起源。戏剧开始都是原始人找到吃的东西了，就唱啊跳啊，这是戏剧最早的起源。然后逐渐有了人物、语言、故事了，这就演变成戏剧了。他讲得深入浅出，浅显易懂，让我们很容易就记住了。我们毕竟是表演系的学生，戏文系的老师能让我们听得那么清楚明白，还是不容易的。

我后来调回上戏，在学校院刊编辑部工作。有空的时候，我就会拿个小板凳、带好文具。哪个老师讲课好，就去哪里听。陈汝衡老师讲课条理很清楚、也很风趣。他那时投稿到编辑部，还会带点花生、橘子到我们编辑部来和我们说说笑笑。他是胖胖的，穿长衫的。

陈耘老师没教过我们，主要是田稼老师带了我们四年，表演课都是他教的。陈耘老师带过我们一次课，我们上课排小品时，他也来过一次，但没有讲话。

他是一个不随便说话的人，是非常儒雅的老师，始终穿着西装。

横浜桥校区，楼下是个小学。操场上有个滑滑梯的设施。晚饭后，我们几个同学会和陈耘老师一起坐在滑梯上，听他讲天上星星的故事。他讲话都是轻声轻气，笑眯眯的。搬到华山路校区后，他住在学校现在新空间楼上的教师单身宿舍里。我后来也曾住过那里的。陈耘老师就是在那里创作了那部有名的剧作——《年青的一代》。

金长烈老师的真情回顾

我是 1950 年进入上戏舞美系的前身——上海剧专舞美科学习的，1954 年毕业时，学校已经是中戏华东分院了。

我记得赵铭彝老师是解放后熊院长请来的，他主要是在 1952—1953 年间给我们上"文艺概论"的课程，是面对所有专业的大课。上海剧专时期专业分得很粗。学校专业课程教学，主要的方式就是请专家、学者来讲他们在某一方面的技能或研究。老一辈先生们都是有学问的，做事也是实实在在的。但学校缺乏完整系统的教学体系。院系调整后，才开始走向正规，所谓正规就是按照苏联戏剧教育那一套来建设学校。

我进学校没多久就遇上了很多运动及抗美援朝。在这种情况下，我们真正读书、在课堂上课的时间并不很多，感觉花了很多时间是以文艺的形式在各个运动中做宣传。所以老专家们讲的知识，给我留下的印象也不是很深。我们舞美系，虽然有专业的老师，但当时大多是学生们跟着老师去搞一台戏，在具体舞台实践中，把舞台美术的各个要点给了解清楚了。

但我们师生之间的感情是很好的。土改的时候，熊院长把我们带去安徽蒙城参加运动，师生打成一片。后来运动多了，情况就有所变化了。

我后来留校在舞美系工作，和戏文系老师的接触不多。像陈汝衡老师，直到"文革"时期有人批斗他，我才知道学校里还有这么一位"死硬派"老师。

我参加过《年青的一代》演出剧组，任灯光设计，就是按照领导或者导演的意图，在现实主义的手法下进行舞台呈现。陈耘老师是个好人，虽然比我们大不了几岁，但我们都挺尊敬他的。他平时不太说话，要不是《年青的一代》，我感觉我和他也不太会有什么交往。

回忆我在上戏的求学生涯，印象最深的还是熊院长的办学理念。当然，他的功劳主要还是在剧专时期。我觉得熊院长更清楚戏剧教育，主张要请一批有真才实学的专家来教学。尽管由于时代的局限，他也无法建立一个完整的教学体系。但有熊院长这样的领导，学校的面貌就不一样。

我真正留校从事教学的时候，还是接受了苏联的理论和方法。1954年，苏联的莫斯科音乐剧院要到中国来演出，北京要建大剧场来接待他们，工作上人手不够，学校就把我派去了，真是边干边学。从盖剧场的过程及苏联带来的六台大戏的演出当中，我学了很多很多东西。从北京回来后，我认真地做了总结。加上学校教学体系逐步建立，慢慢等到我深入教学的时候，我就感到充实了、清晰了。

受访者简介：

张马力，日本归侨，副研究员。1952年入学院附中，1954年升本科。1958年毕业被划右派，流放苏北。1978年借调学院"表演训练班"工作。1981年回校任院刊编辑，曾被评为全国大学文科学报优秀工作者。著有《话剧表演艺术概论》（与叶涛合作）。剧本有《挂在墙上的老B》（与孙惠柱合作）。

金长烈，教授，1951年考入上海市立戏剧专科学校舞台设计科学习，1954年毕业后留校任教至退休，曾任舞台美术系灯光教研室主任。他追求戏剧内在情感的表达和动态空间的塑造。著有《舞台灯光》（五人合作），2006年获中国高校人文科学研究优秀成果一等奖。专著有《论创造自由的照明空间》等。享受国务院政府特殊津贴。

回忆二三事
——1948 级校友蔡学渊访谈纪要

张　璟、陈　莹、顾振辉　采访　　顾振辉　整理
（采访时间：2021 年 2 月 21 日）

一、迎接解放的"红旗"

我是 1948 年进入位于四川北路横浜桥北的上海市立实验戏剧学校表演专业学习的。那时我就和陈多是同学了。他是 1947 年进校的。印象里，他就是小小的个子，声音很宽。他平时和同学们相处都很随意，嬉皮笑脸的，很爱开玩笑。但他还是管了不少事情，是学生自治会里的一个干部。

在剧校时期，我们同学吃饭都很简单，基本都是掺沙子的糙米饭配没几片菜叶的青菜汤。我有时候会抱怨说，"又吃青菜汤呀……"。陈多就开玩笑地说，"有得吃蛮好嘞，在外面有人还吃不上饭呢……"。他从来不会用教育人的口吻说话。不过我那时候才 16 岁。所以，他也不会和我们多说，说了我也不懂。

上海解放前夕，我在学校里曾经出过一个很大的洋相。剧校横浜桥大楼四楼，小剧场对面大房间是女生宿舍。我们当时二十多位女生都住在里面。里面就是上下铺的那种架子床。我睡的架子床正好是在两排中间，两边都不靠的地方。那时，上海快解放了，解放军的枪声也近了。一天早上，突然有位女生喊："不得了！扔炸弹了！"宿舍一阵骚动。后来发现是这么回事，原来是我不知道做了什么开心的梦，裹着被子就从床上摔了下来。因为女生宿舍铺的都是很宽

的木头地板，我当时有七八十斤，所以声响很大。同学们就以为是国民党军队丢炸弹了。闹了一个笑话。

在上海快要解放的前几天，有件事让我印象很深，陈多曾悄悄地问我，你家条件比较好，有没有红绸子？我纳闷要这个干什么？不过找我倒是找对了，我家庭条件好，这东西总是有的。我说，要么红被面，我盖过的可以吗？他说，这是件很严肃的事情，马上要迎接解放了，我们要在剧校大楼的四楼升起市北地区第一面红旗，所以能不能问你妈要一块新的来？我说，那没问题，我去向我妈要一块新的。过了两三天，我从家里拿了一块缎子质地的红被面，送到学校。后来，这面"红旗"就在陈多的指挥下，由护校队的同学们齐心协力地在剧校大楼上升了起来。这面缎子质地的"红旗"迎风飘扬、闪闪发光的样子，很是好看。这件事使我第一次感到陈多身上透露出了与以往不同的严肃感。

陈多在剧校求学期间，曾演过《原野》里的"白傻子"。由于他本身下功夫去演，所以演得很好。我们也会调皮地模仿他表演白傻子时，讲话大舌头的样子，还给他起了"白傻子"的外号。他嗓门很大，说话响亮，从嗓音条件来说，是适合当演员的。形象上，他也有他的优势，很特别。有人还曾说，剧校怎么招了一个这么丑的人。他就会说，演戏难道就非得找漂亮的？那丑角谁来演？

陈多性格开朗又直率，爱开玩笑。后来听说他被打成了右派，大家心里就很难过，都同情他。他性格也变沉闷了。后来，我1953年再进学校学习时，发现陈多结婚了，娶了个又白又高的姑娘。令我惊奇的是，他后来又变成戏文系的专家了。陈多为校友刊物《横浜桥》出了不少力。他毕竟一开始就在学校里，对上戏、对熊院长都有很深的感情。

二、李健吾老师的建议

解放后没多久，剧校改为剧专。那时我们学校几乎天天都被解放军的军车所包围，各个文工团都来"抢人"，要抽调剧专的学生去充实自己的队伍。这一"抢"，让熊佛西先生都急哭了。他觉得，你们把学生都抢走了，我们这个学校

陈多学生证

可怎么办？都快要解散了啊。熊院长是希望学生能够在学校里先把本领学好，再去参加革命工作。可解放军文工团也不松口，他们知道我们学校的学生都很优秀。我就是在那时去参加了攻打金门岛战役的文工团。

1953年时，我所在的军一级的文工团解散。成员纷纷转业、转行。我就想要回上戏学习。那时，上海剧专已经成为中央戏剧学院华东分院了。回校报到时，是李健吾先生接待的我。他说："按道理，你应该进二年级。因为当初你在剧校已经读过一年级了。但1949年初，因上海临近解放，无法正常上课。况且现在学校的教学与以前不同，要求高了。你现在从一年级学起，还比刚考进的同学年龄要小。所以我劝你从头学起。"于是，我就听从李健吾先生的建议，又从一年级学起，直到1955年毕业。

李健吾先生讲课很生动，他上的是戏剧文学方面的课。听他的课，感觉莫里哀对他来讲是烂熟于心、如数家珍。他根本不用看剧本、讲稿。他给我们讲一段剧情、台词时，讲着讲着就咯咯地笑起来。李健吾先生的笑声很尖，像飞上去的那种感觉，这和他高大宽厚的身材形成了很大的反差。下面的同学虽然不是很明白先生笑的缘由，可还是会被他的笑声所感染，而一起笑起来。其实是因为李健吾先生对莫里哀的剧本很熟悉，知道其中剧情的奥秘，所以他就先笑起来了，而且笑得满脸通红，身体发抖。要不是有上课时间的限制，他可以一直讲下去。我们当时也希望可以一直在课堂上，听他讲、看他演下去。很少有老师像李健吾先生如此沉醉在戏剧艺术中，真是一个可爱、有趣的老头。听到他要调走了，我们也真是舍不得他走。

三、思考多、讲话少

陈耘和陈多都是1947级表演专业的学生，陈耘就是诗人的气质，我50年代再回学校上学时，发现陈耘不像以前那样活跃，而是常看到他一直站在横浜桥校园饭堂边上的小屋子窗前，直勾勾地看向窗外。他会这样站很长时间。这令我印象很深。虽然上学时，他话就不太多，但现在他老是这么杵在窗前，不知道在沉思什么。我们几个同学就感觉，他是不是想问题想呆了。

现在回忆起赵铭彝老师，印象中他好像从不开口讲话。我见到他都是在图书馆里，我当时比较爱看书，去图书馆借书、看书时，时常看到赵铭彝老师也在那里翻东西、搞研究。但我几乎没有听到他讲过一句话。似乎他就是一个绝对沉默的人。

其实，上戏的历史，还是有很多地方值得挖掘的，好好归纳总结戏剧学院这么多年来走过的道路，肯定会是上戏丰富而又宝贵的财富。

受访者简介：

蔡学渊，1948年进入上海市立实验戏剧学校，毕业后分配至广西话剧团，演出数十个剧目。1970年代，进入上海艺术研究所从事外国戏剧研究和译介。改革开放之初，在国内戏剧界对国外戏剧动态缺乏了解之际，于《新剧作》上翻译介绍阿瑟·密勒等著名剧作家及其作品。首译《捕鼠器》《莫扎特之死》等剧作（由上海人艺、青年话剧团及全国各剧团上演）。退休后，担任上戏校友刊物《横浜桥》主编。

1961 届戏曲创作班校友座谈纪要

座谈校友：马一亭、李惠康、何　俊、张久荣、彭炳麟、薛允璜

戏文系师生：张　璟、陈　军、陈　莹、刘莹莹、王梓怡、张　焱、孔佳艺、
　　　　　　彭　芳

列席并整理：顾振辉

采访时间：2021 年 11 月 18 日下午

采访地点：上戏华山路校区党建服务中心

何　俊：

1961 年毕业至今，六十年一甲子过去了，有些记忆已模糊，我就先尽所能，回忆一下我们班当时的情况。

1957 年后，国家开始将关注的精力转移到文化建设上，所以对旧戏曲的改造便提上了议程。那时正需要一批年轻的力量，来从事戏曲创作和理论方面的工作。于是，经中共上海市委宣传部批准，上海市文化局委托上海戏剧学院和上海戏曲学校联合开办了我们这个班。我们班最初被定为"戏曲创作研究班"，当时的宣传报道中还提及了培养目标，即要通过在上戏学习的三年，把学生培养成一个独立的编剧，或一个独立的理论工作者。这个难度是相当高的。

上级还是下了决心的，由市文化局、戏剧学院、戏曲学校三方组成管理班子。市文化局艺术一处处长冯少白任班主任，他创作过《东进序曲》；戏校校长周玑璋任副主任，他也是位老革命；政治辅导员由当时刚参加工作不久的陈维

卿担任。前两位是属于兼职性质，日常教学行政工作主要由陈维卿老师按事先制定好的教学计划来进行具体的安排。

我们班同学入校时有三十多位，毕业时是二十多位，其间有的同学因政审或其他原因或被迫或主动地终止了学业。我们班有的同学已有工作单位，有的是大学生，有的则从高中直接升上来。所以，年纪参差不齐，来自全国各地。我们当时的宿舍在延安西路校门附近一幢小楼的一楼，就是熊佛西院长住的小楼的隔壁。

我是从初中、高中，一路读上来的。我是上海人，除了小时候跟随父母去看过一到两次的沪剧，对于中国戏曲是怎么回事，基本上一无所知。我就是这样入门的。我之所以能成长为一名可以从事戏曲创作工作的专业编剧，还是要归功于教育我们的老师。

我们当时上课，除了顾仲彝先生发过一本《编剧概论》，其他课程基本是没有教材的，大多是随堂发讲义。戏曲创作人才培养刚刚起步，学校还是尽力请了社会名家、学界教授来做大量的讲座，给我们创造了一个博采众长、广泛涉猎的学习环境。

这样的学习基本是从 1958 年的下半年到 1959 年的上半年。之后，"教育革命"运动就开始了，就是要批判老师们，认为他们讲授的是封、资、修的东西。比如说顾仲彝先生的编剧课，学校要我们学生通过"三结合"的形式，编写一本新的符合马列主义的编剧教材。

于是，我们班就分成了几个小组。我记得我是负责"情节结构"，马一亭是"矛盾冲突"小组的，张久荣是"集体创作"，还有"语言与唱词"等。这个事情好不好，会由历史来评价，我在这里就不多说了。但我们为了完成这个任务，也迫使自己去图书馆翻书学习相关知识，尤其是专业书籍，甚至是国外布莱希特的书。凡是相关的、有用的，我们都编了进去。当然，这本书后来也没出版。

那时的历史背景是 1957 年"反右"、1958 年"大跃进"两个运动连贯起来。在这样的政治影响下，我们还是学到不少东西。因为这些老师的治学是非常严谨的，当他们沉醉在自己学问里的时候，时常会忽略了外界形势，当然也不会讲什么反动的内容，但他们也不会因为"左"的影响而生搬硬套，依旧坚持自己的学术观点。

所以，与这几位老师的教学相比较，我印象更深的是他们为人的风骨。我们后来一路的创作，也是受到他们这方面的影响。

后来又碰到"教改"，上面把我们"戏曲创作研究班"中的"研究"两字拿掉了。于是，我们要求尽快到基层、第一线去工作。所以，我们毕业后全部分配到上海的各文艺院团了。当时院团对编剧人才都有需求，毕业生还有点分不过来呢。我们班二十多人，而当时上海有七十多个剧团。

我们很感恩当年在戏文系求学期间老师们的培养，否则也不会有我们后来的小小成就。

马一亭：

现在的人很难理解20世纪五六十年代上海戏曲界繁荣的景象：剧种多、演出团体多，市属的、区属的，还有民营的。票房兴盛，演出场次频繁。剧团对适合观众欣赏的剧本需求量很大。

我们班就是在这样的背景下应运而生的。我上高中时曾写过一个小戏，在全市学生文艺汇演中得了剧本一等奖。招生报考时，也许因为这个奖，我就被上戏招进来了。

我们班上课有三个特点：一是请戏剧方面的专家开讲座，发些讲义；二是观看演出多，短短几年内先后看了一二百个戏。记得适逢华东戏剧会演在上海举办，我们有时一天要上午、下午、晚上接连观看；三是观摩讨论，请专家讲解，分析剧目内容结构。

我们进学院后不久，1959年戏文系建立。那时已是"大跃进"、"大炼钢铁"之后，遭受三年自然灾害了。政治上阶级斗争、反右倾、大批判也相继提出。

当时，顾仲彝老师给我们上"编剧概论"课。这门课在当时可以说是最系统、最专业的课程，也最受同学认同。上课次数多，影响也大。在那个历史情景下，他就成了被批判的对象。

说起来，这个"批判"对我影响还是挺大的。在分组编教材的过程中，我被分配到"戏剧矛盾"小组。当时，我们对戏剧矛盾的内涵学习、理解并不深入，一知半解，但又必须按照批判的思路去做。回想起来，真是荒唐。

顾仲彝老师个子不高，说话慢声细语的，很有学者风范。他写过不少剧本，尤其改译过很多国外剧本，有丰富的创作实践经验和理论造诣。

我对陈古虞老师也印象很深。陈古虞老师有一个特点，就是讲课时很得意，还会手舞足蹈，讲到高兴的地方，自己会哈哈地笑，完全进入角色之中。他觉得我们都听懂了，其实我们并没懂。我们当时刚从高中毕业，对古典诗词的格律、音韵都一窍不通，古典诗词里的词句有时都认不全。所以他讲课也是有困难的。

（何俊：他讲课时会唱起来，唱的还都是老的昆曲曲牌，我们是听不懂的，实际上这是老文人相聚时吟唱的传统。）

陈古虞老师就是这么一个有点迂腐，而且沉醉、痴迷于自己专业研究中的人。这样的人现在已经很少了。

余上沅老师瘦瘦的，讲话很潇洒。我记得他当时给我们做过讲座，讲戏剧结构等编剧方面的内容。他不像顾仲彝，派头比顾仲彝大多了。他穿衣服挺讲究的，这个形象在那种年代不太合时宜，那时国家正号召向"工农兵学习"。他讲课也不多啰唆的，讲完就离开，可课讲得很好、很实在，就我们学生而言是学得到东西的。也因当时的时代背景，使得他只好讲完课就走人。总的来说，余上沅老师是各方面都很追求体面、精致的人。

老师们对学生是非常关心和爱护的。他们很善良，很真诚，是从心底里对学生好。像魏照风老师，对我们分配工作什么的，都非常关心，总是询问。

熊佛西院长也很关心我们，但也严格要求。我记得有一次，天气很热，我没注意穿了一件汗衫背心去教室上晚自修，被熊院长看到了。他就提醒我，"教室里怎么能穿汗衫背心呢？快去换一件衣服！"原来穿一件汗衫是可以的，穿汗衫背心是不行的。我就赶紧回去换好衣服再去课堂。那时候，晚上我们自修，熊院长总会来兜一圈看一看，这个同学怎么样，那个同学怎么样，做得那么细心贴心。这都是我亲身经历的。

当时学院对我们也很照顾，像我家里比较困难，都会每月发 7 块钱的助学金。调干生是 21 块。同时，吃饭是不要钱的，这样就缓解了我的生活压力。我们当时上课，用的不是一般的课桌，学校配给我们的都是长方形带抽屉的书桌。那时算条件好的。我们班主要还是基于当时众多剧团对编剧的强烈需求而组织开办的，这样的需求也为毕业后的我们提供了不小的舞台。

薛允璜：

我当时是在苏州高级中学读书，正值高考。当时高考，可以报 12 个志愿，也可能由于我家庭出身的原因，被录取在最后一个志愿——扬州师院。在我准备去扬州师院之际，我在《文汇报》上看到了上戏的招生广告，上面说高中以上的毕业生就能报考，上戏是属于统考之外的单独招生。

最初招考时，这个班叫"戏曲创作研究班"，我想既"创作"又"研究"，那何乐而不为呢？正好我从苏州回到家乡启东都要经过上海。若要住在上海，我没有钱；但如果报考戏剧学院，就可以住在学院指定的地方。所以我就抱着去上戏考考玩玩的心态参加了考试，没想到就考进了。

刚进上戏学习时，我也是对戏曲一窍不通。可以说，引领我这个农村来的孩子走进戏剧殿堂大门的，就是顾仲彝老师和他的《编剧概论》。要是没有《编剧概论》，我们这个班恐怕就垮掉了。它是中国戏剧创作理论方面第一本研究专著，真如其他同学所说，影响深远！后来编剧理论的阐发，都是以顾仲彝先生这本书为基础的。

顾先生给我们讲课时有个详细提纲，有些章节已经写好。他讲课结束，书的初稿就出来了，也就是被我们"批判"的那个版本。后来顾老师给1963届的戏曲创作班、中戏戏文系，都上过这门课。他每上一次，就对书稿丰富一次，如此三轮过后，这本书从无到有、渐趋完整，成为顾仲彝老师重要的代表性著作。

在我们班的教学中，学校注重理论与实践相结合。前面讲的"批判"，我认为方向是不对的，也没有成功；但它促使我们去自学，也算有点正面作用。我当时没有参加批判顾仲彝老师和编写教材的小组。当时院里不知为何看中我，让我参加一个剧组，和陈加林、徐闻莺，还有朱端钧老师一起搞创作。这也是"大跃进"的产物。那时提倡的题材是现代戏，提倡的创作方式是集体创作。一位著名导演和两位青年教师带着我一个学生，去各个工厂采风，后来选中了中国冶炼厂。这对我来说是一个极佳的实践锻炼的过程，我跟在老师后面一起访问、了解，还经常去徐老师家里讨论剧本，有时也去朱端钧老师家里。搞了几个月，最后我们写出了一个剧本《我们就是神仙》。

剧本的剧情是说中国冶炼厂的工人因为缺乏防护而一直受到矽肺病的困扰，有人说，这病是连神仙都治不好的。后来在"大跃进"时期，该厂工人通过技术革新，解决了防护问题。所以是神仙都解决不了的问题，被工人解决了。故此戏名为《我们就是神仙》。由朱端钧老师导演，上戏工农表演班在今天的端钧剧场对外公演。这是我参与创作的第一个剧本。我终身从事戏曲创作，但第一个剧本是话剧的，创作的过程都是相通的。我也很感激当年带我的陈加林和徐闻莺老师。

时任上海市文化局艺术处副处长的刘厚生给我们上过戏曲史的课程，他给我印象最深的一句话就是："你们今天还是学生，但以后，上海各戏曲剧团就要靠你们来写剧本了！"我当时还有点自我怀疑，也不确定我们到底行不行，但他这句话语重心长，时时鞭策着我努力学习。

当时正是"大跃进"全国"大炼钢铁"的时期。上戏师生也在校园里搭起了高炉炼钢铁。我记得熊院长还跑来鼓励我们："同学们加油啊！听说中央戏剧学院的第一炉钢铁已经炼出来了。"我们听了以后也就更热火朝天地努力"炼钢"了，可惜到最后也只出来一个没什么用的铁砣砣。

虽然我们班是"大跃进"的产物，但我们二十几个同学在各剧团的"存活率"还是比较高的，主要是因为我们班的教学，能将课堂和社会相结合、理论与实践相结合。虽然我们上的课不多，但看戏多，看戏后有密集的讨论。这些都凝聚了老师们的心血。一转眼我们都是八九十岁的人了，回过头来想，还是很珍视、也很感恩在上戏求学的时光。要是没有这段经历，我可能一辈子就待在农村了。

李惠康：

（李惠康老师首先念了自己为本书所写的文章《难忘的一段"上戏"岁月》。本书已登载，故不赘叙。以下记录其未在文中提及的内容——整理者注）。

我后来和陈多老师有过一段交往。1998年，我发表过一篇文章《戏剧必须面向观众》，陈多老师看到了。当时福建省召开戏剧研讨会，请戏文系的老师去讲课。陈多老师就打电话让我去讲这篇文章，他认为我的文章写得很好。母校有事，我当然是义不容辞的。

我毕业后很长时间是在院团里从事戏曲编剧工作，写的剧本基本都上演了。可"文革"时就麻烦了，他们说我大学里学的都是"封资修"的东西，写的东西也是"封资修"的，要把我往"反革命"的方向上推。这时候我就想起顾仲彝老师了，我想他肯定也会吃苦头。所以后来"串连"时，我第一时间就来戏剧学院打听顾仲彝老师的情况。那时才知道，顾老师在"文革"前就过世了。我还问了赵铭彝老师的状况，得知他虽是右派，但也还过得去。那我就放心了。

张久荣：

陈古虞老师样子看起来很古板，但上课却生动活泼，会唱起来，给人的感觉也就有趣了。他用这种容易感知的授课方式，让当时年轻的我们了解了什么是诗词，什么是格律，什么是音韵，给我留下了非常深刻的印象。还有赵景深老师，给我们上课时也会唱。他们当堂的展示，让我感觉这就是戏剧，应该迷恋它，沉入进去。很遗憾的是，我们并没有把老师丰厚的学问都学到手。

顾仲彝老师给我的印象是很儒雅。我们班刚进校一上课，不是学习而是先批判"编剧概论"，依据"编剧概论"中几方面内容来分成几个小组。我被分在"集体创作"组，研究如何通过多人的集体劳动来高效地创作出符合那个时代所需的"高大全"的人物及与之相配的情节。

顾仲彝老师在这样的情况下，依旧如常地给我们上课，对我们的批判很淡然。他讲课从不越轨，讲的思想性多一些，主题多一些。戏剧矛盾及戏剧技巧，在当时的课堂上，我们听到的不多。同学们都知道顾老师是大家，所以就尽量去找更多的专业资料来补充学习，比如顾老师在中戏讲学时的讲义等。顾老师后来的讲义都已应时代所需，内容上政治性增强了。我觉得那时的老师真是一肚子的学问，但在课堂上一般是泛泛而谈，偶尔说出来一两句，你听进去了，就有收获了。顾仲彝老师上课时举过一个例子，我至今记得。他在讲《白蛇传》时，曾问我

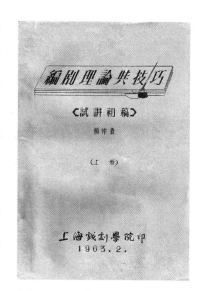

《编剧理论与技巧》封面

们，青蛇和白蛇，你们认为应该怎么安排，谁先出场？谁后出场？谁先说话？说什么？情节往哪方面发展？这些学生要是听进去了，就在专业上得到了很好的引导。

顾仲彝老师上下课时间掌握得很准。铃声响起，走进教室，不早不晚；下课铃声一响，顶多再讲一句话就结束。感觉顾老师很严谨，连时间都掌握得那么好，令人佩服。

我今天带来了顾仲彝老师的《编剧理论与技巧》，是他在北京中戏讲学时由中戏印制的，我们那时也发过一份油印本。还有陈汝衡老师讲授的古典戏剧，也是油印稿。当时学校还给我们安排了很多的专题讲座。我记得复旦大学章培恒老师来做过讲座，还有刘厚生老师讲授戏曲史，赵景深老师讲昆曲，蒋星煜老师讲《十五贯》，都发油印讲义。这些资料送给系里，希望你们好好保存，好好研究利用。

彭炳麟：

我是在松江读高中的，我喜欢看戏，有的剧场熟悉了，都可以钻进去的。接触多了，便对戏剧产生了兴趣。当时，松江和我的老家金山都属于江苏省，那时，我在江苏省的一些报纸上，发表过文艺类，特别是戏剧类的小文章。所以我看到上戏招生广告后，就凭着兴趣报考了这个班。为了稳妥起见，我到上海参加了上戏的考试之后，又回松江参加了大学统考。

可能因为我已经发表过一些文章，同时也会写点唱词。这些材料在报名时是可以一起交上去的。报名后第三天就有一场"三堂会审"式的面试。记得是在学校红楼一楼的一间教室里，由六位老师对我进行面试。后来老师就和我说，根据我的成绩，我被录取了，但学校还需要再调查一下。所谓的调查，其实就是政审及了解一下家庭情况。回松江后，我对统考就不感兴趣了，因为我的志趣是在上海戏剧学院。

我来自农村，到上戏来读书穿的衣服是母亲亲手织的土布格子衣服。那时正值"大跃进"时期，学校里的食堂是给大家免费吃的，听说这是当时的学院党委副书记费瑛特意向上面申请获批的。无论是学校还是国家，都为我们提供了在当时力所能及的好条件。

受访者简介：（以姓氏笔画为序）

马一亭，上海人民艺术剧院编剧，从事宣传、演出工作，先后任演出部主任、剧场经理。创作及参与创作的作品有《光辉的道路》（话剧）、《乌江浪》（歌剧）、《一个明星的遭遇》（沪剧）、《海上奇遇》（电视剧）等。

李惠康，见本书《难忘的一段"上戏"岁月》中"作者简介"。

何俊，一级编剧，先后任上海沪剧院副院长、上海滑稽剧团团长、上海越剧院院长。代表作有：沪剧《日出》《啼笑姻缘》《被唾弃的人》《寻娘记》及电视连续剧《江南明珠》《屋檐下的白玉兰》等。

张久荣，中国福利会儿童艺术剧院编剧。上海宋庆龄研究会会员，中国戏剧家协会会员。有剧作《少女宋庆龄》《向阳花》《我要有三条红领巾》及小说诗歌散文《宋庆龄的故事》《大公鸡喔喔啼》等作品。

彭炳麟，上海沪剧院，二级编剧。主要从事戏曲编剧、戏剧理论工作。

薛允璜，一级编剧，中国作家协会会员，中国戏剧家协会会员。曾任上海越剧院创作室主任、副院长。

1963 届戏曲创作班校友座谈纪要

座谈校友：王韵健、方　晓、乐文娥、劳为民、李玫卿、吴文琪、张申英、
　　　　　赵兴国、徐维新、蒋鸿源
戏文系师生：张　璟、陈　军、陈　莹、刘莹莹、王梓怡、张　焱、孔佳艺、
　　　　　彭　芳
列席并整理：顾振辉
采访时间：2021 年 11 月 26 日下午
采访地点：上戏华山路校区工会

赵兴国：

很高兴回到母校参加这个座谈，饮水思源，追忆前师，以利后学，这工作很有意义。

回想起来，当时的老师真好，非常爱护我们，把我们当子女一样，将他们的知识和盘托出，倾心相授，并想方设法用我们最喜闻乐见的形式教给我们。

陈汝衡老师教我们古典文学，同时负责布置和修改作业，所以他的工作很辛苦，我们和他的接触也比较多。他选材精当，浓缩教学，让我们的学习以少胜多，含金量高。为了调动我们的写作热情，他在教《诗经》中《硕鼠》的时候，以同样的四言格式，即兴创作了《养猪》《积肥》等现实题材的诗篇，并用他的方言普通话大声朗读，营造了浓厚的写作氛围，促进我们成长。记得一次去他家送作业，受到热情接待。临走，还执意一直送我到小区的大门口。我只

是一个普通的学生，他是著名的作家、教授，舐犊情深，让我深受感动。

陈灌芜老师教中国文学史，为提高同学们学习中国古典诗词的兴趣，他经常用传统文人吟诗的优雅旋律，给我们吟咏古典名著，让我们品尝精华，加深印象。

我们班的大多数同学都是直接从普通高中进来的，对古典诗词和戏曲的格律很陌生，对于编剧的规律和法则更是一无所知。老师们要在短短两三年的时间里，把我们从白坯子培养成能到专业单位独当一面的编剧，真是费尽了心血。回想当年上的课，都是一课一个实实在在的内容，让你吃饱，让你终生受用。师恩难忘，赏我们饭吃！

各位老师各有所长，从各方面努力让我们具备戏曲编剧所需要的各项知识才能。以上两位老师和陈古虞老师的戏曲音韵课，让我们具备了写作戏曲剧本的文字表达能力。顾仲彝老师的《编剧概论》则使我们具备了编写剧本的基本遵循。

经过几十年的编剧实践，我认为顾老师的编剧理论是一个非常完备、全面、符合剧本创作规律的科学体系。从社会功能的开宗，中心事件的确立，人物性格的塑造，矛盾冲突的组织，故事情节的环扣，细节的捕捉，悬念的设置，高潮的安排，直到戏眼的挖掘和展开，头腹尾的布局照应，语言的功力……几乎囊括了优秀剧本所必备的一切要素。他把西方的和我国的成功编剧理论融会贯通，立主脑，减头绪，抠戏眼，在讲学中把中西方剧本各种成功的范例生动展现在我们眼前，使我们能领悟其要，铭记于心。由于他的理论要求我们从生活出发，细心观察和捕捉各种事件和人物的特征，要写出"这一个人物"的特点，写出"这一个矛盾"的特殊性。因此，按他要求写作出来的人物和故事，就千人千面，丰富多彩，不会雷同。同时，他要求写矛盾冲突不能光停留在表面剑拔弩张、轰轰烈烈，而更要深入揭示人物相互之间和人物自我内心的纠结、矛盾、思辨、冲突……因此，闹中取静，以静胜闹，不仅人物形象丰满，思想挖掘深刻，而且，能为戏曲表演提供绝佳的发挥唱腔艺术特长的机会。

实践证明，顺应顾仲彝老师编剧理论的作品基本都取得了成功。背道而行，多遭失败。因此，真心希望我们学院能把顾老师的编剧理论当作传家宝，好好

戏文系 1963 届戏曲创作班毕业集
体照

传承发扬下去，后人可以进一步丰富，但不能背离其中规律性的东西。

张申英：

陈多老师在我们进上戏时，已被划为"右派"。他在图书馆工作时，很关照我们，会提醒我们有新书来了，让我们去看，比如《安娜·卡列尼娜》等名著。这样我们就能较为便捷地看到中外名著，来提高自身的文学修养。

他平反后，我和他曾经一起到云南开一个全国戏曲方面的研讨会。陈多老师代表上戏，我属于戏曲学校的青年教师。在开会讨论时，听他的发言和会后的反响就能感觉到他是很权威的。但开会之余，他对我们很亲切热情，外出游玩逛街时都会叫上我们一起去。我记得很清楚的就是，云南是出产香蕉的地方，陈多老师每次出去都会买些香蕉请我们吃。陈多老师真的是一位非常亲切随和的老师。

乐文娥：

上戏专门培养戏曲编剧，前后共有三个班级。我们班同学大多是高中毕业，对于戏曲乃至于戏曲创作，基本就是一张白纸。老师们可以说在我们身上倾注了大量的心血，把我们培养成可以从事戏曲编剧的工作者。

我们上学时，正值三年自然灾害时期，学校里吃饭，开始都是八个人一桌，一盆饭要划开来吃。学校食堂的师傅盛菜时都会手抖一抖，以减少损耗。只有在毛主席生日的时候，才能吃一顿有肉的"长寿面"。但是这段艰苦的生活，对我们世界观的建立是很有益的。

我记得，陈古虞老师给我们上课时是41岁，陈汝衡老师是60岁，顾仲彝老师是57岁。就是那样定量供应的时期，都没有影响老师们对教学一丝不苟的态度。

我印象中，顾仲彝老师上课比较严肃，我今天还带了他在1963年2月发给我们上课用的《编剧理论与技巧》。这门课就是系统地讲述如何进行编剧。顾仲彝先生也强调，要利用戏剧来教育人，编剧就首先得有正确的世界观，才能传递出正能量。

相对于话剧编剧，戏曲编剧更难一些。话剧一般以对白为主，而戏曲编剧要写唱词，就需有更为丰厚的文学素养，尤其在古典文学方面。要懂诗词的格律、音韵、平仄等，对戏曲表演的手、眼、身、法、步也要有所掌握。

陈古虞老师精通昆曲，还会一些表演动作。所以上课时会边唱边示范身段给我们看。

陈汝衡老师很风趣，他家离学校很近，很欢迎同学们去拜访，谈谈学习生活的情况。他爱人的身体不是很好，但很支持陈汝衡老师的教学工作，陈老师从没有缺课的情况。

那时，学校给我们安排了很多观摩活动，有专门的观摩费，如经费不够用了，还可以提请上海文化局，再给我们提供免费的观摩机会。所以，我们三年下来积累了不少观剧经验。

每次看完戏后，大家都很兴奋。有时为了节省车费，我们会从人民大舞台、大众剧场等地走路回到学校。边走边聊，直到晚上睡觉前，大家一直在热烈地讨论。

当时熊佛西院长就住在我们宿舍的对面。有一次他实在被我们谈论的声音吵得不行，就冲我们喊："你们哪个班级啊？怎么还不睡？你们明天不上课吗!?"我们听到以后，就赶紧不再作声了。

1982年7月，上海市文化局办过一个面向文化馆的"戏剧创作干部进修班"，我今天还带来了这个进修班的课程表。陈古虞老师在里面讲授"戏曲源流与特点"，陈多老师讲授"题材"。虽然经历了"文革"，但感觉这些老师对教学的热情与严谨的态度一如既往，依旧尽心尽责地培育年轻一代。这种精神真是难能可贵。

我们这些同学经历都很坎坷。学习的时候是三年自然灾害，分配工作了，在剧团里刚刚在创作上站住脚，又碰到"文化大革命"。我当时在越剧团刚写了剧本《春风送暖》，出版社都来找我了，"文革"一来就全部停掉了。剧团解散，我被下放到五七干校，种地、养猪。拨乱反正后，我们才继续从事编剧工作。但是不管怎样，我们这些同学能有今天的成就，还是离不开戏剧学院老师们的辛勤培育。

徐维新：

这九位老师，都曾给我们班上过课。李健吾、余上沅老师给我们开过专题讲座。陈耘老师的剧作《年青的一代》问世并引发轰动后，曾给我们开过一系列的讲座。从我当年的笔记来看，陈多老师给我们分析过古代戏曲剧本《清忠谱》。

我们是1960年进上戏的，那时不论是中戏还是上戏，都是戏文系的初建阶段。前几年，《新民晚报》上曾有人写文章说，上海没有专门培养过戏曲编剧。这是对历史不了解，我们一批人就是20世纪60年代培养的戏曲编剧。

我们在上戏上学时，三年自然灾害刚刚过去，国家提出"调整、巩固、充实、提高"的八字指导方针。在当时历史氛围下，老师们虽还是"夹着尾巴"做人，但依旧把各自在学术上的积累毫无保留地教给我们，是多么不容易！这几位老师都是国宝级的专家，对我们这批学生来说，能遇到他们真是很幸福的事。

戏文系 1963 届戏曲创作班
部分同学参加校庆合影

　　我记得，顾仲彝先生给我们上"编剧概论"课，对我后来从事编剧工作可以说是受益终生。其中有几个观点是我自己创作也好，辅导别人创作也罢，一以贯之坚持的。首先是"没有冲突就没有戏剧性"。现在的很多戏都不讲这一点了。我后来从事滑稽戏的编剧，顾先生关于喜剧理论的三要素，我一直记到现在：一是情节要有喜剧的冲突，二是人物要有喜剧性格，三是要有喜剧的语言。

　　后来，我和前一班的缪依杭曾经一起编过一个滑稽戏，后来还拍成了电影，即反响还不错的《性命交关》。我俩都受教于顾先生，在合作时就有共同语言，就依照顾先生的三要素展开创作。所以，我希望我们戏剧学院应该将顾先生的编剧理论在教学中好好予以传承，并进一步发扬光大。

　　顾仲彝先生在《编剧理论与技巧》里还提到世界观的问题。那完全是从马列主义的角度提出的。他在里面详尽阐述了，作为一个编剧，应该具有怎样的思想、怎样的立场。我前几天重温了一下，觉得这在当时是很不容易的，完全站在马克思主义理论的高度，告诉我们要成为一个合格的编剧，必须具备怎样的世界观。

　　顾仲彝先生的研究旁征博引，融会中外优秀剧作，从中提炼、总结归纳出一套符合科学规律的编剧理论。并且，他的理论与实践结合的，是与时俱进的。

当时，社会上曾经兴起了一场关于社会主义新喜剧的讨论。顾仲彝老师不仅发表文章，还专门为我们做过一个关于喜剧的讲座。对当时热门的《今天我休息》《五朵金花》等作品，从理论上做出了精辟的评论，并提出了独到的见解。

陈汝衡老师给我们上两门课，"古典诗词欣赏"和"写作实践"。"写作实践"这门课是老师当堂给学生布置作业，学生当堂进行创作。陈先生基本会给我们当场修改，有时也会带回去批改。我至今还保留着陈先生用红笔对我作业的批改。陈先生教我们平仄的规律，教得非常仔细。那时候是"厚今薄古"。这些属于传统文化范畴的知识都是戏剧学院的老师们一点点教会我们的。戏曲编剧不同于话剧编剧，最主要还要会写唱词，要懂古典诗词的格律平仄，要押韵，还要有意境。

陈古虞老师教给我们"音韵学"中对于上海话中"尖团音"的分辨规律，令我获益匪浅。我小时候就很喜欢滑稽戏，自然对我们的方言——上海话也很感兴趣。在吴方言区中，有一个特殊的"尖团音"。在京剧与昆曲的念白、唱词中也都广泛存在的。但我那时没有掌握"尖团音"的规律，靠死记硬背。后来，陈古虞老师讲课的时候，就教了一个区分"尖团音"的规律——叫"从偏旁"。如"相"为尖音，则以"相"为偏旁的字均为尖音。像"厢""想""箱"。团音其实也是"从偏旁"的。这就让我茅塞顿开，对我后来的工作有很大的启发和帮助。

魏照风老师当年主持系里工作，也教我们话剧史。从今天来看，他能讲"话剧史"是很不容易的。那时候没有教材，就一本《中国话剧运动五十年史料集》。话剧在特定历史氛围中是很难讲的，但魏老师的课让我很受启发。徐闻莺老师后来也讲授过话剧史。

其实滑稽戏就是从早期新剧中的"趣剧"逐步演化而来的。这就是我从魏老师的话剧史课程中学到的，进而让我认识到了滑稽戏与话剧史之间的关系。前一阵，上海滑稽戏申报全国非物质文化遗产时，我参与整理申报材料，我就顺着魏老师当年讲授的话剧史，进一步查到了滑稽戏的源头。

班主任陈维卿老师要求我们，不但要好好记好、整理好听课笔记，而且还要大家交换着看，并交流心得。这一点后来虽没做到。但他对同学们记笔记的要求促使我认真记好每堂课的笔记，令我获益匪浅。很多笔记我都保留至今。

在我心里，当年那几位老师真是像菩萨一样的存在。我觉得他们也拿我们当宝贝一样，他们也很期望能好好培养出一批功底扎实的戏曲编剧。之前学院里也没有正规培养过戏曲编剧，而剧本又是一剧之本，可见他们要克服很多困难。真是令人感动！

劳为民：

今天来参加这个座谈会，我是带着一份感恩的心来的。我十八岁进戏剧学院前连一个舞台剧都没看过，只看过戏曲电影《梁山伯与祝英台》，在戏剧方面几乎什么都不懂。

我印象中，顾仲彝先生讲课非常精准，下课铃一响，他的课就会结束，不拖一分钟的堂。这说明他学问深厚，无论讲到哪里都能自如收住，下堂课还能接着讲。也说明他备课充分，水平让我真心敬佩。

我们进学校后，主要就是在顾仲彝先生的课堂上，从最基础的创作理论开始学起，如戏剧要有悬念、要有冲突等。为我日后从事文艺工作打下了坚实的基础。顾先生讲授的内容中，有一点我印象很深，"性格冲突"是什么？就是人性中真善美与假恶丑之间的冲突。真善美便成了我人生的追求，简单地说，就是要做一个好人，不能做坏人。

老师们还都会教导我们，如何看戏，这个戏好在哪里，应该怎么处理可以变得更好。既让我们掌握创作的方法，又提高了我的艺术欣赏水平。

学校还邀请过文牧、应云卫等当时比较成功的导演、编剧和评论家，来给我们做专题讲座，讲述他们在专业上的心得体会。

再讲一件与熊佛西院长有关的事情。

熊院长是一个很风趣且没有架子的人。有一次，我在校园路上碰到熊院长，熊院长就问我："同学，你是……？"

其实他不认识我，我就向他自报家门："我是戏文系的……"

熊院长立刻说道："对！对！对！你是几年级的啊？"

我回答道："我是三年级的。"

"贵姓啊？"

"我姓劳。"

"啊！你好你好！"他还热情地和我握握手。

这一幕深深印刻在我的回忆中。熊院长是我们亲切随和、风趣幽默的师长。

总之，恩师们不仅传授我从艺求生的技能，而且为我们树立了艺术、人生的标杆，不落俗流。让我受益终身，并在我的学生中得以传承。

蒋鸿源：

很久没来母校了，我今天心情很高兴。踏进校门，就让我回想起大学时光。如同前面几位同学所讲的，这些老师将我这样一个对文艺完全不懂的学生，领进戏曲编剧专业领域，让我基本掌握了戏剧艺术的规律，进而产生对戏剧艺术的由衷热爱。我很感恩老师们对我们的培养。他们的教导对我们后来事业上的帮助是不可估量的。

记得顾仲彝先生一再强调，创作必须要有构思。没有构思就成不了好的戏，就成不了好的电影。可是现在很多戏大多随心所欲，没有一个从头到尾的完整的结构整体。可能是我还不太理解现在的戏剧潮流。可当年顾仲彝先生在课堂上，就一直提醒我们要有一个好构思、巧构思。

其次，就是一个戏要有个戏核。人物、情节都要围绕着戏核来发展，并使这个戏变得有趣而吸引观众。

这两点是我在后来的工作实践中，最为受益的。

我和陈汝衡老师有过几次接触。我刚开始不太喜欢文言文、古诗词，甚至有些反感。可是学习戏曲编剧又必须要掌握这些知识。

陈汝衡老师当时曾批评过我，说我写的诗不像诗。但有一次做古诗词作业，要求我们写一首七律，陈老师对我的诗的最后两句："落得花涧一壶酒，醉身飞上碧云天。"颇为欣赏，认为有丰富的想象力。陈老师马上就把我叫到他家里，说我能写出这样的诗句来，不容易啊！我说，这是老师教得好。

上课时，陈汝衡老师还特意把我这两句诗提出来，点名表扬。这对我触动很大，觉得自己是能够学好古典诗词的。此后，我对古典诗词产生了浓厚的兴趣，于是就钻研进去了。

由此可以看出陈汝衡老师的教学方法与教学精神，不是把学得不好的学生晾在一边，不管你，而是尽力发现你所取得的每一点进步，用肯定、鼓励的办法，帮你树立起学习信心，以取得更大的进步。

那次在陈汝衡老师家里，陈老师推心置腹地和我讲，你不是学不好古典诗词，而是不肯学。我也和陈老师坦陈了自己之前的抵触情绪。但通过这件事，陈汝衡老师给予我的荣誉感，激发了我。他说我是能学好的，我自然也不能有负师恩。陈汝衡老师对我亲切鼓励、关怀备至，像父亲一样的教导，不仅让我很感动，更激发了我学古典诗词的兴趣。我后来发奋背了好多诗词。

另外，图书馆里的萧洒和陈多两位老师，也让我印象深刻。因为当时图书馆的书不太好借，两位老师就给我大开方便之门，凡是图书馆里的书，都给我看。我在那时就看了一些不能外借的书，特别是古典典籍方面的。当时一些所谓的"坏"书我也看了。现在想来，那是老师们对我的信任和深爱。陈多老师人矮矮的，但他的嗓音我特别欣赏。说话中气十足。

魏照风老师讲话剧史的课。我对他讲抗敌演剧队的历史印象很深。后来再结合我自己看的一些资料，我就觉得我国话剧史上的某些作品，并不见得比国外一些有名的作品差。那时的话剧人对于艺术的追求、执着和热爱，都是现今的人所不能比的。魏照风老师在课堂上讲起这种精神总让我深深感动。

总而言之，母校当年对我的培养，就我个人而言，可以说是功德无量！

受访者简介：（以姓氏笔画为序）

王韵健，中共党员，毕业后任青山越剧团编剧，后从事中学语文教学。

方晓，先后任合群越剧团编剧、上海市开放大学（原上海电视大学）中文教师。

乐文娥（乐怡），上海戏剧家协会会员、普陀区第十二届人大代表。毕业后在少壮越剧团、卢湾区文化馆、上海艺术研究所等单位从事戏曲编剧、文艺创作辅导、文艺杂志期刊编辑等工作。创作的越剧现代戏《春风送暖》（与人合作）收入《上海越剧志》。

劳为民，中共党员，高级编辑，享受国务院政府特殊津贴。毕业后分配至上海评弹团任编剧。后调入中国唱片上海公司综合编辑室，编录首张中国文化名人声音档案——曹禺《远望》。创办《音像世界》杂志社。曾任中国广播电视期刊协会会长。

李玫卿，先后任董风甬剧团编剧及上海大都会舞厅经理。数次被评选为单位、区文化局先进。

吴文琪，上海戏剧家协会会员，毕业后加入勤艺沪剧团，从事沪剧和越剧的编剧工作。

张申英，历任上海市戏曲学校编研室主任、沪剧科（首届）科长、昆曲科（1999届）科长等职，为培养戏曲和戏剧人才贡献力量。参加编写出版《中国戏曲简史》《昆曲剧目》等著作。

赵兴国，中国戏剧家协会会员。1960年被保送入上海戏剧学院戏曲创作班学习。毕业后，先后在上海市青年京昆剧团、上海市《龙江颂》剧组、上海京剧院任编剧。后任上海市戏曲学校编研室副主任。

徐维新，见本书《六十年前学编剧》之"作者简介"。

蒋鸿源，高级编辑，上海电影家协会会员。先后任职黄浦区文化局，上海市电影发行公司策划总监。退休后发起无障碍电影项目，为208部电影撰写盲人观影解说词。曾获上海市十佳杰出志愿者、上海优秀创新奖等荣誉。

1963 届戏曲创作研究班校友座谈纪要

座谈校友：严明邦、罗国贤、唐葆祥、黎中城
戏文系出席：张　璟、陈　军、陈　莹、管润青、王梓怡、孔佳艺
列席并整理：顾振辉
采访时间：2021 年 12 月 7 日下午
采访地点：上戏艺术书店会议室

唐葆祥：

我们年纪大了，记忆力衰退，我就把还记得的事情和大家分享一下吧。

陈耘老师没有教过我们，但有一件事我们印象很深。他当时刚刚写好《年青的一代》的初稿，就约了我们班四位同学去他的宿舍听他"读剧"。当时他还是表演系的老师。他的"读剧"可不是随便读读，他在给我们念剧本时充分运用了表演的功底，感情非常饱满，绘声绘色地逐一呈现剧本中的各个人物。尽管他是福建人、普通话不太标准，但他对剧中人物情感的表现十分到位。这个戏是多幕剧，完整念完需要两个多小时。每一幕的中间我们还要休息一下，他会把亲戚从外国寄来的饼干分给我们吃。

后来我看到这个剧本还署上了其他人的名字，其实全部戏都是陈耘一个人创作的。后署名的人就是在政治上加几句左的论调，无非想在政治上捞一票。

余上沅先生给我最大的影响是"从高潮看全剧"。就是在创作剧本时，应该倒过来看，先确定高潮，然后在为其铺陈前后的情节。余上沅先生给我们讲悬

念的设置，讲高潮的安排，这些概念是我们中文系出身的人没听到过的，给我们很大的启发。

学院还给我班请了很多外校的知名专家来做讲座。我今天带了一本龙榆生老师当年的讲义。我曾经和徐培钧两次参加了龙榆生老师的儿子为了编撰他的全集，在复旦大学组织召开的学术研讨会。龙榆生老师在音乐学院戴了"右派"的帽子，不能当主课老师，他来戏剧学院教课就很高兴。龙榆生老师在课堂上教我们词创作的内在规则，要求我们每周写一首诗或词，他都会亲自批改。沙叶新保存了一本当年的作业本，前几年给我看过，龙榆生老师写在上面的批注都是密密麻麻的。沙叶新很珍视它，藏在书架的后面。

龙榆生的老师朱强村是晚清民国时期的词学权威。朱强村去世，临终前以遗稿和校词用的朱墨双砚授予龙榆生。于是龙榆生就秉承先师遗命，校辑刊印了《强村遗书》。吴湖帆、徐悲鸿等人据此画了《强村授砚图》，成为词坛一段佳话。后来，我们班徐培钧算是龙榆生的传人，成了上海词学界的权威。

周贻白老师给我们讲了一年的中国戏剧史，我记得他上课很喜欢在教室里走来走去，边讲边演，又说又唱，声情并茂。他在课上介绍戏曲起源的时候，分析过《东海皇宫》和《踏摇娘》。他给我们讲解戏剧史上最原始的表演形态是怎样的；中国戏剧在演进过程中，是怎样把木偶、杂技等各方面的艺术特征杂糅在一起成为最终样态的。他在当时就编了一本《中国戏剧史长编》，把各种戏剧史料经过整理后收集起来。这部书我现在还经常需要翻看参考的。

严明邦：

（一）关于陈耘老师《年青的一代》剧本之事，我补充几句。当时陈耘老师刚写出来，还是个草稿本，尚未打印。他给我们念完之后，我很兴奋。我说这个戏很像我喜欢的苏联著名戏剧《祝你成功》，他听了也很高兴。我们几人聚在他的小阁楼宿舍里，屋内就一张单人床，一张小书桌，我们几乎挤不开，却见证了《年青的一代》在这个小阁楼里诞生。

我还请教他的写作过程以及是否有写作提纲。他拿出一个小火柴盒，说他的提纲就是这个小火柴盒上的几行字，等等。

因为我们几人最早听过《年青的一代》的剧本，后来在上戏的演出也很成功，很受欢迎。所以，作者就是陈耘，我们几个也算是见证人吧。此戏越来越看好，还参加过会演，但作者却变成了陈耘、章力挥、徐景贤，然而剧本从人物、情节、到结构等没什么变化，最多个别语言上稍有加工。作者变成三个人，是完全不应该的，那两人其实是利用职权了。《年青的一代》话剧和电影的作者就应该是陈耘老师。

（二）我们班是由市委宣传部委托上戏办的一个创作研究班，学生来自复旦、华东师大、上师大，都毕业于中文系，每个人都领研究生工资。班主任是刚从中国青年报社驻华沙记者站调回上海的陈伯鸿老师（"文革"后他任上戏副院长）。

我很感谢上戏的培养，也感谢陈伯鸿老师的担当。因为我们这个班有特殊性，来自复旦的几位同学曾是和刘大杰教授一起编中国文学史的成员，所以陈伯鸿老师就千方百计从全国聘请了极好的专家来教授。如戏曲史请了中戏的周贻白先生，专题讲座更有李健吾先生、复旦的昆曲专家赵景深先生，甚至有研究阴阳八卦风水的易经专家等，为我们从事戏曲创作拓展了视野。尤其值得一提的是陈老师不拘一格，敢于请出在政治上一度遭受处分的真正专家，特别是解放前国立剧专校长余上沅先生，以及龙榆生先生，还有在上戏图书馆工作的陈多老师。

给我们上了一年编剧技巧课的余上沅先生，留美时专攻戏剧。后来余先生不得已放弃戏剧专业多年，但为了给我班上课，他专门提纲式地翻译了乔治·贝克著名的《戏剧技巧》，这对我和同学们帮助极大。关于贝克的"戏剧动作说"，以及从高潮倒挂全剧的技巧，我印象尤其深刻。从自己创作到后来负责指导全文化局各剧团的创作，都起了很重要的作用。记得赵化南创作《GPT不正常》一剧，我和他经常讨论到深夜，其中最主要就是探讨了高潮部分，而且考虑到高潮的需要，人物身份也由邮电员改成海员，情节铺排、种种人物关系，

　　　　　　　　　　　　　　　　　　　　　　　　戏文名师

直至高潮部分主角的一段深情独白，使人际关系陡转。既推出了高潮，又升华了情怀，演出非常成功。其实在这过程中，我就是运用了余上沅先生教过的贝克的编剧技巧。

余先生不仅讲编剧理论，还负责指导创作。我当时构思了一个独幕剧，他约我到他家里去谈。他听后非常认可，还告诉我，独幕剧难写，因为同样需要起承转合，也需要高潮。因为写得较慢，我把剧本送到他家，他看后带到教室来，当着同学们的面，双手递给我，说了两个字"很好"。我十分感动，老师的用心和鼓励，我至今未忘。

余上沅先生根据给我们班上课的翻译提纲，后完整译出并由中国戏剧出版社出版了乔治·贝克的《戏剧技巧》，成为几代编导们的重要学习好教材。

关于宋词，我原来大学的老师也是《宋词五百首》的编纂者，但不同的是，陈伯鸿老师请来的龙榆生先生，从音韵、节奏、曲牌等方面，即从艺术内在规律上给我们讲课，还是第一人！他给我们上了十堂课，我们班的宋词课代表都做了详细记录，后整理出版，成了非常有名的著作：《词学十讲》。龙教授也和余上沅先生一样，除上课外，每次还布置作业，要求每人写词一首，写后再来辅导。这对从事戏曲编剧的学生来说，是异常难得的。

班主任陈伯鸿老师为我们这个班延聘了那么多真正顶级的学者专家，他既懂行又敢于担当。陈老师是四明山打游击出身的老革命，虽被批为右倾机会主义分子，但他依旧敢用有真才实学的"有问题的人"，这是我们班有幸之事。由此，我觉得，上戏无论哪个系，选择带班的班主任老师很重要，我相信，年轻人成才，除了天赋，是需要好老师、伯乐带出来的。

我曾委请上戏办过一个高编班，学员都是各剧团有成就的编剧，但面临知识陈旧需要更新。关于班主任的选择，我和陈恭敏院长商量选择了很久，就是当年陈伯鸿老师的经验启发的结果。

另外，我们这个班的同学，毕业后都成了剧团、剧种的骨干，挑起了大梁，还有个原因，就是利用了宣传部、文化局委托举办的条件，加上经费的支持，同学们两年内观摩了大量舞台演出及艺术活动。除上戏的演出外，记得昆大班将毕业时，每到周末我们就随石西民部长等到戏校观看昆曲折子戏，还有俞振飞、言慧珠的演出，看中国戏校来上海的毕业演，参加周信芳的周年纪念演出，等等。这些是一般戏文系学生较难有的机会，它打开了我们的眼界，极大丰富了我们的观剧积累，对创作很有帮助。这也是我们班同学几乎都成了当家编剧、著名专家的重要原因。

黎中城：

陈汝衡老师来给我们上课时说，要学诗词，首先要会对对子。他就出了一个对子"熟读唐诗三百首"，让同学们来对。我们班里的同学挺调皮的，沙叶新就站起来说，"不会作诗会打油"，大家哈哈大笑。

李健吾老师来讲过一次莫里哀，他上课真的是谈笑风生，他嗓子很尖很响。讲课时沉醉在自己所讲的内容中，有时候自己哈哈大笑，我们还有点莫名其妙。也正是因为李健吾老师，我们把当时翻译过来的莫里哀剧本都看了一遍，对喜剧也有所了解，对我后来的创作也很有帮助。

对我来说，印象最深的还是余上沅先生，水平真是了不起。我们戏剧创作的基础，或者说知识建构的主要的那根梁，就是余上沅先生给我们打下的。"动作说"也好，"高潮设置"等方面，都是他给讲授的。后来的习作也由他亲自辅导，我改编了《范进中举》，余先生看了以后也觉得挺有意思。余先生上课和李健吾先生不一样，他平心静气的，我们也都十分想听。

余先生早年留学于美国哥伦比亚大学，他就把乔治·贝克的《戏剧技巧》部分翻译出来，并传授给我们。当时余先生给我们发了一份比较薄的提纲式讲义，后来才出版了同名比较厚的书。这讲义在当时也很宝贵了，后来我在创作、列提纲的时候，还时常拿过来翻一翻，真的是受益无穷。所以，余上沅先生对我们班同学来说，是最重要的老师之一。余先生曾经表示过，他想要培养的是实用性的戏剧人才。他很注重这一点。我也上他家拜访过，他曾和我说，他希望我们能够成为真正有用的工作者，而不是光讲大道理的空谈家。我们本身就是戏剧创作研究班，大多数同学从事戏剧创作，也有搞研究的，但研究也做得很具体。

余上沅先生上课时，曾经讲过莎士比亚的《哈姆雷特》。他向我们介绍当年美国有个著名的戏剧演员，演这个戏的时候就是坐在那里，什么表情都没有，就光是念那段著名的"生存还是毁灭"。这个记忆至今留在我的脑海里。

陈古虞老师长得很粗犷，个子很高，胡须很旺盛，虽然不留胡子，可刮掉后青色的样子还是很明显的，但会唱旦角。他戴个眼镜，一口标准的北京普通话，骑着一辆老旧的自行车，车龙头上还挂着包。

他在上课时给我们归纳过记忆京剧音韵"十三辙"的口诀——"俏佳人扭捏出房来，东西南北坐"。这个归纳就很精辟地把京剧唱词中要用到的十三个音韵给串连了起来，非常容易记。"俏"就是遥迢辙。"佳"就是发花辙。"人"就是人辰辙……这个口诀让我们很容易地就记住了京剧创作中的音韵十三辙。来上戏读书之前，我从小就看了不少京剧，不过也就看看热闹。就此掌握了这个规律后，至少在唱词的写作上，能够做到最基本的"合辙"。所以，陈古虞老师的教导对我也是受益终身的。

当时，我和沈鸿鑫是音韵学的课代表。我们到福州路旧书店，买《诗韵合璧》等线装本的旧书。这些书我一直用到工作。陈古虞老师的课上还曾介绍过《中原音韵研究》，同样对我后来的京剧创作帮助很大。

我还记得一件当年有趣的事情，就是我们班的彭同学，他老爱迟到，每一天、每一节课都会迟到，说他也不起作用。当时的戏文系，吴耀宗是书记，魏照风是主持工作的副主任，为此专门召开了一次全系学生大会，当时三个班全部到了。吴耀宗书记主持，魏照风老师向同学们训话，来批评这件事情。魏照风老师讲到激动处，连面部肌肉都在跳动，非常严肃的。魏老师讲完了，吴耀宗书记准备总结性发言并结束大会，这个时候，这位彭同学才刚到会场，结果全场同学哄堂大笑，弄得魏照风老师哭笑不得。

我前几年曾经参加过《周信芳全集》的编纂工作，其中有个剧本卷。周信芳创作或演出的剧目，一共有 24 册。他的剧本都是没有标点符号的。我当时带了两个助手做"句逗"的工作。后来我审阅标过标点符号后的初稿，其中剧本的念白部分中的标点符号，基本是对的；板腔体的唱词，也能标对；唯独曲牌部分，没一段是对的。我怎么读都读不通，后来一想，应该是他们对曲牌不熟悉和对音韵不了解。这就与我们跟龙榆生、陈古虞、陈汝衡等几位老师学习过、训练过的人不一样。现在想来真是感恩老师对我们的培养。

罗国贤：

陈多老师当年是右派，在图书馆工作。我有一次在图书馆门口偶然碰到他，就聊了一会儿。我问他除了管理图书以外，还干点啥事？他轻声回了一句唐诗："犹抱琵琶半遮面"。说明他还在研究《琵琶记》，但不敢再出头露面。一句诗，七个字，把他在困境中的窘态和对学问的执着追求形象地表现出来了！那么的幽默风趣，同时又是那么苦涩和乐观！有人与他谈话，他很高兴，但他最高兴的是谈起上海剧专时期的生活和同学。因我在上海人艺工作，他就常和我谈起演员王善树，王平时生活里爱喝白酒，陈多老师和他是同学也是酒友。陈多老师讲起当年神采飞扬、神气活现的。可当第二天再看到他，他又低着头默默地在校园里行走了。毕竟是"右派"，说精神上没有压力是不可能的。仔细观察，就会发现在谈笑风生、开朗乐观的外表下，陈多老师的心情也是沉重的。他这样的性格和表现让我印象深刻。

受访者简介：（以姓氏笔画为序）

严明邦，毕业于上海师范学院中文系、上海戏剧学院戏曲创作研究班。受命筹建上海市艺术创作中心，并任主任，从事组织、指导各院团、各剧种创作的服务工作。曾任上海剧协理事、第三届上海戏剧节评委主任、上海文化基金会评委、白玉兰奖评委等。

罗国贤，1963 年上海戏剧学院研究生班毕业，后任上海人民艺术剧院编剧。

上海市作家协会会员。作品有话剧《巍巍昆仑》《生命·爱情·自由》等,获上海戏剧节奖;电视剧《跨越》《郁达夫之死》分别获飞天、五个一工程奖。已出版著作有长篇小说《风流与悲壮》等四种。

唐葆祥,国家一级编剧。毕业于上海师范学院中文系、上海戏剧学院戏曲创作研究班,曾任上海昆剧团艺术室副主任、创作组长。创作剧目《雷州盗》《无盐传奇》等,改编剧目《长生殿》《占花魁》等,著有《俞振飞传》等。

黎中城,国家一级编剧。毕业于上海戏剧学院戏曲创作研究班。曾任上海京剧院院长、艺术总监,上海市戏剧家协会副主席,中国戏剧家协会常务理事,周信芳艺术研究会会长。现任上海京昆艺术发展咨询委员会副主任、京剧电影工程艺术指导组专家。独立创作或合作编写作品近三十部,较有影响的有京剧《杜鹃山》《廉吏于成龙》等。

评

述

李健吾：对"人"的理解

刘明厚

　　2022 年，是中国话剧的奠基者、著名作家、戏剧家、翻译家、法国文学研究专家李健吾（1906—1982）逝世 40 周年。李健吾先生曾是上海戏剧学院前身上海市立戏剧专科学校著名教授，担任过戏剧文学系主任。他翻译、介绍并研究了大量的西方经典作家作品，如法国的莫里哀、雨果、罗曼·罗兰，俄罗斯的托尔斯泰、契诃夫、屠格涅夫、高尔基等著名作家的戏剧作品，以及巴尔扎克、福楼拜、司汤达等法国大家的小说与评传。他把全球公认的卓越的作家作品介绍给中国，很早就为我们打开了眺望世界文学和戏剧艺术的窗口。上海戏剧学院戏文系师生一直以李健吾这样杰出的教授为荣耀。

　　作为戏剧家，李健吾在戏剧领域里勤于耕耘 60 年，给我们留下了丰厚的戏剧财富。据不完全统计，他创作了 12 部多幕剧、11 部小戏，改编大戏 13 种，独幕剧一部，还写过小说、戏剧评论等。他曾在陈大悲的话剧《幽兰女士》里男扮女装，饰演一个可怜的小丫鬟，那时他还是一名 14 岁的中学生。他发表第一个剧本《出走之前》（1923）只有 17 岁。1925 年他考入清华大学，担任过清华戏剧社社长。他关注人、关注于社会底层的民众生活与苦难，特别是对那些受父权、神权压迫的女性充满同情。他把目光投向灾难深重的祖国，为国家、民族的命运而担忧，在他的《火线之外》（1932）、《火线之内》（1932）里大声疾呼抵抗日本侵略者。他写过不同题材的戏剧，下面就他 20 世纪 30、40 年代的

（左图）1948年，《这不过是春天》海报
（右图）1948年，《这不过是春天》剧照

四部剧作进行分析，来探究李健吾先生的戏剧特点。

一、《这不过是春天》

三幕剧《这不过是春天》（1934）以北伐战争为背景，地点北平警察局长客厅。该剧描写投身革命的冯允平突然来到昔日情人、现在是警察厅长夫人家里，终日无所事事的厅长夫人又惊又喜，以表哥相称留他住在家里。她不知道冯允平为何要改名换姓叫谭刚，希望能够留住他，跟她一起去外地度假，遭到了冯允平的拒绝。当她从密探那里得知冯允平就是警察厅通缉的对象时，她巧妙地送走了冯允平。

故事发生在三天时间里，爱慕虚荣的厅长夫人凭借着她的年轻貌美，备受丈夫娇宠，在家里任性任意，但骨子里不失善良，给学校捐款出手大方。冯允平的突然来访，让她慵懒无聊的生活掀起了小小的波澜，但眼前这个男人已经不是昔日迷恋她的那个冯允平了。她无意中向厅长秘书泄露出"谭刚"的真名，把上了通缉令名单的冯允平推入到险境，她会如何挽回这步险棋，成为一个悬念。

其实，厅长夫人并不理解现在的冯允平和他献身的革命事业，她不关心政治，也不懂政治，她有一闪而过想与冯允平私奔的念头，但她心里清楚他们已经走在完全不同的人生道路上，当年就因为冯允平家庭贫寒而拒绝他。这是编剧对现实生活的真实写照，李健吾没有刻意去表现冯允平轰轰烈烈的革命行动，只以革命交代的方法，含蓄地写了他每天出去，至于具体干什么并没有说明。但是，却将冯允平这个让反动派害怕的重要人物隐喻为一只报春的燕子，让陷入在金丝雀鸟笼里醉生梦死、精神空虚的厅长夫人得到了触动。

密探与警察厅长之间的纠葛是一条副线，密探向厅长索要 1 000 块大洋，作为办案需要的补助，但迟迟得不到落实，心有不爽。厅长夫人正是利用了这一点，用 1 000 元钱先按住了这位密探，在危急时刻帮助已经暴露身份的冯允平坐她的专车得以逃走，这是她的人性之美，虽然她心里对这个昔日恋人又爱又怨又恨，认为自己被冯允平所利用。因为冯允平对她说，他过去爱过的那个女孩子已经不存在了，国家风雨飘摇，自己却闪在一边，图她一个人的安逸。现在我们分手了，永远分手了！这番话对于多情的厅长夫人来说是一种刻骨铭心的痛。李健吾将女主人公内心微妙而复杂的情感世界揭示得真实而细腻，多角度地表现了厅长夫人在舒适、平庸的现实生活与刺激、纯情的浪漫爱情中的两难选择，以及由此带来的惆怅和伤感。

二、《梁允达》

三幕剧《梁允达》（1934）是一部悲剧，在贫穷、愚昧、野性的华北农村，年轻的梁允达好逸恶劳却囊中羞涩，当他急切想要钱都快想疯之时，受村里心黑手狠的地痞刘狗的教唆，一棍子打死了自己的父亲，继承了家产。不过，他当家作主之后，因心里藏着挥之不去的罪恶感而改邪归正，成为当地在经济地位和势力上都享有威信的人物，这是他自我救赎的一种表现，也是前史。

戏开始时，儿子梁四喜也像梁允达当年一样不务正业，在外面拈花惹草，还沉溺于赌博，欠了一屁股赌债。就在梁允达对儿子大失所望、抱怨不迭时，他这辈子最不想见的一个人——刘狗出现了，当年梁允达用一笔钱打发他离开村子，20 年来没有音讯的刘狗突然回了村，还不请自来住进了梁允达的家里，这让梁允达如鲠在喉。很快，梁允达越来越感到他的家变得危机四伏，刘狗不仅话里话外对他进行要挟，还在四喜面前含沙射影地透露说他杀过人，怂恿四喜偷父亲的钱并干掉父亲。刘狗还鼓动梁允达做违法的鸦片生意，告诉他他背靠保安队、队伍和局子，不会出事，因此梁允达与同村有钱的蔡仁山结下梁子，后者也想做鸦片买卖。一天夜里，蔡仁山挨了一记闷棍差点丧命，梁允达知道20年前那可怕的一幕重新上演了，只因为黑暗中打错了人，他终于忍无可忍，杀掉了恶人刘狗。

刘狗就像歌德笔下那个臭名昭著的魔鬼梅菲斯特，会在人的心里煽起恶念和欲火，进而把对方牢牢操控在自己的手里，吞噬他的灵魂。这位不速之客总是在暗地里使绊子，就连梁家下人老张都看出了端倪，说刘狗跟"贼一样，尽暗地里踩人脚后跟"。该剧戏剧冲突错综复杂，夹杂着旧时人们的因果报应观念。从贪婪的欲望中犯下弑父之罪，良知尚存的梁允达在悔恨中想努力告别过去重新做一个新人。然而，这个人吃人的社会不允许他做正派人，当刘狗像影子般出现在梁允达面前并对他造成生命威胁后，梁允达再次被异化，成为一个杀人犯。李健吾把当时社会的黑暗与人性之恶揭示得惊心动魄，层层递进。他擅于结构人物关系与戏剧故事，他怀着悲悯之心，撕开了这个野蛮的罪恶世界，把其中最见不得阳光的残忍、阴谋、凶杀、丑陋、人伦丧尽等阴暗面，展现在观众面前，触目惊心。

《梁允达》悲剧里这个违背伦理的儿子弑父的故事，使人想到西方古代一个关于《金枝》的传说。在一座圣殿里，有一个权高位重的祭祀日日夜夜守护着一棵圣树，因为只要有人趁其不备折下一根树枝，就有权力和祭祀决斗，直到把他杀死并取而代之。梁允达的杀人地点是在家族祠堂里，祠堂在中国农村是一个具有神圣性的地方，它连接着家族的过去与现在。梁允达年轻时就是在这个象征宗族伦理秩序的地方，谋杀了父亲，夺取了权力。不过，梁允达还有赎罪意识，犯罪感让这个弑父者弃旧图新走上了正路，成为家庭的维护者和权力者。

注重对人物的心理刻画，是李健吾戏剧的一个特点。梁允达一见到刘狗，就本能地激起他试图忘却的重大罪孽，远远地躲开了他。但刘狗还是直接找上门并就地住下，梁允达明知是引狼入室，却无法拒绝他。当他听刘狗大言不惭地说道："过两天你就知道，这个家，没有你，成。没有我，不成。你是主子，我是奴才。其实倒个过儿，我是主子，你是奴才！""我叫你分我二亩地，你不敢哼个不字。"作为逃犯，刘狗竟敢如此肆无忌惮地威胁梁允达。显然，梁允达完全知道自己的命运是攥在刘狗的手心里了，刘狗知道他有一条命案，而且是与自己有血缘关系的父亲。他太了解这个无赖是什么坏事都做得出来的，不得不先忍着，不去冒犯他。

然而，这个闯入者就是来者不善。梁允达听到全村人都在议论蔡仁山被四喜大黑天一个闷棍差点要了命的事情，想到这一手法同20年前刘狗教唆他的手法一模一样，他害怕极了，他心里清楚凶手就是刘狗。李健吾写出了梁允达内心的纠结，第三幕第七场是专门为这个人物写的一大段内心独白，将其心理活动揭示的真实而有层次。梁允达先是怀疑自己是否误会了刘狗的好意，想着拿钱去向他赔不是；他知道刘狗的贪婪，觉得还应该外加鸦片，这是他心理活动的第一个层次。再一想，觉得应该打发刘狗走，他无法跟他一起过，却不知如何开口，他堵不住刘狗的嘴，这是梁允达内心活动的第二个层次。第三个层次是他恨自己像女人一样，"没有一点人气！"想到这里，他竟然当着看守梁家祠堂的老张爹脱口说出"要是他叫人弄死多好"，这才是梁允达内心最真实的愿望。李健吾对梁允达的内心世界的挖掘是细致、真实而贴切的。

话剧之于中国是舶来品，西方话剧在中国传播不久，李健吾就已经能熟练驾驭编剧技巧，在行动中刻画人物。促使梁允达最后采取行动的有两件事，一件是他看到儿媳妇梁赵氏从幽暗的梁家祠堂里慌慌张张地走出来，后面跟着刘狗，刘狗知道他们通奸的事情暴露，却满不在乎地离去，这对梁允达是巨大的侮辱，刘狗竟敢勾引自己的儿媳妇，而且是在梁家祠堂里，把这块神圣的地方给玷污了，从而使梁允达和刘狗的矛盾冲突迅速激化。第二件事是爆发点，儿子四喜按照刘狗的教唆，跟父亲说了一个梦境，隐射梁允达弑父的罪孽。于是，梁允达终于狠下决心采取行动，在祠堂里持剑结果了刘狗的性命。神圣的祠堂

（左图）1948年，《以身作则》海报
（右图）1948年，《以身作则》剧照

又一次成为罪恶的发生地，高潮戏写得大起大落极具戏剧张力。

李健吾的戏剧结尾从不拖泥带水，见好就收。全剧就在梁允达从祠堂里出来，下人老张提着马灯照见他手上、身上全是血，战战兢兢地问了一句：刘掌柜呢？"死了！"梁允达刚说完就倒在老张身上，老张一哆嗦，马灯掉地、灯暗、剧终。一气呵成，叫人喘不过气来。

在这部悲剧里，各种人物关系错综复杂，不仅有梁允达与刘狗不可调和的尖锐矛盾，还有蔡仁山和梁四喜的债务关系、在刘狗指使下四喜与蔡仁山针对梁允达的铲除密谋、受到刘狗威胁的老张与勾搭成奸的梁赵氏想杀掉梁允达嫁祸刘狗的念头、蔡仁山在生意上与梁允达的竞争而结仇，以及刘狗对梁赵氏的调戏事发，导致后者的跳井自杀等。《梁允达》深刻地揭示出人性之恶，为了满足个人的一己私利和欲望，可以不择手段，至人伦纲常而不顾，其手段之残忍、野蛮、血腥，会像野草一般在人的心里疯长。该剧显示出李健吾对人、人性和人的心理的探究是何等深刻。

三、《以身作则》

三幕剧《以身作则》（1936）是按照17世纪流行欧洲的三一律编剧法创作的，刻画了一个中国式的伪君子举人徐守清。

徐举人最大的特点就是满口仁义道德、人伦纲常，并以此来约束自己的一儿一女。他的夫人三年前去世，又适逢科举制的废除，50来岁的徐举人对社会很是不满。他自视清高，明明因军队霸占了他乡下的田产，侵犯了他的利益，求知县大人出面周旋，却认为应该是对方来登门拜访，不料县衙门把他派去送信的仆人刘德拦在大门口，对信看也不看。徐举人用自己的意志来主宰儿女的命运，把儿子徐玉节从新学堂里叫回来，只许他在家里读书，不许他与社会接触；对女儿徐玉贞则严加禁锢，要女儿大门不出二门不迈，以至于青春少女无聊到数着地面的砖头有多少块，幽闭的生活几乎把徐玉贞逼得抑郁成疾，终于背着父亲逃出家门去透气，到母亲坟上大哭了一场，这是她反抗父权的一个行动。楚楚动人的徐玉贞这一出门，恰巧被一位便装出游的营长方义生看到，心里头再也放不下。就此拉开了方营长和他的马弁宝善一路跟踪到徐家的喜剧序幕。

李健吾是法国喜剧大师莫里哀剧作的翻译者和研究者，这对他的戏剧创作会带来潜移默化的影响。比如，莫里哀喜剧里常会出现一个地位卑微的仆人，但聪明伶俐，对主人忠心耿耿，是个心腹人物。同样，《以身作则》里也有这样一位心腹，这就是营长方义生的马弁宝善，他当过方义生的书童，方义生当兵入伍后，他就当了少爷的马弁。宝善能说会道，鬼点子也多。为了主人能够圆梦，他利用来自农村的徐举人的佃农金娃的老实、憨厚，套出徐家小姐徐玉贞的名字和家庭情况，还随口谎称跟他沾亲带故，想方设法混进了徐宅一探究竟。

为了心上人而乔装打扮、混进小姐家里，也是莫里哀常用的喜剧手法，如《吝啬鬼》里的管家，那个为了爱情而隐藏身份的贵族青年瓦赖尔。李健吾也设计了在宝善的帮助下，方义生乔装成郎中去接近玉贞小姐的情节。无奈老学究徐守清用一扇屏风挡住了这对男女，还坐镇现场严密监视方义生的一举一动。所谓的男女授受不亲，让方义生彻底败下阵来。

道貌岸然徐举人占了上风，他以家教严格，以身作则自居，却冷不防来了一个30岁有风韵的女佣张妈。徐举人经不住张妈的柔声细语，情不自禁地对张妈动手动脚起来，一下子暴露出他虚伪的真面目。不过，这时候在观众的嘲笑声里，还含有对这个老鳏夫的理解与善意，只是不过接下来的戏剧场面却叫人惊诧不已。李健吾以隐瞒剧中人不瞒观众的"听隔壁戏"的手法，设计了儿子徐玉节撞见了父亲的猥琐与丑态的一幕。这本是最难堪、最尴尬的时刻，却不料这个把三纲五常等圣人道理背得滚瓜烂熟的徐举人却这样对儿子教诲道："父为子隐，子为父隐，直在其中矣。……礼有四种：子曰非礼勿视，非礼勿听，非礼勿言，非礼勿动。"徐举人的言行让观众爆笑不止，他竟然用祖师爷的理论来先发制人，弄得儿子徐玉节反倒是做错了事情一样，这个徐举人不愧是老奸巨猾的伪君子。

当然，方义生和宝善这对主仆是不会放弃对徐举人的突围的。第一次假扮郎中不成功的方义生，又以指腹为婚的表哥身份再次登门拜访；宝善则收买了王婆暗地给玉贞小姐传信。真真假假、热热闹闹，最后单纯的徐玉贞竟当众告知父亲，这位表哥就是郎中时，差点坏了方义生和宝善精心策划的美事。一波三折，高潮戏极富喜剧色彩。徐举人发现自己被骗，立即拍案而起，"这亲事我不能答应，我女儿宁可终身不嫁，我也不能放她跟一个下作的男人"。他气急败坏地说道。不过，徐举人并非像他说的不为五斗米折腰，他爱钱、不肯吃一点亏。方义生正是利用了这一点，告诉徐举人他在北村老家被军队霸占的田产及所有损失，由他方义生来解决赔偿，他已经请军营里的团长和知县大人来做大媒，随后就将聘礼送上，徐守清这才喜笑颜开，活脱脱暴露出原来他也是一个见钱眼开的主。为了挽回面子，徐举人坚持要打马弁宝善五十军棍才肯罢休。正当宝善大叹苦经时，那位张妈不顾老爷徐守清的阻拦，跟了年轻聪明的宝善而去，方义生、宝善主仆二人各携自己的所爱心满意足地向傻傻立在那里的徐举人挥手告别。

满口假道学的伪君子徐举人是这部喜剧里给人印象最为深刻的角色，他张口闭口都是圣人之说，以此来显示出他所谓的斯文。他自夸是德高望重的人，

"还有谁比我读透了圣贤书，能够清心寡欲？"他喜欢引经据典，比如用《论语》中的二十篇，来教儿子该怎么走路。就连与冒充郎中的方义生对话时，也时而"子曰"、时而"诗云"，以显示他徐举人的学问高深。这个封建思想和道德传统的维护者用一女不嫁二夫，即使指腹为婚的男方一直杳无音讯，也不能让女儿玉贞嫁给别的男人，哪怕是守节一辈子。就是这样一个不可理喻的老顽固，把一个青春少女管束成一个病态的姑娘，不惜耽误她的终身幸福。而他自己却做不到"以身作则"，张妈几声柔柔的呼唤，就让这个老鳏夫不能自持，这真是极大的讽刺。在观众的嘲笑声中徐守清却还要厚着脸皮要求儿子遵守所谓的"四礼"，更让观众忍俊不禁。

四、《青春》

五幕喜剧《青春》（1944）侧重于对封建父权的讽刺与批判。剧中当村长的父亲是一个卫道士，明知自己的女儿香草与贫农田寡妇的儿子田喜儿两情相悦，却坚决反对，把香草许配给所谓门当户对的邻村罗举人之子，一个比香草小 7 岁的 11 岁男孩，完全不顾及香草内心的痛苦。隐忍的香草好不容易捱到随公公和"男人"回娘家，因和田喜儿见了面，被公公罗举人当场休了"儿媳妇"。父亲杨村长非但不同情女儿的不幸，反而要置女儿以死地，既然被夫家休了，就休想再活！他不顾妻子苦苦求情，逼女儿去上吊自杀。"你不自尽，爹以后就别想在村里过活。"他完全不认为是自己害苦了女儿，反而觉得女儿丢了他的脸。在他看来香草是他的女儿，理所当然可以由他处置，不仅可以决定她的婚姻，也可以决定她的生死。编剧李健吾对这种荒谬的逻辑进行了暴露与讽刺。他同情在父权压迫下的女性，她们不能有自己的意志，更没有权力掌握自己的命运。香草母亲也是一个没有话语权的女人，当她被村长下令回家时，只能麻木顺从，含着泪一步三回头地看着香草，低声哀求丈夫放过他们的女儿。

这是何等可怕的父权和被扭曲的人性啊！不过，田寡妇母子是不买杨村长账的。田喜儿是一个见过世面、自由自在的青年，在他身上有一股生机勃勃的朝气，与这个压抑沉闷的村子形成反差。其实，每个人或多或少都想跟世界发生联系，这是香草羡慕田喜儿的地方。田喜儿喜欢香草，本想带她私奔，结果没有成功。好不容易等到嫁到外村的香草回来，他立即赶来相会，却给香草带来了灾难。于是，为了香草他放下尊严向村长求情，试图用真情实意来打动他，但后者却心如铁石。田氏母子在娶香草这件事上本来意见不合，只是心地善良的田寡妇不忍心看到吓得直打哆嗦的香草被他父亲逼上绝路，于是当场认她做干女儿。她断定杨村长是不会去县里告状的，因为这会牵扯出他女儿被夫家休掉的丑事。戏的最后，当矛盾冲突唤醒了香草沉睡的自我意识，在经历了"生存还是毁灭"的选择之后，她向死而生，不顾恼羞成怒的父亲的威胁，头也不回地跟着田喜儿母子走向了新的人生。这是香草头一回做了自己的主，也是她反父权、反封建婚姻制度的开始。

李健吾把这对田氏母子的台词与个性刻画得既质朴又生动，富有浓郁的生活气息。例如，田寡妇可以骂儿子、打儿子，却容不得外人来教训她的田喜儿。她毫不含糊地对杨村长说："你要是敢动我的儿子，我就拿我这条老命和你拼了。"当杨村长说田喜儿调戏春草时，田寡妇马上回击：八成儿是你女儿调戏我儿子。还反唇相讥说怕自己女儿出岔子，应该用金链子锁住她。还强调咱人穷志不短，"你女儿就是八抬大轿抬过来，我也给她两棒槌打回去！我们不稀罕！"并让儿子也跟她说不稀罕，田喜儿还真当场响亮地说了，气得杨村长脸部都抽搐起来。李健吾把华北村野寡妇的泼辣劲儿写得有声有色，栩栩如生，田汉母子人穷志不短。

田喜儿是一个有思想有个性的青年，他对杨村长为女儿主张的婚姻实质看得一清二楚，说罗家娶媳妇，就是娶回了一条牲口。他对香草的感情是真挚的，为香草嫁人而大病了一场。闻讯香草回村，他赶来倾诉对她的思念，并把阻拦他的妈妈抱进寺庙里，从外面用树枝锁上庙门，任凭妈妈还有在庙里面的罗举人、郑老师把门拍得震天响。几个孩童听到声响跑来想来开门，又够不着树枝，于是又叫又跳又欢笑。闹够了，门被打开了，罗举人的休书和杨村长的处死判决也接踵而至。面对香草的悲剧，田喜儿提出既然有钱有势的村长不要香草了，就权当赏给一个叫花子让他带回去，遭到了村长的拒绝。田寡妇起初不愿意儿子把别人休了的媳妇带回家，但是她看到杨村长铁了心把香草往死路上逼时，便挺身站在杨家父女之间，说"杨大叔，你女儿寻死，可不是我儿子逼的。"听到杨村长反驳说"难不成是我？"田寡妇立即知道了他的用心，拉起了春草，骂村长不是人，三人扬长而去。

李健吾站在年轻一代的立场上，讴歌真挚的爱情，赞赏田喜儿、田寡妇敢于对有权有势的杨村长进行反抗，实为反抗封建传统道德、反抗神权与父权。他所刻画的杨村长与莫里哀《吝啬鬼》里的阿巴贡有异曲同工之妙，阿巴贡为了钱逼女儿嫁给一个富有的老鳏夫，女儿说她宁死不嫁，阿巴贡说你死不了就得嫁！杨村长为了家族脸面，不惜拿亲生女儿的性命为代价，什么亲情、父爱，在父权面前是没有立足之地的。这两个父亲都是极端自私自利、冷酷无情、灵魂扭曲的人，完全置自己亲生骨肉的终身幸福乃至生命而不顾。尽管《青春》以喜剧而告终，有情人终成眷属，但观众在欢笑之余，回想起来这种父女关系依旧会有一种令人不寒而栗的感觉。

上述这四部戏剧分别代表了李健吾 20 世纪 30、40 年代创作的正剧、悲剧和喜剧，除了《这不过是春天》故事是发生在北平外，《梁允达》《以身作则》《青春》的故事背景都发生在华北地区的农村和小县城。在这些以现实生活为题材的戏剧作品里，我们能够发现蕴含其中的有关社会、政治、经济、文化、伦理、历史等信息。在人物关系中，无论是家庭关系还是社会关系，均可深刻感受到在以男性为中心的现实社会里，那种强烈的权力意识和父权意识，正是这种意识造成对女性的压迫与摧残。尽管像厅长夫人、梁允达、举人徐守清、杨村长、方义生、田喜儿、香草、田寡妇等这些剧中人物都是虚构的，但是从他们与周围世界的纠葛中，我们看到了人性真实的存在。李健吾将人性根植于现实生活中，深入挖掘出人物的内心世界，再现出人的潜意识，这是基于他对于

"人"的理解而产生的能量。

一如英国著名评论家波拉德对李健吾先生的评价："李健吾是中国现代几个有才能的戏剧家之一。"重读李健吾先生创作于近90年前的剧作，并没有让我们感到隔阂或过时，因为这是真正写人、写人物性格、写人性的戏剧。其娴熟的编剧技巧、深刻的人物心理的开掘、鲜明的个性刻画、完整的戏剧结构和对舞台节奏的成熟驾驭，都是值得我们深入学习的。

作者简介：

刘明厚，上戏戏文系教授、博士。1976年毕业于上戏戏文系并留校，从事外国戏剧史论教学。1993年在中央戏剧学院获博士学位，师从廖可兑教授。重要学术成果有专著《诺贝尔文学奖颁给一个小丑？——达里奥·福喜剧研究》《二十世纪法国戏剧》《世界名剧导读》等及论文近百篇。荣获第三届全国高校人文社科研究优秀成果奖专著奖、中国文联文艺评论奖、中国曹禺戏剧评论奖、上海哲学社科研究优秀论文奖等奖项多次。创作剧本《迷雾人生》获华北地区话剧汇演优秀剧本创作奖。

李健吾——一位不世出的法国文化的"摆渡人"

宫宝荣

一

李健吾先生虽然主要以文学成就彪炳史册，在小说和戏剧创作上都作出了卓越的贡献，但是他在法国文学翻译和研究方面同样成就斐然。他在大学时期修学法文，毕业后前往法国深造，回国后在从事创作、评论和戏剧活动的同时，还在暨南大学教授法国文学，同时进行翻译与研究，过人的"才、学、识"使之在每个领域取得的成就都令人叹为观止。而更重要的是，他还是上海戏剧学院的前身——上海市立实验戏剧学校的创办人之一，并从一开始就担任教授和剧场管理。新中国成立之后，他还是戏文系[1]的首任主任，直至1954年离职赴京。在这样一位卓然超群的前辈面前，本人唯有顶礼膜拜，又有何资格随意评说？然而，本科学的同样是法语，有过相同的留法经历，回国后一直在戏文系任教且还同样地一度担任掌门人，这一切又都让我与先生紧密地勾连在一起，为之撰文也就天经地义。

但何从下笔呢？寒假以来一直在思考，却也没有想出令人满意的头绪来。好在心中初步有了一个比较明确的目标：既然有着共同的法国文化背景，且在

---

[1] 时称"戏剧文学科"，参见上海戏剧学院官网。

戏剧方面又交集最多，那就朝着这一方向继续努力！回国三十多年来，我养成了每天收看法国电视新闻的习惯，而就在一月中下旬，一个亮眼的名字连续占据着屏幕，那便是17世纪法国戏剧家莫里哀！除了电视台隔三岔五地报道之外，法国电台里也同样出现了轰炸似的密集报道。

众所周知，莫里哀不仅仅是法国喜剧的代表，更是法国文化的代名词，至今法国人还是把自己说的话称为"莫里哀的语言"。巍然立于卢浮宫对面的宏伟建筑——法兰西喜剧院，拥有世界上历史最为悠久的剧团，每年都吸引着全世界无数的观众，这座神圣的戏剧殿堂的别称就是"莫里哀之家"！因此，凡是学法语的人几乎没有不知道莫里哀、也没有不读过莫里哀的，而去法国研究文学的人大多会看过一两出莫里哀的戏剧演出。当然，对于世界上任何一个戏剧人来说，无论身处哪个国家，也都无不知晓这位伟人。

这些连篇累牍的新闻提醒了我，这位杰出的古典主义喜剧家诞辰400周年的日子已经来到！在接下来的整整一年的日子里，不仅法国人会隆重地举办各类纪念活动，而且全世界各地都会有许多相关活动，中国自然也不例外，本人主持的外国戏剧研究中心早就有意召开一次相关主题的学术研讨会。在这样的时空背景之下，以莫里哀为出发点来写李健吾难道不是再好不过的吗？终于，我有了方向。

是啊，在中国纪念莫里哀，如果说有谁是绕不过去的人物，那一定就是李健吾。这是因为，莫里哀的名字虽说早在19世纪就随着传教士的到来而为国人所知，且在20世纪上半期就有曾朴、焦菊隐、陈治策、王了一（王力）等人零星地翻译过莫里哀的《太太学堂》或《伪君子》甚至《全集》等作品，也有焦菊隐、杨润余等人发表过一些关于莫氏剧作的介绍性或研究性文字，但全面系统地同时翻译与研究莫里哀的中国人，李健吾当属首屈一指。

有意思的是，天资聪颖的李健吾在清华大学最初学的是中文，在朱自清先生的建议下才转学于外文系。他在主修英文的同时，还辅修法文，而且整整坚持了四年。李健吾又是一位戏迷，不仅从小喜欢看戏，而且从中学到大学始终都是边读书边写戏，即使在留学期间也是如此。而这种对戏剧的偏好，加上他在法国文学方面的深厚造诣，正是他对莫里哀喜剧情有独钟的一大主因。翻译莫里哀、研究莫里哀也就顺理成章地成为其下半生的主要工作。在巴黎，他从有限的助学金里挤出钱来，搜集了大量的法国戏剧资料，莫里哀自然必不可少。回国之后，他对戏剧的热爱一如既往，创作改编如火如荼，事业蒸蒸日上。特别是在上海剧艺社成立之后，为了维持剧团的正常运转，原创之外，他还改编了不少外国剧作，其中根据法国戏剧改编的就达五种之多。自 40 年代下半期，他便开始扮演起"摆渡人"的角色，即翻译和研究莫里哀喜剧，从而与之结下终身不解之缘。

从李健吾的年谱中可以见出，他最早发表莫里哀译作是在 1949 年。这一年，开明书店出版了包括《吝啬鬼》《贵人迷》《堂·璜》等在内的莫里哀喜剧达 8 部之多。与此同时，他也有了将莫里哀全部剧本译成中文的计划。然而，新中国成立之后，他的主要精力放在了新转制的戏剧专科学校的工作以及适应新社会生活之上。1954 年，他离开上海前往北京，就职于由郑振铎主持的文学研究所，基本上不再参与戏剧实践工作。按理说，他应该拥有了更多的时间来完成《莫里哀戏剧全集》的翻译工作，但其时中国社会各种名目的运动接二连三，再加上他依然坚持文学创作和评论，因而成果并不如我们想象的那样丰硕。直到 1963 年，才有《莫里哀喜剧六种》问世。至于《莫里哀喜剧全集》，那还得等到近廿年之后。虽然这套全集并不名副其实，因为只包含了莫氏 27 本剧作[1]，但作为新中国第一套莫氏全集，其开山启林之功不可磨灭。可惜的是，李健吾在离开人世之前只见到了全集的第一册，未免令人唏嘘。

翻译之外，李健吾还是中国第一位系统地研究莫里哀喜剧的一流学者，且这种研究建立在自己扎实而全面的翻译基础之上。在 1949 年出版的第一部《可笑的女才子》中，除了附有《莫里哀剧作年表》之外，他写了一篇《总序》，乃是其第一篇全面介绍莫里哀的论著。可以说，这一年成了李健吾的"莫里哀之

1　法国最新权威版本《莫里哀全集》(法国七星诗社出版社 2010 年版) 中收录有 32 部剧作。

年"，无论是翻译还是研究，其起手式都相当精彩。1954 年 7 月他举家北迁，但 8 月又返回上海戏剧学院，为文化部举办的全国导演进修班做了题为"关于莫里哀的三个喜剧作品"的学术报告，"讲演过程始终热情洋溢、活灵活现，就好像他自己置身莫里哀的演出现场"[1]。这固然与李健吾天性热情、口才了得相关，但很难想象，如果没有对莫里哀有深刻透彻的了解，他的演讲能够如此地引人入胜。1955 年，他利用养病的机会，对自己在中戏和上戏的相关讲稿进行梳理，完成了他在文学所的"头号任务"，即近 4 万字的长篇论文《莫里哀的喜剧》，并于次年正式发表于《文学研究集刊》。韩石山认为，此举奠定了李健吾的学者地位："此文发表，显示了李健吾在莫里哀喜剧方面独步的造诣，不光是莫里哀喜剧的翻译家，也是莫里哀喜剧艺术的研究专家。"[2]1959 年和 1962 年，李健吾各有一篇关于莫里哀的论文章发表或完成，次年还去了兰州大学做有关莫里哀和巴尔扎克的现实主义的学术演讲。可以认为，此时李健吾对莫里哀戏剧已经烂熟于心，他在这方面的造诣在整个中国可谓独步天下。之后，由于社会动荡，使得他无法安心从事任何工作，直到新时期安定局面恢复之后，他才开始重新拾起心爱的莫里哀翻译工作。可惜，此时的他已经步入晚年，身体日益衰弱，精力越来越不济……否则，他在莫里哀研究方面定然会取得更杰出的成就。尽管如此，"李健吾作为'莫里哀在中国最忠实的信徒和最优秀的学生'，确实是我国一位杰出的莫里哀翻译者和研究者。"[3]

二

毫无疑问，李健吾在中国文学史上的地位更多与其在戏剧方面所取得的成就相关。如上所述，他天生热爱戏剧，在中学时代就组织剧社，甚至粉墨登场，编写剧本更是所好，仅在 1920 年代就发表了 9 部剧作。一入清华他就当上了

1　李维音：《李健吾年谱》，北岳文艺出版社 2017 年版，第 165 页。

2　韩石山：《李健吾传》，山西人民出版社 2006 年版，第 292 页。

3　曾诣：《试论李健吾与莫里哀的喜剧创作》，《肇庆学院学报》，2015 年第 4 期，第 27 页。

戏剧社社长，从策划、编剧到上台表演，处处显示出出类拔萃的艺术才能，即使远在法国也不忘执笔写戏。1933 年，他创作了《村长之家》，被认为"这是他在留法期间完成的最重要的一个剧本，也是他戏剧创作上的一个分界。"[1] 回国之后，他的兴趣依然十分广泛，但戏剧始终占据着最为重要、最为突出的位置，翻译、研究莫里哀自然也在情理之中。

然而，李健吾的过人之处在于，他不只是翻译莫里哀、研究莫里哀，而是作为一位剧作家，他还应用莫里哀，从莫里哀的喜剧中汲取养料，丰富和提高自己的创作。总体上来看，无论是他的性格喜剧还是风俗喜剧，都有着明显的法国喜剧的影响，而其喜剧风格的形成以及成为中国喜剧领域独树一帜的大家都与莫里哀密切相关。1982 年，柯灵在为《李健吾剧作选》的序言中对其三十年代早期剧作特点总结道：

> 它们给人的印象是技巧圆熟，在同时代的剧作家中有他独特的风格。这些戏一律是布局谨严、骨肉停匀的三幕，时间集中（不超过一、二天），地点集中（不超过一、二个场景），戏剧冲突集中在高潮边缘——正如箭在弦上，所谓"包孕最丰富的片刻"。[2]

上述这些特点中，几乎都是以莫里哀为代表的法国古典喜剧的基本要素，深刻地反映了李健吾创作与莫里哀戏剧的内在联系。而在其原创作品中，典型者如《这不过是春天》（1934）、《新学究》（1937）等，莫里哀更是如影随形，有学者干脆将《新学究》《以身作则》等称之为"莫式喜剧"。

也有学者认为，莫里哀对李健吾戏剧的影响最大地体现在其留学前后风格上的不同。在其赴法之前，其剧作更多具有悲剧色彩，而归国之后，他的创作风格发生了明显的变化，而且这种变化又跟莫里哀有着不可分割的联系。胡德

1　韩石山：《李健吾传》，山西人民出版社 2006 年版，第 77 页。

2　柯灵："序言"，《李健吾剧作选》，中国戏剧出版社 1982 年版，第 2 页。

才认为：

> 李健吾是在创作了大量悲剧之后开始喜剧创作的。大致说来，1934 年前，李健吾创作的剧本都是悲剧，这与他不幸的身世、苦难的童年和多病的学生时代等人生经历有关。1934 年后，李健吾则以喜剧创作为主，促成这一转变的主要因素之一就是法国文学尤其是莫里哀对他的影响。李健吾于 1931 年赴法留学，两年的留学生涯使他成为莫里哀的崇拜者，并在此后的戏剧生涯中，将大量精力倾注于莫里哀喜剧的翻译和研究。流溢着欢乐，闪烁着智慧，具有明丽、峭拔、辛辣的讽刺风格的莫里哀喜剧对他产生了深远影响。[1]

虽然学者们就李健吾早年创作是否为悲剧存在不同观点[2]，但就莫里哀对其喜剧风格上的变化的影响上则是一致肯定。当然，我们如果仔细审视他的戏剧翻译和改编作品的话，会发现名单当中还有 18 世纪伟大的喜剧家博马舍、19 世纪佳构剧的代表斯克里布、萨尔杜、缪塞等。然而，他们共同的渊源无不可以追溯到莫里哀这位伟大的喜剧家。

其实，李健吾作为一位"摆渡人"，他与法国文化的联系并不局限在戏剧，翻译和研究更不局限于莫里哀。除了上述剧作家之外，名单当中还包括福楼拜、司汤达、巴尔扎克、罗曼·罗兰等，可见他对法国文学的涉猎面之广。更加令人敬佩的是，他对这些文学大家都有相当精深的研究。而为世人所公认的是，李健吾在法国文学方面的最大贡献在于对现实主义大文豪福楼拜的翻译与研究。早在清华求学期间，他就对福楼拜产生了强烈的崇拜之情，毕业之后去法国留学的最大动力正是来自于此。在法两年期间，他潜下心来研究福楼拜，如饥似渴地听课与读书，大量地搜集资料之外，还专程前往作者的故乡鲁昂拜谒其墓地，实地了解当地的风俗人情，为其日后成为不可超越的福楼拜专家奠定了坚实的基

1　胡德才：《论李健吾与莫里哀喜剧的精神联系》，《中国比较文学》，2013 年第 3 期，第 21 页。

2　参见姜洪伟：《李健吾戏剧艺术论》，光明日报出版社 2008 年版。

础。应该说他的收获是无比丰厚的，回国之后不久便发表了论文《包法利夫人》（1934），次年又出版了"才学识"俱佳的专著《福楼拜评传》（商务出版社）。自1936年开始，他翻译的福楼拜作品陆续问世（《福楼拜短篇小说集》《圣安东的诱惑》等）。上海进入"孤岛"和"沦陷"时期之后，在忙于戏剧创作和为生计操劳之余，他先后在1947年和1948年推出了福楼拜的两部力作，即《情感教育》和《包法利夫人》，同时还在《大公报》上发表介绍文章。至此，李健吾基本完成了对这位在法国现代文学史上举足轻重的大文豪的翻译与研究，并且取得了"前无古人后无来者"的成就。其中，《福楼拜评传》被学者们誉为一座丰碑，"全书近三十万字，分析详尽透辟，征引广博灵活，而结构，却是那样的简略，明晰，一个简单的丰盈，或者说丰盈的简单，这类著述的最高境界。"[1] 据《李健吾传》的作者韩石山转述，中国法国文学研究会会长、法国文学研究权威柳鸣九先生如此评价道："别说以前了，往后50年之内，中国是没有人能写得出来的。"[2] 柳先生说这句话是在1994年，至今依然堪称权威结论，可见无论是莫里哀的戏剧还是福楼拜的小说，李健吾的翻译和研究都是难以逾越的高山。

三

以上只是本人围绕着李健吾作为法国戏剧与文学的"摆渡人"在翻译和研究方面的成就所做的简单描述。必须承认，自己虽然早在复旦求学期间就读过他的作品和论著，回国之后又在由他提议并参与创立的上戏工作至今，几乎每天都会从以他名字命名的小楼前不止一遍地走过，但在接受戏文系的此项任务之前，却从来没有认真地去了解先生的生平与贡献。虽然写作此文颇为费时费力，但是让自己对这位前辈有了深入的了解，并更进一步加深了景仰之情。

事实上，除了在法国文学与戏剧翻译与研究方面取得了辉煌成就之外，李健吾在中国文学史上同样占据一席之地，在中国语言文字方面更是功不可没。

1　韩石山：《李健吾传》，山西人民出版社2006年版，第136页。

2　引自韩石山：《李健吾传》，山西人民出版社2006年版，第2页。

司马长风在其《中国新文学史》中就称"他写的文学批评，篇篇都可当创作的散文读"；韩石山则认为，"中国现代文学史上的名家，可说灿若星汉也可说多如牛毛，然而，在语言层面上真正达到现代水准的，却寥若晨星或有数的几根，不管是论个或是论根，李健吾都是其中之一。"[1] 所有这一切，都印证了韩石山为其传记所作《序》的标题，即"李健吾：一个不世出的文学大家"。由于本文主要围绕其在翻译和研究法国文学与戏剧方面的贡献展开，因而套用其题，改成"李健吾：一个不世出的法国文化的'摆渡人'"，以突出这位上戏老前辈在这一领域无人能出其右的贡献。

作者简介：

官宝荣，上海戏剧学院教授、外国戏剧中心主任。先后毕业于复旦大学、巴黎第三大学等。原上海戏剧学院副院长，法国艺术与文学骑士勋章获得者。主要研究方向为法国戏剧、欧美戏剧、艺术管理等，著、译有《法国戏剧百年》《戏剧符号学》等。目前担任国家社科基金艺术项目首席专家。

1　引自韩石山：《李健吾传》，山西人民出版社 2006 年版，第 3 页。

李健吾与中国戏剧批评

杨　扬

毫无疑问，李健吾是 20 世纪中国文艺领域的大师级人物，他对中国文艺和学术的贡献是多方面的。但在当代研究视野里，他的文学批评成就被强调得比较多，几乎所有的中国现代文学批评史，都会提到他以"刘西渭"这个笔名发表的一系列精彩评论，他的《咀华集》《咀华二集》更是作为文学批评名作，在 20 世纪中国文学史上留下了不绝的美誉。而在其他相关领域，如散文和小说创作领域、外国文学翻译和研究领域、戏剧创作和批评领域，对李健吾的研究还是很不充分的，他的名字有时会被研究者淡忘，这种淡忘并不意味着他在这些领域成绩不够突出，而是反映出迄今为止这些相关领域的研究状态。譬如在戏剧研究中，李健吾的戏剧创作和戏剧评论，尽管在一些教材和研究中已有所涉及，但相对来说还是比较笼统的，无法做到像文学批评史研究那样，作为个案和专题来深入系统地充分展开。像李健吾先生这样一位在 20 世纪中国戏剧创作、戏剧翻译、戏剧批评和戏剧教育诸方面都有突出成就的文艺大家，他留下的宝贵经验应该值得高度重视和深入研究。所以，在李健吾先生逝世四十周年之际，本文希望探讨一下李健吾与中国戏剧批评的关系，以此纪念这位杰出的前辈。

一

戏剧是李健吾进入现代文艺的大门，是他文艺事业的一抹底色，也是他一辈子从未放弃的爱好。在他早年发表的文章《文明戏》和晚年完成的《自传》中，他首先提到的，是对戏剧的爱好。[1]1917 年，十一岁的李健吾在北师大附小念书，住解梁会馆，常常要经过新世界娱乐场。到了周末，他去那里看文明戏，从此喜欢上了新剧。后来学校组织演出，李健吾积极参加，扮演角色，从中感受到新文艺带给他的快乐。1921 年，燕京大学的大学生熊佛西创作了话剧《这是谁之罪》，请李健吾扮演其中的女主角罗冰清，李健吾的出色表演给作品增添了光彩，让大家开始注意到这位文艺少年。[2]1922 年 2 月，鼓吹"爱美的"（Amateur）戏剧的陈大悲的作品《幽兰女士》在北平演出，李健吾应邀参加，非常出色地扮演了其中的丫鬟角色，由此闻名北平，请他演出的机会也越来越多。1921 年至 1925 年，李健吾在北师大附中念书，这一时期除了戏剧之外，李健吾的文艺兴趣很广，白话小说、新诗、独幕剧创作、散文随笔等，都有尝试。他追逐时代潮流，像很多文艺青年那样，邀请志同道合的朋友，办文艺社团，出版文艺刊物。1922 年冬，他与同学蹇先艾、朱大枬组织文艺社团——曦社，次年创刊《爝火》。茅盾先生在《中国新文学大系·小说一集·导言》中，曾提到曦社和《爝火》。同样，1924 年，十八岁的李健吾发表短篇小说《终条山的传说》，显露出文学创作的才能，该作品被鲁迅先生收入他主编的《中国新文学大系·小说二集》。这一时期，李健吾还在《爝火》上发表了他创作的第一个剧本《出门之前》。戏剧之于李健吾，就像是一块文艺试验田，引发了他广泛的文艺兴趣。他在上面大胆尝试，自由发挥，播撒着各色各样的文艺种子，体验劳作的辛苦和创造的快乐。到 1925 年夏被清华录取前 [3]，李健吾因发表作品而与新

---

1 《文明戏》，收入郭宏安编《李健吾批评文集》，珠海出版社 1998 年版，第 149 页。《李健吾自传》，收入李维永选编的《咀华与杂忆——李健吾散文随笔选集》，中央编译出版社 2005 年版，第 527 页。

2 "李健吾扮演剧中女主角罗冰清，起初剧场反应平平，等到李健吾上场，由于他的表演感情真挚，哭得又恰到好处，越演到后面越得到观众的赞赏。幕一落下，熊佛西赶到后台，朝李健吾扑通下跪，说：'健吾，你救了我的戏，谢谢你！'李健吾吓了一跳。但两人就此开始了友情。"引自熊佛西研究小组《熊佛西传略》，收入上海戏剧学院中国话剧研究中心《熊佛西研究资料汇编》，华东师范大学出版社 2020 年版，第 289 页。

3 清华 1928 年成为清华大学。参见苏云峰《从清华学堂到清华大学（1911—1929）》，生活·读书·新知三联书店 2001 年版。参见苏云峰《从清华学堂到清华大学（1928—1937）》，生活·读书·新知三联书店 2001 年版。

文坛建立起了良好的关系，如主持《晨报副刊》的王统照，成了他亦师亦友的朋友。1926年，经王统照介绍，李健吾成为文学研究会会员。另外，他在清华二年级时，老师朱自清已经知道李健吾这个名字，上课第一天就建议他从国文系转到西文系学习，以便发展他的创作才能。李健吾转到西文系二年级继续学习，因各方面表现出色，得到系主任王文显教授的赏识，1930年毕业留校，担任系主任助理。一年后，李健吾自费赴法留学。恰好这一年朱自清学术休假赴英伦等地，李健吾在巴黎接待自己的老师，师生之间的交流更加密切。朱自清日记和书信集中，留有这方面的记录。[1]李健吾1933年8月回国，经老师杨振声、朱自清推荐，成为胡适主持的《独立评论》的编委，后又成为郑振铎、靳以筹办的大型文学刊物《文学季刊》的编委。1934年1月，《文学季刊》创刊号发表李健吾的论文《包法利夫人》，引起北平学界的注意，林徽因给李健吾写信，邀请他参加"太太客厅"的沙龙聚会，由此他进入京派文人圈，在《大公报》"文艺副刊"、《学文》《水星》《文学杂志》等京派文艺刊物上，大量发表文艺作品和评论。李健吾的出色才能也得到了郑振铎的赏识，1935年春，郑振铎辞去燕京大学教职，回上海担任暨南大学文学院院长，他聘请李健吾为外文系教授。8月，29岁的李健吾到上海执教，开始其教授生涯。李健吾的好友卞之琳在回忆文章《追忆李健吾的"快马"》中说，李健吾的一生可以用"戏剧性"一词来概括——"健吾少小从学校舞台开始他的文艺生涯，几十年主要出入书斋、讲堂和学院，还一度与剧社、剧院打交道，甚至亲自登台，也算热闹一时"。[2]在朋友眼里，戏剧不仅是李健吾文艺才能最初显露的地方，也是他一生文艺事业的辉煌象征。不少戏剧史研究著作，喜欢把李健吾的戏剧创作和戏剧评论从他的文艺生活中单列出来，展开论述，但对李健吾而言，他可能从来就没有把戏剧单独当作自己的一种职业，而是作为一种文艺爱好，从中获取滋

1　参见《朱自清全集》第九卷1931年8月日记，江苏教育出版社1997年版。另参见《朱自清全集》第十一卷致李健吾三封信。江苏教育出版社1997年版。

2　卞之琳《追忆李健吾的"快马"》，参见《卞之琳文集》（中），安徽教育出版社2002年版，第240页。

养，抒发自己的才情。之所以要强调这一点，一方面是在梳理李健吾的人生履历中，不难看到他是一个热情、率性的人，与很多少年成名的大家一样，从来不愿意把自己的视野和兴趣局限在某个狭隘的职业范围之内，而是求知欲强，兴趣相当广泛，只要条件允许，他都愿意参与和体验各种新文艺活动。譬如戏剧，他有很精深的了解，对创作、评论、表导演等活动，他都有深入体验，但他却从没有深陷其中，当作自己的一种职业，即便是抗战时期困守上海，为养家糊口而不得不参与剧团演艺活动，李健吾也没有放弃翻译和学术研究的正业，他的职业身份在公众眼里，依然是教授、学者，而不是职业艺人。另一方面，从中国话剧史分期来看，李健吾与曹禺等应属同一时期的同一代人，有很多经验上的相似性和共同性，但戏剧史研究对这样一批历史人物基本上还是采取单个研究或限制在戏剧史框架范围内来研究，没有从同代人的人文思想、人文教育的共同背景出发来探讨他们之间的关联和关系。这样的封闭研究，造成了戏剧研究的某种隔阂，对一些问题不能深入展开，如迄今为止还没有一篇深入探讨过李健吾与曹禺关系的论文。事实上，他们同出于清华外文系，受教于同样的老师；学生时期都是清华戏剧社的社长，李健吾是 1928 年担任社长，曹禺是 1930 年；而且，曹禺的名作《雷雨》的发表与李健吾的话剧名作《这不过是春天》1934 年 7 月发表在同一期《文学季刊》(第一卷第三期)上，甚至发表时排名，李健吾的作品还在曹禺之前。这两部话剧，《雷雨》是悲剧，《这不过是春天》是喜剧，在当时都受到读者、观众的好评。在后来的文艺生涯中，李健吾与曹禺也多有交集和往来合作。这一连串的相似、相关性，在以往过于封闭的戏剧史研究中，常常是被忽略的，给人的印象，好像李健吾、曹禺都是单兵作战，自创江湖。其实，如果结合早期清华的人文教育，很容易看清楚，大学教育对于这一批文艺青年的影响和塑造是广泛而深刻的，教育的共同性远大于个体的独创性。所以，在研究李健吾与戏剧批评关系时，不是单单要突出李健吾的戏剧批评贡献，而是要探讨中国现代戏剧发展相关的一些普遍性问题或共同的影响因素。在早期清华的戏剧教育大背景下，不只是李健吾一个人，此前此后有一大批青年学子，受惠于这种现代人文教育。像清华毕业生中，闻一多、顾毓琇、梁实秋、洪深、余上沅、陈铨、陈麟瑞（石华父）、杨绛等，甚至像后来从事哲学、佛学研究的汤用彤、贺麟及从事考古研究的李济等，学生时代都与戏剧有着程度密切的黏合。这种黏合既是文学的，又是个人品格和人文素养的培养。据相关材料显示，早期清华校园文化建设中，成绩最突出的是体育教育和戏剧教育，没有一所学校像清华那样注重体育和戏剧。以戏剧教育为例，从1911年至1921年最初十年间，学校正式演出达七十七次。因为是留美预备学校，从1913年起，每年圣诞节期间，学校都要组织戏剧比赛，以年级为单位开展比赛。1916年2月，洪深创作的话剧《贫民惨剧》演出，轰动清华，闻一多、汤用彤、李济等都参加剧组工作。[1] 除了文学社，清华的学生戏剧社是历史最为悠久、影响最大的学生社团，最初是1916年林志煌、闻一多等组织的游艺社和1919年改组的新剧社，1922年戏剧社正式成立。1925年9月清华大学部成立后，戏剧社迎来了新局面，不仅邀请洪深、欧阳予倩等戏剧名家来讲解戏剧史、表演术和剧场舞美等；还自己创作、排演节目。李健吾一年级新生时就被邀请参加戏剧社，1926年他发表了自己创作的历史题材的独幕剧《囚犯之家》，将父亲的遭遇投射到历史题材的书写之中。1928年李健吾担任戏剧社社长，成员发展到50多人；1930年后，从南开转来的曹禺担任戏剧社社长，排演了不少精彩的戏剧。像李健吾、曹禺这些后来在中国话剧史上声名显赫的人物，在清华读书时期，就是戏剧活动的积极参与者和组织者。浓郁的戏剧教育氛围，吸引了无数有文艺才华的学生、老师参与其中，也培养了他们的文艺爱好，像洪深、余上沅、陈铨、李健吾、张俊祥、曹禺、杨绛等一批戏剧史上的名家都是清华毕业生，这种后浪追前浪的戏剧人才的持续涌现，体现出清华人文教育的显著特色和长久影响力，彰显了博雅教育的魅力和价值。早期清华博雅教育是纳入学生培养目标之中的，有具体的课程相支撑，戏剧课程是其中的

1　参见张玲霞《清华校园文学论稿（1911—1949）》，清华大学出版社2002年版，第22页。

内容之一。由吴宓教授亲自起草完成的 1927 年清华西洋文学系概述的总则中第一条是："使学生得能（甲）成为博雅之士，（乙）了解西洋文明之精神，（丙）熟读西洋文学之名著，谙悉西方思想之潮流，因而在国内教授英德法各国语言文字及文学，足以胜任愉快，（丁）创造今日之中国文学，（戊）汇通东西之精神思想而互为介绍传布。"[1] 与这样的博雅教育相呼应的课程设置，有西洋文学概要、专集研究（小说、诗、戏剧、文学批评）；西洋文学分期研究：古代希腊罗马、中世纪、文艺复兴时代、十八世纪、十九世纪；文学各体研究：诗歌、小说、戏剧等；选修课：英文、法文、德文、拉丁文、翻译术、浮士德等课程。通过这些课程，每个清华外文系学生不仅要掌握一门或多门外语，而且需要具备西方文学的一般常识，培养自觉的文学意识，能够以此为标准，分析和看待周围世界，合理选择自己的职业和人生道路。所以，与北大等名校相比，清华当时培养的学生，大都人文基础扎实，坚守所学专业，毕业后以自己的一技之长，恪守职业，服务社会。毕业于清华西文系的季羡林先生回忆说："西洋文学系有一个详尽的四年课程表，从古典文学一直到现当代文学，应有尽有。""上面列的必修课是每一个学生都必须读的；但偏又别出心裁，把全系分为三个专业方向：英文、德文、法文。每一个学生必有一个专业方向"[2]。毕业生钱钟书先生曾致函清华外文系吴宓教授的女儿吴学昭，说自己"本毕业于美国教会中学，于英美文学浅尝一二。及闻先师于课程规划倡'博雅'之说，心眼大开，稍识新向"[3]。像季羡林、钱钟书等，毫无疑问，堪称 20 世纪中国人文领域的博雅之士。早期清华的人文教育，在季羡林、钱钟书身上造就了博雅、大气的文化气质和气象，同样，在李健吾、曹禺身上也具有这样的气质和气象。李健吾二年级转学到西文系后，随王文显教授学习西方戏剧。王文显是留美学生，在美国耶鲁学习戏剧，他曾用英文创作过《委曲求全》等剧本，在美演出受到过好评。

1　转引自齐家莹编撰《清华人文学科年谱》，清华大学出版社 1999 年版，第 50 页。

2　参见季羡林《清华园日记》，辽宁美术出版社 2002 年版，第 6—7 页。

3　转引自徐葆耕选编《会通派如是说——吴宓集》，上海文艺出版社 1998 年版，第 20 页。

王文显对西方戏剧非常熟悉，在清华开设莎士比亚和西方戏剧课程。[1] 李健吾通过西文系的学习，对西方戏剧代表作家及其作品有了一个基本的了解。他同时还随美籍教授温德先生学习法国文学和法语，[2] 为他未来的法国文学研究，打下了基础。1931 年有机会出国留学，李健吾并没有选择美国，而是去了人文气息浓郁的法国。这也是当时清华的一种风气。在法国语言学校短暂培训之后，他很快通过法语水平测试，进入巴黎大学学习。李健吾在法国的情形，或许与傅雷留学的情形有点相似，他们不是以谋取外国博士头衔或其他虚名为目的，而是以学到真本领为人生目标。[3] 1933 年 8 月，李健吾没有拿到任何外国学位就回国了，但这三年里，他在法国、意大利是真正见识了欧洲文艺的真容，尤其是领略了法国文艺的精彩风貌，他对福楼拜小说和莫里哀戏剧的价值有了清晰的认识和理解，由此给他的文艺职业生涯打下了坚实的基础。可以说，李健吾对福楼拜小说的翻译、研究和对莫里哀戏剧的翻译、研究，其志向是在法国留学期间确定下来的，这种识见和志趣，完全可以与 20 世纪中国翻译史上另一位法国文学翻译大师傅雷对罗曼·罗兰的小说及巴尔扎克小说的翻译、认识相媲美，代表了 20 世纪中国文学翻译和接受的最高水准。结合李健吾的文艺生涯，可以看到翻译和研究对他而言，不单是将外国的东西搬运进来，介绍给国内，更是触发他在更大范围和更深程度上学习、探索、思考和创造，不断提高自己对文艺的认识水平和创造能力。李健吾的论文《包法利夫人》及后来出版的专著《福楼拜评传》之所以在当时北平的学术圈内能够引起巨大的反响，固然离不开老师对他的赏识和提携，但更重要的还在于他的分析和论述在批评意识上给当

---

1 有关王文显的情况，可参见温源宁的《不够知己》，江枫译，岳麓书社 2004 年版，第 245 页。《王文显剧作选》，人民文学出版社 1983 年版，张俊祥的序和李健吾的编后记。

2 有关温德的情况，参见杨绛《纪念温德先生》，收入《杨绛文集》第 2 卷，人民文学出版社 2004 年版，第 213 页。

3 据傅雷自述，他没有拿到任何外国学位回国，母亲极度失望。参见叶永烈《傅雷画传》，复旦大学出版社 2005 年版，第 32 页。李健吾的自述中没有这方面记录，估计他回国后忙于结婚；后又在清华老师杨振声、朱自清、王文显等帮助下，做翻译工作，同时修改自己的专著《福楼拜评传》。一年后，他的论文和作品逐渐发表，声名鹊起，马上又受聘暨南大学外文系教授，所以，李健吾本人也没那么看重外国学位和文凭了。

时的人们提供了一种别开生面的参考。说它是别开生面的，是因为李健吾的视野非常开阔，法国当时一些最优秀的批评家的成果，基本都收罗其中，真正有着京派学者的博雅大气的气象，就如他自己喜欢援引的一位法国评论家的话，论一本书，要让人们仿佛看到所有的书。其中的意思，一方面是指论述内容涉及面要广，学识要渊博，另一方面也指论述对象要高度凝练，论题本身的学术含量要高。的确，通过李健吾对《包法利夫人》和福楼拜小说艺术的论述，人们看到了法国十九世纪以来在小说问题上的探索、进展。这种进展固然有形式、技巧方面的因素，但归根结底，技巧迎合和着作家对生活的认识、理解，法国小说从司汤达、巴尔扎克到福楼拜，由内而外不断生成新的思想和技巧。李健吾的论文《包法利夫人》和专著《福楼拜评传》中的一些评论，是一位中国年轻学者和批评家对法国作家创作经验的精彩提炼和洞见，同时又似乎是对中国文学当时面临的问题的一种镜像式的批评和回应。譬如，对现实主义理论的讨论，以往国内只侧重于写实和人生经验两个方面，但李健吾从司汤达、巴尔扎克和福楼拜三个人所代表的现实主义的三个阶段来展示作家作品的风格、变化及各自特点，并结合了法国代表性批评家的主要观点，由此展开对福楼拜及其作品的论述。譬如对宗教对福楼拜思想和创作的影响等问题，探讨宗教观念和思想情绪是如何与一个作家的创作发生关系的。李健吾在自己的论文、论著中，用清晰的语言和丰富的材料，予以解说和论述。尽管李健吾之前，国内文坛对这些法国作家作品已有过一些介绍，但像李健吾这样能够对作者生平材料和作品人物剔爬梳理得那么清楚，引用材料又那样充分妥当，当时的确没有能见到有超过他成果的。这不仅仅是李健吾三年留学刻苦努力的结果，也是其学识学养和对文艺洞见的完美呈现。难怪北平的一帮教授、学者会被触动，像他的老师中温源宁、叶公超等，都是对西方文学非常熟悉的专家，对自己的学生有这样的力作出版，自然是非常赏识；学术性很强的《清华学报》《国闻周报》《大公报·图书评论》等也都发表书评，予以好评。后来的研究者中对李健吾的《福楼拜评传》也有盛赞的，像柳鸣九先生就认为李健吾的文艺批评的自觉，是从福楼拜研究开始的[1]。

二

如果说，戏剧对于李健吾是一种引人入胜的文艺体验，那么戏剧批评就是一种思想自觉，他要对经验过、体验过的情感生活，在理论层面予以总结、提升，形成标准和尺度；而且戏剧批评在李健吾的文学世界中也不是封闭、孤立的，是与其文学批评一体二用，完全融合在一起的，就像不少研究者指出的，李健吾的，戏剧批评和评论，是深深扎根于文学创作、文学批评土壤之中的[2]。李健吾晚年编订《李健吾戏剧评论选》时，挑选的第一篇文章是他评曹禺话剧《雷雨》的文章，这篇文章发表于 1935 年 8 月 31 日《大公报》文艺副刊"小公园"栏目，署名"刘西渭"。这篇评论的意见很明白，第一，肯定《雷雨》是一部"内行人的制作"，是"一出动人的戏，一部具有伟大性质的长剧"；第二，《雷雨》是一部命运剧，留有外国戏剧影响的痕迹；第三，《雷雨》最成功的是繁漪等女性性格的刻画。李健吾的剧评很有分寸，抓住了《雷雨》的突出优点，厘清了外国戏剧对《雷雨》的影响痕迹，肯定人物塑造之于戏剧创作的重要性。但李健吾对《雷雨》也是有一些不满足的，一些批评意见是含而不发。[3] 撇开对《雷雨》评价的高低不论，就批评本身而言，对照"刘西渭"这一时期在《大公报》"小公园"、"文艺"栏目和《学文》、《文学杂志》上发表的一系列"书评"和文艺批评，像评沈从文小说的《边城——沈从文先生作》，评林徽因小说

1　柳鸣九先生认为："在《福楼拜评传》问世之后，李健吾才以刘西渭为笔名活跃在中国当代文学批评的领域，其《咀华集》与《咀华二集》以其鲜明的主观色彩，独特的视角视点与洒脱灵动的风格而蜚声文坛。建国后，李健吾又写了大量短小精悍却精彩纷呈的剧评。这一切构成了李健吾作为中国 20 世纪文学史上一位杰出批评家的主要业绩，显而易见，他的《福楼拜评传》正是他全部批评业绩的精彩开篇。"参见柳鸣九《一部有生命的书——李健吾〈福楼拜评传〉序》，收入李健吾《福楼拜评传》，广西师范大学出版社 2007 年版，第 3 页。

2　参见宋宝珍《残缺的戏剧翅膀——中国现代戏剧理论批评史稿》第 13 章《李健吾：体验性现实主义戏剧批评》，北京广播学院出版社 2002 年版，第 298 页。

3　对于《雷雨》过度的编排痕迹和人为的情感设制，李健吾是有保留意见的，同时期，朱光潜在 1937 年 1 月 1 日《大公报》"文艺"栏目中，发表《舍不得分手》一文，对《雷雨》《日出》无节制情感的浅露，予以批评。该文收入《朱光潜全集》第 8 卷，安徽教育出版社 1993 年版，第 488 页。

的《〈九十九度中〉——林徽因女士作》，评巴金的《〈爱情三部曲〉——巴金先生作》，评萧军的《〈八月的乡村〉——萧军先生作》等，都是在同一个批评系统中，针对着当时文学问题而发，或者宽泛一点说，是针对当时的文艺问题而发，并没有单独要辟出一个戏剧的空间来特别对待。这当然不是说李健吾对戏剧毫无专业意识，无法将戏剧与小说等区别开来论述，而是在当时中国新文学建设时期，需要从新文艺的共同基础着眼，来为新文艺，包括戏剧、小说等，建立共同的审美价值规范。这种意识从五四初期鲁迅、周作人等启蒙思想家开始，经过茅盾、郑振铎等，一直延续到三十年代李健吾、朱光潜身上，可以说是一脉相承。他们一方面是从新旧文学的格局着眼，强调对传统文学，包括旧剧的批判、改造；另一方面是用现代文艺的新眼光，来创造新的文艺样式和审美规范。像鲁迅、周作人、茅盾、郑振铎等，对传统文学、传统戏剧都有过非常尖锐的批评。李健吾在出国留学前，接受了五四新文化思想的影响，他认为中国旧剧和传统文学一样，都处于穷途末路之中，必须经过改造、创新之后，才有出路。他希望从外国戏剧中获得创造的灵感和资源。早年清华西文系的学习和戏剧社的演出经验，让他对希腊戏剧、莎士比亚、易卜生和相关的西方戏剧作品，具备了一定的知识。到法国后，通过实地观摩，增强了他对中国戏剧创新问题的思考和认识。如三十年代他发表的《吝啬鬼》一文，比较了元杂剧《看钱奴买冤家债主》与古罗马喜剧《瓦罐》（普劳图斯作品）和莫里哀的戏剧作品《吝啬鬼》，通过三者比较，李健吾明确指出中国旧剧的弱点。他认为单就具体情节而论，中国传统戏剧的生动性和戏剧性并不一定弱于西方戏剧，但就作品整体而言，普劳图斯和莫里哀的戏剧作品能够肯定人的价值，以人本主义思想为基础来构作戏剧，这种思想理念和价值立场是中国传统戏剧所缺乏的。中国旧剧大都只是停留在演戏、娱乐氛围中，很少有自觉的现代思想追求。所以，中国现代文艺，包括戏剧艺术，要向西方现代艺术看齐，要建立深厚的人文基础，将新文艺牢牢扎根于人性基础之上。李健吾特别强调戏剧艺术的现实性和创造性。在他看来，中国旧剧没有出路，其基本表现，就是缺乏现实性和创造性。旧剧创作人员文化素养低下，抱残守缺，编来编去脱离不了古人的题材、因果报应的逻辑；演艺行业门庭森严，各据一方；演员之间人身依附严重，师傅视徒弟为自己赚钱的工具，眼里只有利益，没有远大的事业眼光，更谈不上与国外艺术家之间的交流交往了。在 20 世纪这样一个发达的现代时代，中国戏剧如果还是沉浸在一个古人的世界，中国戏剧就没有希望。所以，他主张一定要打破画地为牢、固步自封的旧习气、旧势力，中国的新文艺，包括戏剧艺术一定要开放，要与世界现代艺术对话、学习和交流。将戏剧纳入新文艺的基础之中，从共同性着眼来展开论述，这是中国现代戏剧批评的一个基本特点，也是非常宝贵的一条经验，它不是要消解戏剧的自身价值，而恰恰是为了给中国现代戏剧安置一个更加坚实并富有人文生命力的基础。李健吾的这一意见，与同时代的很多关注中国戏剧的新兴文艺家们的看法是基本一致的。如《雷雨》英译者姚克在三十年代发表的文章《我为什么译〈雷雨〉》[1] 和焦菊隐同一时期发表的《我们向旧剧界学些什么》[2] 等文章，都持相似的看法。这些共同的意见，可以说就是一种戏剧批评的现代精神，李健吾的戏剧批评是延续着五四新文学的现代精神，并在三十年代发扬光大。

所谓发扬光大，主要是指他作为中国现代戏剧经过草创阶段，进入新的创造、成熟时期在理论上的标志性人物，李健吾的戏剧批评是在五四新文学经验上继续前进，与当时的文艺实践保持着同步探索状态。如果说，曹禺的戏剧创作代表了这一时期中国现代戏剧的成熟，那么，与这种创作成熟相呼应的观念自觉，应该就是李健吾的戏剧批评了。戏剧史研究往往注意到了前者的意义，而淡忘了后者的思想自觉价值。李健吾对《雷雨》的评价，在曹禺研究中几乎是不能不提的名篇，所有较有影响的曹禺研究资料都会收录这篇评论，[3] 但

1　收入姚克《坐忘斋新旧录》，海豚出版社 2011 年版，第 24 页。

2　收入焦菊隐《粉墨写春秋》，百花文艺出版社 2008 年版，第 44 页。

3　像王兴平、刘思久、陆文璧编的《曹禺研究专集》，海峡文艺出版社 1985 年版。像刘川鄂等主编的 12 卷"曹禺研究资料长编"，长江出版社 2020 年版。

其评论的价值未必被所有的研究者所认识到，甚至曹禺本人也未必充分意识到李健吾戏剧评论的价值。这一价值，简言之，就是从戏剧批评角度来清理、总结和提炼曹禺创作的经验。李健吾差不多是在第一时间对曹禺的戏剧创作经验给予评价和理论总结的。尽管在李健吾评论发表之前，《大公报》也有一些剧评，如1936年1月1日《大公报》发表耸天的评论，认为《雷雨》"焦点印象不清"，"载重过量"。[1] 对比之下，李健吾的剧评意见就显得观点清晰、准确，理论意识非常自觉。一般从事创作的，常常在意评论者对作品评价的高低，但对于真正懂理论的人，看重的是理论意识本身，也就是通过批评，在理论上需要达到总结的目的。并不是所有剧作都有可能上升到理论层面予以经验总结的，但曹禺的《雷雨》却是值得剧评去总结的。李健吾是欣赏曹禺才情的，但并不太在意捧还是贬《雷雨》，而是希望通过评价《雷雨》，让人们注意到这部话剧真正值得肯定的价值在哪里。李健吾的理论概括其核心其实是一句话：注重人物性格塑造。从普通观众的观剧习惯来说，情节剧可能是最受欢迎的。但李健吾标举的却是以刻画人物性格为主的人物性格戏剧。这样的戏剧审美与李健吾在论文《包法利夫人》和论著《福楼拜评传》中推举的小说审美核心问题之间的关联，几乎是非常明显的。如果说，福楼拜的《包法利夫人》最成功之处，是塑造了一个普通女性形象，那么，曹禺《雷雨》的成功，应该归功于哪些因素呢？李健吾将人们的注意力和评论话题引到了戏剧的人物性格刻画上。在专著《福楼拜评传》中对福楼拜小说美学经验的总结，未必全是李健吾的个人发现，很可能是吸收了当时法国批评家的意见，那么，这么多法国批评家的相同的意见，提醒李健吾应该注意到小说创作中突显人物性格这一类创作经验在理论上的重要性，因为并不是所有小说都是以刻画人物性格见长，有些小说就是讲故事为主，偏重情节。如果说法国批评家对福楼拜小说创作经验的总结，助推了法国的文学批评向新的方向发展，那么对批评有着自觉意识的

1　参见1936年1月1日《大公报·本市附刊》，耸天《津市剧运之鸟瞰》（续）。

李健吾，不能不联想到中国小说创作经验和批评理论的借鉴问题。中国的小说创作和批评，包括戏剧创作和批评，难道不可以借鉴法国批评家对福楼拜塑造人物经验的理论概括吗？把注意力集中到人物塑造问题上来。尽管中国当时新文学作品中，小说领域还难以见到与《包法利夫人》相类似的长篇小说和成功的人物塑造，但戏剧创作中，曹禺笔下的繁漪等女性形象与福楼拜笔下的那些女性形象之间，似乎有某种类似的气质和共同的创作取向。事实上，李健吾自己创作的话剧《这不过是春天》里的女主角厅长太太，也具有繁漪这样的性格特征。曹禺《雷雨》的创作或许离李健吾心目中成功的文学人物性格塑造之间，还有不小的距离，但其中人物塑造的基础和着力方向，却是有某种程度的关联性。所以，李健吾从内心里是接受曹禺的创作探索的，但对于曹禺《雷雨》的评价，不满足于贴上肯定否定的时尚标签，而是希望进行戏剧批评理论提升的尝试。照理，这样的戏剧批评发现应该让李健吾感到兴奋，因为当时的剧评很少有达到这样自觉意识水平的，但事实遭遇却让他感到微微失望和些许苦恼。

三

1936 年 9 月 13 日，《大公报》副刊"文艺"发表李健吾的《刘西渭先生的苦恼》一文，从一个旁人的角度评价了"刘西渭"这一阶段的书评和文艺批评。此前他于 1935 年 11 月在《大公报》上发表了评巴金《爱情三部曲》的文章，12 月遭巴金的反批评。曹禺尽管没有对李健吾的剧评有反批评，但在 1936 年 1 月 19 日《大公报》副刊"文艺"上，发表了七千字长文《我如何写〈雷雨〉》，后作为文化出版社单行本《雷雨》的序。在这篇文章里，曹禺就他创作的外来影响问题，做出了回应："我很佩服，有些人肯费了时间和精力，使用了说不尽的语言来替我剧本下注脚；在国内这次公演之后更时常地有人论断我是易卜生的信徒，或者臆测剧中某部分是承袭了 Euripides 的 Hippolytus 或 Racine 的 Phedre 的灵感。认真讲，这多少对我是个惊讶。我是我自己——一个渺小的自己。"[1] 事实上，并不只是李健吾文章中提及曹禺创作受到外国戏剧影响，估计当时京派文人之间也有所议论，对曹禺《雷雨》的评价不是很高。像姚克当时准备将《雷雨》译成英文，有人劝他放弃这项工作，认为"这个戏不过是把易卜生的《群鬼》改成庸俗的传奇剧（melo-drama），再按上了一个希腊命运悲剧的主题，和几个从西洋名剧里借来的人物。这样一个东拼西凑的'杂碎'（chop suey）"[2]。这个"有人"，很可能是英文刊物《天下》的主编温源宁，他是英国剑桥大学毕业生，回国后做过北大英文系主任，又在清华外文系做过教授，1936 年主编英文刊物《天下》，姚克在他手下做编辑，温源宁嘱咐他介绍一些中国当代的作家作品，姚克就选了曹禺的《雷雨》进行翻译，估计温源宁对曹禺的这部作品不太满意，于是有了上述说法。事实上，朱光潜同时期的文章中也有这样的看法。[3] 如果说，温源宁、朱光潜等是北大、清华的名教授，可以毫无顾忌地臧否曹禺，李健吾作为学长说话就要含蓄一些了。更何况李健吾的着眼点不在于评价具体作品价值的高低，而是希望建构自己的文艺批评话语。但巴金的反批评加之曹禺的文章反应，对李健吾的思想情绪或许会产生一些触动。1936 年上半年，李健吾因为评价卞之琳的《鱼目集》，与卞之琳、梁宗岱等发生了争论。这一系列的文艺争论与《刘西渭先生的苦恼》的形成，应该是有关联的。但不少文学史研究常常把它当作李健吾的一种思想情绪发泄或文坛八卦谈资而轻轻打发掉了，殊不知它揭示了李健吾文艺批评在文艺领域遇到的挑战，以及李健吾文艺批评所处的文化氛围。像三十年代与李健吾一起回国的朱光潜也与李健吾一样，因为不满意巴金、曹禺之类的情感外溢的创作，发表《眼泪文学》一文加以批评，同样遭到巴金的反批评。[4] 像朱光潜、李健吾还有梁宗岱

1　曹禺《〈雷雨〉序》，参见王兴平、刘思久、陆文璧编的《曹禺研究专集》，海峡文艺出版社 1985 年版，第14 页。

2　姚克《英译〈雷雨〉——导演后记》，参见姚克《坐忘斋新旧录》，海豚出版社 2011 年版，第 30 页。

3　参见朱光潜《舍不得分手》，该文收入《朱光潜全集》第 8 卷，安徽教育出版社 1993 年版，第 488 页。

4　参见商金林《朱光潜与中国现代文学》第十四章"巴金与朱光潜的一场论争"，安徽教育出版社 1995 年版，第 186—198 页。

等一批文艺批评家，大都兼跨古典主义和现代主义文艺审美趣味。他们原有的教育中，又有很深厚的中国古典文学的修养和西方近代人文传统的基础。在欧洲留学期间，他们受到新起的现代主义思潮的启发。像朱光潜对于克罗齐"直觉"论的接受，梁宗岱受到瓦莱里"纯诗"和波德莱尔诗歌美学的影响，像李健吾对于法国近现代批评及福楼拜小说美学的影响，这些接受过程，使得他们的文艺批评都表现出不同于五四启蒙时期的文艺美学特征。尽管他们都是五四新文学的同道，但趣味和侧重点上，已经与鲁迅等启蒙思想有所差异。表现在文艺批评上，这种冲突更加明显。如果说，李健吾对曹禺《雷雨》的评论，还仅仅是这种批评的开端，那么，后来对巴金作品的批评，则是正面直接的观念碰撞。李健吾、朱光潜、叶公超、温源宁、梁实秋、常风、李长之、季羡林等一批具有京派背景的文学批评文章，几乎都对新文学那种浅露伤感的情感主义倾向和表现方式，持否定态度。[1] 面对巴金等激烈的批评回应，李健吾没有像朱光潜那样坚定从容应对，而是以自嘲的姿态解释自己："容我问一句话，天下有没有自我和风格的那一天？一个人只要说话，就是在表现，犹如法朗士所谓，就是在判断。那么，让我献一个乖罢，应当话多就话多，应当少说就少说，顶讨巧的办法是不开口。"[2] 这或许是李健吾的热情爽朗、不斤斤计较的性格使然，他珍视巴金等朋友的友谊，他刚刚置身海派的文化环境，需要有一个缓和的适应过程，不像朱光潜等生活在京派的中心北平，朱家的"慈慧殿三号"的"读诗会"又是京派的坚强堡垒。总之，在此后评价曹禺戏剧时，李健吾比较多的是站在正面肯定的价值立场上，积极肯定曹禺戏剧的价值，而不再像评《雷雨》那样，批评立场鲜明了。[3]

1　相关研究可以参见高恒文《京派文人：学院派的风采》第六章，上海教育出版社 2000 年版，第 159 页。陈福康《郑振铎年谱》上册，上海外语教育出版社 2017 年版，第 532—535 页。其他像季羡林的《清华园日记》和常风的《逝水集》、《窥天集》中，也有相关的批评材料。

2　李健吾《自我和风格》，参见李维永选编的《咀华与杂忆——李健吾散文随笔选集》，中央编译出版社 2005 年版，第 116 页。

3　李健吾写过《关于〈日出〉》和《小说与剧本——关于〈家〉》，参见《李健吾戏剧评论选》，中国戏剧出版社 1982 年版。

四

曹禺曾说，作家创作时很多东西不一定想明白，但批评家运用逻辑思维，很多作家创作时没有看清楚的东西，批评家可以总结出来。[1] 如果说，与曹禺的戏剧创作相呼应的戏剧批评，是李健吾的戏剧批评，那么，对于中国戏剧创作的变化，尤其是那些标志性的创作进展，李健吾基本上都会有批评予以总结。这里不能不提到李健吾对夏衍的《上海屋檐下》及老舍《茶馆》的评论。

收入《李健吾戏剧评论选》中的评夏衍《上海屋檐下》的文章有两篇，一篇写于1942年，一篇写于1957年。尽管两篇文章相隔十五年，又经历了1949年新中国成立这样的重大历史变故，李健吾对这部戏剧作品的评价，始终是稳定的。他肯定夏衍的现实题材和写实手法，但对写实手法有自己的新解：写实有两种，一种是集中式，一种是自然式。集中式是把很多现实的东西堆砌到一起，逼真但有时会过火；自然式是客观像生活流，但有时会琐碎零散。如何发扬写实手法的积极价值而避免落入消极的陷阱呢？李健吾认为夏衍的《上海屋檐下》提供了一种成功的戏剧审美示范。通过舞台空间的隔离，让不同的空间发挥戏剧效果，呈现日常生活的常态，但整个戏剧剧情是在不断推进，形成舞台表演上的整体递进，这是夏衍戏剧有力的尝试。读李健吾对夏衍戏剧的评论，似乎"刘西渭"的批评自觉又回到了李健吾的身上。他不管左翼、右翼，他看重的是创作经验能不能给予批评理论以抽象层面的总结可能。如果仅仅是局限于作家作品评价之高低，争意气之长短，那批评的自尊和独立是无法体现的。就像曹禺研究资料中，一定会选李健吾的评论一样，夏衍研究资料中，也不会遗忘李健吾的评论，像比较有影响的会林、陈坚、绍武编的《夏衍研究资料》(上下)，收录了李健吾三篇评夏衍戏剧的文章。将李健吾的剧评与其他一些戏剧评论相对照，李健吾的学理性还是比较强的，所谓学理性主要表现在两方面，一是对创作问题从理论层面展开论述；二是将创作经验提炼、总结为

1　参见田本相、刘一军编著《苦闷的灵魂——曹禺访谈录》，江苏教育出版社 2001 年版，第 3 页。

理论。这是李健吾作为批评家对中国现代戏剧批评的一种贡献，这一时期几乎无人能超乎其上。夏衍对于李健吾的戏剧批评也予以激赏，称赞他是真正的行家。[1]

　　老舍《茶馆》1957 年 7 月首发于《收获》创刊号，1958 年 3 月 29 日在北京首都剧场公演。1957 年 12 月 19 日，《文艺报》编辑部由张光年主持，邀请焦菊隐、赵少侯、陈白尘、夏淳、林默涵、李健吾、王瑶、张恨水座谈，听取意见。[2]1958 年，《人民文学》第 1 期发表了李健吾的剧评《读〈茶馆〉》。文章一千来字，依照当时流行的口吻肯定老舍的《茶馆》是优秀剧作。但优秀在哪里，李健吾的评论与很多参与座谈以及评《茶馆》的评论不同，他的理论优势驱使他在评论时，注重理论提炼。他以一种比喻式的说法，将《茶馆》模式概括为"图卷戏"[3]。这种批评归纳，让很多人记住了老舍《茶馆》戏剧艺术的结构特征，也是对老舍戏剧创作经验的一次理论总结。如果对照李健吾对曹禺、夏衍、老舍三人作品的评价，应该说对曹禺戏剧的评价是李健吾剧评中最为深入、细致，也最具有心得体会的；对夏衍的戏剧，李健吾的评论欣赏多、称道多；而对老舍的戏剧评论，李健吾保持着他那评论家的客观冷静，但很难说他非常欣赏、热爱老舍《茶馆》这样的戏剧样式。他不完全喜欢那种展示式的场景戏，觉得像一粒一粒额的珠子，彼此之间有一些隔阂，他欣赏的是围绕人物性格展开的戏剧冲突，推崇像波浪那样层层推进的人物性格剧。但经过大半辈子磨炼，回到北京旧地的李健吾，慢慢在向自己的壮年告别。照他的戏剧欣赏口味，很多当时上演的戏剧是他不喜欢的，但他显得宽容，不过有时宽容中也有锐见。如他 1962 年对老朋友黄佐临导演的话剧《第二个春天》的评价，有褒有贬，特别是对"间离效果"的批评意见，激起了佐临的共鸣和感激。因为很少

1　夏衍《忆健吾》，参见李子云编《夏衍七十年文选》，上海文艺出版社 1996 年版，第 473—477 页。

2　《座谈老舍的〈茶馆〉》，参见《文艺报》，1958 年 1 月 11 日出版的第 1 期。

3　参见《李健吾戏剧评论选》，中国戏剧出版社 1982 年版，第 190 页。

有评论注意到佐临的这种探索，李健吾看出来了，并提出批评建议。[1]还有就是他对中国传统戏曲，尤其是地方戏的评论，显得比此前任何时候都要多。五十岁后，李健吾写了不少有关地方戏的剧评。如何看待他的这种变化呢？这一方面是外国戏剧在当时形势下比较难展开，就如外国文学评论面临的状况一样，新中国成立之后很长一段时间对西方文学是以批判、否定为主的，像李健吾这样靠研究福楼拜、莫里哀起家的学者、评论家，几乎无法从积极、肯定的方面来充分展开自己的研究心得[2]，有时政策宽松一点，受邀作报告或发表文章，他谈的也是偏重形式、技巧方面的问题，如他1962年参加广州会议，应邀报告，题目为"漫谈编剧的一些技巧问题"，后在《光明日报》发表，内容涉及莫里哀戏剧、古希腊戏剧等。另一方面，地方戏的确有很多被人忽略的艺术价值。回北京后，李健吾此前教过的戏剧学院的毕业生有不少在文化部和《戏剧报》工作，像文化部领导中，周扬、夏衍、郑振铎等都是他的朋友，他们拉他看戏写剧评，李健吾对京剧、川剧、黄梅戏、民族歌舞剧、高甲戏、晋剧、湖南花鼓戏、蒲剧等代表性剧目演出，有不少观摩，并且在剧评中几乎都予以很高的评价和热情鼓励，这似乎与三十年代"刘西渭"对旧剧所持的批判态度形成对照。其实，细细阅读李健吾五十年代以来对民族戏曲的评论，可以看到他的戏剧思考真的是处于一种创造性转向的重要时机，只是马上"文革"就来了，打断了他对地方戏的深入思考。李健吾是一位批评意识非常自觉的批评家，只要条件允许，他都有可能从理论上来总结和提升一些创作经验。中国是戏曲大国，拥有十分丰富的地方戏曲资源，但这些地方戏长期以来一直受到忽略，自生自灭，旧社会对传统艺人是看不起的，新中国成立后，人民政府扶持地方戏曲。这些地方戏曲有很顽强的民间基础和艺术生命力，在地方上受到群众欢迎，地方戏

1　李健吾《社会主义的人物抒情诗——致佐临同志》，收入李健吾《戏剧新天》，上海文艺出版社1980年版，第126页。

2　1958年《文学研究》第1、2期就发表过外文所青年研究人员的来信和批评文章，认为李健吾是"文学领域的一面白旗。"参见韩石山《李健吾传》，山西人民出版社2006年版，第300—302页。

演员在创作、表演上也多少有一些绝活。如何从这些地方戏经验中吸取他们的戏剧创作和表演经验，为新中国戏剧服务？五十年代焦菊隐、阿甲等戏剧名家从导演实践中，感受到戏剧民族化问题的重要性，[1] 地方戏受到重视。李健吾与这些职业导演不同，他通过自己一段时间的戏剧观摩和体会，意识到中国地方戏作为中国现代戏剧发展可资利用的传统资源，还没有充分发挥好其应有的价值作用。李健吾没有提"民族化"这样的理论口号，但他花了很多笔墨来评论这些地方戏的表演和创作，将它们与世界名剧进行对比，目的就是希望向地方戏寻取有价值的戏剧资源，将丰富的地方戏曲的戏剧经验提升到一般戏剧理论的高度来思考和认识。[2] 这样的用心，是晚年李健吾建构中国戏剧批评理论的一个努力方向，也是他壮年后最辉煌的一页。

五

作为戏剧批评家的李健吾，他的戏剧批评代表了中国现代戏剧批评理论的一个高峰，尤其是对人物性格在中国现代戏剧发展中的重要价值，他从批评理论角度予以充分论述，强化了这一问题在戏剧理论上的研究、在戏剧实践上的重视。他的戏剧批评气象博大，根基深厚，体现出人文传统和学识修养兼具的特色。他翻译、介绍外国戏剧，将中国现代戏剧与世界戏剧相对照；他关注中国戏曲传统，希望从中国固有的戏曲传统中，挖掘传统资源，丰富当代戏剧理论。

在并不漫长的 20 世纪中国现代戏剧世界里，曾涌现出无数优秀的人物，在创作领域，人们最愿意数说的是曹禺先生，在戏剧批评领域，我想李健吾先生也同样是最值得我们数说的人物。

1　参见焦菊隐《略论话剧的民族形式和民族风格》，收入《焦菊隐戏剧论文集》，华文出版社 2011 年版。阿甲《生活的真实和戏曲表演艺术的真实》和《再论生活的真实和戏曲表演艺术的真实》，收入李春熹选编《阿甲戏剧论集》(上下)，中国戏剧出版社 2005 年版。

2　李健吾有关京剧和地方戏的评论，大多数收入其晚年的评论集《戏剧新天》。

作者简介：

杨扬，上海戏剧学院副院长，教授、博士生导师，毕业于华东师范大学中文系，曾担任《华东师范大学学报（哲社版）》主编、《辞海》（第七版）编委、上海作家协会副主席、中国茅盾研究会会长和中国作协全委会委员。曾荣获上海市哲学社会科学优秀成果奖、宝钢优秀教师奖，入选教育部"新世纪优秀人才"和上海市"曙光人才"。

余上沅与"国剧"发源考

徐 珺

1924 年夏，余上沅与闻一多、赵太侔、张嘉铸等人移居至美国纽约的万国公寓。此公寓是纽约留学生聚集的一个著名所在[1]，主人是约翰·洛克菲勒，租客多为各国留学生，也是纽约清华学生的聚集地。是年圣诞，经美国纽约华侨经济赞助，剑桥中国同学会排演古装戏英文版《此恨绵绵》（一名《杨贵妃》，作品取材中国古典名剧《长生殿》，余上沅改编，闻一多为英文翻译，学习舞台图案出身的赵太侔做布景与灯光处理，学习美术批评的张嘉铸参与艺术指导工作等）上演于万国公寓礼堂。由于各国学生的参与，故称其为"一次有着国际竞赛性质的演出活动"[2]。因"中国学生们能够携手合作"，结果"表演特别出色，胜过其他各国"。演出之后，洛克菲勒家族专门会见中国学子们，并对大家出色的表演"备加赞赏"。《此恨绵绵》的成功促生了余上沅等人的戏剧梦（即"国剧"梦），余上沅在《一个破旧的梦——致张嘉铸君》中写道："杨贵妃公演完了，成绩超过了我们的预料。……第二天收拾好舞台；第三天太侔和我变

---

1 见《闻一多全集》："此处乃公寓性质，名称可译为'万国公寓'。房屋及设备皆美国豪富煤油大王洛克菲勒所捐助者。意在招待各国青年学生，以促进世界大同之情谊。故此中寄寓者美国人甚少，外国人居多。中国学生在此者几达百数，其外有：日本人、菲律宾人、印度人、俄罗斯人、小亚细亚人、西班牙人等等，形形色色之人种无不备有。此房屋乃新完工者，一切器具皆崭新。房租每星期六元，在纽约亦不算贵。寓中有饭馆，有洗发店、理发店、裁缝店、杂货店，俨如一独立之小社会然。美国人之组织力洵足惊人也。公寓中清华同学亦达十余人，然人多品杂，堪与为伍者亦寥寥耳。"

2 周牧：《戏剧家余上沅先生》，张余编：《余上沅研究专集》，上海交通大学出版社 1992 年版，第 13 页。

成了辛额，你和一多变成了叶芝，彼此告语，决定回国。'国剧运动！'这是我们回国的口号。禹九记住，这是我们四个人在我厨房里围着灶烤火时所定的口号。"这一次纽约华人的学生演剧，与1907年由李叔同等留日学子们在东京演出《黑奴吁天录》所开创的中国早期话剧之路不同的是，余上沅等人在纽约演出的《杨贵妃》之后的"国剧"之路则充满着障碍及磨难。在新月社移师上海之后，余上沅又和徐志摩共同创办了新月书店和《新月》月刊，并曾担任过书店首任经理，参与了月刊的编辑工作。1935年，余上沅陪同梅兰芳赴苏联访问演出，继赴西欧各国考察。同年秋，国立戏剧专科学校在南京成立，余上沅被聘为校务委员兼校长。1939年春，余上沅迁校四川江安，1941年更名为国立戏剧专科学校，其间他撰写了《表演艺术大纲》《导演艺术大纲》和《舞台设计提要》等文。抗战胜利后，国立戏剧专科学校迁回南京。1948年，余上沅赴英讲学，其间赴捷克出席国际戏剧协会第一届年会。上海解放前，余上沅退还了送给他的赴台船票，选择留在大陆。新中国成立后，他受聘于沪江大学、复旦大学。1959年，他调至上海戏剧学院戏剧文学系任教，编写《西洋戏剧理论批评》《戏剧概论》等讲稿，翻译哈佛大学贝克教授的《戏剧技巧》等著作。50年代，他受到所谓"潘（汉年）、扬（帆）反革命案"的牵连，因此受到审查。"文革"中，他受尽折磨，于1970年4月30日逝世。

今年，上海戏剧学院戏剧文学系编辑《戏文名师》怀念余上沅先生在上戏期间教书育人的风貌，重提余上沅的历史贡献，纪念这位开创者的师风师德以及其戏剧成就，不由令我重新翻开历史的卷宗，思索其戏剧思想之源头，究竟因何力量，穷其一生追索戏剧之美，终身不悔。"国剧"梦虽然渐次磨灭直至消亡，然而，余上沅的戏剧思想的光芒历经历史积淀之后，于现世却熠熠生辉：这其中包括辩证地看待"易卜生"式的社会问题剧的思辨、对中国传统戏曲艺术价值的保护与高度的赞扬、对中国戏剧"写实"与"写意"本质区别的体认，和对戏剧在美育中的价值的多次强调及躬身实践开创国立戏剧专科学校一十四年，桃李满天下。

是此因缘以记之，旨在抛砖引玉，追寻先生之一二。

一、爱尔兰的"国剧"运动

爱尔兰文学剧院的第一场演出于 1899 年 5 月 8 日在都柏林的古董音乐厅拉开帷幕。现场的氛围被莱昂内尔·詹森优美的诗歌带动起来，诗歌的抑扬顿挫与大西洋两岸的众多的小剧院的遥相呼应，从未有诗歌像它一样在序章中就如此优雅典致：

五月的火光燃上梦想之巅

所有开放着燃烧的花儿的美丽的土地

所有美丽的土地，都会被梦幻的夜晚笼罩，

将荣耀归结为上帝美丽的光。

我们有没有在如同跳跃的火焰的赞颂中，

用古老的方式点燃欢乐；

在没有苦难的歌曲、景色和白色的梦，

就像伟大的来自天国的微光；

是他第一次使爱尔兰响起了钟声，

使模糊的黎明奏起了音乐么？

呃，是的；由于牺牲了我们带来的这个夜晚

将迎来一个遗失灵魂的凯旋热情；

所有娇贵的精灵在外徘徊许久，

没有被抓住，炫耀着聚集在这首爱尔兰的歌中；

如旧时记忆缠绕悲叹般甜美，

在优雅的因尼斯费尔，从一座山到另一座；

如难忘的记忆缠绕过去般悲伤

在神圣草地上的孩子的上方

在家里，躺在她的怀中甜甜地睡着，

在这里，狄德丽白雪皑皑，她的悲伤停留在此。

过来，和我们一起共享爱尔兰美食，

这里，圣光与歌颂的主导者是牧师；

在这温和的五月伊始，

注视着战争激情中的暴风骤雨；

伴随着艺术迸发的喜悦写下诗篇，

跃出于一颗爱尔兰的心的向往。[1]

爱尔兰的民族戏剧诉说着一种神圣的热切的精神。民族戏剧的复兴，本质上也是民族语言与民族审美的复兴。"和书信一样，一个民族的精神应该烙上我们自己的习惯、文学和行为上的烙印。"[2]

爱尔兰剧院的梦想在第一家爱尔兰剧院的第一次演出前就存在了。当道格拉斯·海德博士作为一个演员在库尔的学校聚会中用爱尔兰语的表演（Punch and Judy）时，格雷戈里夫人于1898年的冬天开始创作现代爱尔兰戏剧。经过多年教授和书写爱尔兰语，且长期作为盖尔联盟（the Gaelic League）的主席后，道格拉斯·海德博士发现早期爱尔兰语被公认为是欧洲民间文学里最美丽的瑰宝。但是格雷戈里夫人或道格拉斯·海德都不是真正的创始人。该组织的实际奠基人应属于叶芝。叶芝的《心愿之乡》于1894年在伦敦出品，标志着充满艺术美感爱尔兰国剧的诞生，他一直是都柏林的一位伟大人物，同样也是最为著名的英国诗人之一。威廉·巴特勒·叶芝出版了叙事长诗《乌辛之浪迹》，之后被赠予爱尔兰的政治和学术领导人，并得到了他们的关注。在弗洛伦斯·法尔小姐的协助下，叶芝得以用诗篇说唱的形式进行一些试验，它使爱

1　选自《我们的爱尔兰剧院》，格雷戈里夫人著，第23、24页。G. P. Putnam's Sons 公司出版社友情提供，纽约和伦敦。From Our *Irish Theatre*, by Lady Gregory, pp. 23, 24. Courtesy of G.P. Putnam's Sons, Publishers, New York and London.

2　出自1842年，戴维斯在 *The Nation* 创刊出版时，他认为一个民族应该找到其文学的表达方式。它

尔兰在众多被戏剧复兴运动触动的国家中脱颖而出，成为适宜诗剧发展的最大温床。（两个世纪以来，爱尔兰人一直在英国为英国观众写戏剧。比如受过良好教育但并非生于爱尔兰的康格里夫，还有出生于爱尔兰的法科、戈德史密斯、雪利敦、奥斯卡·王尔德以及乔治·伯纳·萧。其戏剧对话的丰富和灿烂、幽默、机智和独创性以及独到的讽刺，都在所有这些"英国"剧作家身上打下了烙印。）

爱尔兰人寻找语言上的解放，这是他们在丹麦、英国入侵前的很长时间里就渴望的一件事。几百年来，英语的影响一直与本国语言对立着。1893 年，道格拉斯·海德博士写了一本关于现代爱尔兰语的书籍，并第二年发表他的《康诺特情歌》，这些文字在被翻译成爱尔兰语抒情诗后广受爱戴，人们建立了盖尔联盟，"为了保留爱尔兰语和鼓励说爱尔兰语"。在之后的几年里，被视为正统盎格鲁—爱尔兰诗人的叶芝完成了《库丘林之死》——几首描绘农民生活的诗歌以及《心愿之乡》，同时，他也是文学复兴运动的中坚力量。1903 年 5 月，在伦敦爱尔兰文学学会的邀请下，都柏林剧团演出了以下的剧目：《沙漏》(The Hour Glass)、《肉汤锅》(The Pot of Broth)、《胡里痕的凯瑟琳》《二十五》(Twenty-five) 和赖安的《奠基》(Laying of the foundations)。在这个演出季，叶芝阐释了爱尔兰国家剧院（艾比剧院）的理想。他倡导那些为文学灵魂而创作的戏剧，即热爱并专注于高尚的主题，这些戏剧为更看重自己的视觉而不是观众的视觉的人所创造……不能局限于现实主义，这通常是沉闷和令人绝望的忠告。在对城市和社会问题都清楚认识的现代艺术环境下，植根于人们灵魂的本土戏剧必须重新发现"剧院的艺术应该是欢乐的、充满幻想的、奢侈的、异想天开的、美妙的、能引起共鸣的"。作为精神领袖，叶芝希冀通过精神生活，给爱尔兰带来统一与团结，因此他加入或组织了所有可以参与的爱尔兰文学社团。在他是伦敦萨瑟克区的爱尔兰文学社会员期间，他同时创建了爱尔兰文学社，这个社团很快就吸引了所有在伦敦的爱尔兰作家和记者的参与。之后，他在都柏林负责城镇里隶属于年轻的爱尔兰社团的国家文学社。叶芝之后提议在全爱尔兰成立租赁图书店，创办爱尔兰出版社，从一个旅行公司开始创建爱尔兰剧院。尽管一开始这些社团没有实现任何目标，但是这些计划唤起的兴趣以及在社会上的宣传为运动的后续阶段创造了热情。之后，他们这个群体通过Beltaine（"Beltaine"是盖尔人的传统节日，于五月一日举行）阐述的理论，或是代表剧院的期刊，或是戏剧本身，试图将爱尔兰从自身的禁锢中解救出来。起初，他们朦胧地刻画着民族形象，之后，他们就逐渐就在艺术上成熟起来了：在爱尔兰戏剧材料中表现民俗元素；反映生活在喜忧参半的现实中的农民生活的剧本；用诗歌或是散文创作的诗剧；用民间故事和传奇纪念英雄。在这些团体中，艺术创作与爱国主义是不可分割的，他们旨在赋予爱尔兰在欧洲运动大潮中拥有一席之地。

1903年，爱尔兰成立了国家剧院。格雷戈里夫人和叶芝起草的爱尔兰戏剧宣言，表述着这样一种艺术的追求，并且不希望受到任何政治或宗教性质的党派的偏见的限制：

我们提议在每一年的春季，在都柏林表演一些特定的爱尔兰的戏剧，不管它们卓越与否，作者们都会投入百分百的热情，以此来建立爱尔兰流派的戏剧文学。我们希望在爱尔兰寻找到一群未受污染、有想象力的观众，用他们对台词和对白的热爱去聆听。我们有给舞台注入有深度的思想和爱国情感的愿望，我们相信这个愿望会给我们带来大家宽容的欢迎，带来尝试的自由。这种自由在英格兰的戏剧中是不被允许的。而失去了自由，艺术或文学的新革命都不会成功。我们会告诉大家爱尔兰并不像之前所描写的那样，是插科打诨和粗枝大叶的故乡，而是一种古老的理想主义的起源地。我们有信心在进行实际工作遇到各种分裂我们的政治问题时，都能够得到所有厌倦误传的爱尔兰民众的支持。

1904年，国家大剧院协会进入了一个新时期，并且产生了真正的国际影响力：叶芝的《神秘的沃特斯》、《在Baile海滨》，狄德丽和与格雷戈里夫人合作的《星空的独角兽》，格雷戈里夫人的《白色的帽章》、《寒鸦》和《济贫院病房》，以及辛格的《骑马下海的人》《圣泉》和《西方世界的花花公子》。辛格和剧院的名气很快在全世界飙升。但是艾比剧院的成功突如其来没有预兆，这就有了悲剧的一面：辛格生性敏感、多病，这样突如其来的成功也伴随着巨大的争议。他之后坚持地完成了他人生最后的剧目《悲伤女神狄德丽》，便与世长辞了。

最终，1923 年，叶芝获得诺贝尔文学奖。叶芝以及和他同时代的诗人、文学家、剧作家在 19 世纪 90 年代初期播下的种子已经使爱尔兰成长为自由之邦。[1] 爱尔兰国家戏剧协会在当时（相继被更名为爱尔兰国家剧院、艾比剧院和国家剧院协会）也因此经历了这样一种起伏：（1）始于 1903 年；（2）在 1904 年至 1908 年期间，爱尔兰戏剧取得巨大成就，闻名世界；（3）从 1908 年到 1918 年，爱尔兰戏剧进入衰落期。

二、余上沅与"国剧运动"

1924 年，圣诞余上沅等人于纽约万国公寓公演《此恨绵绵》（《杨贵妃》），获当地国际留学生戏剧竞赛的魁首，之后，余上沅在《一个破旧的梦——致张嘉铸君》中写道："杨贵妃公演完了，成绩超过了我们的预料。……第三天太侔和我变成了辛格，你和一多变成了叶芝，彼此告语，决定回国。'国剧运动！'这是我们回国的口号。"这里的一多，即闻一多。正如叶芝在爱尔兰国剧之伊始提到的民族复兴与爱国主义，发展爱尔兰语戏剧，从英国作家的身份恢复至爱尔兰的身份，通过精神生活给爱尔兰带来统一与团结。余上沅似乎在寻找着爱尔兰的叶芝的中国摹本，这个想象中的"国剧运动"的精神领袖，前期是闻一多，后期是徐志摩。

1923 年，闻一多与梁实秋和罗隆基等二十几位中国留学生在美国成立了大江学会。"大江的国家主义，其定义为中国人民谋中华政治的自由发展，中华经济的自由抉择，及中华文化的自由演进。"[2] 1925 年 4 月创办《大江季刊》，在第

1　选自《变革的爱尔兰》，Norreys Jebpson O'Conor 著，第 94 页，哈佛大学出版社。From Changing Ireland, by Norreys Jebpson O'Conor, p. 94. Harvard University Press.

2　载《清华周刊》第 356 期，1925 年 10 月 23 日。

一期上，闻一多发表了《长城下之哀歌》《我是中国人》《爱国的心》和《洗衣曲》。在《我是中国人》中写道："我是炎黄底神明血胤"，"我们是东方文化的鼻祖"，"伟大的民族"。《爱国的心》将诗人心与民族魂融为一体：

> 这心腹里海棠叶形，
> 中华版图底缩本，
> 谁能偷去伊的版图，
> 谁能偷去我的心。

随后的第二期，他即发表了著名的《南海之神》和《七子之歌》。在美期间的"国剧运动"有着国家主义的特征。

叶芝在 1899 年之前，曾被诟病为业余爱好者和装腔作势的人，他收集《爱尔兰仙女和民间故事》中的爱尔兰传说，他称赞那些有着民间情结和想象力的人们，歌颂他们的美好心灵，以及为爱尔兰文学做出的积极影响。正是在这些民间文学的启发下，他创作了《女伯爵凯瑟琳》和《心愿之乡》，他从民间文学作品中挖掘一些"永恒"的话题，如关于人的出生、爱情以及死亡的思考，是一些象征性的文学作品。但叶芝的个性的力量，而非对舞台的任何认知，成为艾比剧院团结一致和不断引进杰出剧作家的最重要原因。1925 年在纽约的熊佛西，创作了他取材于民间传说中的孟姜女的故事——四幕剧《长城之神》。熊佛西的作品和郭沫若早期的反映女性独立的剧集《三个叛逆的女性》一样，因借古人的骸骨行五四之风而受人诟病。但是，在 20 世纪初的英语世界里，中文作为当时当地的小语种，和爱尔兰语一样，创作者试图通过民间传说和传统文化在戏剧中寻找自身的现代的民族文化身份，以此对抗西方语系的文化同化，是具有普遍性意义的。就留学生群体而言，余上沅等留美学生处于西方文化和宗教体系中，而李叔同等留日学生处于东方文化和宗教的氛围下，有着本质的不同。因此，余上沅等人在美期间的文化心理与同时期的创造现代的民族戏剧的爱尔兰人反而更为亲近。至于爱国主义，闻一多等人曾有着以爱国代替宗教的观点。人数众多却松散的知识分子社团，在祖国争取民族独立的历史时期，成为寻求群体精神人格的独立，追求既现代的又是民族文化身份认同的命运共同体。他们通过有着理想主义特征的以精神生活给祖国带来统一与团结的行为，在 20 世纪初的世界范围内，有着一定的代表性。

1925 年 1 月 28 日，余上沅致函胡适，介绍他们在美国"于戏剧艺术具有特别兴趣而又深有研究"。信中还邀请不久前在北京成立的"新月社"诸先生加入"中华戏剧改进社"，"将来彼此合作，积极训练演员及舞台上各项专门人才。同时向人募款，依次添置各项器具。一到时机成熟，便大募股本，建筑'北京艺术剧院'。此刻正是这个运动开始时期，非求先生格外帮忙不可"。[1] 之后，留美返国的赵太侔、余上沅、闻一多被聘入北京艺术专门学校戏剧系，并与当时一批在京的知识分子、艺文家如宋春舫、丁西林、张彭春、爱新觉罗·溥侗、张歆海、顾颉刚、邓以蛰、陈源等成立中国戏剧社。[2]1926 年 6 月 10 日，徐志摩主持的《晨报·副刊》《诗刊》休刊。借着与徐志摩素有交情（余上沅夫人陈衡粹与徐志摩张幼仪夫妇关系较密，张幼仪的八弟张嘉铸一直与徐志摩亲好[3]），余上沅等人以《晨报·诗刊》为基地新辟了《剧刊》填补了空缺，联络起当时热心戏剧、充满戏剧梦想的一批学者、创作者，征集有关戏剧的论述，开始戏剧论道。始于 1926 年 6 月 17 日，终于 1926 年 9 月 23 日，周刊前后出版 15 期。1927 年 9 月，余上沅在上海的新月书店将《剧刊》上这些有关戏剧讨论的部分文章结集出版，书名为《国剧运动》。

由此历史背景，经梳理，"国剧运动"可扩充为 1924 年冬至 1927 年秋与

---

1 《胡适往来书信选》（上），中华书局 1979 年版。

2 中国戏剧社成员名单：宋春舫、徐志摩、叶崇智（叶公超）、闻一多、张嘉铸、余上沅、赵太侔、邓以蛰、丁西林、熊佛西、梁实秋、欧阳予倩（以上为委员），张彭春、林风眠、杨振声、陈通伯（陈源）、赵少侯、蒲伯英、杨声初、洪深、邵商隐、浦西园（爱新觉罗·溥侗、红豆馆主）、吴瞿安（吴梅）、田汉、陈治策、林徽因、梁思成、金岳霖、张歆海、顾颉刚。（以上为成员）

3 据说是由于张嘉铸对徐志摩一贯的友好，徐志摩欣然接受他的提议，利用《晨报·副刊》的版面创办了《剧刊》。

"国剧"有关的六种松散的社团活动。

一、美国纽约的中华戏剧改进社成员：余上沅、赵太侔、林徽因、梁实秋、顾一樵、梁思成、张嘉铸、熊佛西、瞿士英、熊正谨等十余人。[1] 这份名单的组成人员都在美国留学，基本上是在纽约，应该是最初参与戏剧排演和戏剧活动的中国留学生。他们借助戏剧可以排遣在国外的寂寞，可以展示祖国的传统文化，更内在的原因应该是一种同根同源中华文化的吸引力和凝聚力把他们集合到一起了。

二、留美学生创办的两种杂志《雕虫》《河图》的撰稿人：闻一多、徐志摩、熊佛西、赵太侔、梁实秋、余上沅、张嘉铸、潘光旦、郭沫若、赵元任、鲁迅、林徽因、谢冰心、梁思成等。这份名单基础还是在美国的留学生，但是范围有点扩展，而且把戏剧同好们、文学大师们在更大范围联系起来。

三、北京艺专同事：校长林风眠，教务长闻一多，戏剧系主任赵太侔，教授余上沅、陈治策、浦西园（爱新觉罗·溥侗、红豆馆主）、熊佛西（后接任赵太侔系主任一职）。如果说以上两份名单还是在国外的勾连，最多是排演、交流、发表文章方面的联系，那么这份名单则是余上沅等任职初期的戏剧同人及以前的老朋友的自然延伸。

四、《晨报·剧刊》的介入者：题词胡适。主编徐志摩（并撰写了创刊语等）。撰稿人余上沅、赵太侔、梁实秋、熊佛西、闻一多、邓以蛰、杨振声、西滢（陈源）、张嘉铸、叶崇智（叶公超）、俞宗杰、顾颉刚、恒诗峰、王世英、杨声初、马楷、顾一樵。看来余上沅等不愿意只是停留在口号或教学事务之中，他们找到更有作为的集中发文，力图吸引社会的关注，扩大人们对戏剧的兴味，为现代中国早期戏剧理论的建设贡献力量。

五、中国戏剧社成员：宋春舫、徐志摩、叶崇智、闻一多、张嘉铸、余上

1　成员有：余上沅、林徽因、梁实秋、顾一樵、梁思成、张嘉铸、熊佛西、瞿士英、熊正谨等十余人。此名单摘自余上沅与胡适的通信，《余上沅戏剧论文集》135页。不知何故，该名单里没有赵太侔，根据当时史料推测，赵太侔应该是中华戏剧改进社的重要成员。另外，根据当时资料来看，参加纽约《杨贵妃》演出的黄倩仪、黄仁霖，以及参加波士顿《琵琶记》演出的沈宗濂、谢文秋、谢冰心、王国秀、徐宗涑、高长庚、曾昭抡也有可能在其列。

沅、赵太侔、邓以蛰、丁西林、熊佛西、梁实秋、欧阳予倩（以上为委员），张彭春、林风眠、杨振声、陈通伯（陈源）、赵少侯、蒲伯英、杨声初、洪深、邵商隐、浦西园、吴瞿安（吴梅）、田汉、陈治策、林徽因、梁思成、金岳霖、张歆海、顾颉刚（以上为成员）。这份名单是最全的一份，也是较大范围的戏剧爱好者、研究者、创作者的联合，其中虽还是以美国留学归来的人为主，但已经把更多的戏剧人团结整合成群体了。

六、新月书店同人：1927 年 6 月 27 日、28 日的《申报》上连续刊出《新月书店启事》，署名者是："创办人胡适、徐志摩、宋春舫、徐新六、张歆海、吴德生、张禹九、余上沅同启。"严格地从史实的角度考量，"国剧运动"与"新月派"的主要阵地《晨报副刊》有关，还与新月书店有关，因为《国剧运动》一书就是 1927 年 8 月作为新月书店的出版物出版的。《国剧运动》一书与徐志摩、陆小曼合著《卞昆冈》（余上沅作序）同时在 1927 年 8 月作为新月书店首批出版物出版，此后，新月书店还出版了熊佛西的《佛西论剧》（1931 年 9 月）。这份名单表明新月书店、新月社对"国剧运动"的支持和响应，也表明了新月社的支持者胡适的重要性。

"国剧运动"的后期，因余上沅、赵太侔和闻一多回国，时局的动荡、五卅惨案的爆发，使得这些雄心勃发的青年马上遭逢了一番挫折。徐志摩、叔存（邓以蛰）、陈通伯和新月社的朋友们乐意帮忙，在艺专开办了一个戏剧系，一方面设想着培植剧院里的各种人才，另一方面仍然继续努力着试图开办剧院。这之后，余上沅心目中"国剧运动"的另一位精神领袖——诗人徐志摩便出现了。正如叶芝是以他个性的力量，而非对舞台的任何认知，令其成为是那么多年以来对艾比剧院影响最大的作家。在《剧刊始业》一文中，徐志摩就诚恳地说自己"始终只是一介摇旗呐喊的小兵。我于戏是一个嫡亲外行，既不能编，又不能演，实际的学问更不必问：我是绝对的无用的一个"。[1]

1　徐志摩《创刊始业》，余上沅编：《国剧运动》，第 6 页。

徐志摩对于"国剧运动"的贡献，主要是创办了《剧刊》——尽管该刊的创办并非由他提议，他也不是出力最多的人，但毫无疑问他是该刊的灵魂。虽然徐志摩在《剧刊》中发文有限，通常只提到他写了相当于发刊词的《剧刊始业》和类似于终刊语的《剧刊终期》前半部分，其实还应算上1926年9月6日的《剧刊》第14期上，徐志摩发过一篇题为《托尔斯泰论剧一节（附论"文艺复兴"）》的文章，文章末尾，表面上谈的是"文艺复兴"，实则对新月社在《晨报副刊》期间所做的文艺活动进行了总结。他认为"不成话"，原因是"新诗——早没了；画，有几张，野狐禅属多；雕刻：零分；建筑：零分；音乐：零分又零分；文章：似乎谁也不愿意写，多半是不能说实话；戏剧：勉强一个未入流"。[1] 既然如此，他认为很"惭愧"。徐志摩对《剧刊》上自己的表现很低调，很谦虚，对自己没能为《剧刊》多做点什么即多发文章的无所作为甚至充满自责和歉疚之情。

徐志摩与闻一多有着很大的不同。但是，他们在对独一无二的艺术的追求上，对于戏剧的探索上，有着同样的兴趣。徐志摩在《剧刊始业》中以文人特有的细腻心思指出"一个戏的成功是一件极复杂，极纤柔，极繁琐，不容有一丝漏缝的一种工作，一句话声调的高矮，一盏灯光线的强弱，一种姿势的配合，一扇门窗的物质，在一出戏里都占有不容含糊的重要"。可见，徐志摩既认识到戏剧是"集合性的艺术"，同时还是"集合性的技术"，这技术需要有"够格的在行"才能体现戏剧的成功魅力。而且他们要合力一起做事，不光是写写几个剧本或做一两次戏的小事，而是想大干一番，目标是在短期内办起一个"小剧院"，并以小剧院为起点，"集合我们大部分可能的精力与能耐从事戏剧的艺术"。这些视戏剧艺术为人生梦想的青年以艺专的戏剧系为根据地，并计划借《晨报副刊》发行每周的《剧刊》。

返回北京后，"国剧运动"与新月社两拨人马聚合在一起，共同的"戏剧"

1　徐志摩:《托尔斯泰论剧一节（附论"文艺复兴"）》，见《剧刊》1926年9月6日第14期上，未收入余上沅编的《国剧运动》书中。

爱好把这些年轻的心穿在一起。闻一多给他弟弟闻家驷的一封信（1925 年 8 月 11 日）中透露了其中的信息："徐志摩约今日午餐，并约有胡适之、陈通伯、张歆海、张仲述、丁西林、萧友梅、蒲伯英等在座，讨论剧院事。近得消息谓萧友梅（音乐家）与某法国人募得四十万资本，将在北京建筑剧园。故志摩招此会议，商议合作办法也。"同一信中，闻一多还写道："新月社已正式通过援助我辈剧院之活动。徐志摩顷从欧洲归来，相见如故，且于戏剧深有兴趣，将来之大帮手也。"随后，闻一多又在给三哥闻家騄的一封信中表露说："顷自新月社归来，关于筹划剧院事已有结果。……昨日到会者有徐志摩、胡适、张歆海、蒲伯英、邓以蛰、丁燮林、陈通伯以及萧友梅。萧君已筹得可靠款项二十万元，拟办一国民剧场。……弟等所拟计划与彼等之计划大同小异，故今日双方皆愿合作。照此看来，剧场事业可庆成功矣。"信中喜悦之情溢于言表，看来余上沅他们与新月社想到一起，都有筹建创办剧院的构想，而且合作甚欢。《剧刊》结束三年后，余上沅在北京终于实现了一个梦想——和赵元任、丁西林、熊佛西等人组织了业余的"小剧院"，他自任院长，熊佛西任名誉秘书兼副院长。小剧院经营了三年，在这期间，他们借协和医院礼堂演出了余上沅创作的《兵变》，丁西林的《一只马蜂》《求婚》，还有小仲马的《茶花女》等。

在《国剧运动》一书中，叶崇智的《辛额》（又译沁孤，今用辛厄或辛格）专门分析了爱尔兰戏剧的历史与小剧院的意义。他提到 19 世纪末，爱尔兰除了叶芝之外，还有格雷戈里夫人、海德博士。这些人认为应使人民知道自己民族的稗史，并尊爱先民的信仰，使他们自己发生一种民族文化的觉悟。海德和格雷戈里夫人因此着手研究"盖尔语"（Gaelic），把爱尔兰的先民稗史、生活重写出来。同时，叶芝又找了几个人来办一个小戏院，这个戏院就是后来的艾比（Abbey）戏院的鼻祖。接着，叶崇智把爱尔兰的文艺的题材分为三类：一是先民稗史；二是现在农民的简单生活；三是神秘与讽刺的剧本。赵元任被誉为"现代语言学"之父，余上沅在国立戏剧专科学校任职期间也多次聘请他为学生授习语音学等课程。此外，撰写《九十年前的北京戏剧》历史学家顾颉刚、撰写《中国语言与中国戏剧》的杨振声，这些学者史家正承担着余上沅某种期待，从整理自己民族的稗史起步，以创作等行动为自己民族造像，自觉去观察体味民生并试图唤醒国民。

余上沅曾与赵太侔以辛额自拟，欲模仿爱尔兰文艺复兴的杰出成就，效仿辛额到亚伦群岛生活不久便创出了爱尔兰国剧。正是"他们不曾受过同化的一切，在在都足以表现一国一域的特点"。余上沅有感而发地表明，要撷取独特的艺术材料——人生，要"向荒岛出发，向内地出发"去掘取。这样或许有望"用这些中国材料写出中国戏来，去给中国人看；而且，这些中国戏，又须和旧剧一样，包含着相当的纯粹艺术成分"。叶崇智在《辛额》中，进一步表达了希望中国也能够有像辛额那样的作家去描写内地农民生活，去多注意方言和村民的各种信仰与传说，用同情的态度去和他们一同生活，这样才有望获得"民族的自然精神"。之后，熊佛西恰逢另一种因缘，赴河北定县与当地农民共同生活了五年，创造出农民大众化的戏剧实验范本。剧刊终期的后面还附有一篇余上沅执笔的短文《一件古董》。文中讲述了去年（1925年，下文的"大纲"订立于这年）余上沅与赵太侔、闻一多回国后，邀请孙伏园共同订立了一份"北京艺术剧院计划大纲"，内中表达了他们的"甜梦"——"建筑一座小剧院"的愿景尚未实现的心情。但余上沅总是既有勇气，又充满乐观，他说总算可以先把精力搁放在已经成立的北京国立艺术专门学校去培养演员，呼吁更多的类似中国戏剧社的社团及一般的热心戏剧的人们共同努力，以百折不回的精神去争取。当然，他的目标不只是拿北京作为"国剧运动"的中心，他希望的"国剧运动"是"各处都有了充分的理解和情感，即或在一地成功，它决不能普遍。漫说北京没有成功，就是有了成功，各处不能响应，也达不到国剧运动的最终目的。"余上沅甚至设想："如果我们分开，到南部，到中部，到各处做一种切实的宣传，像造金字塔一样，从下面造起；将来造到极峰，那才是戏剧艺术之花，花内才可以进出一个理想的剧院。"

关于"国剧运动"，余上沅说："仿佛提倡国货就非得要抵制外货，国剧也许可以惹出极滑稽的误解。好事之徒，或者旁征曲引，上自院本、杂剧、传奇，下至昆曲、皮黄、秦腔，说它是中国的国粹，我们应该如何去保存，如何去整理，举凡犯有舶来品之嫌疑的，一概予以排斥，不如此不足以言国剧。这样主张，未免是知其一不知其二。……要在戏剧艺术上表现，我们哪能不另走一条新路！我们的希望，我们的热忱，……这样的希望，这样的热忱，我们名之曰'运动'。"[1] 赵太侔在《国剧》中进一步阐述，中国的国剧应既有特出的民族性又有广被了解与鉴赏的世界性的戏剧。要更准确、清楚地认识"国剧"，需了解爱尔兰国剧的历史，这是"国剧运动"的理想摹本。而相比于闻一多和徐志摩，余上沅与赵太侔更具备戏剧专业的才干与能力，因此如果说叶芝是爱尔兰国剧的初创者，而辛额是爱尔兰国剧的真正的创造者，而爱尔兰的国剧运动，是真正从专业的戏剧的角度，推动了爱尔兰的文化复兴，而不仅仅是以诗歌、文学或者语音语言、史学、民俗学研究的角度。对于国剧的阐释他们也是大体是相近的，余上沅用"通性"与"个性"，赵太侔用"世界性"与"民族性"。余上沅和赵太侔后来都成为教育家，是戏剧教学的领袖人才。一方面，他们寻求综合性，但更重要的是，他们试图令当时的国人对戏剧的认知，从文学和艺术中独立出来。另一方面，他们真正切实地研究中国戏剧的传统，希冀其艺术的精神能够与西方的戏剧并列，具备独立的价值而不是在西方戏剧观念中被淘汰，甚至他们希冀中国戏剧能高出它们，那么就得效仿爱尔兰国剧，重新创造现代的中国民族戏剧。只是对于这一点他们是不自信的，称之为一个"甜梦"。然而，在时局不济的当时，这群人的"不自信"不啻为一种清醒。

余上沅还曾在《表演》一文中，将表演分为"写实"和"写意"。他自己是倾向写意的。他认为中国话剧不妨一试的途径，是"把旧戏去掉唱的部分，只取白，是说也好，是诵也好，加上一点极简单的音乐，依然保持舞台上整个的抽象、象征、非写实。一方面免除了昆曲的雕琢，一方面免除了皮黄的鄙俗，

---

1 余上沅：《国剧运动·序》，见余上沅编《国剧运动》一书。

把戏剧的内容充实起来，叫它不致流入空洞"。他在《国剧运动·旧戏评价》一文中认为演员的表演有两种技巧：一种是扮什么人便像什么人（即斯坦尼认为的演员和角色浑然一体）；一种是无论扮什么人都脱不了他自己（即布莱希特认为的演员和角色始终保持距离）。他说："这两种技巧虽然不同，而所得的结果却是一样。这个结果是剧场里的病症，它的名字便叫做写实。"与此相对的，就是第三种演员，"他老实承认他不过是一个演员，台下有许多人在看他，他的目的只是要用他的艺术去感动这些人。"他称这样的演员为："非写实派"或"写意派"。[1] 显然，以梅兰芳为代表的中国戏剧便属于此，梅兰芳的表演则是写意的。至于第四堵墙的问题，余上沅说："自从舞台变为写实以后，名为打破了第四堵墙，其实在演员与观众之间，反添了一堵更利害的墙。"[2] 由此，他得出这样的结论：非写实的中国表演，是与纯粹艺术相近的，应该认清它的价值。

余上沅 1897 年 10 月出生于湖北荆州沙市，身世贫寒，寄人篱下，幼年寄居之处有一方戏台，豢养其幼时仅有之童趣。当地俗称"戏窝子"。我在 2010 年寻访旧址时曾与当地曲艺演员攀谈，了解到他们当时在当地的农民中依旧极受欢迎。后因其学业极其优异，家乡父老集资供其赴京赴美求学。1921 年毕业于北京大学英文系，遇到陈大悲，参加爱美剧运，兴趣转移至文学和艺术，觉得其"眉眼可亲"。1923 年赴美入卡内基大学学习戏剧，孤独至极，偶遇喜好美术的张嘉铸。之后他转入纽约哥伦比亚大学专攻西洋文学及剧场技术。留学生中，哥伦比亚大学的校友熊佛西与余上沅的求学经历、人生经历最为相似。在美期间，余上沅因《此恨绵绵》之成功发动"国剧运动"，因其切实的人生态度和勤恳的工作作风，深受尊敬，成为"国剧运动"真正的精神领袖与无冕之王。

1927 年秋，他结集出版《国剧运动》一书，篇篇精粹，它们分别是：赵太侔的《国剧》，夕夕（闻一多）的《戏剧的歧途》，西滢的《新剧与观众》，邓以蛰的《戏剧与道德的进化》，杨振声的《中国语言与中国戏剧》，梁实秋的《戏

1　余上沅：《旧戏评价》，参见余上沅编：《国剧运动》，第 195 页。

2　《余上沅致张嘉铸书》，参见余上沅编：《国剧运动》附录中，该书第 275 页。

剧艺术辨正》，邓以蛰的《戏剧与雕刻》，熊佛西的《论剧》，余上沅的《论戏剧批评》《旧戏评价》《戏剧的困难》。张嘉铸的《艺专习演》，叶崇智的《辛额》，张嘉铸的《病入膏肓的萧伯纳》《货真价实的高斯倭绥》《顶天立地的贝莱勋爵》；顾颉刚的《九十年前的北京戏剧》，恒诗峰的《明清以来戏剧的变迁说略》。赵太侔的《光影》和《布景》两篇，舲客（余上沅）的《论表演艺术》（实为《表演》）。另有余上沅撰写的《序》及与徐志摩共同执笔的《剧刊终期》2 篇。

所有涉及"国剧"运动之处，余上沅的工作总是最琐碎、所付出最多、却又是最默默无闻的一位，正如他在 1925 年从纽约归国，面对五卅惨案的惨状，已对时局有着清醒的意识，覆巢之下，岂有完卵。他的一生始终躬身探寻戏剧艺术之根本规律，他曾表示愿成为戏剧的仆人，终身不悔。在新中国的话剧历史中，他也应是一位奠基人。

作者简介：

徐珺，1997 年考入上海戏剧学院戏剧文学系，硕士毕业后留校任教。戏剧戏曲学博士，副教授，硕士生导师。任教育部学位与研究生教育中心专业学位评估专家、中央戏剧学院全国中小学戏剧教育研究中心理事、上戏戏文系戏剧教育教研室主任。主持上海市精品课程《教育戏剧的理论与实践》，发表《一项基于"体验式阅读"中国民间故事〈猎人果列〉戏剧教育项目对儿童阅读能力影响的分析》；《戏剧教育研究：应用戏剧与演出杂志》（SSCI、A & HCI）。2019 年由上海书店出版社出版专著《"国剧运动"研究》。

顾仲彝先生与上戏的建校

顾振辉

　　顾仲彝先生一直以来是以作为剧作家、翻译家而闻名。在教育方面，则是以他在复旦大学外文系任教并担任系主任而知名。孰不知，他还是一位戏剧教育家。在孤岛时期，顾仲彝先生就曾在中法剧艺学校任教。抗战胜利后，在历史的机缘下，他还成为上海戏剧学院历史上的第一任校长。顾仲彝先生与同仁们为上海戏剧学院前身——上海市立实验戏剧学校（以下简称"上海剧校"）的创立，筚路蓝缕、殚精竭虑，可谓厥功至伟。本文将依据史料对顾仲彝先生在上戏初创时期的经历进行一个梳理与介绍。

一、顾仲彝先生与上戏的艰难草创

　　抗战胜利后，李健吾先生有感于孤岛剧运的兴盛，准备联合黄佐临开办一个私立的戏剧学校。写好两人联署的呈文后，送呈教育局局长顾毓琇。顾毓琇与李健吾早年均是清华的校友，并前后担任过清华话剧社的社长，又都有剧作问世。顾毓琇见到呈文欣然同意，并表示从长远计学校以公立为宜，建议他们找顾仲彝先生一起来推动学校的创立。李健吾先生与顾仲彝先生在抗战孤岛剧运时期就曾一起共事，故而欣然应允。

　　抗战胜利后，顾仲彝先生继续担任复旦大学外文系教授，同时在社会局文化处任代理处长。他就在教育局所在地的另一栋楼里办公。李健吾一行正要去找他，正好在门口碰见顾仲彝。两人一拍即合，顾仲彝先生当场就在呈文上签字、盖章。李健吾便将该报告正式呈报市教育局。

为了解决剧校经费来源，顾毓琇先让他们组成接管委员会，来接管虹口原属敌伪的四个剧场，由顾仲彝代表社会局任接管委员会主任，李健吾、黄佐临为副主任。据查，其中有一家是原属于私人的，抗战时被日人霸占，顾仲彝便做主将其发还了。剩下三座剧院分别是"新中央""东和""昭南"。于是，在顾仲彝先生的运筹帷幄之下，对三家影剧院顺利完成了接收。"新中央剧院改名为海光剧院，李健吾任经理；东和剧院改名为胜利剧院，顾仲彝任经理；南昭[1]剧场改名为上海剧院，林圣时、彭振球任经理。三个剧院的总盈余的百分之四十给市立剧校做基金，并修复上海剧院。"[2]

于是，上海戏剧界同仁期盼已久的戏剧学校的诞生正式进入了倒计时。

在紧锣密鼓地筹备过程中，学校虽有剧校先驱们与戏剧界同仁的一道努力，也有了市教育局的支持，但建立的过程依旧是千头万绪，一波三折，差点胎死腹中。

首先，学校校舍的问题，就先让三位筹备委员着实着急了一阵。所幸在1945年9月29日，上海市教育局下令，"派俞庆棠、徐则骧、李健吾接收第一日本国民学校"。[3]这所"第一日本国民学校"坐落于横浜桥北堍，四川北路的东侧。学校的主体是由一幢四层的西式风格的大楼、一幢两层的砖瓦小楼[4]和一片操场组成。在当时正是一个理想的戏剧教育场所。

10月7日，市教育局正式发文，"派李健吾、黄佐临、顾仲彝为上海市立

---

1 此处剧场名称应为"昭南"，参阅《中华电影联合股份有限公司一周年纪念特刊》：1944年，第5月期，第1页。

2 韩石山：《李健吾传》，山西人民出版社2006年版，第237页。

3 《上海市教育局令第43号》：上海戏剧学院档案，1945-19.0005，第1页。

4 据上海戏剧学院档案1945-5.0006号记载，此楼后暂借市北中学作为校舍。据市北中学校史的记载：抗战胜利后，1945年10月8日，市教育局派吕思勉先生主持校政，永兴路校舍为京沪铁路局警训班占用，学校只得暂借四川路横浜桥私立郇光小学及市立戏剧实验学校一部分房屋为临时校舍。

戏剧专科学校筹备委员，并由李健吾召集"。[1]

筹备委员会建立后不久，在南京路上著名的"梅龙镇酒家"里聚餐。据顾仲彝回忆，当时在座的除了顾毓琇、李健吾、黄佐临和他之外，还有张骏祥和吴仞之等人。席间，"李健吾、张骏祥、黄佐临都推我担任校长一职，说我办学有经验。我猝不及防，再三推辞不成，就只好答应下来。于是开学的筹备工作就落到我和吴仞之（担任教务长）两人身上了"。[2]

吴仞之先生对此也曾回忆道，"戏剧界朋友们，田汉、洪深、熊佛西、顾仲彝等，曾经集合讨论过，同意参加办理这个学校，并公推顾仲彝做校长，我任教务主任。"[3]

人事安排妥当后，更艰巨的还在等待着剧校先驱们。战后的兵荒马乱间，横浜桥原校址并非井然有序。"当时该校舍内住有日侨六百余人及军队七百余人，分占各室。筹备委员会只觅得底层一小间为办公室。"[4]

抗战刚刚结束，尚有150万在华日军在投降后等待遣返回国。除此之外，还有众多的日本侨民分布在日本占领区的城市里。侨居中国内地的日侨们也纷纷来到上海，等待遣返回国。那些挤在横浜桥大楼里的正是那些从内地来到上海等待回国的日侨。剧校先驱们所要面对的，不仅是清点资产，联系遣返日侨那么简单，他们还要面对驻扎在此的国民党的新六军，这些随接收大员们一起来到上海的军队可没那么好处理。就连顾仲彝校长都曾难逃这些兵痞的"毒手"。当年12月21日晚，就有隶属于独立第三团的两三个宪兵，在胜利剧场因不愿买票看电影而将职员打伤。第二天，还来了十几个兵痞来到剧场继续寻衅滋事，竟然将前来劝阻的顾仲彝"围殴致伤，始一哄而散"。[5]连堂堂一剧校校

---

1 《上海市教育局派令第93号》：上海戏剧学院档案，1945-19.0006，第1页。

2 顾仲彝：《干部自传》，上海戏剧学院干部档案，第8号，第23页。

3 吴仞之：《干部自传》，上海戏剧学院干部档案，第9号，第20页。需要注意的是，剧校筹备期间，熊佛西还在大后方尚未赶来。

4 顾仲彝：《一年来的上海市立剧校》，《学生日报》，1946年11月29日，第二版。

5 不著撰人：《顾仲彝挨打》，《文汇报》，1945年12月23日，第二版。

长、剧院最高管理者都难逃这些兵痞的毒手，足见当时国军军纪之差。

面对这样艰巨复杂的情况，剧校先驱们不知经过了多少次的奔走交涉，请求接洽。日本战败，在"日侨管理处"的统一协调下，日本侨民自然可以陆续撤出。可那些兵老爷却不是说走就能走的，通过与各界艰难的交涉之下，驻扎在大楼里的军队才"让出了大楼的两层房屋"[1]。顾仲彝等剧校先驱们只能利用这两层空间，开始进行修葺，准备招生开学。

可横浜桥校园内，"军队走了一批又来一批，直到今年（1946年——引者注）四月才完全移防。从去年十一月起开始修葺校舍，整理房屋。直至本年四月底才告一段落"[2]。

与此同时，顾仲彝代表社会局还同李健吾与黄佐临一道担任了附近四家剧场的接收工作，最初的设想是通过经营这几家剧场的收入来贴补学校的经费。还计划将当时的"胜利剧场"接收给未来的学校做实验剧场用。

可上述困难虽然繁巨，与之后的风波相比，只能算是小巫见大巫。张道藩的出现就差点让这所即将开学的戏剧学校胎死腹中。当时国民政府正准备从重庆"还都"南京，身为国民党文艺方面的领导人张道藩正在积极筹划还都后文艺工作的开展。为此，他专程于11月10日从重庆飞抵南京，又于17日飞抵上海。[3] 到上海后，于22日，上海文艺界200余人为欢迎这位"党国要人"在康乐酒家举行欢迎茶话会。顾仲彝先生作为话剧界代表参会并致辞。[4]

张道藩在与各界尤其是文化教育界的广泛接触时得知了正在筹办上海戏剧专科学校一事。作为南京国立戏剧专科学校的倡议发起者，他自然将戏剧教育视为自己的禁脔。这个消息让张道藩意外之余，也开始打起了自己的小算盘。

据李健吾先生的记述，张道藩为此找到顾毓琇质问此事，顾毓琇不得已被

---

1 顾仲彝：《干部自传》，上海戏剧学干部档案，第8号，第23页。

2 顾仲彝：《一年来的上海市立剧校》，《学生日报》，1946年11月29日，第二版。

3 详见王由青编著：《蒋介石的文化宠臣张道藩》，团结出版社2011年版，第303—304页。

4 参见《本市文化界　茶会欢迎张道藩》，《大公报》（上海），1945年11月23日，第三版。

迫出面宴请张道藩，并叫上顾仲彝、李健吾等人一同聚餐。席间，迫于张道藩的淫威，"上海市立戏剧专科学校"被迫改为"上海市立实验戏剧学校"，而后原本给剧校作实验剧场的"胜利剧场"又被巧取豪夺地交由他主管的"中央文化运动委员会"经营。

剧校虽然丢了一个实验剧场，但所幸还有别的剧场可以来顶替。于是，位于北四川路 917 号的"上海剧场"作为剧校的实验剧场[1]，由顾仲彝任总经理。可这个"上海剧场"是一座在战争中损毁严重的剧场，"'上海剧场'被炸之后，剧场上方的屋顶没有了，舞台部分全部炸掉了，所以下雨的时候，剧场内浸满了水，所以不及早加以修理，一天天更坏下去，势必到全部塌下为止"。[2] 为此，顾仲彝先生还得奔波于美国救济会与日侨管理处等机构，以解决修缮问题。这样的情况，也为剧校埋下了经费紧张的隐患。

对于这一段时期的忙碌，顾仲彝先生的长女顾子钰也印象深刻："创办剧校那个时期，父亲每天从上海西南角的蕊村赶到东北角的横滨桥，每天都要跑上两回。很辛苦的，想起当年父亲和吴仞之伯伯为创建剧校经常熬夜而布满血丝的双眼，就可以想见从父亲创建剧校时的种种艰辛。"[3]

面对重重的困难，所幸有各界同仁的帮衬，上海剧校组建的脚步并未停下。经过学校筹委会各位委员"开会商讨，积极筹备，费时一月，方得就绪……业于十月三十一日办理结束，十一月一日起学校即告成立"。[4] 这时，上海的报刊媒体也开始关注起这所新生的戏剧学校。《时事新报》记者就中肯地认为："上海市立实验戏剧学校这是划时代的艺术学府，也是切合实际需要的社教机构。"[5]

1　见上海戏剧学院档案，《为将前日本上海剧场拨给该校充作实验剧场令仰知照》，1945-15.0001。上海剧场系抗战时期的剧场，战时毁损严重，后为永安公司所占。

2　顾仲彝：《为利用"上海剧场"作日侨演出事再进一言》，《导报》，1946 年第6—7期，第 11 页。

3　顾子钰口述，顾振辉采访整理：《1946 级校友顾子钰口述历史》，2015 年 2 月 4 日下午，湖北武汉，顾子钰老师家中。

4　《为呈报筹备委员会结束校务开始日期仰祈鉴核备查由》：上海戏剧学院档案，1945-19.0004，第 00004 页。

5　《实验戏校访问记》：《时事新报》，1945 年 11 月 21 日。见上海戏剧学院档案，1945-49.0001 所载剪报。

在当年 11 月 28 至 29 日、12 月 9 日，剧校组织了两次"先修班"的招生考试。[1] 先后共有 150 余人报名，录取 60 余人。[2]

招生完毕后，1945 年 12 月 19 日，倾注了顾仲彝先生及各位同仁大量心血的上海戏剧学院的前身——上海市立实验戏剧学校，正式在横浜桥北堍的教学楼里正式开学上课。[3] 此后，上戏也因此将每年 12 月的第一天作为校庆日。

当时的报刊上记载了当时顾仲彝先生向同学们的一段致辞，这段讲话不仅总结了剧校初创的艰难。此外，在对学生的期望与告诫中，更是体现了上海戏剧学院最早的育人理念：

> 剧校的创立，是费了若干的奋斗，始克如愿。虽然粗具规范，而基础尚未踏实坚牢，如果我们全校师生不能通力合作，团结精神，努力奋斗，则有被暴风雨袭击摧毁的可能，而整个话剧的前途亦将遭受无限的损失。我希望各位同学不要做着明星的美梦，让有毒的虚荣侵蚀了宝贵纯洁的心灵，成为可鄙的庸俗！反之，各位同学应当脚踏实地底做一个舞台艺术忠实的信徒，舞台艺术的殉道勇士：呈现出你们整个的精力、精神！生活、生命！为了舞台、为了戏剧！[4]

顾仲彝先生在 1945 年 12 月至 1947 年 12 月这段时间里，在上海剧校执教"外国名剧研究""西洋戏剧史""戏剧概论""综合研究"等课程。其实，早在这时，顾仲彝先生就开始讲授自己潜心归纳总结的编剧理论。曾在研究班上学的袁化甘回忆："顾仲彝先生讲的综合研究，内容就是编剧理论。当时他主要是以贝克的《戏剧技巧》和威廉·亚却的（今译阿契尔——引者注）《剧作法》为蓝

1 《市立剧校九日续招新生》，《正言报》，1945 年 12 月 3 日，据上海戏剧学院档案，1945-49.0002 所载剪报。

2　3　参阅顾仲彝：《上海市立实验戏剧学院的成立和展望》，《古城烽火》特刊，第 3 页。见上海戏剧学院档案，1945-30.0004。

4 陈默：《剧艺的播种地——记上海市立实验戏剧学校》，《新学生》，1946 年第 1 卷第 5 期，第 96—97 页。

本。"[1] 剧校 1947 级学生李培健回忆道："顾仲彝先生讲编剧概论，在课上给我们系统地讲古今中外的编剧法。怎么安排结构、怎么塑造人物、怎么写台词，并一一举例讲解。"[2]

可见顾仲彝先生早在那时就已经有着成体系的编剧理论的雏形了，只是因为行政事务的繁忙，再加之动荡的时局让顾仲彝先生很难有大量的时间与精力集中于这方面的研究；倘若能有一张安静的书桌，想必顾仲彝先生身后的皇皇巨著《编剧理论与技巧》或可早些问世。可历史又经得起多少的假设呢？

二、"裁撤风波"中的顾仲彝先生

正当新生的上海剧校在顾仲彝先生与学校同仁们带领下走向正轨时，却在1946 年秋召开的上海市第一届参议会第一次大会上突遭"裁撤动议"。刚刚创办不久的剧校一下就陷入了危在旦夕的境地。今天来看，剧校"裁撤风波"的缘起，主要有两个方面的原因，一是，上海剧校建校之初，便因其明显的进步倾向而遭到了政府当局的不满。二是，因为抗战后上海"房荒"而引发的校舍资源上的紧张。

时任上海市参议会议长的潘公展，在会上公然谬称上海剧校是"装饰品"。上海市参议会的参议员们未经细致的调研工作，就为了解决中小学教育资源的紧张，草率地提出包括裁撤剧校在内的一系列动议。令新生的上海剧校一下就处于危急存亡之秋。

面对这场裁撤危机，当时报刊记载校长"顾仲彝始终缄默，态度大方"[3]。行事低调的顾仲彝校长在接受报社采访时曾表示：

1　袁化甘：《上海市立实验戏剧学校概貌》，《中国现代话剧教育史稿》，华东师范大学出版社 1986 年版，第326 页。

2　李培健口述、顾振辉采访整理：《1947 级校友李培健口述历史》，2014 年 10 月 26 日下午，江苏苏州，李培健老师家中。

3　《裁撤剧校面面观》，《新民晚报》，1946 年 12 月 3 日，第四版。

关于潘议长的话，如果一旦命令下来而实现的话，我们只有开一次校务会议才能决定以后的情形，不过，我们认为戏剧教育是最重要的，绝不是装饰品的东西可以比拟，现在，在命令没有下来之先，我们还是照常的工作，仍然站在本位上努力罢了。[1]

可对于刚把剧校从有到无、辛辛苦苦建立起来的顾仲彝先生来说，市参议会裁撤的饬令的确对他是一个不小的打击，当时也有小报称他"这几天来已经愁容满面无处诉苦了。……顾仲彝为了这种打击，心灰气馁，他碰见了朋友，常常发了一阵牢骚，说干戏剧的人，实在太倒霉了，不是受到摧毁，就是遭受夭折，他说今后如果剧校停办，他真要改行从商，而与戏剧绝缘。"[2]

可在这危急存亡的关头，消极与被动无益于剧校的存续。剧校将被裁撤的消息传开后，在顾仲彝先生与剧校先驱们的积极奔走之下，上海戏剧界同仁纷纷发声力挺。

在当年的 10 月 30 日，以郭沫若、茅盾、田汉、洪深、于伶等 171 位[3] 上海戏剧界同仁公开发表《上海戏剧界为市立实验戏剧学校"裁撤"问题告社会人士书》与《致朱部长家骅、吴市长国桢、张主委道藩、潘议长公展、李副局长熙谋的函稿》。两篇文章通过宣言与公开信的形式，以平实的文字坚定地表达出对于"裁撤剧校"的抗议。

不久，上海平剧（即京剧）界、上海游艺协会与上海伶界联合会先后致函声援剧校师生。

一时间，各界反对裁撤剧校的呼声四起，面对汹涌而至的舆论压力，始作

1　范和生编：《60 年全记录：中国上海戏剧学院（1945—2005）》，上海戏剧学院内部刊物 2005 年版，第 12 页。

2　天人：《顾仲彝誓死保剧校》，《海潮周报》，1946 年第 28 期，第 2 页。

3　原签名人数为 169 人，据吴仞之发表在《文汇报》1946 年 11 月 5 日，第四版的文章《裁撤剧校有无实际根据？》上的记载签名人数"临时又参加了两位，一是参政员而一向爱好并帮助戏剧的余楠秋先生，以是远在外埠而来函有同样抗议主张的名演员夏霞小姐。"故最终有 171 人签名。

俑者潘公展在公开致辞时也不得不表示："个人对于戏剧电影之爱好，及对于正确运用影剧效果之重视。并解释停办剧校系参议会之决定，非议长个人或任何参议员所决定。参议会系代表全上海市民，而非代表某一方面，某一地区者。参议会当时之决定，系鉴于市府经费不足，学龄儿童失学者太多，此时此地国民学校较剧校更迫切。并无看轻剧校，看轻戏剧之意。至于参议会议案是否需要复议，应由市长决定。复议结果如何，应视全体参议员意见而定。"[1] 可见，当初大放厥词的潘议长不得不有所顾忌，还指出了解决此案的途径。

时任上海市教育局局长的顾毓琇先生，文理兼统的他深知戏剧与戏剧教育的重要性，当初剧校的创立也离不开他的运筹帷幄。然而，参议会讨论并决定裁撤剧校时，尚在国外的顾毓琇对此并不知情。他在 1946 年"八月初奉命出国，专程赴欧洲，出席国际科学会议……自十一月一日由美动身返国……昨日（七日）……由香港乘机来沪"。[2]

对参议会决议案负有执行责任的教育部门负责人——顾毓琇回国不久，就收到了洪深先生的来信。毕竟裁撤剧校兹事体大，他很快就函复洪深，并明确表态："裁撤剧校案已呈复市府……就上海文化情形言，三校均应续办。"[3] 之后，顾毓琇在与市参议会的复文中表示："剧校校舍已一部腾充国民小学校舍，经费额数估量极少，尚无因轻失重之病，应予保留。闻顾局长已表示剧校在沪教育功能之重要，拟尽可能予以支持。"[4]

显然，顾毓琇已然表示会在其职权范围内为上海剧校的保留做了最大的努力。接下来就只能按照程序看上海市政府是否会为取消裁撤而在下次参议会的大会上提出正式复议了。

当顾毓琇回国完成一系列公务后，随即接受了剧校周年校庆的邀请。据当

1 《党务与文化界工作应打成一片》：《申报》，1946 年 11 月 18 日，第六版。

2 《顾毓琇由美归国，昨已抵沪闻即将赴京》，《申报》，1946 年 11 月 8 日，第 8 版。

3 《裁撤剧校面面观》：《新民晚报》，1946 年 12 月 3 日，第四版。

4 《剧校艺校应保留教局复文市参会》：《新民晚报》，1946 年 12 月 12 日，第四版。

时报刊的记载：

> 同日（12月1日——引者注）上午举行的校庆典礼，教育局长顾一樵氏自南京归来，赶到参加，即席庄严宣示维护剧校的决心，并且说此次在英国曾专诚去瞻仰莎士比亚之故乡，深有所感！为什么代表英国文化非为圣王贤臣，而为一伶人出身之莎士比亚？中国新文艺运动的成就，以戏剧为最大，我们不禁憧憬新中国未来莎士比亚的诞生，培养戏剧人材，绝不是无目的的浪费云云。[1]

这样的一番讲话，使剧校学生深受鼓舞。同学们一扫将被裁撤的阴霾，在随后校庆演出了《岁寒图》更是精彩绝伦。该剧由吴天导演、陈白尘编剧，在实验剧校四楼的小剧场里前后共演了 10 场，观众达到了 3 878 人次。[2] 演出受到了广泛的赞誉，不少报刊纷纷报道，起到了良好的社会效益。"《岁寒图》的演出，展示剧校前途的光明远景，愿她在顾局长的爱护下，开出更灿烂的花朵。"[3]

12月17日，在上海市政府准备向一月召开的参议会第二次大会做工作报告之际，教育局"关于裁撤艺师剧校民校部分，均申述理由，请予续办。是项公文昨已呈复市府并案汇复。"[4] 可见功夫不负有心人，面对强大的舆论与民意，剧校的命运开始有了转机。

虽然有了舆论与教育当局的支持，但能否正式取消裁撤剧校的计划还是得经过上海市参议会大会上的程序才能解决。依照计划，1947 年 1 月 6 日，上海市首届参议会召开第二次大会。该会的举行就将决定剧校的最终命运。

1月8日，上海市教育局提请市政府以市长吴国桢的名义向参议会提出议案

---

1 乐少文：《评市立剧校校庆公演》，上海戏剧学院档案，1945-49.0007，第 1 页。

2 《本校实习公演记录表》：《上海市立实验戏剧学校一九四九年学校概况、人员和演出剧目》，上海市档案馆，B172-4-1，第 20 页。

3 乐少文：《评市立剧校校庆公演》，上海戏剧学院档案，1945-49.0007，第 1 页。

4 《教局复请市府续办艺师剧校》：《文汇报》，1946 年 12 月 18 日，第五版。

《为据教育局呈请保留实验民众学校等情提请付会复议以利民教之推行案》，此项议案针对先前的《拟请市政府令饬市教育局迅即调整附属机构节约开支普及国教案》称"教育局呈称遵将各附属机构重予调整，惟实验民众学校及实验戏剧学校因事实上之需要拟仍继续办理"[1]，并一一说明了先前都已反复阐明的理由。

　　1月9日，参议会教育组审查会中审议该议案时，虽然教育局局长顾毓琇亲临会场向各参议员解释剧校保留的必要性，但会上依旧引发了激烈讨论。"当时对剧校之裁撤，会场情绪激烈，意见不一，有提议不裁者，有主张改为剧团者。柴子飞参议员大声疾呼，说是'上次会议之所以要裁剧校，就是为了他们的思想不正确，好在这里没有外人，大家都心照不宣。'"[2]这段话在当日的《文汇报》里还有另一段记载，"柴参议员于席间称：上次通过裁撤剧校之原因，参议员都是心照不宣。在座中无外人，坦白地说，无非是为了它宣传的思想不正确。其实，剧校倒是有保留的价值"。[3]

　　柴子飞的话总算是道出了裁撤剧校的本质。因为无论是顾仲彝还是后来的熊佛西，他们的办学理念都遵循了蔡元培先生所秉持的"兼容并包，思想自由"的现代教育理念。这与国民党所宣扬的"党化教育"自然格格不入。相反，中共地下党的渗透使得民主进步的氛围在剧校里蔚然成风。这样情形自然是当时热衷于"反共救国"的国民党反动派所不乐见的。所以对于剧校裁撤的问题上，他们自然不愿意善罢甘休。

　　柴子飞此言一出，剧校师生自然不能坐以待毙。学生自治会主席周求真在顾仲彝校长的首肯下，组织了同学们前往参议会所在地进行抗议。在这次游行请愿中，上海剧校学生自治会致上海市参议会的请愿信全文如下：

---

1 《为市立实验民众学校及实验戏剧学校因事实上之需要拟仍继续办理提请惠予付会复议由》；《上海市参议院议员第二次大会关于教育局呈请保留实验民众学校及实验戏剧学校以利民教之推行的提案》，上海市档案馆，Q109-1-1028-291，第75页。

2 《市长提议恢复剧校，教育小组讨论激烈》；《申报》，1947年1月10日，第四版。

3 《剧校存废意见不一》；《文汇报》，1947年1月10日，第五版。

上海市参议会潘议长并转参议会诸公钧鉴：

钧会上届大会据经十七区公所所提议通过"裁撤剧校"一案，其理由为节省经费及以校舍改办国民小学。仰见钧会重视国民教育之盖筹！惟事实上本校之校舍下层已有十七区公所所主办之"建国小学"一所，至于本校经费上之微细，在市教育经费中渺不足道，诸公不难复案而得，是以上述作为裁撤本校之理由，似不能成立，业由市政府提议钧会复议在案；自本案公布以还，本校全体同学始终保守缄然，盖念知诸公明烛几微，当能收回成命。今值钧会复议之期待全体晋前请愿，至祈俯鉴恫忱，更张原议，准予继续办理，不特本校之幸，诸公对艺术文化之贡献，宁有涯既！

谨敬请愿临呈不胜迫切待命之至！

上海市立实验戏剧学校学生自治会叩蒸印[1]

对于剧校同学 1 月 10 日的这次游行，《申报》进行了报道：

市立戏剧实验学校，学生六十余人，昨日至市参议会请愿，请求免予撤销，继续办理。有大会委员接见，谓其案将在大会复决，即可得出结果。在该校学生自治会所发表之宣言中，首述渠等献身戏剧的热诚，并将该校成立后所演出之话剧加以总检讨，皆无所谓"思想不正确"者，其第一出即为教育局长顾毓琇之《古城烽火》。宣言中并谓，为了避免误会甚至对一般学生运动都没有积极参加，"一方面希望我们的不得以情形，能为各方面所谅解。"并称，"市预算的收入，以娱乐捐为大宗，似乎也可以作为我们争求学校存在的理由"。[2]

1　见《上海市参议会关于请市府教育局调整附属机关普及国教案》：上海市档案馆，Q109-1-36，第66—67页。

2　《剧校学生请愿，撤销案将在大会复决》：《大公报》，1947年1月11日，第四版。

于是，在表决前保留剧校的舆论已然对市参议会产生了巨大的压力。1947年1月14日，参议会大会中正式对该议案予以最终的表决。当时的报刊对此次决定剧校命运的时刻记载如下：

昨日参会最后一幕中之最佳一镜头，即是迅速一致通过《维持两校原状》之提案，而否决教育委员会改变民校为国民学校之审查意见。

该案延至下午七时，始由议长提出，费树声与陈汝惠几乎同时起立，明白表示："两校成绩优良，极合需要，应予维持原状。"议长再三询问有无反对意见，空气至为紧张，全场竟无一人持异议。议长为郑重计，要求举手表决。卒获多数通过，数星期来上海教界聚讼之问题至此乃告一段落。[1]

在众望所归之下，当天大会最终决议，"实验民众学校及实验戏剧学校准予续办"。[2]这个消息当晚传到剧校之后，"剧校同学喜欢得都从床上跳起来作通宵狂欢，当时就有两个女同学相互抱拥哭了起来，有两个男同学因喜欢过度而撞破了头，校长顾仲彝也披衣而起，烧咖啡买点心和同学联欢。"[3]

历经四个多月艰苦的护校运动终于有了一个圆满的结局，上海剧校也总算渡过了这一劫。一个多月后，2月24日市教育局发文，正式告知上海剧校"准予续办"的决定，标志着上海剧校"裁撤风波"的正式平息。

经历这四个多月的"裁撤风波"，日理万机的校长顾仲彝承受着巨大的精神压力。这也考验着他那并不强健的身体。早在裁撤决议刚下来不久，巨大的压力使得过度操劳的顾仲彝以"校务繁剧，时告失眠，精神委顿，深感难以支

---

1 《市参会最后一幕中最佳镜头：民校剧校维持现状》，《正言报》，1947年1月15日，第五版。

2 《为市立实验民众学校及实验戏剧学校因事实上之需要拟仍继续办理提请惠予付会复议由》；《上海市参议院议员第二次大会关于教育局呈请保留实验民众学校及实验戏剧学校以利民教之推行的提案》，上海市档案馆，Q109-1-1028-291，第79页。

3 《市剧校师生狂喜》，《新民晚报》，1947年1月20日，第三版。

戏文名师

持"[1]的理由，曾三次致函市教育局请求辞职。

顾仲彝先生还高风亮节地"三顾茅庐"力邀熊佛西先生出山主持剧校。据当时熊佛西的爱人，也任教于剧校的叶子回忆，"当时顾仲彝一再提出辞职，并数次到我家提出请熊佛西接任校长，并说教育局长顾毓琇推荐"。[2]

虽然市参议会的决议要求裁撤剧校，但依据规则，市府与教育局尚有回旋的余地。一校之长若是在这个节骨眼上去职，势必产生多米诺骨牌效应。剧校很有可能还没等到正式裁撤就早已"树倒猢狲散"。然而，其实也有顾校长一番苦心在此。市参议会毕竟只是一个民意机关，其决议案并不具有强制性的效力。所以，顾仲彝先生此举也是一种以退为进的策略，逼着市政府与教育局表态。剧校毕竟花费了不少公帑才筹办起来的，剧校还有师生百十来人，即便剧校要被裁撤，这些师生的安置也将成为教育当局颇为棘手的问题。故而，在师生与教育局的一致慰留之下，顾仲彝先生暂时休养了半个月。[3]教育局局长顾毓琇在回国后也特地"函复慰留，并告以剧校事已提请复议，勿萌退志云"。[4]顾仲彝先生也一直坚守到了风波退去。

然而，顾毓琇早就有心让资历更深、经验更丰富的熊佛西先生来担任校长。在"裁撤风波"期间就有报刊推测，"今后剧校民校存废之动向，可能从机构之裁撤问题转入主持人选之更换问题。因两校必须保留之理由十分充分，而要求裁撤之动机纯属对人不对事，是乃老中国一贯作风云"。[5]

虽然剧校免于裁撤，可国民党反动派并不会就此放过顾仲彝校长。他们不仅在顾仲彝先生担任经理的胜利剧院里安插特务，顾仲彝先生还被"密告五次，

---

1 《顾仲彝为神经衰弱的不能胜任呈请辞职》：上海戏剧学院档案，1945-85.0092，第1页。

2 叶子：《叶子先生来信》，《横滨桥》第54期，第3页。

3 据查礼：《取消"装饰品"声中市立剧校动态》，《新民晚报》，1946年10月30日，第三版所载：市立剧校校长顾仲彝氏，因年来经营"剧校"颇费心力，近日复为"剧校"将被裁撤事宜奔波忙碌，积劳成疾于昨日病倒，已呈请教育局行假半月，以资休养，所有校务由该校教务主任吴仞之氏代理云。

4 《顾仲彝辞官　三次被慰留》：《新民晚报》，1946年12月20日，第四版。

5 《剧校民校可能保留　但主持人或将有所更换》：《文汇报》，1947年1月11日，第五版。

说他贪污，并说他供给新四军炸药。"[1] 因而，"裁撤风波虽告平息，反动派并不就此善罢甘休。他们又在暗中策划，捏造莫须有的罪名，指控顾仲彝在接收影院时贪污敌产影片胶卷给新四军作炸药原料"[2]。后来，"经顾仲彝请了律师，戳穿指控者将接收 10 本胶卷篡改成 10 部"才了结了官司。[3] 吕复先生曾记述道：

> 初创上海市立实验戏剧学校的顾仲彝先生，也是对党有着深厚情感的，据李健吾先生回忆，正是一九四六年中共上海办事处撤离前夕，上海文艺界有一次在大光明影院的集会，为了这天将有大家敬仰的周恩来同志出席，需要安全保卫工作。在组织的安排下，几十名实验剧校的同学，一大早就从横浜桥出发，提前到会场占据座位，防止特务破坏。事后被国民党反动当局知道了，竟然也成为更换顾校长的因素之一。[4]

1949 年首届文代会期间，顾仲彝先生在北京碰到上海剧校同学章志清时曾告诉她："他在剧专任职时，经常有一特务在他办公室监视着他"。[5] 足见顾仲彝先生当时处境之险恶。

1946 年末，面对重重的压力，为剧校草创而不辞辛劳的顾仲彝先生便以"一月以来，失眠症犹惟未见转轻，抑且又增偏头疼痛以致饮食锐减，精神日益萎靡。"[6] 在寒假将临，校务告一段落时，"为学校前途计，自身健康计……仰祈俯念实情，准予辞职"。[7]

1　吴仞之：上海戏剧学院干部档案，第 8 号，5 类 3 号《吴仞之同志提供顾仲彝的情况》，第 2 页。

2　袁化甘：《艰难缔造忆当初——记上海市立实验戏剧学校》，《戏剧艺术》，1985 年第 4 期，第 12 页。

3　邱斌、袁化甘执笔：《艰难斗争忆当年——上海市立实验戏剧学校斗争史》，《战斗到黎明——解放战争时期上海女子中学和专科学校学生运动史专辑》，上海翻译出版公司出版 1989 年版，第 457 页。

4　吕复：《想念熊佛老》，《现代戏剧家——熊佛西》，中国戏剧出版社 1985 年版，第 366 页。

5　章志清、杨肇文：《回忆过去的日子》，《横浜桥》，第 20 期，第 1 页。

6　《顾仲彝申请不任校长职》：上海戏剧学院档案，1945-85.0004，第 1 页。

7　同上书，第 2 页。

最终上海市教育局于次年 1 月 25 日批复"应予照准"。[1] 其实，称病请辞的顾仲彝先生自己心里清楚："我知道学校虽然取得了胜利，但国民对我的仇恨必然加深。在顾毓琇的暗示下，我的辞职就顺利地得到了'批准'"。[2] 于是，"教育局挽留未果，已予照准，改聘顾氏为教育局顾问"。[3] 叶子曾回忆道，"后来顾仲彝坚决辞职，并一再推举熊佛西为校长。熊佛西和田汉、洪深共同商议后，决定由熊佛西出面任校长，但有事须三人共同商量，便应承下来"。[4]

然而，公道自在人心，顾仲彝先生为剧校所做的种种贡献剧校师生都看在眼里，再加之其渊博的学识与温文尔雅的人格魅力早就为剧校同学所敬仰。桃李不言，下自成蹊。顾仲彝先生虽遗憾地离开了校长的岗位，但剧校的同学们自然不会忘了他对剧校所作的贡献。

当学生们知道仲彝先生要辞去校长职务的时候，有的竟抱头大哭，一群群学生拥进他的校长办公室请求他留下来，一直到仲彝先生答应虽然校长辞去了，但仍要讲完他所开设的课程后，才依依不舍地离去。全校学生推出了几个善于刺绣的，自己制作了一面锦旗赠给仲彝先生。在浅蓝夹绿的绸面上端正的绣着四个大字"春风化雨"，上款是顾校长仲彝，落款是上海市立实验戏剧学校全体学生，以慰问他受到的不公平的遭遇，并感谢他对学生的关怀。[5]

剧校学生为了感念"顾前校长一年来不辞辛苦，在狂风暴雨胁迫中，坚持岗位，把住剧校的舵，现虽积劳成疾，仍愿担任研究班班主任。剧校学生们近

---

1 《准予顾仲彝辞职》：上海戏剧学院档案，1945-51.00005，第 2 页。

2 顾仲彝：《干部自传》，上海戏剧学院干部档案，第 8 号，第 24 页。

3 《熊佛西氏继任戏剧学校校长》，《申报》，1947 年 1 月 25 日，第八版。

4 叶子：《回忆熊佛西的艺术生活》，《戏剧艺术》，1982 年第 2 期，第 11 页。

5 顾伯锷：《纪念仲彝先生诞辰一百零二周年》，《顾仲彝戏剧文稿选辑》，中国戏剧出版社 2005 年版，第 218—219 页。

日发动筹备'慰劳顾前校长茶话会'并请剧校其他教师参加"。[1] 于是，在1947年4月6日晚，由剧校学生自治会组织了简单而隆重的"顾前校长慰劳联欢会"，"所费均由同学自动捐助，五百，一千，二千者都有，已于本星期四（六日）晚七时举行，并表演各项余兴节目"。[2]

三、顾仲彝先生的离去

1947年以来，随着解放战争的深入，国统区物价飞涨、民不聊生。"反饥饿、反内战、反迫害"的学生运动也如火如荼地展开。国民党也开始加强对于各学校的控制。他们首先闯入复旦大学大肆搜捕进步学生，并殴打了前来劝阻的洪深先生。而后逼迫复旦大学不再续聘洪深先生，使洪深先生一家只能蜗居在上海剧校狭小楼梯间内。国民党当局还发起了"倒熊"运动，逼迫熊佛西先生辞职，并准备让张道藩的爪牙虞文来接替校长的位置。熊佛西先生在剧校师生及戏剧界同仁的支持下坚决不辞职。碍于熊佛西在文艺界的地位与影响力，投鼠忌器的国民党当局最终也未能得逞。然而，险恶的形势让洪深先生不得不离开上海赴厦门大学任教。

此时的顾仲彝先生也是压力重重，他事后曾回忆道，"国民党对我十分仇视，虞文在剧校遇见时，竟以恶言相恫吓。我知道再在上海待下去，一定会遭到更大的迫害"。[3] 于是，1947年12月，在欧阳予倩、夏衍和于伶的邀请动员之下，顾仲彝登上了南下香港的邮轮，到永华影片公司担任编剧一职。

就这样，顾仲彝先生离开了他辛苦草创的上海剧校。临行前，上海剧校师生特地举行了欢送顾仲彝先生的晚会。在晚会上有梁怨、殷乃成、章志清、申怀琪、潘千里、陈耘等同学组成的合唱队，为他们敬爱的顾先生合唱了一首由梁怨填词谱曲的《咏顾仲彝》……歌词：顾公仲彝，我们歌咏你……旋律庄严

---

1 《熊佛西校长上任记》：上海《大公报》，1947年2月10日，第八版。

2 宁静：《上海剧校通讯》，《益世报》，1947年4月11日，第六版。

3 顾仲彝：《干部自传》，上海戏剧学院干部档案，2类1号，第25页。

肃穆，有些像基督教的赞美诗……顾先生还把曲谱要去留念"。[1]

虽尚无从知晓这天晚会上还有什么节目，但笔者想来，在这离别之际，剧校合唱队的同学们或许会合唱一首《送别》：

> ……
> 天之涯、地之角，
> 知交半零落。
> 问君此去几时还？
> 来时莫徘徊！
> ……

念念不忘，必有回响。光阴荏苒，换了人间十载后。上海市立实验戏剧学校已在熊佛西先生的带领下整合为上海戏剧学院，成为新中国两所戏剧学院之一。1957 年 7 月，顾仲彝先生在熊佛西院长的力邀之下，调回凝聚着他心血的上海戏剧学院。在新设的戏剧文学系，顾仲彝先生度过了他人生最后的八年……

作者简介：

顾振辉，中戏戏文系 2005 级本科、上戏戏文系 2009 级硕士、"台湾清华大学"台文所 2016 级博士。曾获优秀学生干部、三好学生、市级优秀毕业生，年度优秀员工，田汉戏剧奖、清华陆生奖学金等荣誉。研究涉猎单人喜剧表演理论研究、曹禺研究、上戏民国校史研究、青钏研究、台湾一九五〇年代戏剧史研究。曾供职于上戏图书馆。

1　梁怨：《板凳指挥》，《横浜桥》，第 37 期，第 2 页。

昆曲大家陈古虞

俞永杰

陈古虞教授是 1952 年全国高校院系调整后上海戏剧学院首批戏曲理论教师，长期担任戏曲史教研室主任，在昆曲表演、订谱和戏曲史论教学上有很深的造诣。他具有中西戏剧结合考察的能力，对中国古典戏曲研究精深；他能在艺术实践的基础上，将理论赋予鲜活的艺术形象，在戏曲表演理论方面见解独到。陈古虞教授高水平的昆曲综合能力，获得了王季思、赵景深、万云骏、俞琳、欧阳予倩等当代戏剧权威专家的充分肯定，是当代戏曲学界一位名声不大、行事低调却功力深厚、作品卓绝的昆曲家。洋洋大著《元明杂剧曲谱》是他留给中国戏曲艺术的宝贵遗产和财富，填补了中国没有专门杂剧曲谱的空白。

一、文仕之家余晖显

陈古虞，字凤雏，1919 年 8 月 25 日出生于河北省安新县安州镇（今属雄安新区），所生之家虽然他后来自谓是"封建气味浓厚的小资产阶级成分的家庭"，但其实是一个有着数百年诗书传家、秉持读书治国优良传统的文礼官仕之家，祖上至父兄辈多以文举官或从教，青史垂名者颇众。其父陈堂，为前清拔贡，曾在学部任职，清末时任北京高等师范大学堂提调官，辛亥革命后曾在山东、江西等地做教育工作，并做过两任知县。母杨氏，乃当地旧式家庭的普通女性。

1925 年，直奉军阀战争波及安新，陈古虞母亲带着子女逃离家乡至北平避居。陈古虞入学北平市立厂桥小学，至 1931 年毕业，进入北平市立第四中学就读初中，1935 年因病休学回乡静养，1938 年返北平市立四中复学，1939 年考入北京大学文学院西洋文学系。他热衷外国戏剧文学，对英国 16 世纪及近代戏剧产生浓厚兴趣，以良好的英语水平，精心研读西方戏剧作品与戏剧理论，渐生推崇心理。尤其是对莎士比亚的研究非常用功，所写毕业论文《论莎士比亚的写作时期及其各时期中之杰作》，深得诸教授称赞，评分结果名列第一。1942 年陈古虞大学毕业，遂升学为本校研究生，导师杨宗翰，研究题目是《莎士比亚批评》。1943 年因办学经费问题，学校停办研究生教育，故陈古虞结束了在北大的研究生学习。

为谋生计，他先往河北通县潞河中学任高中部英文教员。1945 年，经同学介绍进入北平市立第一中学校做教员，这是解放前他正式的、最主要的、最稳定的、时间最长的工作单位，直至 1949 年 3 月离职。在一中教职之外，他又兼任私立中法大学英文讲师，次年辞任；同时也在私立文治和进德两中学短期兼课。1946 年起，受聘北京大学兼任讲师，1948 年，同时去北京私立东方中学兼职做英文教师。所以他长期在三所学校任课，最多时一天上六节课。除教课之外，他还投稿赚些稿费。抗战胜利后，他曾在北平、沈阳的几个报纸和杂志上任特约撰稿，翻译英、美近代诗文和短篇小说、独幕剧以及戏剧理论文章，如在《经世日报》发表了英译诗十余篇，在《北国杂志》上发表翻译文章《托尔斯泰的艺术理论》等。

二、痴迷昆曲终身定

（一）被昆曲改造

陈古虞在北大攻读西洋文学、研究莎剧，随着研读日深，便认为要利用西方戏剧的先进思想、理念、剧作法等，来改造本国旧有的传统戏剧；要改造本国旧剧，他认为必须对其有根本的认识；要有根本的认识，那就必须要采取学习京昆旧剧的艺术实践办法，获取切身的体验和真实的感观。于是他特意去学习昆曲，弄懂本国旧剧的方方面面，以便在将来对充满封建意识的旧剧，在形式内容上彻底改革，使之变为反映现实、宣传教育的最有效的艺术工具。殊不知他原想利用西洋剧去改造昆曲，没多久自己却被昆曲改造了，从此将一生献给了昆曲，甚至阴差阳错地在保存昆曲方面作出了杰出贡献。

当时以北大为昆曲度曲圣地，从民国初年吴梅进入北大传授昆曲开始，北大办昆曲学习团体已成为优良传统，这为陈古虞学习旧剧提供了天然的便利条件。他迈出了习曲的步伐，甚至在大学后两年，他利用自己对外国戏剧的学习积累和昆曲的学习深入，开始中西结合地观察、比对中西戏剧，着重研究莎士比亚和中国明清传奇之间的关系。中西结合的方式，让他用不同的思路、角度、眼光去观察和体验昆曲；昆曲的学习和研究使他真切地认识到了中国戏剧的真实面目。最终并不是全盘用西方戏剧的方式来改造旧剧，反而使他高层次、高能力地切入昆曲、理解昆曲，因此博得了老艺人、名角和学术名家们的一致欢喜。

那时俞平伯先生主持着北大艺文会下设的昆曲小组，俞氏的妻弟许雨香是当时著名度曲家，受邀担任昆曲组教师；校外有傅惜华主持的北平国剧学会昆曲研究会，许雨香在家中组织的倚声社（抗战胜利后改称藕香社）。这三处的师资和人员多有重复，陈古虞都参加并逐渐成为骨干成员。他初学昆曲是跟着许雨香拍曲入门的。同时为了搞清楚旧剧的原理，还跟着许雨香、俞平伯和俞夫人许宝驯及逗留在京的曲家王季烈等学习南北曲曲律。故而陈古虞所宗乃是唱曲的正宗路子。

（二）师从北昆名宿

由于北大等曲社都邀聘了一些在京艺人来传授身段与剧目，学生时期的陈古虞便和王益友、韩世昌结下了深厚的情谊与师缘，他的身段和剧目表演是这两位北方昆曲大名角传授的。但他不独是"北派"的粗犷豪放，反而是对昆曲细腻、精致表演的积极探索和实践；从留下的影像看，南、北风格在陈古虞的艺术中是和谐统一的。

陈古虞先从王益友习身段，即便已二十大龄，依然从训练圆场、山膀等形体基本功开始，老师还亲自陪他练习打枪把子。王益友比陈古虞大整整四十岁，当时已是花甲之年。他是北方著名的大武生，也生、旦、净、丑各行剧目兼擅，能戏甚多。陈古虞学的第一出戏是武生开蒙戏《石秀探庄》，身段繁复、套路众多，乃表演打基础的重要剧目；学的第二出戏是《思凡》，相继又学了《借扇》《游园惊梦》《夜奔》等，三年多时间共学了二十多出戏，剧目跨越武生、闺门旦、净、武旦等多个行当，为陈古虞的昆曲表演艺术奠定了扎实的根底。王益友属于老伶工，他有很多身段或是旧王府表演路数，或是自家秘而不宣之法，身段舞姿极美，排场动作与当时（乃至今日）舞台流行演法多有不同。他讲授时，不仅教会表演动作，而且将戏理、技理深入剖析，使陈古虞真切感受到昆曲表演的细腻、讲究与情理，并从学技术逐渐懂得了技术与艺术是合体的道理。王益友在抗战胜利前夕生病去世，陈古虞可谓是他最后几年中向他学戏最多的人，因而有幸保留了一些老伶工的技艺。三十多年后，陈古虞又将王益友传授的武生剧目，悉数传予北昆武生侯长治，特别是《夜奔》中的一些独门身段，在今天的舞台上才得以绵延不绝。

韩世昌在沦陷期间不再粉墨登台，蛰居市井，时亦受聘曲界教戏。陈古虞再跟韩先生学艺，两人开始的交往并不顺利。但陈古虞凭着真诚与执着，以及自我文化修养带来的优势，最终感动了韩世昌。他先是帮陈古虞把之前所学的部分剧目打磨精致，之后又陆续传授了《闹学》《寄柬》《拷红》《刺梁》《断桥》等戏。陈古虞此时学习昆曲表演，已不再是单纯的个人兴趣爱好了，随着王益友等老一辈艺术家的离世，他深刻感受到昆曲是如此高贵的艺术遗产，亟待保存继承。所以他在跟随韩世昌学艺时，下了很大的功夫，每星期去韩家两三次，持续到解放前期从未中断，韩世昌也没有收取过一分报酬。陈韩二人之间的传承关系，既是师徒学艺，又是互相切磋、深入剖析。陈古虞经常向韩世昌提问，韩觉得问题很专业，于是耐心解说，从动作、表情上多方面启发，引导其深入探索和体会。虽然生活条件很差，但只要和陈古虞谈论艺术、研究身段，韩世昌就可以忘掉一切。他们认为昆曲虽已与时代脱节，然而它的技术是超越一切地方剧的，应该尽力保存昆曲所具的优点，将来把它发挥创新。陈古虞钦佩韩世昌的道德品质，推崇他的表演艺术，无论是在《新民报》发表的《旧剧的表演》《看韩世昌》等文章中，还是后来在上戏的讲课中，经常罗列韩世昌的表演，并有很高的评价。

陈古虞跟韩世昌前后学过十几出戏。抗战胜利后，韩世昌恢复了演出，陈古虞自然就成了"跟包"，为老师做些服务，同时也方便在后台看韩世昌演戏。在这段时期，陈古虞还经常为吴作人等归国留学生买票或安排后台位子看戏，在与这些留学生的交往中，他请他们谈为什么看了西洋歌剧、舞剧等还爱看昆曲，留学生们回答，只有中国戏曲是歌舞结合、剧艺相生的最美舞台艺术。这些观点让陈古虞更加坚信昆曲综合性艺术美的优点，也让他认识到戏曲之美的世界性价值。韩、陈的忘年之友谊非常深，陈古虞定居上海后，韩世昌只要来沪就先通知陈古虞，请他去下榻的国际饭店畅谈。1956 年 11 月韩世昌率北昆代表团赴沪参加南北昆曲会演，看戏、谈戏，全程会晤。"文革"结束不久韩世昌就逝世了。两年后陈古虞受邀专程赴京，向北昆的演员们讲授"韩世昌昆曲表演艺术"。韩世昌的弟子们经历"文革"，十几年没唱《刺虎》，陈古虞给他们排练恢复。陈古虞跟韩世昌学戏时，就努力为韩记一部"身段谱"，直至韩世昌逝世后、陈古虞也近退休时终于写成。2022 年，这部遗著由上海戏剧学院资助、上海古籍出版社出版。他俩的交往也成为昆曲史上艺术家与曲家之间，切磋艺术、互相帮助的典范。

唱曲、剧目身段表演、曲律研究等全方位的发展，使得陈古虞成为一个精通昆曲的青年才俊。1946 年，许雨香南归，北大曲社需要新的昆曲教师接替，经俞平伯推荐，校方正式聘请陈古虞担任北大的"昆曲指导"老师，聘书钤校长胡适印。能被俞平伯看中和信任、能接替许雨香，足见陈古虞的昆曲艺术水平非同一般，这对时年不到三十岁，二十岁才开始学昆曲的青年人来说，令人惊叹，也成为昆曲史上的一段佳话。

（三）戏剧理论肇始

《新民报》北京版是一份进步报刊，马彦祥于1946年1月抵达北京，主持每日一期的"天桥"游艺副刊，副刊的主要撰稿人包括田汉、郭沫若、茅盾、何海生、李健吾等一大批进步戏剧工作者，刊发了戏剧、电影等各方面的批评与争鸣文章，其中戏剧部分的内容对解放前夕的戏剧进步与发展起到了重要作用。陈古虞从1946年8月28日发表《改革旧剧我见》到1948年6月29日发表《莎士比亚论演剧》，在近两年的时间里共发表戏剧文论36篇，总计刊载次数为40天（期），是"天桥"版在古典戏曲方面的重要撰稿人，对于马彦祥等开展剧改运动有很大帮助。这批文章中有剧改运动中对旧剧改革的意见和讨论，如《旧剧中的表演》《保存昆曲我见》等；有对男旦制度的批判和争鸣，如《打倒男子扮旦制度》《与齐如山先生论男子扮旦制度》等；有对旧剧中的闪光点的宣扬和对经典旧剧的艺术阐述，如《谈〈贞娥刺虎〉》《谈〈思凡〉〈下山〉》《旧戏重演》等；有新剧上演后的专题评论，如《给演剧二队两点建议》《由〈桃花扇〉谈到旧剧改革》等。由于"天桥"副刊的进步作用，引起了国民党当局的憎恨，声称报社窝藏共产党员马彦祥、刘励生、钱家瑞、贺家宝四人，必须清洗出报社，否则便封门禁止出版。马彦祥无奈发表"告别词"后辞职离社，这对陈古虞在戏剧理论方面的工作打击很大，从此他便不再继续写稿。

从陈古虞发表在《新民报》上的文章，可以看到他已经对昆曲等传统戏曲有了清晰充分的认知，不是简单地套用西洋戏剧理论来探索旧剧改革措施，而是开始了以艺术实践为根基的戏剧理论研究，初步展现了他对以昆曲为代表的戏曲艺术的独特理解；当然其中也有他理论观点的局限性，尤其是关于男旦制度的讨论，"打到"的这种过于全盘否定某种传统习惯和艺术方式的观点，说明了他过于附和戏改工作的激进，也体现了他青年时代热血澎湃下的冒进做法。

三、参加革命新转机

1948年，中共中央、中央军委决定组建华北大学（以下简称"华大"），这是为了迎接全国解放而专门成立的干部培养学校，由华北联合大学与晋冀鲁豫的北方大学合并，吴玉章任校长，范文澜和成仿吾任副校长，办校地点在河北正定。1949 年 1 月 31 日北平解放，华北大学旋即迁入北平，2 月 21 日《人民日报》发布了进京后的首批招生简章。陈古虞从初中开始就具有爱国热情，当即卸下家庭负担，毅然辞去北京一中、北大等学校的教职，经北大秘书处介绍，报名去华北大学。3 月他收到华北大学政治研究所第一期的录取通知书，4 月便只身前往报到，投入了新的革命生活。

政治研究所是华大迁平后新增设的机构，陈古虞是第一期所员，分在第四组。这是华大最特殊的一个班级，因为政治研究所不公开报名，而是按照党中央的指示，只接受高级知识分子和较有声望的民主人士和统战对象入学，帮助他们学习马列主义和毛泽东思想、党的政策，自觉改造思想，树立新的革命人生观。11 月，北京成立中苏友好协会，政治研究所做了统一安排，介绍学员们参加新成立的中苏友好协会，这是陈古虞最早加入的一个社会团体组织。1950 年 1 月 31 日，第一期的所员们按班级进行了民主评定，自我阐述学习后的优点和缺点，再由九人评定小组签署意见，这意味着他们要结业了。

陈古虞被分配到济南，进入山东省文学艺术界联合会筹委会的组织运动部任部委，从事戏剧改革工作。11 月又被调往青岛，在华大艺术系担任讲师。1951 年 3 月，华大并入山东大学，陈古虞继续留任艺术系讲师，属于戏剧科，主要讲授"中国古典剧研究"，这是戏剧科所有班级、所有学员的共同必修课。另外还主讲"中国古典剧歌舞排演实习""国语发音""台词课"等课程。还专题讲解李渔《闲情偶寄》中的"词曲部"，详细分析古典戏剧的剧作结构、剧作方法等，并结合现实戏剧工作来思考和批判性选择李渔剧作法，为戏剧乃至文艺工作服务，探索适合中国戏曲艺术新工作的理论系统。

1952 年，中央教育部进行全国高等学校院系调整，山东大学艺术系戏剧组与上海市戏剧专科学校合并，组建成中央戏剧学院华东分院。陈古虞来到了上海，那年他 33 周岁，后半辈子 38 年的生命基本都是在上海度过的。

四、沪上生涯

（一）在上戏的教学工作

陈古虞长期担任上海戏剧学院戏剧文学系中国戏曲史教研室主任，他集中精力搜集教学资料，拟写课程提纲，制定教学计划。主要讲授"中国戏曲史""台词""剧本分析和作家作品研究""戏曲音韵""李渔曲话——演习部""中国戏曲的表演艺术"等课程。1978年院庆时做《谈戏曲表演的艺术规律》专题讲座。开办各专业进修班是上海戏剧学院的办学特色之一，如1959年的首届戏曲编导进修班，1961年的戏曲创作研究班，教师阵容庞大、实力超强，陈古虞都担任主教老师，讲授中国戏曲史、戏曲编剧、戏曲表演的课程。此后数十年间，陈古虞长期在本院编剧、导演和表演各类进修班讲授相关课程。参与接待周贻白、盖叫天、俞振飞等人来校讲课，并与他们有密切的艺术交流。

1979年全国首批硕士研究生招生，上戏戏文系录取叶长海为唯一的中国戏曲史专业研究生，作为教研室主任的陈古虞就成为叶长海的第一导师，因其临近退休便由陈多教授共同指导。1981年，叶长海的毕业论文《王骥德〈曲律〉研究》深获答辩委员会好评，被称为当代《曲律》研究的奠基之作，陈古虞老师为此甚感欣慰，叶长海是他一生中唯一的正式硕士研究生。1981至1982年两年时间里，陈古虞又兼任了史良昭和翁敏华的专业课导师，后二者是上海师范学院中文系元明清戏曲专业的首届文学硕士，因其导师章荑荪教授病逝，故跨校由陈古虞继续指导专业研究。

（二）社会及业务活动

1956年，陈古虞加入中国戏剧家协会；1956年，中国戏剧家协会上海分会成立，陈古虞成为第一批会员。1960年上海剧协举办关汉卿纪念活动，他受邀主讲"关汉卿的悲剧和喜剧"讲座；同时完成《窦娥冤》杂剧全谱的订谱工作，由上海剧协印赠有关单位，复旦大学举办关汉卿书刊展览会时曾将曲谱展出。陈古虞在戏曲史和曲学上的造诣颇得业界认可，多次被各方邀请讲学。1958年在复旦大学讲"戏曲艺术的特点和规律"，1962年在北方昆曲剧院讲"北昆老艺人韩世昌先生的表演艺术"，1963年赵景深在致胡忌信的信中提到陈古虞将往苏州讲《牡丹亭》和《长生殿》，1979年在上海师范大学讲"昆曲的声腔和韵律"，在文化部戏曲研究所及江苏昆剧院讲"北昆韩派表演艺术"。1981年，中山大学王季思教授的首批戏曲专业硕士生论文答辩，陈古虞受邀出任毕业论文答辩委员会主席。华东师范大学教授、词曲大家、吴梅得意弟子万云骏先生，曾邀请陈古虞给词曲专业研究生上课，并评价说："古虞同志对中国戏曲艺术深有研究，特别是对中国古典戏曲的舞台实践性与其文学性如何结合的问题有甚深的研究。他上课时边唱、边演、边讲，是活的教学法而非死的教学法。舞台实践与文学鉴赏相结合，理论探索与形象表现相结合，史与论相结合，唱、演、做与剧情发展相结合，字正腔圆与手眼身法步相结合：这是中国戏曲艺术总的特点与原则。"

由此可见，陈古虞在几十年的研究、教学和实践中，所能驾驭的戏曲艺术领域，就如叶长海所说，陈老师是个"全才"。特别是其"现身说法"的讲课方式，受到一致好评，枯燥的戏曲理论通过他的讲课，变得形象而生动，他是高校戏曲理论教育中理论与实践结合得最好的一位老师。

1979年，陈古虞受文化部戏曲研究所邀请北上，一方面为北昆演员讲授韩世昌的表演艺术，并花三天时间恢复了韩先生的《刺虎》，另一方面讲解示范了《夜奔》《打虎》《思凡》的片段和《痴梦》整出，由研究所摄制了录像。在此期间，北昆武生演员侯长治每天都去请教陈古虞，他便把王益友传授的剧目转教给了侯长治。因为自己不是职业演员，他很希望把自己学来的艺术能够在剧团演员身上体现出来。1980年，陈古虞赴南京向江苏省昆剧院的演员传授《刺虎》。1986年，俞振飞先生要在上海昆剧团恢复梅兰芳代表剧目《刺虎》，派导演秦锐生和演员华文漪北上学戏，后得知上海陈古虞擅演此剧，遂南返求之，虽此时陈古虞已经卧病在床，但他非常兴奋，认真详细地把该剧传授给了华文漪。在晚年能有教戏传剧的机会，是他最开心的事情，毕竟他一生情系昆曲，为此付出了无穷的心血。陈古虞在三十岁以后唯一一次可考的昆曲彩串，是有一年中戏华东分院举办联谊会，陈古虞彩唱了《思凡》一折，由方传芸司笛，很多师生亲眼见证了这次演出。不过他志不在此，自从他在高校教学后，很少唱曲，把对昆曲的热爱全身心扑在了订谱上。

（三）曲谱与著述

1956年，陈古虞开始着手昆曲订谱工作，除了剧协委托的《窦娥冤》曲谱外，还完成了一本《清忠谱》曲谱，他将李玉原著进行整理改编，浓缩成十场戏，力求能在一个晚上演出。11月，欧阳予倩在上海，两人面晤，陈古虞奉上改编后的《清忠谱》，欧阳予倩带回北京读完后，致信陈古虞，对剧本提了一些意见，并建议他跟剧团接洽，信中说："为着保存昆曲，整理剧目是最重要的工作。想把旧有剧目搬上今天的舞台，您的这个工作是很重要的。"当然这个剧本最终还是不了了之，未能实现搬演的愿望。1960年，陈古虞完成了《桃花扇传奇全谱》，由赵景深先生校阅并作序，令人痛心的是此谱在"文革"中被劫走、毁失。继《桃花扇全谱》之后，陈古虞又完成了关汉卿全部杂剧和其他元杂剧全本曲谱共三十种。"文革"中订谱工作中断，1976年后逐渐重新检点曲谱旧作，并制定了宏大的杂剧谱订谱计划，到1987年底完成了十集共六十本元杂剧的全本曲谱，1988年底完成明杂剧全本曲谱，现存手稿共八十五本。这些曲谱是一个浩大的整理祖国戏曲遗产的系列工程，是陈古虞教授毕生沉浸昆曲的心血结晶。他常常写谱到深夜，最后几年的订谱工作都是在重病中坚持的。他从《九宫大成》《纳书楹曲谱》等清初曲谱中寻找腔格依据，并根据古代作家剧目曲牌实际填词的声调，结合自己的度曲经验、前辈艺人的唱法来订谱。据其侄儿回忆，他不是简单地纸上谈兵，写完谱子还用曲笛吹，以适应笛子音律的特性，然后还要自己歌唱来检验肉声运转的舒适性与曲情声情，这种方法完全符合曲牌体昆曲订谱的艺术本质和订谱步骤。戏曲音乐家刘如曾教授读过曲谱以后评价他："能熟识地掌握和应用昆曲曲牌，在所谱曲调中，能根据北曲特点在每折戏中使曲牌音调和谐贯穿，对同名曲牌在不同场合中能根据情绪和声韵使原曲牌音调有较大幅度的发展，同时还能熟练自如地运用宫调，致使同名曲牌在不同剧目中产生音乐色彩的变化。因此，陈古虞同志在这方面是有成就的。"虽然他所制宫谱为昆化杂剧谱，但在中国戏曲历史上却是开天辟地的事情，是唯一的一部杂剧全谱，估计日后也不会有人再做这样的艰巨事业了。

陈古虞的昆曲制谱工作和成果得到了王季思、赵景深等前辈曲学大家的高度赞扬与评价，王季思教授称赞他做的是"绝学"；赵景深教授不仅校阅《桃花扇全谱》并做序，还写下一段话："在我国戏曲史研究方面，现存最古老的剧种是昆剧，而昆剧的订谱和表演艺术能够二者都精的，实在是凤毛麟角。在这方面，现存戏曲史家能够二者兼擅的，恐怕要算上海戏剧学院的陈古虞先生了。一件至今犹时常想起、艳羡不已的是陈古虞订谱的孔尚任《桃花扇》全谱，可惜这呕心沥血的著作已经在 1966 年以后被劫去遗失了。这两天又看到陈古虞一些写得很精致的身段谱，以前《审音鉴古录》只留下孙九皋《荆钗记·上路》逐字逐句的详谱，像陈古虞《痴梦》《思凡》《夜奔》这些谱还录音录像，另外《闺塾》《刺梁》《水斗》等身段谱也都很宝贵。"

订谱工作尚在进行中时，时任文化部门领导的老友俞琳到上海，去陈古虞家探望，看了曲谱极其高兴，认为这是中国文化界、戏曲史上的大事，他叮嘱学长陈古虞将曲谱的"凡例"和"目录"抓紧写出来，"大著问世，古剧重现舞台，让我们预期！"文化部振兴昆剧委员会和中国昆剧研究会于 1986 年 10 月决定出版陈古虞杂剧曲谱集，计划全部完成后于 1989 年向国庆 40 周年献礼。俞琳多次致信陈古虞："用昆曲恢复演出古典戏曲剧目，是又一项有意义的工作。……您能为《汉宫秋》《梧桐雨》等十余种杂剧提出全谱，功不可没。"已经曙光在望，接近最后关头，甚憾俞琳先生突然离世，陈古虞此时也已是病势沉重，此事故而搁浅，最终出版未果。

陈古虞曾有几十年未发表文章，也几乎不写文章，但这不等于他在学术和理论上没有用功，相反，除了制订昆曲曲谱之外，他在戏曲表演艺术理论研究上是很有深度的。1979 年，陈古虞和陈多、马圣贵两位教授合作校点《李玉戏曲集》，这是上海古籍出版社的重点出版工作之一，但书的问世却是十几年以后了。陈古虞一生都没有看到过自己的著作。好在有三篇文论引起了业界的关注和好评，1978 年他在《戏剧艺术》发表《场上歌舞、局外指点——论中国戏曲表演艺术规律》一文。1982 年出版的《编剧常识广播讲座》第一讲为陈古虞写作的《戏曲的形成和它在编剧方面的一些特点》。1983 年给广西委培的编导进修班讲"戏曲艺术概论"课程，由班内学生轮流为每堂课整理出课堂记录稿，这为陈古虞留下了珍贵的戏曲讲稿；其中关于戏曲表演常见术语"手眼身法步"的内容，以《谈手眼身法步》为题，发表于 1985 年《戏剧艺术》第二期。《中国大百科全书·戏曲卷》，陈古虞承担"石君宝""李直夫""韩世昌""王益友"四个条目的撰写，其中"韩世昌"一条是昆剧演员的重点条目。著书立说向来都是高校教授们看重的事情，无论是戏曲表演理论还是戏曲史论，陈古虞都具有相当的功力，但为了订谱事业，这些也就放弃了。

五、戏曲表演理论

陈古虞先生既具有较好的表演技能，又拥有较强的思考总结能力。他不是重新架构戏曲表演理论体系，只是结合自己的艺术经验，将既有的戏曲表演理论加以阐述。由于加入了自我体验，所以产生了一些具有个人特色的戏曲表演理论，因此脱离了人云亦云的层次，形成了自己的理论风格。现简略列举，以供交流。

（一）戏曲表演通识理论的深入见解

1. 关于"程式"

陈古虞完全同意程式是中国戏曲区别于外国戏剧的重要特征的定论，他在讲课中引用了范钧宏关于程式的观点："程式化、虚拟化、节奏化是戏曲艺术形式、表现手法的三大特点，那么程式化应该是三者的核心，因为它本身就蕴涵着虚拟化、节奏化的基本特点。"

但也有两点看法与众不同。一、他认为中国戏曲里不是所有的东西都是程式。该观点是针对理论界把戏曲中大多数规定性内容都纳入程式范畴的现象，以致人们对程式的理解和运用一直处于比较庞杂、混乱、失序的状态。他认为程式主要集中在唱念和表演两方面，具体应用在表演中是基本功、套路、身段排场三大技术板块。他的这种观点是基于程式的功用出发的。程式应该是用来构成演员舞台表演所需要的成套技术的章法，即使是人们普遍认可的程式内容"手眼身法步"，他说也不应该是程式："手眼身法步虽然也具有程式的性质，但就其主要的功能来说，它不是程式，而是组织和运用程式使之在身段动作中发挥积极作用的一种手段和方法。"二、针对许多革新派认为程式是僵化的，戏曲改革应该要破除程式的社会现象，陈古虞认为程式具有无限活力，程式在不同演员、不同剧目、不同人物性格时的运用，体现的正是它的灵活性，活用程式（套路）才能产生符合剧情的不同身段排场。所谓程式是"僵化"的观点，症结在于人们对程式技术、程式运用、程式特性的认知和掌控能力存在很大的局限。

2. 关于"手眼身法步"

"手眼身法步"术语的通行基本含义是"手指手势，眼指眼神，身指身段，步指台步，法指以上几种技术的规格和方法"。而陈古虞认为这样定义是有偏颇、割裂的。他不单纯停留在字面含义来理解"手眼身法步"，而是依据老艺人的讲解和自己在表演训练中的实践领悟，别开堂奥，认为这个术语的"结构应该是'手、眼、身法——步'；……不是指手势、眼神、腰腿功、台步等人体各部分的具体技法（各种技法属于基本功范畴），而是指在身段动作中运用这些技法的法则，指人体各部分的活动在身段动作中互相配合、相辅相成的有机联系"，这与其他任何关于这个术语的理解截然不同，该观点具有重大探索价值。这不是陈古虞的凭空想象，他在《谈手眼身法步》中，详细分析了术语的历史发展过程，有力参考了老艺人对此的实际运用要领，尤其强调了术语"不单指外部技术，一说手眼身法步就要心中有物、心中有戏。"他的理解有三点与通行含义不同，一是取消了"法"的独立概念，将"身法"结合为一体；二是将"手、眼"分体考察变为"手眼"合体考察；三是提升了"手、眼、身、步"的含义，不仅是简单的肢体语言，而是动作套路、动作组合联结规律的概念。笔者以为陈古虞对"手眼身法步"的深入剖析和关联定义，使人们对构成戏曲表演的最主要载体——人的上、中、下所有肢体部位的行动内涵，有了更为深刻的理解。这个理论让中国戏曲表演构成的核心奥秘明于天下，为纷繁的戏曲表演肢体联动法提供了清晰明了的探索方向。

3. 关于戏曲表演的时空问题

陈古虞赞同理论界的一些通行观点，比如戏曲舞台上的时空不是现实生活中的时空，是经过艺术化处理的时空；时空转换都离不开戏曲表演的虚拟性、夸张性等。同时，他的另外四个论点值得我们借鉴。

第一，戏曲表演形成时空转换技术是为了突破"空"的制约。人们一般理解"空"了才可以"自由转换"、才不会对表演动作变换产生制约，而陈古虞说，中国戏曲发展过程中，因为舞台太简单、太空，所以戏剧表达上受到了很大的限制，借助不了任何舞台道具来表达时空变化，这样必然要采取在"空"的舞台上表现时空转换的表演技术，通过表演来实现剧中的时空转换。

第二，戏曲表演中的时空转换是"不自由"的。戏曲表演中时间和空间在舞台上的存在或消失，必须是随着演员的表演而存在或消失，因此是不固定的、是相对自由的。在此基础上陈古虞追加了一条观点，认为"时间、空间不能自由转换，必须有一定的交代、一定的过渡"。

第三，戏曲表演中的"时"和"空"的具体含义和表演归属。陈古虞认为，既然中国戏曲是歌舞的艺术，根据舞台实际表演结果可以判断出，"歌"是时间的艺术、"舞"是空间的艺术，换言之，"节奏"等各种声音是时间的艺术、"手眼身法步"等动作、造型等是空间的艺术。我们不难发现戏曲表演中确实如陈教授所言，时间、空间的内容归属顿时非常明朗了。虽然难免有不符合这个观点的个例，但普遍情况下时间的变换多是通过唱词、念白来交代，空间的变换多是通过表演动作来实现的。

第四，表演创作要充分利用舞台上时间、空间的关系。陈古虞认为时间、空间不是消极的，也不能超脱、摆脱，人们有可能积极地利用好时间、空间关系，将之作为艺术创作的手段。从其详细举例的《惊梦》《琴挑》等剧目的表演过程看，此说不无道理。表演动作的构成原理，就是要符合戏剧情境，讲究人物唱的是什么词、脚底下站在什么地方、眼睛里看见了什么，以及这些内容的变化过程，那么其中确实蕴含着更多的时空关系，这些细微的时空关系、时空变换，就是演员创作表演动作、套路的依据。

陈古虞先生的上述观点与论述，较之其他理论家的观点更加深入、透彻，甚至是一种"逆行"的思维角度，这反映了他深谙戏曲表演的技法和原理，对之有着深刻的思索。

4. 关于表演的虚拟性

陈古虞也认为虚拟动作是有漫长的历史发展过程，是歌舞性能发挥作用后形象思维的创作，是从形似到神似的飞跃，所以虚拟的本质是神似。于此之外，陈古虞针对怎样实现表演的虚拟性提出了三个要点：要做到心中有物、要做到交代清楚、要做到准确合理。因此虚拟不是随便可以使用的，也不是随便都能成立的，需要在技术上做到这三条标准，戏曲中通过虚拟性表演的情节才能被观众认可。

（二）戏曲表演理论的创新探索

关于戏曲表演的"群众性"理论，应该是陈古虞先生具有代表性的戏曲表演理论成就。《场上歌舞、局外指点——浅谈戏曲表演的艺术规律》一文是他对此理论的专门阐述，课堂讲稿"戏曲艺术概论"里又多次提及。他不是第一个关注观众在戏曲观演关系中的作用，但他却把观众提升到了戏曲表演艺术创作是否成功的共同体地位。陈古虞创立了戏曲表演"群众性"特质的理论，他认为戏曲表演艺术的"第五个特点是群众性，这是一个非常突出的特点，……好多事情是说给观众听、唱给观众听、演给观众看的。……把群众摆在重要地位，整个戏的进行缺群众就不可以。"而且群众的参与是渗透在戏曲表演的多个方面，"群众性是有具体内容的，它在表演艺术中也有具体内容，无论在它的基本功中，无论是在每一个身段、每一出戏里边，都会把群众摆在一个重要的地位。……所以群众性在中国戏曲表演艺术里边，甚至编剧及各方面都是很重要的"。通过案例分析后，他认为戏曲表演艺术的"精神实质在于启发观众的想象力，运用观众的形象思维来表现客观事物和塑造人物形象"。因此，演员在表演时必须取得观众的印证非常关键，无论是程式、手眼身法步、时空转换、虚拟表演等，戏曲表演的成功与否，不能单凭演员自己的主观想象，而是取决于是否激发了观众的形象思维，演员必须依靠观众的想象力，"要有启发和引导观众的本领"，这个"本领"就是观众参与戏曲表演艺术的"群众性"的成果。所以，中国戏曲中台上的演员和台下的观众是呼吸相通、血脉相连的，戏曲的演出是演员与观众的共同创作，"群众性"便成了戏曲表演艺术的一个独特个性。

（三）戏曲表演理论的衍生拓展

1. 戏曲编剧首先要与表演相结合

戏曲编剧要符合戏曲艺术特性的要求，基本上是一个公论，但一般在戏曲编剧的专业书籍中，谈得最多的是戏曲的结构、语言、音乐等内容，以及这些方面的戏曲特征，虽然也会谈一些戏曲表演的特征，但不会是编剧应该注意的首要因素。但陈古虞在阐述戏曲编剧的理论时，第一点就是表演艺术，他在《戏曲的形成和它在编剧方面的一些特点》一文中，讨论"戏曲编剧方面所具有的一些较为显著的特征"时，第一条就是"戏曲编剧要充分考虑到以戏曲的表演为中心的艺术特点"，要"充分考虑到戏曲表演的艺术规律"。在戏曲以何为中心的各种论点中，陈古虞是主张表演中心论的，所以编剧等诸多创作环节需要考虑表演的可行性、可看性以及合理性、准确性。

2. 戏曲表演艺术同时具备体验和表现

西方戏剧的体验派和表现派观念被引入戏曲表演理论研究中，作为理论参考或技术指导，但陈古虞认为戏曲理论中对于这方面的研究还不够充分和明白。他认为"实际上戏曲在表演方面，体验和表现是统一的，没有体验就无所谓表现，……没有表现，尽管你的体验怎么深也体现不出来，两者是互相关联的"。"体验和表现都是外国引进来的名词，但这些东西在我国确实存在，也就是在戏曲里同样有这些东西。"他说，在中国古代就强调了与"言者心之声"同理的表演要求，表演的内心、精神、情感世界，就是一种体验；而表演程式的规范性、表演套路的准确性、表演技术的高超性等要求，就是一种表现。所以戏曲表演艺术对于这两者是同时具备、同时要求的。但中外戏剧观中这两个概念的内涵也不尽相同，戏曲表演的体验和表现不能完全照搬外国的"体验"和"表现"，要从戏曲表演艺术自身的特点和规律去寻找。

一个人的理论观点不是一朝一夕能有的，需要经过长期的积累和研究，在各方面条件都比较成熟的情况下才产生的。纵观陈古虞先生的戏曲研学、教育经历，他的戏曲表演理论的形成，有四个方面的基础非常重要：戏曲发展整体历史观赋予了理论根基，善于观察、剖析和总结启发了理论生成，个人艺术实践决定了理论思维的角度，中外对比法研究扩大了理论格局。陈古虞的中国戏曲表演理论研究取得了丰硕成果，他的理论中充满了历史观、实践观、辩证观，体现了艺术实用的法则和剖析深刻的能量。他从舞台到课堂、从外国到中国、从昆曲到戏曲、从理论到表演，一切都是那么地水到渠成、回味如甘。他的理论建树是现实存在的，值得当代戏曲表演理论学界参考、借鉴和运用。

作者简介：

俞永杰，艺名俞妙兰，上海戏剧学院图书馆员，中国艺术研究院博士生。谙通昆曲曲牌与音律，擅长唱曲、填曲、撇笛、拍曲、制谱，并能彩爨。多个原创昆曲剧本入选国家艺术基金项目，曲律学研究入选上海哲社"冷门绝学"科研项目。

陈多教授
——攀登戏曲教学和戏曲研究高峰的带路人

田雨澍

陈多教授早年就读上海剧专（上海戏剧学院前身），毕业后留院工作，先后在院办、图书馆、戏文系任职。任戏文系主任期间，他带领戏文系戏曲教研室的教师，在戏曲教学和戏曲研究方面，开拓新领域，攀登新高峰，揭开了戏曲教学和研究新的一页，成绩突出。

第一，健全了戏曲教学的完整体系，撰写了主要教材

戏文系建系之始就是话剧和戏曲两条腿走路。话剧本科有完整的教学方案，有很强的教师队伍。戏曲编剧班则不然，不仅没有完整的方案，所有戏曲专业课，教师都是外请的。这种情况虽然逐年改善，但完整的教学方案，直到陈多教授任戏文系主任之后才真正完成。

陈多教授当系主任之后的戏曲编剧班，最核心的课程是戏曲写作课，这和戏文系本科一样。主要课程还有戏曲编剧、戏曲史、名剧分析等。知识性课程有表导演、舞台美术、专题讲座等。实践证明这些课程的设置是完整的、科学的，对提高学生的戏曲编剧能力和理论水平，是行之有效的。非常重要的是戏曲编剧班的课程，除专题讲座之外，所有课程都由本院教师担任，而戏曲专业课则由戏文系戏曲教研室教师任课，陈多教授是主力，是领衔者。

在戏曲编剧班的教学过程中，戏曲教研室的教师们根据教学的需要，自己

动手编写了相应的教材，结束了戏文系开办戏曲编剧班以来，一直没有戏曲专业课教材的历史。下面把几种重要教材作以简单介绍。

首先是戏曲编剧教材。在中国戏曲艺术发展历史上，没有专门的戏曲编剧著作，只有零散的但很精彩的论述。"文化大革命"前后，部分戏曲院团的专业编剧、其他院校教师，出版或者发表了一些戏曲编剧的专著和论文，同时，有几种西方的编剧著作也介绍到中国，这些，对我们编撰戏曲编剧教材都有启发，但仍不能满足教学实践的需要。我们研究了戏曲艺术的特色、戏曲编剧的特点，在与西方戏剧编剧理论比较研究中，找出了我国戏曲编剧的独到之处，完成了戏曲编剧教材的编写。教材共有两部，均已出版。一部获上海市优秀教材奖，另一部出版时陈多教授写了序言。

其次是戏曲史教材的编写。戏曲史教材基本上沿袭了社会上公开出版的戏曲史专门著作，但有两点具有自己的特点：一是突出了地方戏介绍和评价，并且进一步指出地域文化是地方戏曲产生、发展的社会基础；二是明确提出了整部中国戏曲发展史就是戏曲剧种的更迭史，新兴剧种代替古老剧种是历史的必然。戏曲史教材也有两部，都是精简本。

此外，还撰写了名剧分析教材。这门课历来都是多位教师合上，每位任课教师所分析的剧本都有自己的讲义。陈多教授对《琵琶记》《牡丹亭》等古典名剧有深入而独自的研究，这些剧本的分析多由他担任。

前面谈到，戏文系建系之始就是话剧本科和戏曲编剧两条腿走路，而戏曲编剧班的课程设置、教师队伍组建、教材的编撰等方面，虽然都有一个发展过程，但最终完成，都是在陈多教授的任上。

第二，拓展与攀登戏曲艺术研究的新领域、新高峰

戏曲艺术的研究是陈多教授领导下的戏曲教研室及其成员的重要任务，研究内容很多，这里只把涉及戏曲研究的新领域、新探索，略举几例。

中国戏曲艺术属于歌舞剧的范畴，这是戏剧理论界的共识。戏曲艺术与西洋歌剧、舞剧相比，有共同之处，但更多的是不同，戏曲艺术有独具的特点。

中国戏曲和西洋歌剧都有唱，这是相同的，但戏曲艺术是唱念舞或者说歌舞剧相结合，西洋歌剧主要是唱，动作是次要的，基本上没有念白。戏曲演出的所有动作都是舞蹈化的，这和芭蕾舞剧是相同的，而且组成舞蹈的基本单位都是舞蹈语汇，也是相同的。戏曲舞蹈的语汇是手、眼、身、法、步。单就舞蹈而言，两者是相同的。而西洋舞剧则少有念唱，在艺术形式上两者有着实质性的差别。一般说来，唱念舞在戏曲艺术中所起作用也不尽相同。唱侧重于揭示剧中人物的情感，念侧重铺排情节的发展，舞也能够起到刻画人物性格、推动情节发展、制造气氛等作用。实际上唱念舞是个有机整体，是戏曲艺术独特的艺术形式完整体现。

戏曲艺术不仅在艺术形式上是特殊的、独具的，而且在美学追求上，也是独特的。戏曲教研室的教师在这方面也有比较深入的研究。

戏曲美学最基本的特性概括起来有两点。一、不求"形似"而追求"神似"；二、"以虚运实"。二者是一个整体，是戏曲艺术的基本美学思想，真正体现了戏曲艺术的本质特征，也是指导戏曲创作必须严格遵守的根本原则。戏曲舞台上的唱念舞，剧中人物的化妆、服装、道具等，所有一切都不是现实生活的逼肖，严格说来都是不真实的、虚假的。而戏曲艺术正是运用这些不真实的艺术手段，达到了艺术真实目的，更深刻地揭示出社会生活的本质。这就是所谓"以虚运实"。"以虚运实"的"实"，实际上就是"神似"，是艺术的真实，比社会生活更高，更真实，更深刻。唱念舞的特殊艺术形式，决定了戏曲艺术反映社会生活主要是通过揭示人物情感和人物性格来完成，这和其他戏剧样式广义上说是一致的。而戏曲艺术特殊之处在于通过唱念舞反复强化人物情感和性格，因而揭示人物情感特别深刻而强烈，刻画人物性格特别鲜明而突出，真正让人物精神面貌凸现出来，从而达到"神似"的艺术境界。戏曲艺术和世界上任何一种戏剧品种一样，都有自己独特的艺术风貌和风格。戏曲艺术的独特之处在于唱念舞相结合的特殊的艺术形式，"以虚运实"的特殊的美学追求以及反映社会生活的特殊角度和效果。戏文系戏曲教研室在这些方面进行了比较深入的研究，并得出自己的结论。当然，这些研究仅仅是开始，有待更进一步探讨。

前面提到地域文化，这里做一点补充。我国地域广大，各地方的自然风貌、风土人情、语言、民间曲调、说唱艺术等方面都有差异，甚至是较大差异，这就形成了地域文化。地域文化孕育产生、发展出众多的戏曲剧种。戏曲教研室的教师在研究地域文化和戏曲剧种的基础上，进一步探讨了中国戏曲艺术今后如何发展的重大课题。研究的问题较多，综合起来有两个。第一，重视新兴地方剧种的发展。所谓新兴地方剧种，是指清末民初之际产生的地方剧种。这些剧种富有生命力，有的可能发展成全国性的剧种，进而成为古老剧种。第二，创造条件促使新剧种的诞生，没有新剧种的诞生，戏曲艺术就失去生命力。在今后中国历史发展的长河中，戏曲艺术伴随中国历史的演进而不断推进戏曲剧种的更迭，因此会长盛不衰，一直延续下去。这也是个重大课题，限于笔墨，不可能展开讨论。

陈多教授领导下的戏曲教研室站在了全国戏曲研究的前沿，开拓了戏曲研究的新领域，不断攀登戏曲艺术研究的新高峰，当然，是新高峰，而非顶峰。相信今后的戏曲研究者会更加深入地研究，把戏曲艺术的研究推向更高的高峰。

第三，学术带路人

陈多教授是戏文系领导，是戏曲研究专家，也是戏曲教研室的教学和学术研究的参与者、组织者和领导者，起到了学术带路人的作用。不过，这些实际工作是有形的，明明白白地摆在那里，有目共睹。而他的治学思路却是无形的，是摸不到看不见的，对戏曲教研室教师的治学影响却是明显的、重要的。陈多教授治学思路最基本的内涵，就是研究"活"的戏曲，即舞台上的戏曲，社会上的戏曲。陈多教授这个治学思路并没有完整的理论体系，只在教研室活动中偶尔提及，由于符合戏曲编剧班教学的实际情况，因而被戏曲教研室的教师所接受。

戏文系戏曲编剧班学员撰写的剧本，不是案头读物，是为了舞台演出的脚本。出于这样的教学任务，教师在教学的各个环节都贯彻了舞台上"活"的戏曲这样的思路。写作课是主课，是实践课。教师在指导学员写作时，除了选材、人物塑造、情节布局等环节，剧本能不能在舞台上演出，也是重要内容。戏曲编剧理论课也是这样，理论本身就是从优秀的舞台演出剧本中总结出来的规律，而且在戏曲编剧理论课中，有不少篇幅专门介绍了戏曲编剧经常运用的各种艺术手段，着眼点就是强化舞台演出效果。甚至于戏曲史课，授课教师重点介绍和评价也是那些能够在舞台上演出的优秀剧作，与综合性大学中文系不同，我们不去花大力气甄别和考证戏曲史上相关的历史资料。一句话，无论教学或研究，突出的都是舞台上"活"的戏曲。

社会上的戏曲演出，也是戏曲教研室教师关注的重点。尤其是"文化大革命"之后，戏曲观众出现了断层，更引起大家的特别关切。为什么会出现这种状况？我们很迷茫，社会上戏剧理论家的解释也缺乏说服力。在这种情况下，陈多教授向院里申请了一些经费，决定在不影响教学的情况下，对观众进行社会调查。调查主要集中在上海。调查面很广，包含各种艺术品种，各个年龄段的观众，其中包括了从不看戏曲的中学生。除上海之外，还对广州的粤剧、深圳的歌舞厅进行了重点调查。经过一年的调查，获得大量资料。又经过对这些资料进行研究分析，得出下面结论——

观众审美是为了取得审美愉悦；观众的喜厌决定一种艺术品种的兴衰；观众审美不是天生的、本能的，而是后天学习的结果；一个观众对某种艺术看得多，了解得多，就会喜爱这种艺术；3至9岁、9至14岁左右的幼小儿童，最容易接受经常观看的艺术品种；14岁左右的青少年观众，大多数形成了审美定势；观众对某种艺术一经形成审美定势，就会终生喜爱这种艺术；审美定势使得有的观众还可能喜爱其他艺术品种，有的观众可能产生强烈地排他性；观众是可以培养的；社会上数量众多的大批观众，是由社会机制自然培养的。十年"文化大革命"，停止了除样板戏之外的所有戏曲院团的演出，破坏了培养观众的社会机制，这是造成戏曲观众断层的根本原因。

"文化大革命"之后，戏曲观众出现了断层，是艺术界的一件大事。对于这件大事进行实际调查并认真研究的，在上海，在全国，唯一的单位，就是我们上海戏剧学院陈多教授领导下的戏剧文学系。调查结果，已经撰写成书并出版。

实事求是地讲，上面这些成绩的取得，是戏曲教研室的教师和戏文系有关教师共同努力的结果，是戏曲教研室每位教师潜心研究的结果，是大家拼命工作的结果。同样实事求是地讲，没有陈多教授的领导、组织、支持和参与，没有他的研究思路的影响，要想取得这样突出成绩是根本不可能的。

需要说明，陈多教授作为戏文系的主任，戏曲教研室只是他工作的一部分；我写的这些材料，也不是戏曲教研室工作的全部，只是我个人感受最深的全部工作的一部分。但就这一部分，也足以看出陈多教授对戏文系的巨大贡献了。

作者简介：

田雨澍，本名田雨淑，上海戏剧学院副教授。1961 年毕业于上海师范大学中文系。同年 8 月分配至上海戏剧学院戏文系从事教学及相关研究工作，执教"中国戏曲史""戏曲写作""戏曲编剧理论"等课程。著有《观众审美与艺术的兴衰》《戏曲编剧理论与技巧》及多篇戏曲美学和发展的论文。

后

记

致敬上戏的先生们

上海戏剧学院戏剧文学系党总支书记 张 璟

做做停停，《戏文名师》这本书编了近两年。其间不断有疫情等各类事情的纷扰。今天终于编完了，文稿即将送出版社，可我却迟疑了，生怕由于自己的疏忽或水平所限，而怠慢了前辈，辜负了同辈。

从 1985 年那个阳光绚烂的夏日午后至今，我在上海戏剧学院已经整整工作了 37 年，寒来暑往，辞旧迎新，耳闻目睹了许多的人和事。"上戏"二字对我来说分量很重，不仅在于日益加深的感情，也在于日渐深刻的认识。我总想有一天，通过合适的方式把这些展现出来，但没想到一切是从戏文系的先生们开始的。

2020 年学校开展了新一轮的校史编撰工作。昔日的一个个名字、一桩桩往事，宛若一颗颗珍珠，拂去岁月的尘埃，重新闪露出来。在我所工作的戏剧文学系，就有许多在上戏的发展历史上，甚至可以说在中国戏剧发展史上作出过贡献的前辈。我开始发现，对于他们，我并不完全知晓。我们同属一个上海戏剧学院，但所处的年代相距较远，对我来说，他们当中的大多数人，更像是江湖上的传说。因为分管系史编写，我便有了接近前辈、了解前辈的机会。

世界上有很多事物，因为神秘而吸引人，却因为了解，才真正热爱。当我将自己置身于岁月的长河，回首溯望，我看到的是上海戏剧学院历史的厚重与辉煌，看到的是前辈们在时代波澜中命运的起伏沧桑，触动人心又发人深省。

是他们培育、浇灌了上戏这棵大树，历经风雨，才换来今天的枝繁叶茂、桃李芬芳。他们不应该被忘记。作为上戏的一员，我觉得有责任，让这些历史为人所知并加以传承。于是，我决心编一本关于戏文名师的回忆文集，包括李健吾、余上沅、顾仲彝、赵铭彝、魏照风、陈古虞、陈汝衡、陈耘、陈多9位先生，主要呈现他们在上海戏剧学院工作期间留下的难忘印记。

理想很丰满，现实却很骨感。首先，9位先生中大部分是20世纪中叶在上戏工作的，与其共事的同事多数已不在人世，他们的学生，健在的也都步入高龄，其中一部分因身体原因已无法回忆，所以能够记忆并且撰文的真是屈指可数。其次，因为年代久远，很多校友杳无音信。更多的时候，寻找校友的过程，仿若侦探破案一般。再者，由于疫情的不断反复，一些访谈、交流及资料查寻、照片收集等活动都只得中断，留下不少遗憾。

好在编委会的成员们，不计个人得失，勇于克服困难，在完成本职工作之余，多是利用休息时间开展联络、校对、编辑等。大家共同把编书看作是一种责任和使命。我们自己先行"补课"，阅读相关文章、书籍，深入了解时代背景和学校历史；从能得到的人事及文书档案中，熟悉先生们的生平及思想、学术等脉络。在此基础上，才投入书籍的编撰工作中。就像褪色的照片，难免有些记忆变得模糊，不同文章之间对同一事件出现不同的说法，我们就进行相互比照，尽可能地去伪存真。毕竟我们不是亲历者，常常为求证一些细节，翻阅资料，忙到深夜。

难能可贵的是，同事与校友们给了编者极大的鼓励与支持。陈明正老师专门写了两篇共约18 000字的文稿，每当看到文章结尾，陈老师写的"时已91岁老人矣"的字样，我们便心生感慨与感动。龚和德老师白天大部分时间需要照顾患病的老伴，只到晚上才有空阅读与写作，为了减轻编辑者的负担，还特地去小店请人把文章打成电子文档后发给我们。李惠康老师去年11月不但积极来校参加访谈，还完成一篇文章，可是今年2月就传来他不幸离世的消息。陈耘老师的夫人朱静霞女士，已很少参加社会活动，这次欣然提笔与大家分享她对挚爱亲人的回忆。由于字数和内容的要求，陆军老师的文章未能收入本书，他也毫无怨言，却让我深感遗憾。毛卫宁老师，在肩负创作迎接党的二十大作品重任的情况下，还抽空帮我们转发约稿函。原校党委书记戴平老师是我的老领导，因白内障眼睛刚做完手术，为了保证本书的质量，她坚持审阅了所有回忆部分的文稿。曹树钧老师，无论是严冬还是酷暑，几乎每周都来到学校，帮助我们联系校友、梳理思路。叶长海、范和生老师始终把这本书放在心上，时常督促与指导我。

《戏文名师》一书凝集了众多人的劳动和心血。感谢每一位文章作者，感谢学校科研处、教师工作部、人事处、离退休工作处、档案室、图书馆，感谢国立剧专史料江安陈列馆、感谢杨扬副院长，感谢我的戏文系同事们，以及参与本书编写的研究生们。没有他们的付出和支持，就不会有该书的出版面世。

当然，本书一定还存在着问题和不足，主要是由于本人能力有限，欢迎读者们批评指正。

编书的过程，也是我学习和受教育的过程。校友们一篇篇文情并茂的文章，每每读来都是美妙的享受，让我爱不释手。在一篇篇动人的回忆、动情的讲述中，我深深感受到先生们的人格魅力，他们为学为人为师的点点滴滴感人至深，常常令我读得热泪盈眶。他们有的是从国外学成归来，有的在战争年代即投身革命，有的坚持戏剧理想服务社会，始终追求光明与进步。他们大多命运坎坷，有的被错划成右派，有的在运动中遭受迫害，却始终坚守对祖国的热爱、对党的信念。当他们面对学生，总是倾其所知，诲人不倦，始终牢记教师的责任。在艰难落寞的时光，他们宠辱不惊，意志坚定，表现出乐观豁达的人生态度。他们潜心钻研、笔耕不辍，始终保持着勤勉谦逊的治学精神。从先生们的身上，我看到真正的中国知识分子的形象，我汲取到太多的勇气、智慧、力量……

编书的过程，更是一次寻找初心的过程。习近平总书记今年在考察中国人民大学时指出，"培养社会主义建设者和接班人，迫切需要我们的教师既精通专业知识、做好'经师'，又涵养德行、成为'人师'……老师应该有言为士则、行为世范的自觉，不断提高自身道德修养，以模范行为影响和带动学生，做学生为学、为事、为人的大先生，成为被社会尊重的楷模，成为世人效法的榜样。"

上海戏剧学院有着近 77 年值得骄傲的历史，有着优良的传统和优秀的精神，本书中提及的先生们，用行动完美地诠释了这一点，他们是教书育人的榜样，是为学为人的坐标。人们回顾历史，不是为了沉湎其中，恰恰是要立足当代、面向未来。我相信通过本书，一定有更多的后来者了解和认识上戏的历史及历史中的先生们，一代人有一代人的责任，回望过往的奋斗路，眺望前方的奋进路，前辈们所创造的精神财富，必将教育和激励新时代的上戏人，在发展中创新，在创新中传承，扎根中国大地，续写社会主义艺术教育新篇章。

谨以此书向上戏的前辈先生们致敬！

2022 年 8 月 16 日